全国重点旅游院校“十三五”规划教材

旅游商品导购

（第二版）

主　编◎张荣秀
副主编◎胡　果　张燕娟　郭瑞娟
参　编◎王　婷　左现娟

中国旅游出版社

序

我国旅游教育经历了30多年的发展，1733所旅游类院校积累了1.2万多种各类旅游教材，涉及的课程达到280多门。通过对多所院校及对学生的调研，我们发现现行旅游教材主要存在以下问题：同质化现象严重；教材不能很好地体现企业及相关行业的岗位需求；理论化突出而实践性不足；版式设计不够活泼；配套教学资源不完善。

为贯彻落实教育部最新教改精神，促进旅游等行业的教育事业发展，为进一步推动旅游高等职业教育国家级规划教材建设工作，发挥旅游类教材建设在提高旅游人才培养质量中的基础性作用，全面提升高等职业教育旅游类教材质量，教材编审委员会特组织编写团队，联合开发立体化教材。全国重点旅游院校“十三五”规划教材计划分批出版，第一批拟出版35种，涵盖了旅游管理大类的大部分专业核心课程。此次所选院校，均为以“旅游”“酒店”等字样命名的院校，保证了队伍的纯粹性。此次教材编审队伍搭建真正实现了专家指导、企业参与、编者共享的格局。专家有以田里教授、谢彦君教授为代表的业界翘楚，曙光酒店集团常务副总裁程浩、华侨城旅游事业部高级副总经理王刚等企业高管参与了教材的审稿工作，专家、院校、企业三方共同努力，努力打造出一套实用性强的教材。

令人欣慰的是，在新常态下，旅游业迎来了全新的发展机遇，业已进入又快又好发展的黄金期。伴随旅游业发展黄金期的到来，对于旅游相关人才的需求与日俱增，势必为旅游教育的发展开辟广阔前景。2015年10月26日，教育部会同国家旅游局联合发文，颁布了《加快发展现代旅游职业教育的指导意见》，特别强调要“加快构建现代旅游职业教育体系，深化产教融合、校企合作，培养适应旅游产业发展需求的高素质技术技能和管理服务人才”。文件指出，“鼓励校企联合开发专业课程，增加任务驱动型、项目开发型、行动研究型、案例教学型课程数量。组织开展优质课程资源建设，搭建旅游职业教育国家级数字化课程资源共享平台，支持开发一批数字化课程资源包”。本套教材的立体化开发，就是课程资源包的一部分。

教材是体现教学内容和教学要求的知识载体，是进行教学的基本工具，是提高教学质量的重要保证。本套教材改变了过去单一的课本教材模式，配合现代教育教学方式的改革，把课本、教学参考书、学生练习册、电子课件和多媒体教学手段以及网上教学辅导相结合，形成了教材的立体化开发格局。

全国重点旅游院校“十三五”规划教材编审委员会

2016年9月

再版前言

为了使教材内容能够与时俱进，本次修订对书中的案例、数据等内容进行了更新和规范，以反映学科专业新进展、行业发展新动态，相关表述也更加规范、准确。

特别指出的是，为了深入学习宣传贯彻落实党的二十大精神，更好教育引导广大师生听党话、跟党走，践行为党育人、为国育才的初心使命，培养德智体美劳全面发展的社会主义建设者和接班人，此次修订补充完善了社会主义核心价值观的内容。增加了绪论，绪论内容主要包括：深刻认识党的二十大胜利召开的伟大意义，提升新时代大学生政治站位；深刻把握党的二十大主题，激发新时代大学生爱国热情；深入学习领悟过去五年工作和新时代十年伟大变革的重大意义，增强新时代大学生民族自豪感；深刻领会“两个结合”是推进马克思主义中国化时代化的根本途径，加强新时代大学生弘扬中华优秀传统文化教育；牢牢把握全面建设社会主义现代化国家开局起步的战略部署，指引新时代大学生守正创新促发展；深入把握党的二十大关于文化和旅游工作的部署要求，推动文旅融合高质量发展；深刻把握团结奋斗的新时代要求，为文旅行业培养高素质人才。真正让马克思主义中国化时代化的最新理论成果进课堂、进教材、进师生头脑，融入师生学习工作。

由于编者水平有限，不足之处在所难免，敬请广大读者批评指正！

编者

2023 年 3 月

前　言

本教材将商品学和导购技能相融合，突破了学科的界限，按照交叉渗透、综合融会的原则，着力解决旅游活动中存在的现实问题，为今后从事旅游及相关行业工作奠定基础。教材编写的基本思路就是适用、实用、创新。

（1）适用。对于高职学生而言，教材编写坚持“理论够用为度，知识注重运用”的原则，将抽象的理论知识通俗化、形象化、趣味化，对一些深奥的知识进行削枝修叶，并充实理论、整合逻辑，以较好地满足教学需要。

（2）实用。结合旅游实际，教材将旅游商品按照地理分区划分为东北、华北、华东、华中、华南、西北、西南、青藏、港澳台九大地区，又将每个地区的商品按照实用品、工艺品、艺术品进行分类，学生直观了解每个地区的旅游商品。教材中又融合了导购的技能技巧，学生在掌握旅游商品的基础上，进而掌握如何利用导购技巧向游客推介旅游商品。

（3）创新。教材编写打破了原有的章节化，实现了模块化、项目化。整合、精炼理论内容，精心设计实践内容，合理安排知识点、技能点，在项目中通过提出任务—任务分析—确定知识点、技能点的方式，明确学生要掌握的知识，加大实践性教学的比例，充分体现课程的实践性、职业性，使学生达到学了就能懂、学了就会用、月了更想学的目的。

教材共分为三大模块，包括旅游商品导购基础理论、旅游区旅游商品认知、旅游商品导购技能与技巧。教材编写具有以下特点：

（1）内容行动化。教材内容选取、编排坚持行动导向，重实践与应用，学练结合。

（2）图文并茂。教材图文并茂，直观形象。

（3）可操作性强。教材编写每个任务增加了实训环节，理论与实践高度结合，易于操作。

本教材由教学经验丰富、专业基础扎实的多位旅游行业资深教师合力编写，编者来自山西旅游职业学院，张荣秀担任主编，负责大纲编写、内容修改和审定工作；胡果、张燕娟、郭瑞娟担任副主编。具体分工为：模块一中的项目一由王婷编写，项目二由左现娟编写；模块二中的项目一由张燕娟编写，项目二的任务一至任务五由张燕娟编写，项目二的任务六至任务九由郭瑞娟编写，项目三由张荣秀编写；模块三由胡果编写。

本书在编写过程中参阅与借鉴了许多专家、学者的相关论著以及报刊和网络中的一些文献资料，在此向被参考和引用文献的原作者表示衷心的感谢。

由于编写时间仓促，加之编者水平有限，本书难免有疏漏之处，恳请批评指正。

编者

2017 年 1 月

目　录

绪 论

党的二十大是在全党全国各族人民迈上全面建设社会主义现代化国家新征程、向第二个百年奋斗目标进军的关键时刻召开的一次十分重要的大会，是一次高举旗帜、凝聚力量、团结奋进的大会。党的二十大在政治上、理论上、实践上取得了一系列重大成果，就新时代新征程党和国家事业发展制定了大政方针和战略部署，是我们党团结带领人民全面建设社会主义现代化国家、全面推进中华民族伟大复兴的政治宣言和行动纲领，对于全党全国各族人民更加紧密团结在以习近平同志为核心的党中央周围，万众一心、接续奋斗，在新时代新征程夺取中国特色社会主义新的伟大胜利，具有极其重大而深远的意义。学习贯彻党的二十大精神，习近平总书记强调的“五个牢牢把握”是最精准的解读、最权威的辅导。要从战略和全局高度完整、准确、全面理解把握党的二十大精神，增强学习贯彻的政治自觉、思想自觉、行动自觉，为实现党的二十大确定的目标任务不懈奋斗。

一、深刻认识党的二十大胜利召开的伟大意义，提升新时代大学生政治站位

党的二十大担负起全党的重托和人民的期待，从战略全局深刻阐述了新时代坚持和发展中国特色社会主义的一系列重大理论和实践问题，科学谋划了未来一个时期党和国家事业发展的目标任务和大政方针，在党和国家历史上具有重大而深远的意义。

（一）这是中国共产党在百年辉煌成就和十年伟大变革的高起点上创造新时代更大荣光的大会

中国共产党在百年历程中共召开了十九次全国代表大会。党的二十大是我们党在建党百年后召开的首次全国代表大会，也是在新时代十年伟大变革的时间坐标上召开的全国代表大会，具有特别的里程碑意义。

（二）这是推进实践基础上的理论创新、开辟马克思主义中国化时代化新境界的大会

马克思主义中国化时代化既是马克思主义的自身要求，又是中国共产党坚持和发展马克思主义的必然路径。中国共产党为什么能，中国特色社会主义为什么好，归根到底是马克思主义行，是中国化时代化的马克思主义行。党的二十大深刻阐述了习近平新时代中国特色社会主义思想的科学内涵和精神实质，深入阐释了开辟马克思主义中国化时代化新境界的重大命题并提出了明确要求，具有重大理论意义。

（三）这是谋划全面建设社会主义现代化国家、以中国式现代化全面推进中华民族伟大复兴的大会

现代化是各国人民的共同期待和目标。百年来，我们党团结带领人民进行的一切奋斗、一切牺牲、一切创造，就是为了把我国建设成为现代化强国，实现中华民族伟大复兴。在新中国成立特别是改革开放以来的长期探索和实践基础上，经过党的十八大以来在理论和实践上的创新突破，我们党成功推进和拓展了中国式现代化，创造了人类文明新形态。党的二十大明确提出以中国式现代化全面推进中华民族伟大复兴的使命任务，精辟论述了中国式现代化的中国特色、本质要求和重大原则，深刻阐释了中国式现代化

的历史渊源、理论逻辑、实践特征和战略部署，大大深化了我们党关于中国式现代化的理论和实践。

（四）这是致力于推动构建人类命运共同体、携手开创人类更加美好未来的大会

当前，世界之变、时代之变、历史之变正以前所未有的方式展开，人类社会面临前所未有的挑战。世界又一次站在历史的十字路口，何去何从取决于各国人民的抉择。党的二十大深刻把握世界大势和时代潮流，宣示中国在变局、乱局中促进世界和平与发展、推动构建人类命运共同体的政策主张和坚定决心，为共创人类更加美好的未来注入强大信心和力量。

（五）这是推动解决大党独有难题、以党的自我革命引领社会革命的大会

全面建设社会主义现代化国家、全面推进中华民族伟大复兴，关键在党。党的二十大明确提出：我们党作为世界上最大的马克思主义执政党，要始终赢得人民拥护、巩固长期执政地位，必须时刻保持解决大党独有难题的清醒和坚定。

二、深刻把握党的二十大主题，激发新时代大学生爱国热情

党的二十大的主题，正是我们党对这些事关党和国家事业继往开来、事关中国特色社会主义前途命运、事关中华民族伟大复兴战略性问题的明确宣示，是大会的灵魂。习近平总书记在党的二十大报告中，开宗明义指出大会的主题：高举中国特色社会主义伟大旗帜，全面贯彻新时代中国特色社会主义思想，弘扬伟大建党精神，自信自强、守正创新，踔厉奋发、勇毅前行，为全面建设社会主义现代化国家、全面推进中华民族伟大复兴而团结奋斗。这一主题明确宣示了我们党在新征程上带领人民举什么旗、走什么路、以什么样的精神状态、朝着什么样的目标继续前进等重大问题。《中国共产党第二十次全国代表大会关于十九届中央委员会报告的决议》指出："报告阐明的大会主题是大会的灵魂，是党和国家事业发展的总纲。"学习理解党的二十大精神，必须把握这一"灵魂"，抓住这一"总纲"。大会主题中的六个关键词语值得我们高度重视。

（一）旗帜

新时代新征程党高举的旗帜就是"中国特色社会主义伟大旗帜"。大会主题写入这一根本要求，既体现了中国特色社会主义历史演进的连续性、继承性，又体现了新时代党坚持和发展中国特色社会主义的坚定性、恒久性。

（二）思想

大会主题所指示的"全面贯彻新时代中国特色社会主义思想"，就是要求在新时代新征程必须全面贯彻习近平新时代中国特色社会主义思想。党的二十大报告对此作出全面部署。

（三）精神

继在庆祝中国共产党成立100周年大会上习近平总书记提出并号召继承发扬伟大建党精神后，党的二十大主题写入了"弘扬伟大建党精神"的要求，新修改的党章载入了伟大建党精神"坚持真理、坚守理想，践行初心、担当使命，不怕牺牲、英勇斗争，对

党忠诚、不负人民”的内涵，这是党在自己最高权力机关及最高章程上的庄严宣示，明确回答了党以什么样的精神状态走好新的赶考之路的重大问题，不仅是贯穿大会报告的重要红线，也是今后党的全部理论和实践的重要遵循。

（四）现代化

“现代化”即“全面建设社会主义现代化国家”。这一重要主题彰显了当前和今后一个时期党的中心任务。党的二十大庄严宣告，从现在起，中国共产党的中心任务就是团结带领全国各族人民全面建成社会主义现代化强国、实现第二个百年奋斗目标，以中国式现代化全面推进中华民族伟大复兴。“中国式现代化”成为这次大会的重要标识。

（五）复兴

在党的二十大主题中，前后用了三个“全面”，即“全面贯彻新时代中国特色社会主义思想”“全面建设社会主义现代化国家”“全面推进中华民族伟大复兴”。第一个“全面”规定了新时代党的创新科学理论的指导地位，第二个“全面”规定了新时代新征程的中心任务，第三个“全面”规定了党在新时代新征程的奋斗目标。大会主题中的前两个“全面”，以及报告全文使用的其他一百多个“全面”，都是为了实现“全面推进中华民族伟大复兴”这一根本目标。

（六）团结奋斗

“团结奋斗”是党的二十大主题的鲜明特色。除了在主题中要求“为全面建设社会主义现代化国家、全面推进中华民族伟大复兴而团结奋斗”外，“团结奋斗”一词还体现在党的二十大报告的标题、导语、正文、结束语各个部分。报告全文共使用 7 次“团结奋斗”、27 次“团结”，突出表达了这次大会的主基调。

三、深入学习领悟过去五年工作和新时代十年伟大变革的重大意义，增强新时代大学生民族自豪感

过去五年和新时代以来的十年，在党和国家发展进程中极不寻常、极不平凡。习近平总书记在党的二十大报告中全面回顾总结了过去五年的工作和新时代十年的伟大变革，深刻指出新时代十年的伟大变革，在党史、新中国史、改革开放史、社会主义发展史、中华民族发展史上具有里程碑意义。学习宣传、贯彻落实党的二十大精神，必须深入学习领悟过去五年工作和新时代十年伟大变革的重大意义，坚定历史自信、增强历史主动，自觉在思想上政治上行动上同以习近平同志为核心的党中央保持高度一致。

党的二十大报告在总结党的十九大以来五年工作基础上，用“三件大事”、三个“历史性胜利”高度概括新时代十年走过的极不寻常、极不平凡的奋斗历程，从 16 个方面全面回顾党和国家事业发展取得的举世瞩目的重大成就，从 4 个方面总结提炼新时代十年伟大变革的里程碑意义。新时代十年的伟大变革，充分证明中国特色社会主义道路不仅走得对、走得通，而且走得稳、走得好。

四、深刻领会“两个结合”是推进马克思主义中国化时代化的根本途径，加强新时代大学生弘扬中华优秀传统文化教育

党的二十大报告提出，中国共产党为什么能，中国特色社会主义为什么好，归根到底是马克思主义行，是中国化时代化的马克思主义行。100多年来，我们党洞察时代大势，把握历史主动，进行艰辛探索，坚持解放思想和实事求是相统一、培元固本和守正创新相统一，把马克思主义基本原理同中国具体实际相结合、同中华优秀传统文化相结合，不断推进理论创新、进行理论创造，不断推进马克思主义中国化时代化，带领中国人民不懈奋斗，中华民族迎来了从站起来、富起来到强起来的伟大飞跃，实现中华民族伟大复兴进入了不可逆转的历史进程。

马克思主义理论不是教条，而是行动指南。习近平总书记在党的二十大报告中指出，我们坚持以马克思主义为指导，是要运用其科学的世界观和方法论解决中国的问题，而不是要背诵和重复其具体结论和词句，更不能把马克思主义当成一成不变的教条。坚持和发展马克思主义，必须同中国具体实际相结合。100多年来，我们党把坚持马克思主义和发展马克思主义统一起来，既始终坚持马克思主义基本原理不动摇，又根据中国革命、建设、改革实际，创造性地解决自己的问题，不断开辟马克思主义中国化时代化新境界。坚持和发展马克思主义，必须同中华优秀传统文化相结合。只有植根本国、本民族历史文化沃土，马克思主义真理之树才能根深叶茂。中华优秀传统文化源远流长、博大精深，是中华文明的智慧结晶，其中蕴含的天下为公、民为邦本、为政以德、革故鼎新、任人唯贤、天人合一、自强不息、厚德载物、讲信修睦、亲仁善邻等，是中国人民在长期生产生活中积累的宇宙观、天下观、社会观、道德观的重要体现，同科学社会主义核心价值观主张具有高度契合性。中国共产党之所以能够领导人民成功走出中国式现代化道路、创造人类文明新形态，很重要的一个原因就在于植根中华文化沃土，不断推进马克思主义中国化时代化，推动中华优秀传统文化创造性转化、创新性发展。

五、牢牢把握全面建设社会主义现代化国家开局起步的战略部署，指引新时代大学生守正创新促发展

党的二十大站在党和国家事业发展的制高点，科学谋划了未来五年乃至更长时期党和国家事业发展的目标任务和大政方针，发出了全面建设社会主义现代化国家、全面推进中华民族伟大复兴的动员令。

“全面建成社会主义现代化强国，总的战略安排是分两步走：从二〇二〇年到二〇三五年基本实现社会主义现代化；从二〇三五年到本世纪中叶把我国建成富强民主文明和谐美丽的社会主义现代化强国。”党的二十大对全面建成社会主义现代化强国两步走战略安排进行了宏观展望，又围绕统筹推进“五位一体”总体布局、协调推进“四个全面”战略布局，从11个方面对未来五年工作作出全面部署，全面构建了推进社会主

义现代化建设的实践体系。特别是把教育科技人才、全面依法治国、维护国家安全和社会稳定单列部分进行具体安排，充分体现了抓关键、补短板、防风险的战略考量，是党中央基于新的战略机遇、新的战略任务、新的战略阶段、新的战略要求、新的战略环境做出的科学判断和战略安排，必将引领全党全国各族人民有效应对世界之变、时代之变、历史之变，推动全面建设社会主义现代化国家开好局、起好步。

六、深入把握党的二十大关于文化和旅游工作的部署要求，推动文旅融合高质量发展

党的二十大作出推进文化自信自强、铸就社会主义文化新辉煌的重大战略部署，要准确把握社会主义文化建设的指导思想和原则目标、战略重点和主要任务以及中国立场和时代要求。

（一）要准确把握社会主义文化建设的指导思想和原则目标

党的二十大报告指出，全面建设社会主义现代化国家，必须坚持中国特色社会主义文化发展道路，增强文化自信，围绕举旗帜、聚民心、育新人、兴文化、展形象建设社会主义文化强国，发展面向现代化、面向世界、面向未来的，民族的科学的大众的社会主义文化，激发全民族文化创新创造活力，增强实现中华民族伟大复兴的精神力量。报告明确提出了社会主义文化建设的根本指导思想、基本原则和奋斗目标，坚持为人民服务、为社会主义服务，以社会主义核心价值观为引领，发展社会主义先进文化，弘扬革命文化，传承中华优秀传统文化，满足人民日益增长的精神文化需求，巩固全党全国各族人民团结奋斗的共同思想基础，不断提升国家文化软实力和中华文化影响力。

（二）要准确把握社会主义文化建设的战略重点和主要任务

党的二十大报告提出了建设具有强大凝聚力和引领力的社会主义意识形态、广泛践行社会主义核心价值观、提高全社会文明程度、繁荣发展文化事业和文化产业、增强中华文明传播力影响力五个方面的战略任务，准确把握、全面落实好这些战略重点和主要任务，对于推进文化自信自强，铸就社会主义文化新辉煌具有重要基础支撑作用。

（三）要准确把握社会主义文化建设的中国立场和时代要求

党的二十大报告指出：“中华优秀传统文化源远流长、博大精深，是中华文明的智慧结晶。”要把马克思主义基本原理与中华优秀传统文化相结合，不断推进马克思主义中国化，增强中华文明的传播力和影响力。

（四）以文塑旅、以旅彰文、推进文化和旅游深度融合发展

党的二十大报告明确提出，加大文物和文化遗产保护力度，加强城乡建设中历史文化保护传承，建好用好国家文化公园。坚持以文塑旅、以旅彰文，推进文化和旅游深度融合发展。这些重要论述，为文旅行业把握新发展阶段，贯彻新发展理念，构建新发展格局，推动高质量发展点明了方向，指明了路径，是未来 5 年乃至更长一段时间内文旅行业融合发展实践的根本遵循和行动指南，对文旅行业实现理念重构和实践创新具有非

常重要的现实指导意义。

七、深刻把握团结奋斗的新时代要求，为文旅行业培养高素质人才

在党的二十大上，习近平总书记宣示新时代新征程党的使命任务，发出了全面建设社会主义现代化国家、全面推进中华民族伟大复兴的动员令。从现在起，中国共产党的中心任务就是团结带领全国各族人民全面建成社会主义现代化强国、实现第二个百年奋斗目标，以中国式现代化全面推进中华民族伟大复兴。

美好的蓝图需要埋头苦干、团结奋斗才能变为现实。习近平总书记的铿锵宣示充满信心和力量——“党用伟大奋斗创造了百年伟业，也一定能用新的伟大奋斗创造新的伟业”。让我们更加紧密地团结在以习近平同志为核心的党中央周围，全面贯彻习近平新时代中国特色社会主义思想，坚定信心、同心同德，埋头苦干、奋勇前进，深入贯彻落实党的二十大精神和党中央决策部署，为全面建设社会主义现代化国家、全面推进中华民族伟大复兴而团结奋斗，在新的赶考之路上向历史和人民交出新的优异答卷！

相关链接 1

关于党的二十大报告，必须知道的“关键词”

2022 年 10 月 16 日，中国共产党第二十次全国代表大会开幕，习近平代表第十九届中央委员会向大会作报告。一起学习报告里的这些“关键词”。

【大会的主题】

大会的主题是：高举中国特色社会主义伟大旗帜，全面贯彻新时代中国特色社会主义思想，弘扬伟大建党精神，自信自强、守正创新，踔厉奋发、勇毅前行，为全面建设社会主义现代化国家、全面推进中华民族伟大复兴而团结奋斗。

【三个“务必”】

中国共产党已走过百年奋斗历程。我们党立志于中华民族千秋伟业，致力于人类和平与发展崇高事业，责任无比重大，使命无上光荣。全党同志务必不忘初心、牢记使命，务必谦虚谨慎、艰苦奋斗，务必敢于斗争、善于斗争，坚定历史自信，增强历史主动，谱写新时代中国特色社会主义更加绚丽的华章。

【极不寻常、极不平凡的五年】

党的十九大以来的五年，是极不寻常、极不平凡的五年。党中央统筹中华民族伟大复兴战略全局和世界百年未有之大变局，就党和国家事业发展作出重大战略部署，团结带领全党全军全国各族人民有效应对严峻复杂的国际形势和接踵而至的巨大风险挑战，以奋发有为的精神把新时代中国特色社会主义不断推向前进。

【三件大事】

十年来，我们经历了对党和人民事业具有重大现实意义和深远历史意义的三件大事：

一是迎来中国共产党成立一百周年，二是中国特色社会主义进入新时代，三是完成脱贫攻坚、全面建成小康社会的历史任务，实现第一个百年奋斗目标。

【新时代十年的伟大变革】

新时代十年的伟大变革，在党史、新中国史、改革开放史、社会主义发展史、中华民族发展史上具有里程碑意义。

【归根到底是两个“行”】

实践告诉我们，中国共产党为什么能，中国特色社会主义为什么好，归根到底是马克思主义行，是中国化时代化的马克思主义行。拥有马克思主义科学理论指导是我们党坚定信仰信念、把握历史主动的根本所在。

【中国共产党的中心任务】

从现在起，中国共产党的中心任务就是团结带领全国各族人民全面建成社会主义现代化强国、实现第二个百年奋斗目标，以中国式现代化全面推进中华民族伟大复兴。

【中国式现代化】

中国式现代化，是中国共产党领导的社会主义现代化，既有各国现代化的共同特征，更有基于自己国情的中国特色。

——中国式现代化是人口规模巨大的现代化。

——中国式现代化是全体人民共同富裕的现代化。

——中国式现代化是物质文明和精神文明相协调的现代化。

——中国式现代化是人与自然和谐共生的现代化。

——中国式现代化是走和平发展道路的现代化。

中国式现代化的本质要求是：坚持中国共产党领导，坚持中国特色社会主义，实现高质量发展，发展全过程人民民主，丰富人民精神世界，实现全体人民共同富裕，促进人与自然和谐共生，推动构建人类命运共同体，创造人类文明新形态。

【全面建设社会主义现代化国家开局起步的关键时期】

未来五年是全面建设社会主义现代化国家开局起步的关键时期。

【五个“坚持”】

我国发展进入战略机遇和风险挑战并存、不确定难预料因素增多的时期，各种“黑天鹅”“灰犀牛”事件随时可能发生。我们必须增强忧患意识，坚持底线思维，做到居安思危、未雨绸缪，准备经受风高浪急甚至惊涛骇浪的重大考验。前进道路上，必须牢牢把握以下重大原则。

——坚持和加强党的全面领导。

——坚持中国特色社会主义道路。

——坚持以人民为中心的发展思想。

——坚持深化改革开放。

——坚持发扬斗争精神。

【加快构建新发展格局】

必须完整、准确、全面贯彻新发展理念，坚持社会主义市场经济改革方向，坚持高水平对外开放，加快构建以国内大循环为主体、国内国际双循环相互促进的新发展格局。

【发展经济着力点】

坚持把发展经济的着力点放在实体经济上，推进新型工业化，加快建设制造强国、质量强国、航天强国、交通强国、网络强国、数字中国。

【实施科教兴国战略】

必须坚持科技是第一生产力、人才是第一资源、创新是第一动力，深入实施科教兴国战略、人才强国战略、创新驱动发展战略，开辟发展新领域新赛道，不断塑造发展新动能新优势。

坚持创新在我国现代化建设全局中的核心地位。完善党中央对科技工作统一领导的体制，健全新型举国体制，强化国家战略科技力量，优化配置创新资源，提升国家创新体系整体效能。

【全过程人民民主】

全过程人民民主是社会主义民主政治的本质属性，是最广泛、最真实、最管用的民主。必须坚定不移走中国特色社会主义政治发展道路，坚持党的领导、人民当家作主、依法治国有机统一。

【全面依法治国】

全面依法治国是国家治理的一场深刻革命，关系党执政兴国，关系人民幸福安康，关系党和国家长治久安。必须更好发挥法治固根本、稳预期、利长远的保障作用，在法治轨道上全面建设社会主义现代化国家。

【文化自信自强】

全面建设社会主义现代化国家，必须坚持中国特色社会主义文化发展道路，增强文化自信，围绕举旗帜、聚民心、育新人、兴文化、展形象建设社会主义文化强国，发展面向现代化、面向世界、面向未来的，民族的科学的大众的社会主义文化，激发全民族文化创新创造活力，增强实现中华民族伟大复兴的精神力量。

【为民造福】

治国有常，利民为本。为民造福是立党为公、执政为民的本质要求。必须坚持在发展中保障和改善民生，鼓励共同奋斗创造美好生活，不断实现人民对美好生活的向往。

【完善分配制度】

坚持按劳分配为主体、多种分配方式并存，构建初次分配、再分配、第三次分配协调配套的制度体系。努力提高居民收入在国民收入分配中的比重，提高劳动报酬在初次分配中的比重。坚持多劳多得，鼓励勤劳致富，促进机会公平，增加低收入者收入，扩大中等收入群体。规范收入分配秩序，规范财富积累机制，保护合法收入，调节过高收入，取缔非法收入。

【推动绿色发展】

大自然是人类赖以生存发展的基本条件。尊重自然、顺应自然、保护自然，是全面建设社会主义现代化国家的内在要求。必须牢固树立和践行绿水青山就是金山银山的理念，站在人与自然和谐共生的高度谋划发展。

【总体国家安全观】

国家安全是民族复兴的根基，社会稳定是国家强盛的前提。必须坚定不移贯彻总体国家安全观，把维护国家安全贯穿党和国家工作各方面全过程，确保国家安全和社会稳定。

【新安全格局】

我们要坚持以人民安全为宗旨、以政治安全为根本、以经济安全为基础、以军事科技文化社会安全为保障、以促进国际安全为依托，统筹外部安全和内部安全、国土安全和国民安全、传统安全和非传统安全、自身安全和共同安全，统筹维护和塑造国家安全，夯实国家安全和社会稳定基层基础，完善参与全球安全治理机制，建设更高水平的平安中国，以新安全格局保障新发展格局。

【开创国防和军队现代化新局面】

实现建军一百年奋斗目标，开创国防和军队现代化新局面。

如期实现建军一百年奋斗目标，加快把人民军队建成世界一流军队，是全面建设社会主义现代化国家的战略要求。必须贯彻新时代党的强军思想，贯彻新时代军事战略方针，坚持党对人民军队的绝对领导，坚持政治建军、改革强军、科技强军、人才强军、依法治军，坚持边斗争、边备战、边建设，坚持机械化信息化智能化融合发展，加快军事理论现代化、军队组织形态现代化、军事人员现代化、武器装备现代化，提高捍卫国家主权、安全、发展利益战略能力，有效履行新时代人民军队使命任务。

【坚持和完善“一国两制”，推进祖国统一】

“一国两制”是中国特色社会主义的伟大创举，是香港、澳门回归后保持长期繁荣稳定的最佳制度安排，必须长期坚持。

坚持贯彻新时代党解决台湾问题的总体方略，牢牢把握两岸关系主导权和主动权，坚定不移推进祖国统一大业。

解决台湾问题是中国人自己的事，要由中国人来决定。我们坚持以最大诚意、尽最大努力争取和平统一的前景，但决不承诺放弃使用武力，保留采取一切必要措施的选项，这针对的是外部势力干涉和极少数“台独”分裂分子及其分裂活动，绝非针对广大台湾同胞。国家统一、民族复兴的历史车轮滚滚向前，祖国完全统一一定要实现，也一定能够实现！

【人类命运共同体】

中国提出了全球发展倡议、全球安全倡议，愿同国际社会一道努力落实。我们真诚呼吁，世界各国弘扬和平、发展、公平、正义、民主、自由的全人类共同价值，促进各国人民相知相亲，尊重世界文明多样性，以文明交流超越文明隔阂、文明互鉴超越文明冲突、文明共存超越文明优越，共同应对各种全球性挑战。中国人民愿同世界人民携手开创人类更加美好的未来。

【新时代党的建设新的伟大工程】

全面建设社会主义现代化国家、全面推进中华民族伟大复兴，关键在党。我们党作为世界上最大的马克思主义执政党，要始终赢得人民拥护、巩固长期执政地位，必须时刻保持解决大党独有难题的清醒和坚定。全党必须牢记，全面从严治党永远在路上，党的自我革命永远在路上，决不能有松劲歇脚、疲劳厌战的情绪，必须持之以恒推进全面从严治党，深入推进新时代党的建设新的伟大工程，以党的自我革命引领社会革命。

【五个“必由之路”】

全党必须牢记，坚持党的全面领导是坚持和发展中国特色社会主义的必由之路，中国特色社会主义是实现中华民族伟大复兴的必由之路，团结奋斗是中国人民创造历史伟业的必由之路，贯彻新发展理念是新时代我国发展壮大的必由之路，全面从严治党是党永葆生机活力、走好新的赶考之路的必由之路。

【战略性工作】

青年强，则国家强。当代中国青年生逢其时，施展才干的舞台无比广阔，实现梦想的前景无比光明。全党要把青年工作作为战略性工作来抓，用党的科学理论武装青年，用党的初心使命感召青年，做青年朋友的知心人、青年工作的热心人、青年群众的引路人。

资料来源：人民网·中国共产党新闻网．

相关链接 2

9 个重要表述，带你理解高质量

习近平在党的二十大报告中提出，必须完整、准确、全面贯彻新发展理念，坚持社会主义市场经济改革方向，坚持高水平对外开放，加快构建以国内大循环为主体、国内国际双循环相互促进的新发展格局。

中国式现代化

报告原文

在新中国成立特别是改革开放以来长期探索和实践基础上，经过十八大以来在理论和实践上的创新突破，我们党成功推进和拓展了中国式现代化。

中国式现代化，是中国共产党领导的社会主义现代化，既有各国现代化的共同特征，更有基于自己国情的中国特色。

高水平社会主义市场经济体制

报告原文

构建高水平社会主义市场经济体制。坚持和完善社会主义基本经济制度，毫不动摇巩固和发展公有制经济，毫不动摇鼓励、支持、引导非公有制经济发展，充分发挥市场在资源配置中的决定性作用，更好发挥政府作用。

现代化产业体系

报告原文

建设现代化产业体系。坚持把发展经济的着力点放在实体经济上，推进新型工业化，加快建设制造强国、质量强国、航天强国、交通强国、网络强国、数字中国。

区域协调发展

报告原文

促进区域协调发展。深入实施区域协调发展战略、区域重大战略、主体功能区战略、新型城镇化战略，优化重大生产力布局，构建优势互补、高质量发展的区域经济布局和国土空间体系。

新领域新赛道

报告原文

必须坚持科技是第一生产力、人才是第一资源、创新是第一动力，深入实施科教兴国战略、人才强国战略、创新驱动发展战略，开辟发展新领域新赛道，不断塑造发展新动能新优势。

乡村振兴

报告原文

全面推进乡村振兴。坚持农业农村优先发展，坚持城乡融合发展，畅通城乡要素流动。扎实推动乡村产业、人才、文化、生态、组织振兴。全方位夯实粮食安全根基，牢牢守住十八亿亩耕地红线。深化农村土地制度改革，赋予农民更加充分的财产权益。保障进城落户农民合法土地权益，鼓励依法自愿有偿转让。

高水平对外开放

报告原文

推进高水平对外开放。稳步扩大规则、规制、管理、标准等制度型开放。加快建设贸易强国。营造市场化、法治化、国际化一流营商环境。推动共建"一带一路"高质量发展。有序推进人民币国际化。深度参与全球产业分工和合作，维护多元稳定的国际经济格局和经贸关系。

共同富裕

报告原文

我们要实现好、维护好、发展好最广大人民根本利益，紧紧抓住人民最关心最直接最现实的利益问题，坚持尽力而为、量力而行，深入群众、深入基层，采取更多惠民生、暖民心举措，着力解决好人民群众急难愁盼问题，健全基本公共服务体系，提高公共服务水平，增强均衡性和可及性，扎实推进共同富裕。

和谐共生

报告原文

大自然是人类赖以生存发展的基本条件。尊重自然、顺应自然、保护自然，是全面建设社会主义现代化国家的内在要求。必须牢固树立和践行绿水青山就是金山银山的理念，站在人与自然和谐共生的高度谋划发展。

资料来源：http://finance.people.com.cn/n1/2022/1018/c1004-32547280.html.

相关链接 3

高举中国特色社会主义伟大旗帜
为全面建设社会主义现代化国家而团结奋斗
——在中国共产党第二十次全国代表大会上的报告（节选）

八、推进文化自信自强，铸就社会主义文化新辉煌

全面建设社会主义现代化国家，必须坚持中国特色社会主义文化发展道路，增强文化自信，围绕举旗帜、聚民心、育新人、兴文化、展形象建设社会主义文化强国，发展面向现代化、面向世界、面向未来的，民族的科学的大众的社会主义文化，激发全民族文化创新创造活力，增强实现中华民族伟大复兴的精神力量。

我们要坚持马克思主义在意识形态领域指导地位的根本制度，坚持为人民服务、为社会主义服务，坚持百花齐放、百家争鸣，坚持创造性转化、创新性发展，以社会主义核心价值观为引领，发展社会主义先进文化，弘扬革命文化，传承中华优秀传统文化，满足人民日益增长的精神文化需求，巩固全党全国各族人民团结奋斗的共同思想基础，不断提升国家文化软实力和中华文化影响力。

（一）建设具有强大凝聚力和引领力的社会主义意识形态

意识形态工作是为国家立心、为民族立魂的工作。牢牢掌握党对意识形态工作领导权，全面落实意识形态工作责任制，巩固壮大奋进新时代的主流思想舆论。健全用党的创新理论武装全党、教育人民、指导实践工作体系。加强全媒体传播体系建设，塑造主流舆论新格局。健全网络综合治理体系，推动形成良好网络生态。

（二）广泛践行社会主义核心价值观

社会主义核心价值观是凝聚人心、汇聚民力的强大力量。弘扬以伟大建党精神为源头的中国共产党人精神谱系，用好红色资源，深入开展社会主义核心价值观宣传教育，

深化爱国主义、集体主义、社会主义教育，着力培养担当民族复兴大任的时代新人。推动理想信念教育常态化制度化，持续抓好党史、新中国史、改革开放史、社会主义发展史宣传教育，引导人民知史爱党、知史爱国，不断坚定中国特色社会主义共同理想。用社会主义核心价值观铸魂育人，完善思想政治工作体系，推进大中小学思想政治教育一体化建设。坚持依法治国和以德治国相结合，把社会主义核心价值观融入法治建设、融入社会发展、融入日常生活。

（三）提高全社会文明程度

实施公民道德建设工程，弘扬中华传统美德，加强家庭家教家风建设，加强和改进未成年人思想道德建设，推动明大德、守公德、严私德，提高人民道德水准和文明素养。统筹推动文明培育、文明实践、文明创建，推进城乡精神文明建设融合发展，在全社会弘扬劳动精神、奋斗精神、奉献精神、创造精神、勤俭节约精神，培育时代新风新貌。加强国家科普能力建设，深化全民阅读活动。完善志愿服务制度和工作体系。弘扬诚信文化，健全诚信建设长效机制。发挥党和国家功勋荣誉表彰的精神引领、典型示范作用，推动全社会见贤思齐、崇尚英雄、争做先锋。

（四）繁荣发展文化事业和文化产业

坚持以人民为中心的创作导向，推出更多增强人民精神力量的优秀作品，培育造就大批德艺双馨的文学艺术家和规模宏大的文化文艺人才队伍。坚持把社会效益放在首位、社会效益和经济效益相统一，深化文化体制改革，完善文化经济政策。实施国家文化数字化战略，健全现代公共文化服务体系，创新实施文化惠民工程。健全现代文化产业体系和市场体系，实施重大文化产业项目带动战略。加大文物和文化遗产保护力度，加强城乡建设中历史文化保护传承，建好用好国家文化公园。坚持以文塑旅、以旅彰文，推进文化和旅游深度融合发展。广泛开展全民健身活动，加强青少年体育工作，促进群众体育和竞技体育全面发展，加快建设体育强国。

（五）增强中华文明传播力影响力

坚守中华文化立场，提炼展示中华文明的精神标识和文化精髓，加快构建中国话语和中国叙事体系，讲好中国故事、传播好中国声音，展现可信、可爱、可敬的中国形象。加强国际传播能力建设，全面提升国际传播效能，形成同我国综合国力和国际地位相匹配的国际话语权。深化文明交流互鉴，推动中华文化更好走向世界。

资料来源：http://www.gov.cn/xinwen/2022-10/25/content_5721685.htm.

模块一

旅游商品导购基础理论

项目一　认识旅游商品

任务一　认识旅游商品的含义和特征

◆【任务引入】

创意商品亮相旅游商品博览会

2016 年 5 月 24 日，第八届中国国际旅游商品博览会在义乌国际博览中心开幕，来自美国、德国、阿根廷、日本等 21 个国家和地区以及国内的 1300 多家企业参加了展会。在全国旅游商品大赛作品展区上，海南椰雕作品《麒麟吐珠》椰雕蓝牙便携音箱引起很多人注意。据作品设计者、省级传承人吴名驹介绍，《麒麟吐珠》椰雕蓝牙便携音箱取材椰壳，椰壳具有硬度高、密度高的特性，作为箱体音质震撼且饱满，椰壳天然环保可再生，把椰壳运用到文化，运用现代科技进行创新生产出来的产品，是一种接地气的旅游商品。

帽子的尴尬

有位旅游爱好者在山东的某知名景区花 20 元钱买了一顶帽子。他戴着这顶帽子南下，来到湖南的某景区，看到同样的帽子，只是颜色不同，于是他跟湖南的这个小摊主说："我在你这儿买的帽子，颜色不喜欢，我想换一顶。"然后，他戴着这顶帽子来到福建的某个景点，如法炮制，又换了一顶颜色不同的帽子。

当大多数人认为这是一个笑话的时候，这却是一个真实的事件。"十个景区一个特产"的例子每天都在大部分地区发生。同质化的旅游纪念品饱受诟病，也伤了旅游爱好者们的心。

问题：1. 为什么说椰雕蓝牙便携音箱是旅游商品？什么样的商品可以称为旅游商品？

2. 针对各地旅游商品雷同现象，好的旅游商品应满足哪些特征要求？

案例分析：不是所有的商品都可以作为旅游商品，椰雕蓝牙便携音箱属于旅游商品，因为它是针对旅游者设计的，并结合了海南当地"椰文化"特色，便于携带、消费、收藏、馈赠亲友。成功的旅游商品应该是独一无二的，能够承载游客对旅游地的印象，具有当地文化特色，并具有经济、实用、便携等特性，更能满足旅游者将地域特色和独特的旅游经历带回家的愿望。

◆【任务分析】

旅游商品作为旅游购物的载体，既有商品的一般特性，又有区别于普通商品的独特属性，而判断旅游商品的优劣、介绍旅游商品的亮点都离不开旅游商品的特征，理解与掌握旅游商品的含义及特征有助于导购员准确到位地营销旅游商品。

完成以上任务应掌握以下知识点及技能点。

知识点：1. 商品和旅游商品的含义；

2. 旅游商品的特征。

技能点：1. 具备准确识别旅游商品的能力；

2. 能够通过旅游商品的特征更好地挖掘商品的销售亮点。

◆【知识链接】

一、商品

（一）商品的含义

商品是用来交换的劳动产品，具有使用价值和价值二重属性，表现为商品的自然属性和社会属性。从经济学的角度来看，商品是历史的产物，是交换和分工的产物。

早在原始社会，人们共同生产、共同消费。随着社会生产力的进步，在由原始社会发展到奴隶社会时，出现了三次社会大分工，即畜牧业与农业的大分工，手工业、农业和畜牧业的分离，商业从农业、畜牧业和手工业中分离出来。通过社会分工，出现了各种社会劳动划分和独立化的不同行业或部门。社会分工带来了生产的专门化，分工成为商品生产存在的条件。与此同时，私有制渐渐登上了历史舞台。这时候的产品生产劳动是私人劳动，生产的产品归私人所有。社会分工导致不同的生产资料和产品分属不同的所有者，人们为了满足生活需要，便通过对等的原则相互交换产品，这样，产品必然表现为商品。

（二）商品的特点

1. 二重属性

商品具有使用价值的自然属性和价值的社会属性。

2. 可交换性

商品的生产目的就是用来交换。交换价值是指两种商品相互交换的量的关系或比例。对商品所有者来说，商品只有通过交换之后，才能实现其价值；对商品使用者来说，商品只有通过交换之后，才能实现使用价值。

3. 社会性

商品的社会性表现在商品生产和流通过程的社会性、商品使用价值的社会性、商品价值的社会性、商品交换价值的社会性等方面。

商品生产和流通过程的社会性，是指商品的生产和流通都是社会性的生产和流通，这一过程反映了商品所处的社会经济形态；商品使用价值的社会性，显示了商品的使用价值是商品的自然属性与人和社会交换需要之间的满足关系；商品价值的社会性指商品的价值量由社会必要劳动时间决定；商品交换价值的社会性，要求商品应该具有满足社会需要的属性，以达到实现交换的目的。

4. 变化性

随着人类利用自然技术的发展和进步及人类消费时尚的变化，商品的范围和形态也在不断变化。在当今社会，服务也变成了一种无形的商品。如在国际标准组织（ISO）的定义中，商品的概念包括硬件、软件、流程性材料和服务4项，其中服务就是商品，或者为生产商品的必要组成部分。服务商品的内涵很广，包括12大类：接待（含餐馆、饭店、旅行社、娱乐场所、广播、电视、度假村等），交通与通信，健康，维修，公用事业，贸易，金融，专业服务，行政管理，技术，采购，科学服务。

二、旅游商品

（一）旅游商品的含义

随着旅游的发展，旅游商品的内涵和外延不断扩大，自20世纪90年代，学术界就开始对旅游商品的概念进行探索与研究，学者们从不同学科角度出发，运用多种研究方法对旅游商品的概念进行探讨，但至今在一些方面仍未达成统一意见。

曾任国家旅游局综合业务司司长的蔡贻谟认为，旅游商品是指旅游者在旅游过程中所购置的物品，能够与货币直接交换的实物性商品，具有完整的物质形态和旅游目的地特色。北京联合大学旅游学院顾维周认为，旅游者在异地购买并在旅途中使用、消费或携回使用、馈赠亲友、收藏的物品，叫旅游商品。桂林旅游学院的刘敦荣教授给旅游商品下的定义是：供给者为满足旅游者的需求，以出卖交换为目的而提供的具有使用价值和价值的有形商品与无形服务（无形商品）的总和。

结合已有研究成果，本书对旅游商品采用以下定义：旅游商品是旅游者在旅游目的地，不以营利为目的所购买的具有地方特色，主要用于自己消费、收藏或者馈赠亲友的实物性商品。具体来看，旅游商品的购买主体是旅游者；购买地点是旅游目的地；购买对象是实物性的商品，而非即时性的享受与消费；购买目的是自己收藏、消费或馈赠亲友，而非商业目的。

（二）旅游商品与商品的差异性

与一般的商品相比，旅游商品的差异性主要体现在以下方面：

1. 管理和生产主体广泛

旅游商品的生产，不仅包括旅游相关企业，还涉及商业、文化、工业、农业、财政、物价和服务业等，是一个管理和生产主体广泛而复杂的产业。因此，其经济效益的高低不仅影响到旅游业，更是地区综合经济实力的反映，还是地方管理水平的集中和综合体现。

2. 服务对象特殊

一般商品的主要服务对象是当地居民，生产和经营的主要目的是满足当地居民日常生活的消费需要。旅游商品的服务对象是旅游者，没有旅游者，也就无所谓旅游商品。

从生产和经营的角度来看，旅游商品是旅游目的地国家或地区为了满足国内外游客在本地进行旅游活动时的购物需要而生产和经营的物质产品，因而旅游商品的生产和经营要具有满足旅游者需求的针对性。

3. 市场需求具有指向性

对旅游者来说，旅游消费是一种非生产性消费，带有享受性。一般商品出于满足居民日常生活的需要，更加注重其实用性和经济性；而旅游商品则更注重其纪念性、艺术性、民族性、地方性和礼品性。因而，旅游商品的品种、档次、特色、包装乃至价格都与一般商品不同。

4. 销售网点布局集中

为满足旅游者的活动需求，旅游商品销售网点多设置在城市的繁华商业地带、旅游景区点、宾馆饭店和购物中心、交通枢纽等地区，分布比较集中。而满足当地居民日常生活需要的一般商品销售网点多集中在居民聚居区和交通便利的地方，分布比较均匀。

5. 经营波动性大

旅游商品的经营是建立在旅游客流基础上的物流和商流活动，旅游流在许多地方都呈现明显的季节性、流动性和暂时性，因而旅游市场的淡、旺季波动必然导致旅游商品经营的波动。而当地居民的一般商品经营活动具有长期性和稳定性特征。

当然，旅游商品和一般商品的这些差别不是绝对的。旅游者也有可能光顾当地居民的购物区，旅游者在目的地消费日用品时，与当地居民并没有差别。换言之，从消费者的角度来说，只要是旅游者消费的实物商品，都属于旅游商品。即旅游商品与一般商品的根本区别在于购买者。

三、旅游商品的特征

（一）文化性

旅游商品在题材、质地、技艺上都带有旅游目的地国家或地区的文化特征，其文化内涵极具地方风格。例如，北京景泰蓝、酒泉夜光杯等都有自己独特的工艺，苏、粤、蜀、湘“四大名绣”在图案、针法、绣工上各有不同的地方风格，广东肇庆的端砚、浙江湖州的湖笔、安徽的徽墨和宣纸等均为地方独有产品，这些都是地方文化特色的反映。即使是旅游食品、日用品、服饰等实用性旅游商品，也能够在用料、技法、造型、色彩、纹样、装饰上反映出各国、各地、各民族的文化特色。还有一些粗犷的、原始的、乡土的旅游商品，也具有区域文化的韵味。旅游商品的文化性特征主要表现在历史传承和地方特色上，如白陶鬶就反映了大汶口文化的典型特质。

（二）艺术性

艺术性是指旅游商品的整体设计新颖奇特、美观别致，具有艺术欣赏的特性。旅游商品是随着旅游商品活动的发展而产生的。旅游活动本身就是审美活动，因而为满足旅游活动需要而产生的旅游商品，同样具有艺术欣赏价值，在创作上同样追求艺术美。例如，可供陈设的雕刻工艺品、字画、壁饰，既可观赏又能实用的茶具、酒具、灯具、钟、笔、伞、扇等，设计新颖奇特，制作美观精致，都能给人以美的艺术享受。旅游商品的艺术性主要表现在主体的艺术性、制作的艺术性等方面。

（三）经济性

经济性是指旅游商品在价格上低于客源地的特性。在旅游者的购物特性中，除了为旅游商品的新颖、奇异和特色所吸引之外，经济性也是重要的影响因素之一。淘货或价格优势成为当代人购物旅游的主要目的之一，这是由于当地生产的旅游商品，在原料成本、生产成本、劳动力成本上都有客源地所无法比拟的优势，因而有明显的价格优势。同时，旅游者就地消费，节省了商品的流通和运输成本。

（四）纪念性

旅游商品的纪念性来源于商品本身的地方特色和艺术价值。旅游商品能够表现出文化、艺术和民族特色，且承载着旅游者的旅途经历，能为购买者留下美好的回忆，具有纪念性。旅游商品还能作为礼品赠送给亲朋好友，对接受礼品者也具有纪念意义。一般而言，旅游商品地方特色越浓厚、艺术价值越高，对游客的吸引力就越大，纪念性就越强。

（五）实用性

旅游商品的实用性表现为具体使用性和抽象使用性。旅游者在旅游活动过程中购买的食品、日用品等，都能满足旅游者的基本生活需要。一些工艺品、装饰品虽以观赏价值为主，但也同时能供实际使用，如工艺器皿、漆木家具等，这是艺术性与实用性的结合，这类旅游商品同时具备了具体的使用性和抽象的使用性。一些纯欣赏品如各种质地、造型的摆件，能满足人们在精神、情趣、社交等方面的需求，这就是一种抽象的使用性，如实用的核雕手链，能表现出佩戴者的个性。在旅游消费中，人们往往更注重旅游商品的抽象使用性。

（六）便携性

旅游商品在设计和生产上强调“轻、薄、短、小”。旅游活动总是伴随着长距离的旅游交通，如果旅游商品的体积大且重，旅游者携带起来极为不便，则会影响旅游者的购买欲望。同时，旅游商品的包装设计也要满足便携性的需求，如便于提拿、大包装改为小包装、外包装保护内部物品等设计。例如，过去我国出口的人参，大都采用大包装的形式，吸引不了消费者，只能压价销售。现在改大包装为小包装，配以漂亮的礼盒和红绸带，再以老寿星、人参娃娃等图案来装饰，赢得了大批海外旅游者的青睐。他们把袖珍人参视为馈赠亲友的上好礼品，纷纷购买，人参的价格也随之上涨了许多。

旅游商品除了上述几个特征外，还具有集合性、依赖性和角色指向性等特征。

【任务实施】

介绍家乡的旅游商品

实训目的：理解旅游商品的含义及特征。

实训内容：分享家乡的旅游商品并说明其特征。

实训步骤：1. 按籍贯分组。

2. 收集所在地区的旅游商品。

3. 对旅游商品及其特征进行归纳整理并制作 PPT，以小组为单位进行展示。

4. 教师对小组展示结果进行点评。

任务二　学习旅游商品的作用及分类

◆【任务引入】

旅游商品发展引关注

旅游商品承载了满足旅游者购物需求和传播旅游目的地形象的双重重任，是旅游“吃、住、行、游、购、娱”六要素中的一个重要环节。好的旅游商品能吸引世界各地游客重复前往某一景点消费，从而提升地区经济效益，扩大旅游地知名度，提高国家或地区旅游产业创汇能力，带动相关产业发展。在国际上，旅游购物消费多少是衡量一个国家或地区旅游业是否成熟的重要标志，而旅游商品恰恰是旅游购物的基础。因此，各国都高度重视旅游商品的开发和营销。

石塘路市场分类管理特色强

秦皇岛市石塘路市场坐落于闻名遐迩的旅游避暑胜地、具有“夏都”之称的北戴河石塘路中段。市场依山傍海，位置优越，交通便利，是北戴河最大的旅游商品购物市场，也是众多游客购物的首选地。市场经营项目有以珍珠和贝壳等为主要原材料的饰品及手工艺品、干鲜海产品和服装等30大类，1000多个品种。石塘路市场共两层：一层以珍珠项链和海产食品为主；二层主要经营贝壳挂件、珍珠和贝壳工艺品、高档玉石制品、服装。特别是一层的项链工艺品区目前已成为全国最大的项链工艺品市场，经营面积达5200平方米，年成交额1亿元，是北方最大的珍珠批发市场。商场内布局合理，不同类型产品划分清晰，为旅游者购物提供了方便，节省了时间。

问题：1. 旅游商品的重要作用体现在哪些方面？

2. 石塘路市场为什么要对旅游商品进行分类？旅游商品应如何分类？

案例分析：旅游商品是特殊的商品，它的开发、设计、销售将直接影响到旅游者的旅游体验、旅游目的地的形象传播、旅游产业的健康发展。石塘路市场对旅游商品进行分类便于游客选购商品，便于商场的经营管理和统计核算，在产品编码、生产流通等方面也更为科学。对旅游商品导购员来说，细分不仅有利于产品知识的分类记忆，更有利于推销相互关联的商品。

◆【任务分析】

旅游商品对旅游者、旅游目的地及旅游产业均有重要影响，作为旅游商品导购员应全面地认识和理解各方面作用。而对旅游商品进行分类除了产品陈列本身的条理、清晰、美观之外，对于经营者管理、旅游者选购、导购员推销都有着极其重要的影响。

完成以上任务应掌握以下知识点及技能点。

知识点：1. 旅游商品对旅游产业、旅游目的地以及旅游者的作用；

2. 旅游商品的分类方法。

技能点：1. 能够通过营销旅游商品发挥其重要作用；

2. 能够准确地对某一具体旅游商品进行分类。

◆【知识链接】

一、旅游商品的作用

在旅游经济收入中，旅游商品销售收入占相当大的份额。一般情况下其比重为30%左右，香港的旅游商品销售收入甚至占旅游业总收入的60%以上。旅游商品在旅游业中的重要经济地位，决定了发展旅游商品的必然性和重要性。

旅游商品的开发、生产、供应和销售在提高旅游地经济效益、传播旅游地形象、优化旅游产业结构、满足旅游者的购物需求、完善旅游教育等方面都具有重要的作用，是地方旅游市场经济效益产出的重要组成部分。发展地方旅游商品，体现为对地方经济的推动作用，旅游者购物比例的大小是衡量旅游地旅游业发展程度高低的重要标志。旅游商品收入在旅游总收入中所占的比重，往往能显示一个地区旅游经济发展的程度和潜力大小。旅游商品对旅游产业、旅游目的地和旅游者的重要作用具体体现在以下方面：

（一）旅游商品对旅游产业的作用

1. 旅游商品的发展是提高旅游业整体经济效益的重要途径

旅游产业主要由旅游活动中的吃、住、行、游、购、娱六要素组成，其中吃、住、行的花费相对稳定，唯有购物弹性最大，最有潜力可挖。从当前情况看，我国国内旅游消费结构中吃、住、行的支出比重较大，达75%~85%，游、购、娱的支出占15%~25%。未来旅游消费需求将从观光型向度假型、娱乐参与型、享受购物型转变，这样必然加大对旅游商品的需求。因此，在客源量稳定的情况下，如要提高旅游业的收入，便要在适应旅游者需求的基础上通过各种途径开发和提供大量适销对路、价格适中且具有特色与新意的旅游商品。

2. 旅游商品的发展是优化旅游产业结构的重要形式

发展旅游商品，可促进地方轻工、农、外贸等行业的发展。旅游商品与非旅游商品之间并无不可逾越的界限。土特产品或轻工产品一经打上地方特色或旅游特色的烙印，进入旅游消费市场，便同时具有其固有的使用价值与旅游纪念的特殊使用价值，激发游客的消费欲望并使游客产生购买行为，使这些产品成为旅游商品，从而达到优化旅游产业结构的目的。

（二）旅游商品对旅游目的地的作用

1. 旅游商品为旅游目的地带来巨大的经济效益

在国际旅游市场上，发展旅游商品对外销售可为国家换取外汇，填补我国外贸的不足。旅游商品一般来说是就地生产、就地销售的，是就地“出口”商品，节省了许多外贸工作与手续，减少了各种损失，因此换外汇率大大高于一般商品。

在国内旅游市场上，发展旅游商品可以刺激旅游消费和购物，尽快回笼货币，有利于支援国家建设。例如，鄂东大别山是革命老区，经济落后，许多百姓自己编草鞋穿。开发旅游后，游客看中了如今在商店里面看不到的草鞋，觉得穿着有个性、比较舒适，又符合生态旅游的要求。当地有人灵机一动，把草鞋命名为“红军鞋”。“红军鞋”很受欢迎，还出口到日本，既解决了老百姓的就业问题，又增加了收入。

2. 旅游商品成为旅游目的地的一种特定旅游资源

旅游商品是可移动的旅游资源，可以作为旅游目的地资源、文化的载体，随旅游者一起移动，可以传播旅游目的地的形象和文化。不少国家用旅游商品来吸引旅游者，如新加坡、美国、意大利等。在国内，许多旅游城市也纷纷将旅游购物作为一种资源来发展和管理。

3. 旅游商品可以树立旅游目的地形象

旅游商品是旅游地形象的载体，是异质（域）文化交流、区域形象传播的实物载体，直接影响旅游者的旅行满意度及旅游地的形象。同时旅游商品还是一个国家和地方的文化艺术、工艺技巧和物质资源相结合的产物。旅游者购得旅游商品，经过鉴赏品评，能加深对一个国家或一个地方的文化传统、艺术造诣、民族风格的了解，从而达到思想感情的沟通。旅游商品特别是旅游工艺品的国际流通，扮演着外交大使的角色，能起到民间外交的作用。尤其是那些传统工艺品，它们是中华民族的瑰宝，是对传统文化的继承和发扬，通过在国内外旅游市场上的流通，就能够对旅游目的地形象进行有效的宣传。

例如，在哥伦比亚，富有生命力的工艺品也是出口商品，如家具、纺织品、竹编制品、礼仪用品、玩具和首饰等，它们是当地最珍贵的文化资产，是哥伦比亚不容置疑的“外交大使”，对哥伦比亚的形象起到积极的宣传作用。

旅游商品成为树立旅游目的地形象的手段，成为活生生的广告。许多旅游目的地借优质的旅游商品来推销自己；反过来，旅游者可以通过各种特色的旅游商品来了解旅游目的地。例如，美国迪士尼乐园的纪念品，远销全球，有许多游客是通过“米老鼠”来了解迪士尼乐园的。越来越多的景区经营者、管理者正逐步意识到旅游商品这张活名片的特殊价值。

4. 旅游商品的发展为社会提供了大量的就业机会

有专家预测，旅游商品的生产与销售，将成为我国旅游就业的十大增长点之一。因为从整体上讲，旅游商品的生产和销售属于劳动密集型行业，对劳动力的容纳量大，吸收劳动力的能力较强。

在农村，农民成了旅游商品开发的主力军。在浙江安吉，传统旅游商品有茶叶、笋干、山核桃等，近几年来还开发了竹编、竹雕、竹刻等旅游商品。全县旅游商品生产和经营企业增至50多家，直接或间接从事旅游商品生产和经营的农民近1万人，县政府出台了鼓励旅游商品开发生产和经营的若干政策，有效地引导更多的农民向旅游业转产。

据报道，在贵州省安顺市，拥有蜡染、波波糖、牛来香系列产品、傩面具四大类特色旅游商品，它们的生产和销售吸纳了众多的从业人员，其中包括下岗失业人员。另外，牛来香系列产品不仅获得了肉类产品绿色食品证书，而且已在全国建立了300多个销售网点，包括香港地区。

5. 旅游商品的发展促进了地方各类商品的发展

由于旅游商品讲究美观、实用、方便及艺术价值，且它们大多与当地人们的日常生活必需品密切相关，这样就对改变地方日用品的外观和质地起到了极大的推动作用：使地方商品在包装、广告等方面更加追求审美价值；使地方商品达到功能美、色彩美、材质美、和谐美、舒适美等要求；使地方商品将商品的内在质量用外观造型准确地体现出来，达到内在质量与外观造型的和谐有机统一。旅游商品的发展已成为各类商品，特别是日用品发展潮流的先驱。

（三）旅游商品对旅游者的作用

1. 旅游商品是旅游过程的延伸和物化

旅游购物是旅游活动的必要组成部分。通过购买心仪的产品，旅游者使自己的旅游经历和审美情趣得到升华和物化。能够与旅游情境及服务相符合的旅游商品，能够将旅游服务的无形性表现在多种有形之物中。这是一种移情性体现，承续了旅游者的未尽游兴，使旅游者方便地找到了借物寄情的形式。因而可以说，没有购物的旅游经历是不完整的。

2. 旅游商品消费可以陶冶旅游者身心

多数旅游商品是有着深厚历史沉淀的工艺美术品，要求消费者具有深厚的历史知识，具有一定的艺术鉴赏力。

与风景名胜或特殊经历相联系的旅游商品，能让旅游者产生久远的记忆。旅游商品外观美、特、奇，所蕴含的内容可能述说着一个故事，表现着一个传说，包含着一种文化风情，寄托着一种情思，容易触发旅游者的体验，使旅游者产生种种联想。有学者称旅游商品具有激发旅游者情绪的特征，就是针对旅游商品对旅游者的作用而言的。如新西兰的瓷杯，其土著纹饰便能够激发人们迫切了解当地艺术的渴望。

旅游购物是一个学习的过程，这一点在发展中国家尤为突出。旅游商品可以折射出消费者的自我意识。相对于其他商品，旅游商品集寓意、情感和艺术为一体，更容易诱发和表现旅游者的自我意识和个性特征。生活中每个人都存在不同的自我意识及偏好，从而决定了对旅游商品选择的不同：喜爱运动探险的人，倾向于富有激情、激烈、刺激的旅游商品；喜爱观光的旅游者，对异域民族、自然和文化象征物情有独钟；经常性外出的商务旅行者，则表现出对货币、纪念品的收藏偏好。旅游商品在深层次上对应着消费者各种各样的自我追求，折射出复杂的、高级的需求，同时也释放出广阔的市场号召力。

此外，旅游者购物，还具有纪念、馈赠、收藏等方面的作用。

二、旅游商品的分类

随着社会的不断进步，旅游商品的新品种不断涌现，旅游商品的品种结构也不断发生着变化。对它的分类方式应体现出旅游者对旅游商品的直接需求。根据不同的分类标准，可以将旅游商品分为不同的类型。

（一）按开发方式分类

1. 资源型旅游商品

一些旅游地的天然资源经过直接或稍微加工，就可以成为特色的旅游商品，如一些动植物标本、矿物质和土特产品等。这些旅游商品有一个共同特点，就是原材料产地化，商品的基本外形是天然形成的。

2. 文化型旅游商品

以反映旅游地文化为主要特征的旅游商品。把文化的承载看作是第一位的，把当地的一些民俗民风作为开发素材，如把当地的传说、特色生活用品、民居等经过复制、缩小、形象化后加工为旅游商品。当地的文物复制品也是具有特色的文化型旅游商品。

3. 工艺型旅游商品

加工工艺的独特性是这一类旅游商品的主要特征。在生产实践的历史过程中，各个民族各个时期都留下了许多独特的加工工艺。对于这类商品，我们必须以继承和发展的眼光去看待。继承好每个历史时期遗留下来的生产工艺，开发一些已经失传的工艺，在传统工艺基础上进行再创新再设计，创造出适合现代化生产的加工工艺。其中，加工过程也可以作为旅游资源来吸引游客。

（二）按旅游商品的功能属性分类

国家技术监督局 1997 年颁布的《旅游服务的基本术语》指出，旅游商品“主要包括旅游纪念品、旅游工艺品、旅游用品、旅游食品和其他商品五大类”。这是以旅游商品的功能属性作为分类标准的。

1. 旅游纪念品

旅游纪念品是指各种各样的标有产地地名或用产地的人地事物特征做商标的商品。包括以文化古迹、自然风光为题材，为特定旅游景点开发制作的旅游景点型商品；为特定事件或活动（如奥运会）开发的事件依托型旅游商品。该类商品在旅游商品中占有极为重要的地位。

2. 旅游工艺品

这类商品通常包括日用工艺品和陈设工艺品两大类。日用工艺品是经过装饰加工的生活实用品，陈设工艺品是以欣赏为目的的各种摆设品，两者之间有时很难区分。关于旅游工艺品的相关阐述有“主要指用本地特色材料制作的设计新颖、工艺独特、制作精美的艺术品。我国的工艺美术品历史悠久、技艺精湛、久负盛名，不仅是大宗的出口产品，也是旅游者向往的佳品。作为旅游商品的主要有雕塑工艺品、金属工艺品、刺绣工艺品、花画工艺品等”。既具有实用价值，又具有欣赏价值，是集实用性、欣赏性于一体的艺术价值高的旅游商品。

3. 旅游用品

旅游用品是指在旅游活动中购买的实用性和纪念性相结合的生活用品。主要包括日用品和服饰两大类。这里所说的服饰主要是旅游地制造的具有地方和民族特色的制品，如少数民族服饰等。日用品是在旅游过程中必需的日常用品，主要满足旅游者在旅游活动中的日常需要，是旅游者外出的必需品，如折伞、手杖等。它不同于一般日用品，要求实用且艺术化，具有纪念和礼品性质，是实用性与纪念性相结合的商品。

4. 旅游食品

旅游食品是指旅游者随身携带、食用或邮寄的瓶装、袋装和其他包装的食品，而不是指在旅游宾馆饭店中供游客食用的各种食品。其中以土特产品为特色商品，它是以当地原材料生产加工的地方传统产品，具有浓厚的地方性特征。同时也可作为礼品赠送亲友的旅游商品，如茶、药材、果品、特色食品等。

5. 其他商品

指一些归不到以上四类的商品。

（三）导购工作过程中的分类

本书将现有的商品分类体系与旅游商品生产销售以及管理的现实相结合，将旅游商品分为实用品、艺术品和工艺品三大类。

1. 实用品

实用品，顾名思义是指具有实际使用价值的产品，这类产品贴近人们的生活。常见的旅游实用品主要包括风味食品、土特产品、日常用品等。

风味食品是按特殊方式制作的餐桌食品，常指按特殊烹饪风味制作的食品。风味食品是中国饮食文化当中极具特色的组成部分，也是饮食生活当中不可缺少的内容。每个地区都拥有不同口味的风味食品，这更是每个地区的文化特色之一。如天津狗不理包子、北京烤鸭等。

土特产品是指来源于特定区域、品质优异的农林产品或加工产品，土特产品可以是直接采收的原料，也可以是经特殊工艺加工的制品，无论是原料还是制品，其品质与同类产品相比，应该是特优的或有特色的。通常土特产品是本地特有的或特别著名的，如山西老陈醋、贵州茅台酒、东北人参、云南白药等。

日常用品是指我们日常用的生活用品，主要用于满足人们的日常需要，包括服饰、洗漱用品、餐饮用品、床上用品等。著名的日常用品有杭州天堂伞、老北京布鞋等。

2. 艺术品

艺术品一般指造型艺术的作品。一般的艺术品含有两个成分：一是作品上的线、形、色、光、音、调的配合，常称为形式的成分或直接的成分；一是题材，常称为表现的成分或联想的成分。常见的旅游艺术品包括传统工艺美术品和文物仿复制品。

传统工艺美术品是指历史悠久、技艺精湛、世代相传、有完整的工艺流程，采用天然原材料制作，具有鲜明的民族风格和地方特色，在国内外享有盛誉的观赏性商品。

文物仿复制品是指按传世、馆藏或出土文物原状复制或缩放仿制的文物制品，如仿制古字画、出土文物复制品、仿古模型等。目前流行的文物制品有：秦始皇兵马俑复制仿制品，秦铜车马仿制品，莫高窟彩绘菩萨小仿制品，仿古青铜器鼎、觥，仿大钟寺钟形景泰蓝烟具，仿唐三彩，仿曾侯乙墓出土青铜编钟的镀金编钟，各种年代的碑帖、拓片等。

3. 工艺品

工艺品，即手工艺的产品，是通过手工或机器将原料或半成品加工而成的产品。工艺品来源于生活，却又创造了高于生活的价值。它是人民智慧的结晶，充分体现了人类的创造性和艺术性，是人类的无价之宝。

旅游工艺品主要是指旅游者在旅游活动中购买的富有当地民族地域特色，具有工艺性、礼仪性、实用性和纪念意义的以物质形态存在的商品。这些产品用本地特色材料制作、设计新颖、工艺独特、制作精美，具有较佳的观赏性、较强的设计性和较高的艺术性。旅游商品中的工艺品主要包括刺绣类、文房四宝、泥塑（非物质文化遗产类）等具有一定实用性、手艺性的商品。

【任务实施】

旅游商品的作用及分类练习

实训目的：理解旅游商品的作用并能够对具体的旅游商品进行准确分类。

实训内容：对指定的旅游商品进行分类，并说明该商品是如何发挥旅游商品作用的。

实训步骤：1. 按我国各省份或区域分组，列举出该省份或区域内著名的旅游商品。

2. 小组之间两两组合。

3. 互相提问与回答所列举的旅游商品类别，并说明该旅游商品对旅游业、旅游目的地、旅游者的作用。

4. 教师对小组表现进行点评。

项目二　认识旅游商品导购

任务一　正确认识旅游商品导购的职业内涵

◆【任务引入】

买珠绣包的尴尬

2023年6月，太原的李女士参加了某旅行社私人定制的福建双飞七日游行程。逛至厦门鼓浪屿龙头路商业街附近，李女士特别喜欢厦门本地的工艺品——珠绣，于是来到一家工艺品店准备购买。店里的珠绣产品个个新颖别致、富丽堂皇、光彩夺目，有珠拖鞋、珠挂图、珠绣包等几十个品种，令李女士目不暇接。店里有四五个导购员。因为接近下班时间，个个都显得非常忙碌：有的在盘点货物，有的在核对账目，还有的在打扫店面。李女士拿起一个珠绣包在身上比画了几下，接着微笑着向导购员询问道："您好，请问珠绣包是怎么制作的？还有别的款式和颜色吗？您方便推荐一款适合我的吗？"其中一位导购员抬起头来上下打量了李女士一眼，说道："珠绣包的款式和颜色太多了，我们快下班了，没有时间给你推荐了，你随便挑一个喜欢的买吧。"李女士非常生气地放下珠绣包，嘟哝了一句："什么服务态度啊！"悻悻地推门而去。

问题：案例中接待李女士的导购员做法合适吗？她应该如何做？

案例分析：在本案例中，接待李女士的导购员做法欠妥，对李女士的询问没有给予合适的答复且态度消极，其行为不符合导购员的职业要求。

◆【任务分析】

旅游购物是旅游六要素之一，不可或缺，而合格的旅游商品导购对旅游购物环节发挥着重要的促进作用，因而了解旅游商品导购对旅游业的发展有独特而重要的意义。

完成以上任务应掌握以下知识点及技能点。

知识点：1. 旅游商品导购的职业内涵；

2. 旅游商品导购的重要性。

技能点：能准确理解旅游商品导购的职业内涵和重要性。

◆【知识链接】

一、导购

导购从字面上讲，即引导旅游者促成购买的过程，在现实生活中，也把导购员简称为导购。消费者进入店内往往存有疑虑，阻碍着购买行为的实现，而导购是解除消费者心里种种疑虑，帮助消费者实现购买的人员。导购是营销工作的一种形式，与推销目的相同，但在表现方式上又存在不同。

二、导购员

导购员是从事导购工作的具体人员，也经常直接简称为导购。导购员的出现是“买方市场”和“渠道经济”的必然产物。“渠道经济”其实与“买方市场”也是一脉相连的：一方面，由于买方市场的形成，致使渠道终端经销商的地位日益显赫起来，于是终端商不但在价格、展台、POP等资源上提出要求，还要在终端建设、出货能力等方面予以强调。而厂方往往出于维护终端形象和保障出货能力等因素的考虑，不得不屈从于终端商；另一方面，派驻导购员也往往成为厂方迫使终端商打款、结账和提供更好位置等条件的有效砝码。

导购工作是完成整个销售工作的重要环节，是实现商品与货币交换的过程，导购员正是实现这关键一环的人物。让旅游者从衣兜里掏出钱来购买公司的产品是一个艰难的过程，导购员必须有充足的理由让旅游者愿意购买产品，并让旅游者感到他所购买的产品是物超所值的。要做到这一点必须详细、耐心地讲解所售产品功能，并让旅游者明白这种功能正是他需要的。做到这一点需要导购员在促销过程中运用大量的促销手段和促销技巧。

另外，导购员是旅游者能接触到的唯一一个厂家人员，导购员体现着公司形象，旅游者在未深入了解产品前，其对公司的感知直接来自导购员给他的感觉和印象。导购员良好的导购服务可以为公司培养大批忠诚的旅游者和提高品牌知名度，并且可以培育潜在的市场。

三、旅游商品导购

（一）旅游商品导购的职业内涵

旅游商品导购主要出现在旅游商品零售终端，通过现场服务引导旅游者购买、促进旅游商品销售。从广义上讲，一般旅游商品零售终端的导购员、店员、促销员、理货员都可以称为导购员，导游人员亦可充当导购人员的角色。

当旅游商品导购在终端销售现场面对旅游者时，他们就是推销员。他们直接和旅游者进行面对面的沟通，向旅游者介绍旅游商品，回答旅游者提出的疑问，说服旅游者购买旅游商品。

旅游业发展过程中旅游企业和旅游者的双向需求决定了旅游商品导购的存在。

（二）旅游商品导购的重要性

从旅游企业的角度讲，旅游商品导购有助于促进旅游商品销售。第一，旅游者的购买决策深受现场导购的影响。国外市场研究结果表明，28％的旅游者属于计划性购买，在购物之前已经决定了购买商品的类别与数量；而72％的旅游者属于随机性购买，其购买行为受到现场销售情境的影响很大，尤其是来自导购员的影响力。第二，导购员可以引导旅游者购买该旅游企业的旅游商品而非竞品。面对琳琅满目的旅游商品，旅游者的选择余地很大。如何让旅游者在众多的旅游商品中选择自己企业的商品，就需要适时引导旅游者，使旅游者的购物焦点始终聚集在该旅游企业的旅游商品而非竞品或替代品上。

从旅游者的角度讲，旅游商品导购有助于旅游者做出合理的购买决策。第一，导购员能够帮助旅游者选择可以满足自己需求的旅游商品。旅游者不是行家，更不是专家，他们在购物时常常由于对旅游商品不了解而犹豫不决。然而，导购员对旅游商品知识比较熟悉，他们可以为旅游者提供准确的商品信息，协助旅游者进行购买。第二，导购员可以消除旅游者在购买旅游商品时的心理疑问，尤其是旅游者初次购买时产生的心理障碍。绝大多数旅游者面对一种新的旅游商品都会产生一定程度的自我疑问：这种旅游商品自己是否需要，质量如何，等等。如果这些疑问得不到明确的回答，旅游者在购买时就会拿不定主意甚至放弃购买，而最有效的办法就是导购员能够对这些疑问提出专业性、针对性的解释。

旅游企业的大量销售实践案例也证明，在旅游商品的零售终端，导购员是最有效的促销方式之一，许多旅游商品的销售企业利用导购员成功地占据了市场。

【任务实施】

我是旅游商品导购员

实训目的：掌握旅游商品导购的职业内涵及其重要性。

实训内容：角色扮演之旅游商品导购员。

实训步骤：1. 按对旅游商品的兴趣点自由快速分组，6 ～ 8 人为一组。

2. 各小组选出最喜欢的一款旅游商品。
3. 各小组对选择的旅游商品进行知识搜集和整理、记忆，分配角色，以小组为单位进行展示。
4. 各小组互评。
5. 教师对各小组点评。

任务二　做好旅游商品导购岗位的准备工作

◆【任务引入】

大同煤雕没留住他的脚步

2016年8月30日，古都大同处处洋溢着节日的气氛。山西省旅游发展大会媒体见面会在这天举行。人们翘首以盼的“大同旅游产业百、千、万、亿”惠民工程正式启动。另外还在全省抽选出1000名幸运旅游者，参与大同免费三日游；拿出1万张重点景区门票，每张1块钱，在网上抢购（百度）；专门设立1亿元的旅游专项发展扶持资金。

作为一名山西大学旅游管理专业的学生，这个暑假小王一直在大同游玩，以期近距离感受大同的文化。令小王惊喜的是，他很幸运地被抽中，得以参与“千人免费游大同”的活动。活动期间，小王闲逛至大西街附近的一家旅游购物店，看到店里的煤雕作品栩栩如生，且雕有云冈大佛、飞天、菩萨等人物形象及悬空寺、应县木塔、九龙壁等造型。小王喜爱至极，于是询问店里的一名导购员，发生了以下对话：

小王：您好。我想问下这些煤雕作品以什么为原料啊？

导购：这谁知道啊？

小王：现在最有名的煤雕大师是谁呢？有什么代表作品啊？

导购：你网上搜搜呗，看看有没有。

小王：你给讲讲煤雕的历史吧。

导购：我也不知道啊。

最终小王摇了摇头，毅然决然地离开了这家购物店。

问题：1. 案例中的导购员做法是否合适？存在什么问题？

2. 面对小王这样的旅游者，导购员应该做好哪些准备工作？

案例分析：案例中的导购员，对旅游者小王感兴趣的煤雕作品既没有主动介绍其历史、原料、现状等基本的商品知识，又在面对旅游者小王的询问时态度怠慢，不是一名合格的旅游商品导购员。之所以出现案例中的情形，是因为案例中的导购员没有做好一名旅游商品导购员的岗位准备工作。这样的导购员不但丝毫没有提高大同在旅游者心目中的旅游形象，还在一定程度上还阻碍了旅游购物环节的顺利进行。

◆【任务分析】

旅游商品导购不是一个轻而易举就能胜任的岗位。想要成为一名合格的旅游商品导购员，必须做好基本的岗位准备工作。

完成以上任务应掌握以下知识点及技能点。

知识点：1. 知识准备；

2. 基本素养；

3. 语言准备；

4. 礼仪准备。

技能点：1. 能基本做好旅游商品导购的准备工作；

2. 能顺利完成对旅游商品的全面介绍。

◆【知识链接】

俗话说得好，聪明人不打无准备之仗。旅游商品导购员在正式上岗为旅游者提供服务前，必须有充分的岗位知识准备，学习相关的知识、技能等。

一、知识准备

（一）旅游者知识

旅游者是旅游商品导购员的服务对象，是导购过程中最重要的人物，因此旅游商品导购员需要对自己的工作对象有比较详细、深入的了解。

对旅游商品导购员来说，“旅游者”是全世界最重要的财富，一定要真正明白这一点。

1. 了解不同的旅游者类型

作为旅游商品导购员，每天要接待各种各样的旅游者，能否使他们高兴而来、满意而归，关键在于采用灵活多样的接待技巧，以满足不同旅游者的需求。一般来说，进入旅游购物商店的旅游者大致可分为三类。

（1）纯粹闲逛型。这类旅游者原本没有商品购买计划，进入商店只是为了感受气氛或消磨时光，但也不排除他们具有冲动性的购买行为，或为将来购买而事先察看旅游商品。这类旅游者进入购物店后，有的行走缓慢，东瞧西看；有的行为拘谨，徘徊观望；有的则哪里热闹往哪里去。

这类旅游者不靠近旅游商品时，导购员不必急于接触，但应该随时注意其动向；当他查看旅游商品时，导购员就应该热情接待。能否使这类旅游者不空手离开，可以检验出导购员服务水平的高低。

（2）巡视商品行情型。这类旅游者无明确的购买目标和购买打算，进入旅游购物店是希望碰上合心意的商品。他们进店以后，一般脚步不快，神情自若地环视四周；靠近商品时，也不急于提出疑问和购买要求。

对待这类旅游者，导购员应让其在轻松自由的购物氛围下随意浏览。只有当他对某个旅游商品发生兴趣、表露出中意的神情时才进行接触。此时，导购员应注意不要老盯着旅游者，使其产生紧张或戒备心理；也不要过早接触旅游者，以至于惊扰到他们。

在适当的时机下，导购员可以主动向这类旅游者介绍和推荐旅游商品，推荐的旅游商品应考虑以下几类：畅销品、珍奇品、新品、促销品等。

（3）胸有成竹型。这类旅游者一般具有明确的购买目标才会进入旅游购物店，已将购买旅游商品的种类及预算计划得非常清楚。因此，他们进入购物店后一般目光集中、脚步轻快。迅速地走到某个旅游商品柜台，主动提出购买需求。

这类旅游者的购买心理是“求速”。因此，旅游商品导购员应抓住他靠近商品的瞬间迅速接近，动作要快捷准确，以求快速成交。

2. 分析旅游者的购物需求

从消费心理学的角度看，人的行为呈现这样的规律：环境—需求—动机—行为—目标—新需求。消费是人们利用某种物品的使用价值或某种劳务来满足某种需要的活动。消费需求是消费活动的先导和基础，是消费活动的内在动力和根本原因。

就旅游购物而言，旅游者追求的不仅是旅游商品的使用价值，同时还追求心理和精神上的满足，追求旅游商品带给人的美感和艺术享受。

旅游者对旅游商品的购物需求主要表现在以下几个方面：

（1）对旅游商品价值的需求。旅游商品的价值体现在材料的稀有性、工艺的高超性、造型的独特性以及购买的情境性等方面，尤其是那些质优价高、具有收藏价值和保值功能的旅游商品，旅游者更注重它的质量、品味和特色，因为这类旅游商品可以显示旅游者的身份、地位和财富，可以满足旅游者心理上的需求。

（2）对旅游商品使用价值的需求。旅游商品的使用价值包括商品的基本功能、质量、外观、规格、安全性与便利性等。一般而言，具有鲜明使用价值或多种使用价值的旅游商品会更加受到旅游者的青睐。

（3）对旅游商品纪念性的需求。由于旅游活动的短暂性和不可储存性，使得旅游者会选择物化的旅游商品来纪念和保存自己的旅游经历，因此旅游商品的纪念性是促使旅游者购物的主要动力。成熟的旅游目的地会向旅游者提供丰富多彩的旅游纪念品。

（4）对旅游商品的审美需求。旅游商品中的工艺品和时尚商品是审美价值的集中体现。旅游者购买旅游商品就是对商品审美价值和品位的肯定和认同。旅游者的审美观具有地方性和民族性，因此要求旅游目的地提供适合一般旅游者欣赏的旅游商品。

（5）对旅游商品特色的需求。旅游商品的特色可以体现在形状、图案、工艺、材料和包装上，是旅游者购物的主要需求之一。

（6）对旅游商品时代性的需求。旅游商品要体现出时尚、新颖、奇特、多变等特征，反映出时代的新思潮和新观念。

（7）对旅游商品优质服务的需求。旅游者希望获得更好的购物服务，如商品介绍、使用示范、包装方便、结算迅速、沟通顺畅、良好的售后服务等。

（二）旅游商品知识

失败的旅游商品导购员有一个共同的特点，就是对旅游商品不了解、不熟悉。旅游商品导购员必备的商品知识包括：旅游商品的名称、品牌和产地；旅游商品的原料、材质（成分）、工艺流程以及性能和用途；旅游商品的使用方法；将旅游商品的特性转化为对旅游者的好处；旅游商品的保存和日常维护的方法；旅游商品的其他知识；竞品知识。

二、基本素养

要成为一个优秀的导购员，必须树立现代营销观念，即服务观念、竞争观念、信息观念、时效观念、管理观念、服从与配合观念、法制观念，并具备以下基本素养：

（一）良好的职业修养

1. 热爱本职

热爱本职即热爱自己所从事的职业，维护本职业的利益，在技术上精益求精，力求掌握最好的职业技能。

2. 忠于职守

忠于职守即认识到自己从事的职业对社会、对他人应履行的义务，具有高度的职业责任感，发扬职业献身精神。

（二）强烈的事业心

1. 精力充沛、充满自信

作为一名导购员必须坚信自己能够成功，自信心来源于专业知识、成功的经验和失败的教训，随着知识的增多和经验教训的积累，自信心会逐渐树立起来。

2. 心情舒畅开展工作

导购员只有保持心情舒畅，才能在服务接待工作中充满自信，并以发自内心的微笑，为顾客提供高标准的服务。

3. 积极进取、勤奋向上

导购员必须有强烈的竞争意识和积极进取的精神，有积极参与的愿望和必胜的信心，才能在激烈的竞争中占领一席之地；要想提高营销绩效，勤奋是不可或缺的因素，时时注意观察，把握稍纵即逝的机会。

（三）良好的服务意识

1. 替顾客着想

导购员在接待各种顾客时，要尽量站在顾客的立场上看问题，解决问题，真正做到设身处地替顾客着想，练就一套了解顾客内心世界的本领，将单调、枯燥的服务工作变为愉快、丰富而有趣的工作。

2. 尊重顾客的个性

导购员在坚持自己原则的同时应该尊重顾客，以自身的榜样来影响和教育顾客，使自己与顾客能和睦相处。

3. 礼貌待客

为赢得顾客的好感，导购员就必须从他们的利益、兴趣出发，要满腔热忱、彬彬有礼地接待顾客。

4. 一视同仁

文明经商，礼貌待客，讲究礼仪。导购员应本着进店都是客，没有高低贵贱之分的态度，对所有顾客都应一样地热情，以平等的态度服务，不厚此薄彼，不以貌取人。

5. 换位思考

换位思考可以为顾客提供更符合顾客需要的服务。导购员应该设想自己是顾客，进了卖场，希望得到导购员怎样的服务或得到导购员怎样的接待，才会使自己产生购买行为。

6. 主动揽错

在任何时候，导购员都要维护顾客的面子，照顾顾客的情绪，不要伤害顾客的自尊心，主动向顾客致歉。要有揽错的勇气，本着和颜悦色、善解人意、微笑服务的原则化解矛盾，变消极因素为积极因素，争取最好的营销效果。

（四）积极的服务心态

1. 强烈的自信

人最大的敌人之一就是自己，超越自我，则是成功的必要因素，导购员要正视自己，鼓起勇气面对自己的顾客，不能因为别人说自己不适合这个行业就失去信心，自己更不能轻易否定自己，否则从一开始就输了。但这种自信心不是盲目的，不是狂妄自大，要以充分了解自己的能力、充分了解所要完成的工作作为基础。

2. 适当的目标

要想成为一名优秀的导购员，不仅需要常常使用“自我暗示”法，更重要的是制定出详细的目标，并进一步定出一个实现目标的计划。在目标与计划的基础上，计算好时间，以充裕的时间确保计划实现。好的目标还应该是多方面的，销售额只是其中一个方面，使潜在顾客成为现实顾客，挖掘更多潜在顾客，在导购过程中树立企业形象等都应该成为目标的构成内容。

3. 锲而不舍的精神

销售过程是充满着艰辛的，而锲而不舍的精神却是销售成功的重要保证，有实践证明：在销售之前遇到的挫折越大，克服挫折后得到的成绩就会越大。

三、语言准备

一名合格的旅游商品导购员应做好充分的语言准备，突出表现在语言表达能力和语言服务技巧两个方面。

（一）语言表达能力

1. 表达应明确

导购员与顾客的交流应有一定的目的性，仅限于商品交换有关的话题，避免谈及私人事务，过多的信息也会扰乱顾客的思路，也使导购员所要表达的事情不明确，难以理解。

2. 表达应生动

交流是一种感情的传递，引导顾客购物，是尽量使顾客对此商品产生兴趣，提起顾客的兴趣，让顾客愿意与自己深入探讨，这就需要表达的生动性和灵活性。有感染力的话语会促使顾客产生丰富的联想，从而激起购买的欲望。说话时可配合适当的表情与动作。

3. 表达应条理清楚

讲求语言表达的顺序及逻辑性，层次分明，由浅入深，在顾客充分理解的基础上加深其对商品的认识，从感性向理性过渡。每一句话应力求完整表达主要含义，句与句之间有所承接，语义清楚，语句通顺。

4. 表达应突出重点

表达过程中要注意突出重点，必要时可重复关键词句，以引起顾客注意，用词尽量准确、到位，表达不失委婉，抓住顾客心理，找到其想得到的信息，集中精力充分说明、理解，以顾客的主要疑虑为中心，全面地给予澄清，这样才能起到直达心底的效果。

5. 表达语言应简练

冗长的句式、繁杂的修饰成分，会使话语在表达上显得过分书面化、拘谨，也难以理解。导购员在与顾客交谈中，应较多地使用结构简单的句子，表达简洁，这会给人留有干练、简洁的印象。

（二）语言服务技巧

旅游商品导购员在进行购物服务时，还应注意运用语言技巧，主要包括以下几个方面：

1. 言之有据

导购语言最重要的是应将观点充分展现出来，同时给旅游者购物以真实而合理的证据与理由。

2. 言之简洁

导购员提供服务时，要做到言简意赅，重点突出旅游者关心和所要了解的相关信息，不要不分场合一味宣传。不宜涉及无关话题，应该突出该旅游商品的特色、质量、价格等。

3. 言之有序

导购员在提供服务时，应精心组织语言，先介绍什么后介绍什么，要做到言之有序。

4. 言之有神

导购员的讲解要生动有趣，通过运用刻画场景、讲述故事、口语修辞等吸引旅游者的注意力，达到言之有神的效果。

当然，导购员的语言技巧好包括很多内容，如语音语调等，这些只能在实际应用中体验和掌握。

四、礼仪准备

旅游商品导购员在工作中的待客礼仪直接影响着旅游者的印象。良好的待客礼仪具有以下积极意义：给人良好的第一印象；有利于改善导购员自己的心情；更容易获得旅游者信任；有利于改善旅游购物环境的气氛；有利于改善旅游购物的结果。

（一）仪容礼仪

旅游商品导购作为一种服务岗位，其从业人员应该按照本行业的相关规定，对自己的仪容进行必要的修饰与维护，重点应当放在面部修饰、手部修饰、头发修饰、化妆修饰等方面。

仪容礼仪要求旅游商品导购员：上班前注意检查并整理个人仪表；注意讲究个人卫生，且头发应该修剪、梳理整齐，保持干净，禁止梳奇异发型；女导购员上班应化淡妆；不得留长指甲，且指甲要修剪整齐，保持清洁；工作中保持口腔清新等。

另外，旅游商品导购员的服装、修饰和个人卫生等，都应尽可能反映出其健康的精神面貌，以期给旅游者带来舒服的感觉。

（二）举止礼仪

举止礼仪能在一定程度上反映出一个人的素质和受教育程度。良好的举止礼仪更容易获得别人的信任。因此，旅游商品导购员应该重视自己的举止礼仪。举止礼仪主要包括站姿、坐姿、行走、蹲姿、手势、微笑和眼神等。

站立时，尽可能保持身体舒适，同时力求优雅和挺拔；入座时，动作要轻柔舒缓，同时保持身体稍向前倾，以表示谦虚和对对方的尊重；行走时，昂首挺胸，步伐均匀，步履轻盈；下蹲时，大方得体，优雅自然；做手势时，准确恰当；微笑时，发自内心，用真诚的微笑感染对方；与旅游者进行眼神交流时，礼貌友好，传递出热情、自信。

【任务实施】

我准备好了

实训目的：做好旅游商品导购的岗位准备工作。

实训内容：情景模拟之“你问我答”。

实训步骤：1. 按学号快速分组。

2. 各小组选择一款旅游商品。

3. 各小组人员进行角色分配，设计情境，完成对话。要求情境对话全面体现旅游商品导购员已经做好了各项准备工作。

4. 以小组为单位进行展示。

5. 各小组互评。

6. 教师对各小组点评。

模块二

旅游区旅游商品认知

项目一　旅游区划认知

◆【任务引入】

《人说山西好风光》让您走进山西、了解山西

2016 年 5 月 27 日晚 9 时 15 分，山西卫视一档名为《人说山西好风光》的竞演节目开播。节目中，来自山西 11 个地市的市委书记、市长或副市长登台亮相，为自己所在的城市做推荐演讲，目的是要成为第二届山西旅游发展大会的主办城市。据山西广播电视台台长郭健透露，这个节目是省政府主要领导的创意，也正是因为有了省委、省政府的高度重视以及前所未有的支持力度，才有了这档在全国称得上首创的书记、市长电视“真人秀”。在郭健看来，“不管哪个城市赢，都是山西赢了，都是山西的旅游赢了”。此档节目的举办目的不是分出输赢，而是要通过这种形式宣传山西。这对宣传山西的整体形象、旅游资源以及干部精神面貌都起到了重要作用。

问题：此档真人秀节目举办的意义何在？

案例分析：2016 年 5 月山西卫视举办的这场旅游推荐真人秀节目，引起了全国观众对山西旅游的关注和重视，使大家对山西旅游有了一个全面的认知，包括吃、住、行、游、购、娱等方方面面的资源，为山西旅游发展创造了良好的环境、提供了充足的发展空间。

◆【任务分析】

山西旅游资源丰富，历史悠久，文化深厚，近年来旅游发展势头迅猛，在全国有着较高的知名度和美誉度。当游客想要来到这片古老的土地了解这里的时候，首先要了解的就是它的地理位置。山西位于太行山以西，属于华北旅游区，它与其相邻的河北、河南、陕西、山东、北京、天津共同构成了我国华夏文化的集中展示地。此区域位于我国黄河中下游地带，是我国人文旅游资源种类最多、数量最丰富、分布最集中、质量最高的旅游区。地貌类型主要由黄土高原、华北平原、冀北山地、山东半岛组成。华北旅游区作为中华民族文明的摇篮，自古以来就是我国政治、经济、文化的中心，孕育出了灿烂的文化，成为我国古代华夏文化的发祥地。幅员辽阔的中国按照一定的方法和原则，从旅游的角度出发，可以分为不同的旅游区，它们各有特色，为更好地了解各大旅游区，完成以上任务应掌握以下知识点及技能点。

知识点：1. 旅游区划的定义；

2. 旅游区划的目的和原则；

3. 旅游区划的方法；

4. 中国的九大旅游区划。

技能点：能将九大旅游区的景观特色和文化特点融入旅游商品的介绍中。

◆【知识链接】

中国地域辽阔、历史悠久、民族众多，多元的地域文化、自然环境、社会经济文化环境及旅游业的发展情况包括各具特色的旅游商品存在着时空分布的差异，导致中国旅游相关资源出现明显的地域分异，所以要想更系统地了解中国不同区域范围内的旅游发展情况及其旅游商品的相关知识，就需要首先对中国广阔的地域进行合理的旅游区划分。

一、旅游区划的定义

旅游地理区划是人们根据一定的原则和方法，通过实地工作和综合分析，找出比较合理的旅游区界线，确定各旅游区的性质、特征和地位后对这些地域的旅游资源与环境进行地理区划划分。在进行划分的过程中，一般是将旅游资源相对集中、类似，与邻区有显著的地域差异，而区内政治、经济、文化联系较为密切的地区划分为一个旅游地理区，同一旅游区内部自然与人文旅游地理环境具有共性，可以共同构成旅游地域综合体。它是在旅游景观即自然风景发生的自然地理基础和人文景观形成的人文地理基础上具有相对一致性和共同联系，并以旅游城市为中心和旅游接待设施为主要标志，以广泛的内外旅游经济联系为纽带的开放型地域旅游综合体，是属于风景区之上的高层次、主系统的大尺度风景名胜地域。一般而言，旅游区具有如下几个特征：

（一）系统性

旅游地理区在职能上和地域上都是完整的，具有配套的社会功能，其中首要的是恢复和增强旅游者的健康、体力、能力和精力，满足其精神与物质的要求。

（二）地域性

旅游地理区以一定地域空间为载体，每一个旅游区内都包含有特定的自然和人文环境，至少有一个完善的旅游中心或旅游组织基地及发达的旅游交通网络联系内外，是一个结构有序的开放系统。

（三）层次性

旅游地理区有不同功能类型和不同等级层次之分，各个层次结构的旅游地理区有机组合构成一个完整的旅游区系统。这一特性使旅游区划和旅游地理区的分级分等研究与管理成为可能。旅游区具有组织区域旅游活动的机构、设施和功能，加入了人为干预作用，是一个有预定目的、可控的复合系统，从而有利于从整体上达到最优设计、最优控制、最优管理和使用，最大限度地发挥旅游区的功能，实现综合最优化效果。

二、旅游区划的目的和原则

（一）目的

旅游区划的目的在于充分认识旅游资源的区域特色，以及旅游开发与区域社会经济发展和地理环境的相互关系，扬长避短形成合理的旅游地域分工体系，以取得良好的旅游经济、社会与生态效益，促进各地区社会经济的发展。

旅游地理区划主要是为了揭示本区域内自然地理和人文地理之间的关系，使人们充分了解和掌握各旅游区的基本特征、资源优势与不足，扬长避短、因地制宜地合理开发利用各地的旅游资源，配置相应的旅游产业、建设风格不同、各具特色的旅游区，从而可以合理地开发、利用和保护旅游资源，制定与实施旅游区域发展战略，推动区域经济发展。不断增强区域综合竞争力使区域内旅游产业协调发展和相互促进的同时帮助游客更加系统而完整地了解中国的旅游资源分布情况。

（二）原则

旅游区划的原则是进行旅游区划时重要的指导思想和依据，一般都根据旅游区划不同的目的和要求而有所不同，我们这里的旅游区划是按照综合性旅游区划来进行介绍。

1. 地域综合性和完整性原则

旅游业是一项涉及面很广的产业，而整体效益又是系统优化的主要目标，因此旅游区划必须从整体上综合衡量。而各个旅游区本身又都是相对独立的地域综合体，能独立承担一定的旅游职能。因此，旅游区划应保证每一个旅游区在地域和职能上的完整性。

2. 相对一致性原则

相似性原则包括旅游资源成因的共同性、形态的类似性和发展方向的一致性三种含义。具体而言，指旅游资源类型相近应划在同一旅游区内，或者说处于同一层次中的每一旅游区要保持各自主体旅游资源的一致性。

3. 主导因素原则

旅游区的内部一般由多种类型的旅游资源所组成，各种类型的旅游资源在旅游区内所起的作用是不同的，往往是其中某种类型的旅游资源起着主导作用，使旅游区或以秀丽风光为主，或以文化古迹取胜，主次分明，主题鲜明，重点突出，别具特色，有强烈个性，制约着旅游区的属性特征、功能和开发利用方式。因此，在区划时，可以突出某种类型的旅游资源作为划分的主要依据。

4. 旅游中心地原则

每一个旅游区都应该至少包含一个旅游中心地作为旅游业发展的依托。旅游区内旅游点相对集中，交通发达，联系紧密，使旅游者的旅游不适和费用等降到最低程度。

三、旅游区划的方法

中国的旅游区划尚处于探索阶段，不同的学者对旅游区划有不同的主张和方法，如阎守邕等根据中国旅游资源区域特征和旅游环境区域差异性进行定性和定量分析后，将其分为 8 个一级旅游资源区和 41 个二级旅游资源区；濮静娟等以舒适度指数和风效指数为指标将中国大陆划分为 3 个旅游气候大区、18 个旅游气候区和 22 个旅游气候亚区；陈传康则以文化传统与现代相结合，将观光游览与科学文化导游相结合，将中国划分为 7 个一级旅游文化区；郭来喜根据旅游地带相似性原则划分一级旅游区即旅游带，依照保持行政区完整的原则划分二级旅游区即旅游省，按资源的近似性、运输的便捷性和管理的方便性原则划分三级旅游区即基本旅游区。

为方便游客更清楚地了解旅游区的情况，我们综合了各个学者的划分方法，结合旅游区划划分的目的和原则，综合中国传统的地域方位、结合中国文化的地域性特点和景观的差异性，按区域命名简明扼要的要求，运用区位因素、文化背景、旅游景观等相结合的综合命名法，将中国分为 9 个一级旅游区和 33 个二级旅游亚区（见表 2–1）。

表 2–1　中国旅游区划

评价项目	二级旅游亚区	旅游区	评价内容
东北旅游区	辽宁、吉林、黑龙江	关东文化	林海雪原、火山景观旅游区
华北旅游区	北京、天津、山西、河北、河南、陕西、山东	华夏文化	古都古迹名胜旅游区
华东旅游区	上海、江苏、浙江	吴越文化	江南山水园林旅游区
华中旅游区	湖北、湖南、安徽、江西	荆楚文化	湖山峡谷旅游区
华南旅游区	广东、福建、海南	岭南文化	亚热带、热带山水景观旅游区
西北旅游区	新疆、宁夏、甘肃、内蒙古	丝路文化	干旱荒漠、绿洲旅游区
西南旅游区	重庆、四川、云南、贵州、广西	民族风情文化	奇山秀水、高山峡谷旅游区
青藏旅游区	青海、西藏	藏文化	高原寒旱草原、冰雪旅游区
港澳台旅游区	香港、澳门、台湾	中西文化	海岛、海湾现代风貌旅游区

【任务实施】

中国旅游区文化景观文化特色实训

实训目的：1. 熟悉中国的九大旅游区划依据及具体内容。

2. 理解九大旅游区划的文化特征和景观特色并能运用到实际工作中。

实训内容：中国九大旅游区文化特点在旅游中的运用。

实训步骤：1. 分组：将班级 6 ～ 8 人分为一个小组。

2. 前期准备：

（1）每组选择一个自己熟悉的旅游区；（2）小组成员共同收集所选择旅游区能体现其文化特色的相关旅游事项；（3）将收集的资料进行汇总，整理成一篇专业性较强并有思想性、创新性的论文。

3. 实施过程：

（1）抽签决定小组训练顺序；（2）各小组按顺序在班级内进行成果汇报演讲；（3）小组互评；（4）教师点评。

项目二　旅游区旅游商品

任务一　东北旅游区

◆【任务引入】

沈阳旅游商品选择的困惑

“到沈阳旅游，临走时想买点纪念品带回去，逛来逛去怎么就找不到有沈阳特色的呢？”《辽宁日报》记者在世博园采访时听到游客这样说。走访中记者发现，很少有游客愿意走进景区的旅游纪念品店，即使进去也未必消费。一名外地游客告诉记者，“景点内销售的旅游商品大多与景区特点和景区文化不相符，葫芦、木质宝剑、贝壳饰品，很多景点都能买到，缺乏地域特色和景点特点”；还有一些游客说：“来到这里，不知道该买什么，不知道沈阳的特产是什么，有哪些是具有纪念意义和收藏价值的商品”……众多游客都表达了类似的想法，记者便产生了这样的疑问：我们沈阳当地果真如游客所言，没有值得带回去的特色旅游商品吗？

问题：1. 辽宁省的特色旅游商品有哪些？

2. 在旅游体验中重要的旅游购物环节，游客为什么会如此困惑？

案例分析：沈阳市是辽宁省的省会城市，有着丰富的旅游资源和独特的文化资源，有价值和特色的旅游商品其实有很多，如沈阳的羽毛画、老龙口白酒、沈北大米等，但由于在旅游过程中，当地宣传、讲解不到位，游客对当地缺乏了解，行业企业没有有效地重视等因素造成游客有购买意愿，但不知道买什么，不了解当地特色而放弃购买行为的现象较为严重。

◆【任务分析】

旅游购物是旅游过程的重要组成部分，旅游购物收入所占旅游总收入的比例亦是衡量当地旅游发达程度的重要标志，所以我们应该重视购物的重要性。那么，如何才能解决案例中游客面临的主要问题呢？完成以上任务应掌握以下知识点及技能点。

知识点：1. 东北旅游区的基本情况；

2. 吉林省、辽宁省、黑龙江省旅游商品的总体情况；

3. 吉林省、辽宁省、黑龙江省各自具有代表性的特色旅游商品。

技能点：1. 能对东北旅游区具有代表性的旅游商品进行准确描述；

2. 能准确而生动地对东北旅游区具有代表性的旅游商品进行介绍和讲解。

◆【知识链接】

一、旅游区概况

东北旅游区位于我国东北部，是我国纬度最高的旅游区，主要包括吉林、辽宁和黑龙江三省，地处山海关以东故又名“关东”。这里有着广阔的森林、宜人的气候、优美的海滨风光、壮美的山川湖泊、奇特的火山景观、珍稀的动植物和罕见的极光与极昼现象等，构成了以北国风光为特色的自然旅游资源。而以清代前期满族文化遗存为代表的历史文物及以满族、朝鲜族、鄂伦春族、赫哲族等为代表的少数民族风情，则构成了本区别具风采的人文旅游资源。

多少年来形成的关东文化是集本土文化、中原文化和外国文化三元文化基因为一体的多元文化，其内涵丰富并不断发展和传承。其中，本土文化发展历史最长，区域特色最浓，其文化精神实质体现出这一地区粗犷、豪放和刚健的心理特征；中原文化是随着土著文化入主中原和中原人大量流入而形成的，并逐渐发展成为本区文化的主体；外国文化是因近代帝国主义的入侵和外国移民的流入而形成，虽然时间不长，但在城市建设、宗教、经济、生活等方面却有着广泛的影响。正是在如此丰富的自然和文化资源的基础上成长起来的当地特色旅游商品也因此而显得独特而有内涵。

东北旅游区主要旅游商品如表 2-2 所示。

表 2-2　东北旅游区主要旅游商品

省份	实用品	工艺品	艺术品
吉林省	人参、貂皮、鹿茸、猴头菇、漂河烟	松花江石、松花石砚	手工彩绘木雕、松花湖浪木根雕、吉林彩绘雕刻葫芦、树皮画、满族剪纸
辽宁省	黑木耳、蛤蜊岛沙蚬	柞蚕丝绸、抚顺琥珀	水晶制品系列、岫岩玉雕、锦州玛瑙雕刻、大连贝雕
黑龙江省	五大连池矿泉水、红景天	松江编结绣、俄罗斯特色工艺品、鱼皮衣	牛角画、麦秸画、桦树皮制品

二、主要旅游商品介绍

（一）吉林省

近年来，吉林旅游业发展迅猛，在旅游购物方面也正在逐步开发具有当地地域特色的旅游商品，诸如由根雕、木雕、木贴画、鹿骨画、松花石砚、剪纸等组成的旅游纪念品系列，极具朝鲜族、满族和蒙古族等民族风格的民俗特色商品系列，以长白山人参、鹿茸、山野菜、松茸、木耳等组成的旅游食品、保健品、土特产品系列，还有一批融入时尚元素和新技术的工艺产品系列等。凭借着良好的自然和文化资源优势，吉林省旅游商品必将不断开发创新，成为拓展旅游产业功能和促进旅游经济发展的良好助力。

1. 实用品

（1）人参（见图 2–1）。人参，又名黄参、地精、神草等，是闻名遐迩的“东北三宝”之一，自古被誉为“百草之王”“滋阴补生，扶正固本”之极品。人参之所以稀奇、名贵，其一与它的药用价值有关。据《神农本草经》记载，人参有“补五脏、安精神、定魂魄、止惊悸、除邪气、明目开心益智”的功效，“久服轻身延年”；而在李时珍的《本草纲目》中也极为推崇，认为它能“治男妇一切虚症”，故而几千年来，中草药中人参都被列为上品。其二与其生长的环境有关。人参为多年生草本植物，喜阴凉，多生长在 1 月平均温度 –5℃～ –23℃，7 月平均温度 20℃～ 26℃的气候条件下，耐寒性强，喜斜射及漫射光，忌强光和高温。土壤要求为排水良好、疏松、肥沃、腐殖质层深厚的棕色森林土或山地灰化棕色森林土。环境的高要求使得野生参极为罕见，故而愈发显得珍贵。

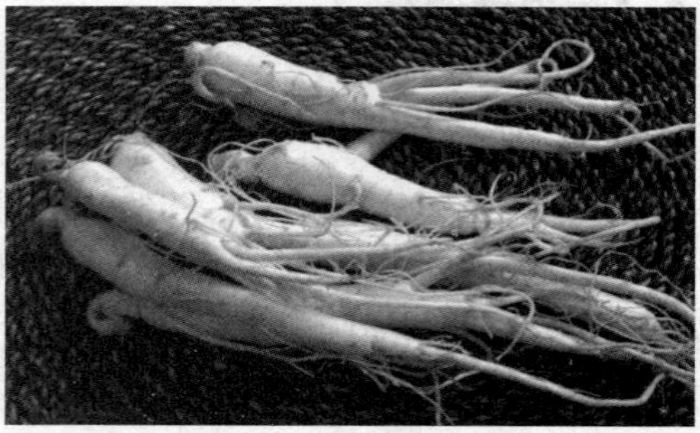
图 2–1　人参

图 2–2　貂皮

（2）貂皮（见图 2–2）。貂皮，素有“裘中之王”之称，是中国东北三宝之一，在国外被称为“软黄金”。貂皮属于细皮毛裘皮，皮板优良，轻柔结实，毛绒丰厚，色泽光润，是享有盛誉的珍贵兽皮，用它制成的皮草服装，雍容华贵，是理想的裘皮制品，具有“风吹皮毛毛更暖，雪落皮毛雪自消，雨落皮毛毛不湿”的特点。貂皮有五大种类型，包括紫貂皮（黑貂皮）、花貂皮、沙貂皮、太平貂皮和水貂皮。其中以紫貂皮最为名贵。由于紫貂皮产量极少，致使其价格昂贵，所以有“裘中之王”的美称，使之成为人们富贵的象征。

由于貂皮有着很高的价值，所以穿着貂皮时，要注意保养。首先，不能接触盐、碱、酸、油，特别是染发水、香水等制品；其次，在收藏前应在阴凉通风处晾干，然后选用宽松衣架与衣罩挂在衣柜中避免折、叠、压等，不能经常与其他物体蹭磨，以防秃毛。

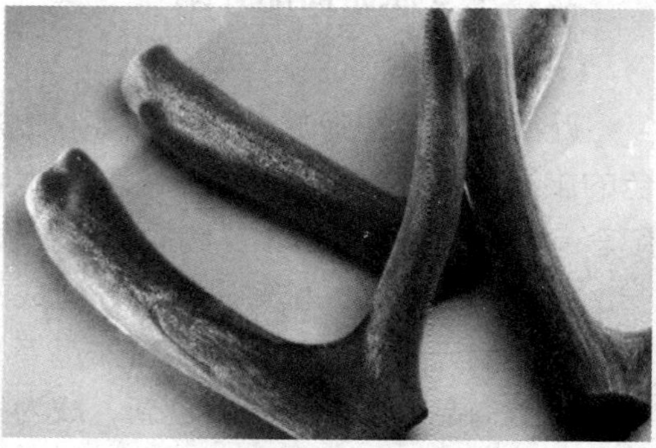
图 2–3　鹿茸

（3）鹿茸（见图 2–3）。鹿茸是指梅花鹿或马鹿的雄鹿未骨化而带茸毛的幼角，是一种名贵的药材，也是我国东北三宝之一。鹿茸中含有磷脂、糖脂、胶脂、激素、脂肪酸、氨基酸、蛋白质及钙、磷、镁、钠等成分，其中氨基酸成分占总成分的一半以上，其性温而不燥，具有振奋和提高机体功能，对全身虚弱、久病之后的患者，有较好的强身作用。

鹿是我国传统的名贵药用动物，汉代时就有“鹿身百宝”的说法，是灵丹妙药的象征。据《本草纲目》记载，鹿茸、鹿角、鹿角胶、鹿角霜、鹿血、鹿脑、鹿尾、鹿肾、鹿筋、鹿脂、鹿肉、鹿头肉、鹿骨、鹿齿、鹿髓等都可入药，有极高的药用价值和保健功效，能够预防和治疗多种疾病，而鹿的初生幼角—鹿茸更是被视作“宝中之宝”。据李时珍《本草纲目》中记载鹿茸“善于补肾壮阳、生精益血、补髓健骨”，可见鹿茸自古以来就被作为名贵中药广泛用之。

鹿茸含有比人参更丰富的氨基酸、卵磷脂、维生素和微量元素等，并且性温而不燥，可以提高机体的细胞免疫和体液免疫功能，增加机体对外界的防御能力，调节体内的免疫平衡，从而避免疾病发生和促进创伤愈合，从而起到强壮身体、抵抗衰老的作用。正是由于鹿茸具有如此珍贵的药用价值，目前已成为人们抢手的时尚消费品，故而假冒现象也非常严重，但只要我们细致观察，采用现代科学方法加以分析解剖，也不难辨别其真伪。同时还应注意，鹿茸的价格较为昂贵，内含丰富的蛋白质、糖分及其他营养成分，贮存稍有不慎，极易发生虫蛀、霉烂和变质，轻则降低药效，重则失去药用价值，因此必须妥善保管贮存。一般以密封法最好，即将鹿茸用细布包好，放入樟木箱或皮箱内密封，置阴凉干燥处密闭保存，如是鹿茸粉应用瓷瓶盛装。贮存期间，还必须做到定期检查。

图 2-4　猴头菇

（4）猴头菇（图 2-4）。猴头菇，又叫猴头菌，是一种大型肉质食用菌，一般生长在麻栎、山毛栎、栓皮栎、青冈栎、蒙古栎和胡桃科的胡桃倒木及活树虫孔中，悬挂于枯干或活树的枯死部分，是菌类蔬菜里面比较少见的一种，也是一种名贵的食用菌，被列入八大山珍之一，也是四大名菜（猴头、熊掌、燕窝、鱼翅）之一，素有“山珍猴头、海味鱼翅”之说，因外形酷似猴头而得名，是中国传统的名贵菜肴，肉嫩、味香、鲜美可口，有“素中荤”之美称。

猴头菇的价值在于食用营养与药用疗效的完美结合。猴头菇作为食材，是美味菜肴；作为药材，在中医看来，猴头菇性平味甘，有利五脏、助消化、滋补身体等功效，同时经现代医学和药理学的很多研究陆续证明猴头菇可治疗消化不良、胃溃疡、胃窦炎、胃痛、胃胀及神经衰弱等疾病。在临床应用上，采用猴头菇进行治疗，对于轻度或是重度神经衰弱均可取得较为显著理想的疗效。

（5）漂河烟。漂河烟又名关东烟，是一种驰名全国的名晒烟，产于吉林省蛟河市的漂河村。这里是一片峡谷盆地，当地农民称为“漂河川”，腐殖土层深厚，肥沃，雨量充沛，气候适宜，最适于烟叶生长，方圆数十里的土地都可种植烟叶。漂河烟栽培历史悠久，有据可查的就有300多年，清朝种植者最多。漂河烟主要有“红花铁矬子”“白花铁矬子”“大青筋”“大护耳”等几个品种，它有许多不同之处，主要体现在五个方面：一是叶脉对生，俗称“对筋烟”，这是其他烟叶所没有的；二是色泽纯正，成熟后烟叶为深红或酱红色，有油性，发亮，手感柔软；三是吸用时香味浓郁，气味芳香，没有草杂气，而且吸食后口内余味芬芳；四是不截火，燃后白灰，在任何潮湿的环境中也能抽着，如海上渔民等，由于周围空气湿度大，一般烟叶抽不着，漂河烟照样能抽着；五是吸食后不呛嗓子，不咳嗽。

2. 工艺品

（1）松花江石（图2-5）。松花江石又名“松花玉”，产于我国东北长白山脚下的松花江流域，质地细腻，坚硬温润，多呈深绿或浅绿色，并常常夹杂一些黄、白色的直丝纹，像松针，有的由于内含黄铁矿而出现星星点点的金星、银星、金线、银线等。其中，以深绿色的刷丝为上品，刷丝纹中的精品又似孔雀石。松花石中还含有磷质，可对书画起到防蛀的作用。由于松花江石石质“温润如玉，绀绿无瑕，质坚而细，色嫩而纯，滑不拒墨，涩不滞笔，砚之神妙尽备”，故而从明、清开始被定为御砚用石，有康熙题铭为证，但后来因产地在满族的发祥地而遭到封禁，直到20世纪80年代，才又重新发现了松花江石的踪迹。以松花江石为原料制成的松花石砚也是中国名砚之一，曾与端砚、歙砚、洮砚齐名。砚石以绿色为主，与红色颜料可以形成鲜明的色彩对比，在清代曾被视为国宝，专供御用。

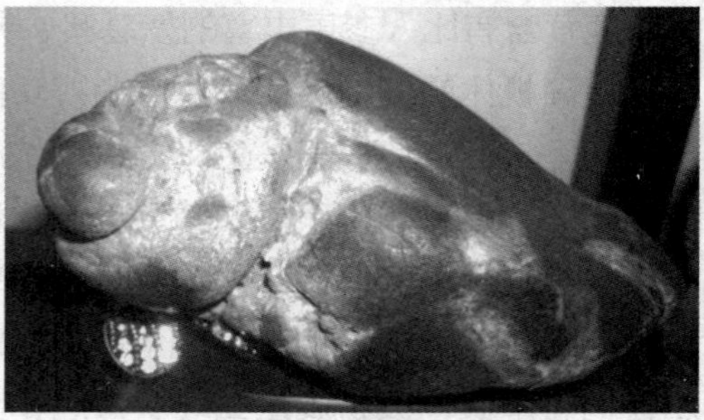

图2-5　松花江石

（2）松花石砚（图2-6）。松花石砚又称松花砚，是由松花石加工而成的用于研磨墨、书写或绘画的文房用品，亦是一种古老的汉族传统手工艺品，起源于明朝，清朝时被御封为宫廷专用品。松花石砚色系丰富，变化多端，以绿色为主，青春亮丽，健康活泼，具有无限向上的朝气，是其他砚品无可企及的。其石质沉稳，内蕴含蓄，不固不涩，是砚石中的上品。

图2-6　松花石砚

松花石砚历来以“松花静水”“松江荡水”“绿静”最为名贵，以“龙眼”“凤眼”“赤柏纹”“紫袍绿带”最为奇特，它曾博得中外书画家、收藏家的一致赞誉，如日本书法家把它誉为“东方至宝”；毛主席曾以松花石砚作为国家礼物，送于外国友人，足见它的价值非同一般。

3. 艺术品

图 2–7　手工彩绘木雕

（1）手工彩绘木雕（图 2–7）。吉林手工彩绘木雕采用木质细腻的桦木，由长期从事雕刻艺术的高水平专家和技师经手工雕刻而成，是吉林省工艺美术行业于 1977 年开始开发的一种新兴木雕工艺品。彩绘木雕主要以飞禽走兽为题材，如黄雀、喜鹊、老虎、狮子、猎犬等。产品工艺独特，用料考究，情调高雅，浑然天成，具有超凡的收藏和观赏价值，深受欧美、东南亚、非洲和中国周边地区国家众多消费者的喜爱。

图 2–8　松花湖浪木根雕

（2）松花湖浪木根雕（图 2–8）。松花湖浪木根雕是选用吉林省松花湖浪木制成，是江城特有的根艺资源。松花湖浪木的形成早在 20 世纪 30 年代，当时松花江上游拦江筑坝，修建电厂，致使松花湖水位上涨，沿江林木被浸入湖中，在经过了几十年湖水的冲刷、日晒雨淋后，被浸泡在水中的木材有的随波逐流，有的潜在湖底，还有的漂浮在水面或搁浅在沙滩上，就形成了今天的松花湖浪木，它可以说是江城除“东北三宝”之外的又一宝。

松花湖浪木与普通的树根相比，有其特殊性，由于它经过了更多大自然的雕琢，湖水的浸泡，故而坚硬如铁，形状千姿百态，妙趣横生，天然成趣，有的似动物，有的如人形，造型奇特，形态各异，形成了浪木根雕“七分天成，三分雕琢”的特点。

松花湖浪木根雕在经过了阴干、吹烤、油浸、上蜡、刨光等几道工序的精心雕琢后，形成了大小不等，形态各异，惟妙惟肖的精美艺术品。有些只有手掌大小的适合居室陈列，有些则高达数米适合大厅摆设，件件创作都选料讲究，外观光滑细腻，色彩持久，富有力度，显得十分高贵典雅，给人以无穷无尽的遐想和美的享受。

图 2–9　吉林彩绘雕刻葫芦

（3）吉林彩绘雕刻葫芦（图 2–9）。吉林彩绘雕刻葫芦是利用本地特产的葫芦为雕刻原料，经过打皮、绘画、刻制、打磨、着色、彩绘、着漆等步骤精雕细刻而成。在制作过程中，民间艺人选用符合作品内容题材的葫芦制成色彩鲜明、斑斓多姿的作品，内容表现不仅有生动活泼的花鸟鱼虫、古朴庄重的香炉宝鼎、别具意趣的钱币图腾，也有长发飘逸的现代舞女、神形兼备的龙凤共舞等。一套红楼梦人物雕刻，金陵十二钗或赏月，或吟诗，个个惟妙惟肖，生动感人，目前已发展成为吉林独特的旅游纪念品。

（4）树皮画（图 2–10）。树皮画是利用树皮所具有的天然形态、不同颜色与纹理，经创意巧妙组合粘贴出的各类半浮雕式的图画，主要以风景画为主。在类型上主要包括三种：以一间或数间房屋或塔、亭等建筑配以树木、小河或湖泊、道路组成的画面，如湖光塔影等庭院式小景；以黄山、张家界、白洋淀等景色为对象制成的名山大川等风景画；表现北方冬景的雪景树皮画。亲手制作好树皮画或送亲朋好友，或装饰居室，都是不错的选择。

图 2–10　树皮画

（5）满族剪纸（图 2–11）。剪纸是满族传统文化中一个重要部分，是依附于满族民间特定的文化背景与生活环境，在艺术上具有自己特定语言和风格的艺术形式，更是一种承载着长白山一带灿烂而厚重文化的民间艺术。经过数百年的发展，满族民间剪纸已成为在国内外具有一定影响的民间艺术。满族剪纸的内容形式多样，主要表现了长白山区的自然风貌、生产习俗、节令习俗、婚丧习俗及民间传说等。如众所周知的满族三大怪："窗户纸糊在外，大姑娘叼个大烟袋，养个孩子吊起来"的《敬烟》《摇篮儿》等作品；还有反映满族人朴素善良、耿直纯真的道德风貌的《人参姑娘》《白山狩猎》《姐妹易容》等民间故事作品。其中东辽满族剪纸是东辽县重要的民间特色文化之一，历史悠久，内涵丰富，堪称东辽河畔璀璨的瑰宝。2007 年，东辽满族剪纸被吉林省人民政府列入吉林省第一批非物质文化遗产名录，2008 年，东辽县被国家文化部命名为中国民间文化艺术（剪纸）之乡。

图 2–11　满族剪纸

（二）辽宁省

在辽宁省这片神奇的土地上，能工巧匠云集，众多具有当地特色的旅游商品吸引着全国乃至世界游客的目光，这里有以柞蚕丝绸为代表的丝织品，以玛瑙、琥珀、贝壳等精雕细琢的手工艺品和艺术品，还有让人垂涎欲滴的海产品等，丰富着游客的旅游生活，让人流连忘返。

1. 实用品

（1）黑木耳。黑木耳是一种营养丰富的食用菌，又是我国传统的保健食品和出口商品。据现代科学分析，黑木耳中含有蛋白质、脂肪、碳水化合物和各种维生素和微量元素等营养成分，因此，历来深受广大人民的喜爱，常被用作烹调各式中、西名菜佳肴的配料，不仅清脆鲜美，滑嫩爽喉，而且有增加食欲和滋补强身的作用。除可供食用外，黑木耳还具有药用价值。历代医学家对于黑木耳的药效都有详细的记载，如明代李时珍在《本草纲目》中记载："木耳生于朽木之上，性甘平，主治益气不饥，轻身强志，疗痔疮、血痢下血等。"另据国外报道，黑木耳能减低血液凝块，缓和冠状动脉粥样硬化，对预防和治疗冠心病有特殊的效益。

在我国，黑木耳产地较多，其中尤以东北地区为最优，尤其是小兴安岭一带的黑木耳不但肉质细腻，脆滑爽口而且营养丰富，被誉为"素中之荤"。

（2）蛤蜊岛沙蚬。沙蚬又名蛤蜊，属瓣鳃纲帘蛤目的海水蚬，因其主要生活在浅海沙滩中而得名，辽宁沿海均有生产，而以庄河市蛤蜊岛所产沙蚬最为有名。这里的沙蚬，壳薄个大、味鲜、肉嫩、富含蛋白质，其肉可加工成蚬子干，为人们喜食的贝类海味食品之一。现如今，辽宁沙蚬已经成为很多外地游客来辽宁必吃的一道海鲜菜，并一改以往以煮为主的单一食用方法，改为煮、烤、炒等多种食用方法相结合，大大地提高了沙蚬的美味，刺激了人们购买享用的欲望。

2. 工艺品

（1）柞蚕丝绸。辽宁柞蚕丝绸是利用该省特产的柞蚕茧加工纺织而成的一种名贵织料，主产于辽宁丹东市。以柞蚕丝织品做成的服装，盛夏可吸水并迅速蒸发，隆冬能贴肤保暖，柔软舒适，有冬暖夏凉之说，备受人们喜爱。

（2）抚顺琥珀。抚顺琥珀出产于世界琥珀的重要产区，也是中国宝石级琥珀和昆虫琥珀唯一产区的中国辽宁抚顺，是闻名世界的有机宝石，以"色彩丰富低调、光泽明亮柔和、质地细腻温润"闻名于世，距今约 5000 万年，是世界上较为珍贵的琥珀品种。琥珀具有消痛镇惊、冬暖夏凉的特点，具有很高的药用价值。

抚顺琥珀品种多样，色彩缤纷，雕刻工艺精致高超，使抚顺琥珀雕刻工艺品呈现出多姿多彩的迷人魅力，堪称是汉族传统文化与民间艺术的结晶。同时具有鲜明的汉族传统文化特征，使之具有很高的工艺价值、鉴赏价值、使用价值和收藏价值，成为抚顺地域文化最杰出的代表之一，并于 2008 年被省政府确定为辽宁省第三批非物质文化遗产项目，2014 年被列入国务院第四批国家级非物质文化遗产保护名录。

3. 艺术品

（1）水晶制品系列（图 2–12）。大连盛道玻璃制品厂生产的各种水晶器皿、工艺品、摆件、灯饰品玲珑剔

图 2–12　水晶制品

透、晶莹璀璨，被誉为“国宴三绝”，获中国玻璃制品行业的唯一金奖。

（2）岫岩玉雕（图 2–13）。玉雕是我国传统工艺美术品，在国际上享有盛誉。岫岩玉，简称岫玉，产于辽宁有着“玉乡”之称的岫岩县，为中国历史上的名玉之一。岫岩玉以其质地细腻纯净、储量多而闻名中外。岫岩玉雕是以岫岩玉为原料，在辽宁省岫岩地区发展起来的一项民间玉石雕刻工艺，经过历代艺人的努力，不断推陈出新，现已逐步形成了独具地方特色的艺术风格，2006 年 5 月 20 日，被国务院批准列入第一批国家级非物质文化遗产名录。

图 2–13　岫岩玉雕

岫岩玉雕技法丰富，以素活见长，柔环、活链为其典型工艺，难度之高，世人称绝。岫岩玉雕在题材选择上，十分广泛，内容丰富多彩，千姿百态，从自然到社会，从历史到现实，从神话到生活，林林总总，可谓无所不雕。近年来，岫岩玉雕继承传统，创新发展，作品内涵更加丰富，具有深厚的文化底蕴、鲜明的生活情趣和强烈的时代精神。在造型上深厚古朴而又不失典雅，严谨统一而又极富变化，可谓形神兼备，极富生气；在规模上，既有气势恢宏、大到数吨甚至数百吨的大件，也有令人爱不释手、小到寸许的微型小件，无论大小精品，皆可令游客叹为观止。

（3）锦州玛瑙雕刻（图 2–14）。锦州玛瑙雕刻历史悠久，蜚声中外。锦州玉器厂继承和发展了祖国的文化艺术遗产，生产了大量的玛瑙和玉器工艺品，成为全国闻名的玉雕工厂之一。玛瑙是一种名贵的玉料，它的成因要追溯到亿万年前。由于地壳的剧烈运动，岩浆从火山口喷出，形成熔岩，岩浆中混有的各种被熔解的矿物质，冷却凝固后成为各种石料，玛瑙便是其中一种。

图 2–14　锦州玛瑙雕刻

它含有钙、镁、铁的硅酸盐，后经土中酸化作用，形成红、黄、绿、白、灰、蓝、黑、紫等色，故有“千种玛瑙”的美称。玛瑙质地坚硬，形状各异，种类繁多，产于我国辽宁、黑龙江等省。

玛瑙雕刻工艺品的制作过程很复杂，由于玛瑙料硬度大，性脆，琢磨难度大，不易加工，所以要经过“相玉”“巧用俏色”“量料取材”“因材施艺”的设计，通过切、扣、划、钻、冲、压、勾、撤、顶、撞、擦、透、拉、串、光等工艺加工，才能雕琢成一件精美的玛瑙工艺品。锦州玉器厂生产的玛瑙品种，有人物、花卉、鸟兽、素活以及旅游纪念品小件等，工艺品设计精湛，巧夺天工，有的玲珑剔透，情趣盎然；有的古香古色，撩人思绪：有的栩栩如生，神采飞扬，特别是用水胆玛瑙雕刻的工艺品“水帘洞”更是令人赞叹不已。

（4）大连贝雕（图 2–15）。大连贝雕千姿百态，琳琅满目，有巧夺天工的珍贵大型贝雕，也有用几个精巧贝壳串在一起的小型饰物，而大连贝雕是辽宁首创的特种工艺品。大连贝雕画构图完美，色彩绚丽，形态逼真，栩栩如生，题材为花鸟、山水和人物三大类，它系采用松花江的粉红色江贝、长沙的橘白色佛耳贝、海南岛的金色的黄广螺和当地沿海茵绿色绿银蛤等上百种贝壳作原料，根据每种贝壳的色泽和形状特点，运用中国传统的雕刻手法和传统的国画构图形式，精制而成，形象逼真，栩栩如生。

图 2–15 大连贝雕

（三）黑龙江省

黑龙江这片有着悠久历史的黑土地，由于特殊的地理环境造就了与众不同的旅游商品，如因火山遗迹较多而形成的五大连池景观所在地出产的五大连池矿泉水；因与俄罗斯临近而衍生出的俄罗斯特色工艺品等都深受游客的喜爱，除此之外具有特色的饮食、精致的编绣工艺等众多的旅游商品亦吸引着游客的到来。

1. 实用品

（1）五大连池矿泉水。位于我国黑龙江省北部的五大连池因火山熔岩堵塞河道而形成五个火山堰塞湖得名，是我国著名的旅游疗养胜地，其特产铁硅质重碳酸钙镁型低温火山冷矿泉，系在火山爆发过程中，地热产生的大量二氧化碳气体溶解于地下水，对周围岩石进行长期溶蚀孕育而形成，是世界三大著名冷矿泉（法国维希、俄罗斯高加索、中国五大连池）中品质最优异的矿泉水。

它具有浓重的矿化口感，清爽中略带微微苦涩，饮之清凉可口，可达到深层解渴的目的。同时由于富含多种重碳酸盐和钾、钠、钙、镁四种宏量元素以及钡、锡、氟、硅、锶、铁、铬、锌、钴、钼、硒、镍十余种微量元素，能很好补充人体所必需的微量元素，故而得到人们的广泛喜爱。经科学研究证实五大连池重碳酸矿泉水，对人体的胃肠、神经、血液循环和内分泌系统具有良好的保健作用，特别是对慢性胃炎、缺铁性贫血等具有神奇的功效。

（2）红景天（图 2–16）。红景天又名蔷薇红景天，为多年生草本植物，多生长在海拔 1800 ～ 2500 米高寒无污染地带的山坡林下或草坡上，因其生长环境恶劣，如缺氧、低温干燥、狂风、受紫外线照射、昼夜温差大，故具有很强的生命力和特殊的适应性，是一味作用广泛的中药。在中国古代第一部医学典籍《神农本草经》中就已经将红景天列为药中上品，服用红景天轻身益气，不老延年，

图 2–16 红景天

无毒多服，久服不伤人，能补肾，理气养血，主治周身乏力、胸闷等；还具有活血止血、清肺止咳、解热，并止带下的功效。明代李时珍的《本草纲目》亦有“红景天，本经上品，祛邪恶气，补诸不足”的记载，是已知补益药中所罕见，其药用价值之大可见一斑。

2. 工艺品

（1）松江编结绣（图 2–17）。松江编结绣是黑龙江省的特产，是黑龙江哈尔滨市的抽纱企业在我国传统抽纱工艺基础上发展起来的一种新产品，具有与其他抽纱品不同的工艺特点。它以黑龙江特产的亚麻或棉布作底布，用棉线织绣，采用抽纱、雕空手绣、编结拼镶等传统技术和钩、结、编等工艺精制而成，具有构思巧妙，新颖别致，风格独特的优点，被誉为“塞北新花”。它把钩织网扣的技巧改用针织，采用雕空、手绣和编结相结合的方法使产品具有层次清晰、花纹多样、绣工精致和美观淡雅的艺术特色。

图 2–17　松江编结绣

（2）俄罗斯特色工艺品（图 2–18）。与俄罗斯紧邻的哈尔滨，现已成为展销具有典型俄罗斯民族特色工艺品的重要窗口。具有俄罗斯特色和风格的工艺品商店琳琅满目，五彩斑斓的漆器、古朴典雅的锡器、工艺精湛、玲珑剔透的水晶道具，还有俄罗斯套娃等，反映了世世代代俄罗斯人的审美观和民间艺术特性，为广大游客提供了更丰富的旅游商品选择。

图 2–18　俄罗斯套娃

（3）鱼皮衣（图 2–19）。赫哲族世代居住在中国东北乌苏里江、黑龙江、松花江沿岸地带，是我国 55 个少数民族中唯一以捕鱼、狩猎为主要谋生手段的民族，也是唯一能用“鱼皮”缝制衣服的民族，史称“鱼皮部”。由赫哲族制作的“鱼皮衣”是民族服饰中最具特色、最为形象性的服饰，也是识别这一民族唯一的标志。它起着族徽的作用，其精湛的鞣制技艺堪称一绝，虽制作烦琐，但有很强的艺术性和实用性，蕴含着丰富的文化内涵。

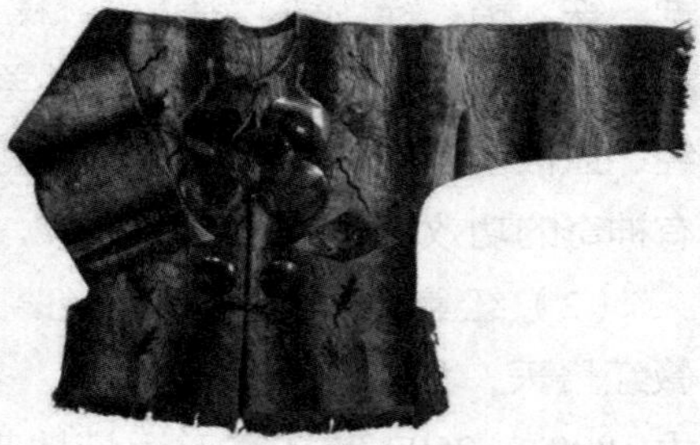

图 2–19　鱼皮衣

3. 艺术品

（1）牛角画（图 2–20）。牛角画是黑龙江的地方工艺品，它用牛羊角作原料，经过烧、雕、磨、粘等工艺拼制而成，即利用牛羊角具有光泽的特点，经磨薄后有一定透明度，用来拼贴成花卉、鸟兽、蔬菜、瓜果、山水、人物等形象，或表现中国古代的神话故事，能产生特殊的艺术魅力。

（2）麦秸画。麦秸工艺画又称麦草画、麦秸画，黑龙江黑河地方特产，是中国早已失传的隋朝宫廷工艺品。20 世纪末，中国洛阳民间艺人经过多年努力终于让麦秸工艺画重放异彩，享誉全世界。它采用中国盛产的优质麦秸，经过十几道工序精心制作而成。麦秸画保留了麦秸的自然光泽，古色古香、形象逼真、环保、典雅，具有很高的艺术价值和收藏价值，它是装饰办公室、宾馆、饭店、家庭的高档艺术品，同时也是馈赠友人的最佳礼品。

图 2-20　牛角画

（3）桦树皮制品。桦树皮制品又称桦树皮工艺品，以东北黑龙江大兴安岭地区盛产的桦树皮为主要原料，纯手工制作，做工精细，设计简单，风格各异，色泽自然，新颖别致，是中国独具风格的地区特色工艺品之一。其制作工艺是将桦木切成段，经过蒸煮、剥皮、捆成捆后挤压、选料、裁剪、粘接、缝制而成，质地柔韧、易塑造、不怕水、不怕碰撞、防腐耐潮、经久耐用，携带方便，主要用于家居装饰、日用摆设和个人饰品等。

【任务实施】

东北旅游区代表性旅游商品的讲解实训

实训目的：1. 掌握本旅游区内代表性旅游商品的概况。

2. 提高学生对旅游商品的讲解、宣传能力。

实训内容：东北旅游区代表性旅游商品的讲解。

实训步骤：1. 分组：将班级 6 ～ 8 人分为一个小组。

2. 前期准备：

（1）选择本旅游区内其中一个省（市）代表性旅游商品；（2）根据所选商品进行配套的 PPT 制作配合讲解；（3）小组成员共同完成讲解所需道具的制作和旅游商品介绍的讲解词撰写；（4）讲解过程需在特定情境中完成（注：小组根据情况自行设计）。

3. 实施过程：

（1）抽签决定小组训练顺序；（2）各小组按顺序以角色扮演的方式进行旅游商品介绍的情境展示；（3）小组互评；（4）教师点评。

任务二　华北旅游区

◆【任务引入】

“好客山东齐鲁好礼”颁奖典礼新看点

2015 年 12 月 19 日上午 9 点，由山东省旅游局主办，齐鲁网、山东省旅游商品开发服务中心、山东省旅游行业协会承办的“好客山东齐鲁好礼”—第二届“到山东最想买的 100 种特色旅游商品”颁奖典礼在山东广播电视台 1200 平方米的演播大厅举行。活动邀请了来自国内旅游行业权威专家学者、获奖企业代表参加，并与广大网友进行了现场互动。本届活动由公众和专家联合评选，内容包括全省 17 市最具代表性的旅游商品，既有传统工艺品和地方特色农副产品，又有品牌现代工业产品，种类齐全，内容多样，对推动山东旅游商品的发展起到了积极作用。

问题：1. 山东有哪些具有代表性的旅游商品？

2. 举行此活动的目的和意义何在？

案例分析：山东作为旅游大省，随着旅游业的不断向前发展，相关行业企业开始意识到旅游购物也是旅游要素中重要的环节，为了让游客有满意的旅游体验，山东省通过举办这样一个活动既达到了宣传自己的目的，又让游客了解了山东具有特色和值得购买的旅游商品，同时还增加了知名度和美誉度，对促进旅游经济的增长起到了良好的推动作用。

◆【任务分析】

近年来，从国家到地方对旅游购物的重视程度与日俱增，所以也出现了类似山东这样通过举办丰富多彩的“评选旅游商品”活动来进行旅游目的地商品的推荐，既可以达到宣传的作用，又可以为游客提供购物向导，同时还可以开发、发展和传承当地优秀的传统文化，促进当地经济的增长。完成以上任务应掌握以下知识点及技能点。

知识点：1. 华北旅游区的基本情况；

2. 北京市、天津市、山西省、河北省、河南省、陕西省和山东省旅游商品的总体情况；

3. 北京市、天津市、山西省、河北省、河南省、陕西省和山东省各自具有代表性的特色旅游商品。

技能点：1. 能对华北旅游区具有代表性的旅游商品进行准确描述；

2. 能准确而生动地对华北旅游区具有代表性的旅游商品进行介绍和讲解。

◆【知识链接】

一、旅游区概况

华北旅游区位于我国黄河中下游地区，范围包括北京、天津两个直辖市和山西、河北、河南、陕西、山东五省。这里是我国华夏文化的发祥地，是中华民族的摇篮，自古以来就是我国政治、经济、文化的中心。以北京和西安等古都为代表，是我国人文旅游资源种类最多、数量最丰富、分布最集中、质量最高的旅游区。这里历史文化遗迹与名山海景浑然一体，是我国以人文景观为主并具备多种旅游资源的旅游大区。该区平原广阔，交通发达，城市众多，首都所在，区位优势突出，是我国旅游业发展的核心区域，是全国最具实力的旅游区。这一区域四季分明，春季干旱多风沙，夏季炎热多雨，秋季凉爽宜人，冬季干燥寒冷。灿烂的文化和悠久的历史为这里留下了众多丰富的旅游资源和地域性较强的商品资源，吸引了无数游人的目光。

华北旅游区主要旅游商品如表 2–3 所示。

表 2–3 华北旅游区主要旅游商品

省份	实用品	工艺品	艺术品
北京市	北京烤鸭、盛锡福帽子、手工京绣旗袍、老北京布鞋、王麻子剪刀	京绣、中国结、毛猴、北京绢人、北京宫灯、北京料器	北京景泰蓝、北京玉雕、北京雕漆
天津市	十八街麻花、猕猴桃、蓟州脆枣、耳朵眼炸糕	天津地毯、泥人张彩塑	杨柳青年画、天津木雕
山西省	老陈醋、沁州黄小米、平遥牛肉、台蘑、汾酒	大同铜火锅、五台山砚、山西面塑	太原玉雕、大同煤雕、大同艺术瓷、平阳木版画、平遥推光漆器、平定刻花瓷、剪纸、核桃艺术品
河北省	赵州雪花梨、漕河驴肉、藁城宫面、马头酥鱼、衡水老白干、保定健身球	衡水内画壶、固安柳编	馆陶黑陶、唐山陶瓷、曲阳石雕、邢窑白瓷、秦皇岛贝雕画、承德木雕、承德滕氏布糊画、涿州金丝挂毯
河南省	许昌腐竹、道口烧鸡、郑州黄河鲤鱼、信阳毛尖、张弓酒	开封汴绣、棠溪宝剑、淮阳泥泥狗	桐木漆器、朱仙镇木版年画、烙画、南阳玉雕、洛阳手工牡丹瓷
陕西省	镇安大板栗、临潼石榴、大荔黄花菜、潼关酱笋、紫阳富硒茶	马勺脸谱、秦腔脸谱、蓝田玉、皮影、凤翔彩塑	仿秦兵马俑、碑石拓片、仿唐三彩、户县农民画
山东省	明水香稻、章丘大葱、东阿阿胶、德州扒鸡、青岛啤酒	潍坊风筝、鲁绣、尼山石砚	嵌银漆器、淄博陶瓷、楷雕如意

二、主要旅游商品介绍

（一）北京市

千年帝都，巧匠云集，使得北京的旅游商品比较集中地体现了中华民族工艺之精华，被称为北京工艺品经典的有景泰蓝、玉器、雕漆、内画壶等高级工艺品；极具“老北京”民俗风味的面人、宫灯、风筝、剪纸等民间工艺品；刚劲有力的毛笔字、艺韵浓厚的传统国画、巧夺天工的雕刻印章，无不体现着北京精品之作的多姿多彩。

1. 实用品

（1）北京烤鸭。烤鸭是具有世界声誉的北京著名菜式，以色泽红艳，肉质细嫩，味道醇厚，肥而不腻的特色，被誉为“天下美味”，它以优质肉食鸭为原料，用果木炭火烤制而成。在烤鸭家族中最辉煌的要算是全聚德了，它确立了烤鸭家族的北京形象大使地位。全聚德烤鸭采取的是挂炉烤法，即不给鸭子开膛。只在鸭子身上开个小洞，把内脏拿出来，然后往鸭肚子里面灌开水，再把小洞系上后挂在火上烤，这种方法既不让鸭子因被烤而失水又可以让鸭子的皮胀开不被烤软，烤出的鸭子皮很薄很脆，成了烤鸭最好吃的部分。用这种方法烤出的鸭子外观饱满，颜色呈枣红色，皮层酥脆，外焦里嫩，并带有一股果木的清香，细品起来，滋味更加美妙，严格地说，只有这种烤法才叫北京烤鸭。如今挂炉烤鸭和焖炉烤鸭是北京烤鸭的两大流派，但使用焖炉的烤鸭店很少，大部分的烤鸭店采用的是全聚德挂炉的烤制方法。这两种方法各有特色，焖炉烤鸭口感更嫩一些，鸭皮的汁也明显更丰盈饱满些；而挂炉烤鸭带有的果木清香，似乎更能让人体会到人类最早掌握的“烤”的烹饪方法的智慧。

（2）盛锡福帽子（图 2-21）。北京王府井大街盛锡福帽店是北京著名的老字号，开业于 1937 年，以生产品种多样、款式齐全、用料考究、手工制作、做工精细、品质优良的各类帽子闻名海内外。盛锡福品牌的帽子之所以被人们所喜欢并成为游客争相购买的旅游商品，关键在于其产品制作过程中非常讲究的工艺技术，从进料、生产到出厂检验，处处有人把关，每顶帽子的质量均属上乘。所有种类的帽子中尤以皮帽制作为主，可谓支撑着“盛锡福”的半壁江山。“盛锡福”的皮帽制作工艺在不断的完善过程中形成了一套特有的严格的质量标准体系，制作工艺流程复杂，制作一顶皮帽通常都要经过几十道工序处理，每道工序都要求精益求精，其用料之讲究、做工之精细是很多制帽工艺难以望其项背的。这项制作工艺是历代的制帽师傅通过对生产经验长期的积累总结得出的技术成果，这些手工工艺具备机械制造无可比拟的优点。这些复杂而又严格的制作程序使盛锡福皮帽成为外形美观、端雅大方、考究精致并穿戴舒适的帽

图 2-21　盛锡福帽子

中精品，曾多次为历届国家领导人制帽，并馈赠国际友人，也深受广大消费者的青睐，“头顶盛锡福”成为人们在生活上追求高品质的一种象征。

图 2-22　京绣旗袍

（3）手工京绣旗袍（图 2-22）。旗袍，最初是满族人的服装，宽松肥大，便于骑射。民国时期，旗袍吸收西方服装裁剪的优点，充分突出女性的胸部与腰际曲线，美感取代体统，旗袍因此脱胎换骨。现今旗袍已成为中国和世界华人女性的传统服装，被誉为中国国粹，是中国悠久的服饰文化中最绚烂的现象和形式之一。从渊源上讲，旗袍分为两种，即海派旗袍和京派旗袍，其中海派旗袍摩登时尚、灵活多样，而京派旗袍则犹如大家闺秀，凝练庄重、矜持大方。

1921 年，韩俊峰老师傅创建了“双顺京式旗袍”，使以“端庄、古朴、大气”著称的京式旗袍闻名于世，至今已有 100 多年的历史。2007 年，京式旗袍传统手工技艺被列入北京非物质文化遗产名录，受到国内外游客的一致青睐。

（4）老北京布鞋（图 2-23）。老北京布鞋有着浓郁的历史文化，以北京布鞋为代表，是中式文化的典型代表，体现着独特的京都风情，它承载着中国普通民众的文化，在中国生存了几千年而长盛不衰。

图 2-23　老北京布鞋

老北京布鞋之所以成为游客钟爱的旅游商品之一，源于它除了有其他鞋的一切优点外，还有其自身的特点，如用料以布料为主，具有透气、休闲、舒适、绿色环保、除汗、除臭、保健、吸潮、轻便等特点，穿起来不但养脚舒服，而且价格低廉；鞋面上有样式多样的手工绣花；同时布鞋多为平底，鞋底多为千层底，是采用纯棉底料，用棉线和天然麻绳通过纯手工制作而成，结实耐穿、透气吸汗、上汗除臭，还可以增强足部对周围环境的伸展性和适应性，可以达到保养足部和全身的作用。

（5）王麻子剪刀。“北有王麻子，南有张小泉”，这是近代在剪刀行业中出现的两名“状元”，其中王麻子剪刀作为北京市的汉族传统工艺品闻名于世。王麻子剪刀铺是享誉国内外的一家老字号店铺，清朝顺治八年（1651 年），在北京菜市口出现了一家以经营剪刀火镰为主的店铺，这家主人姓王，脸上长有麻子，人称王麻子，他专门收购民间打制的剪刀，而且每次都是亲自挑选，严把质量关，坚持看外观，看刃口，看剪轴，试剪刃，试手感，只有经过他检验合格的剪刀，才能拿到柜台上出售，因而这家剪刀铺很快便以其质量上乘而闻名。各地的客人也纷纷慕名前来购买，人们都称这家的刀剪为“王麻子刀剪”，于是这家店也被称为“王麻子剪刀铺”了。王麻子剪刀表面乌黑油亮，刀口锋利、被群众誉为“黑老虎”。它的突出特点表现为轴粗有力，剪尖灵巧，槽口易磨，不崩不倦，刃薄锋利，头长把宽，轻松口顺，经久耐用。

2. 工艺品

（1）京绣（图 2-24）。京绣又称宫绣，是一门古老的中国传统手工刺绣工艺，以北京为中心的刺绣产品的总称。明清时期开始大为兴盛，多用于宫廷装饰、服饰，用料讲究、技术精湛、格调风雅，是古代汉族劳动人民智慧和艺术创造力的结晶，亦有“燕京八绝”之一的美誉，在 2014 年 11 月 11 日，经国务院批准列入第四批国家级非物质文化遗产名录。

图 2-24　京绣《二龙戏珠》

京绣在材质选择上以华贵著称，一般选用最好的绸缎为面料，而绣线除了以蚕丝所制成的绒线外，还以黄金、白银锤箔，捻成金、银线大量使用于服饰绣品中，在中国绣品中独一无二，尽显皇族气派，充分体现了富贵精美的宫廷审美艺术；在刺绣风格上京绣亦层次分明，与江南刺绣风格迥异，图案少了苏杭的婉约柔媚，却多了京城端庄典雅的宫廷大气；在图案的选择上，京绣严格遵循图必有意、纹必吉祥的宗旨，充分体现了其雍容高贵的皇家气派和尊严。

（2）中国结（图 2-25）。中国结是一种中国特有的手工编织工艺品，因为其外观对称精致，可以代表汉族悠久的历史，符合中国传统装饰的习俗和审美观念，故命名为中国结，它身上所显示的情致与智慧正是中华古老文明中的一个侧面，充分体现了中国人民的智慧和深厚的文化底蕴。中国结不仅造型优美、色彩多样，而且还饱含着深刻而美好的寓意，如“吉庆有余”“福寿双全”“双喜临门”“吉祥如意”“一路顺风”等都表达出热烈浓郁的美好祝福，是赞颂以及传达衷心至诚的祈求和心愿的佳作，深受大众的喜爱。

图 2-25　中国结

中国结从头到尾都是用一根丝线编结而成，种类特别丰富，有双钱结、纽扣结、琵琶结、团锦结、十字结、吉祥结、万字结、盘长结、藻井结、双联结、蝴蝶结、锦囊结等多种结式，把不同的结饰互相结合在一起，或用其他具有吉祥图案的饰物搭配组合，就形成了造型独特、绚丽多彩、寓意深刻、内涵丰富的中国传统吉祥装饰物品，在北京申办奥运会的过程中，中国结作为中国传统文化的象征，深受各国朋友的喜爱。

（3）毛猴（图 2–26）。毛猴是老北京特有的一种汉族传统手工艺品，猴子作为自然界的小精灵，它的机敏、活泼，透着一种天然情趣，毛猴艺术将猴子的天然情趣和艺术家的创作完美结合，造就了一种绝妙的艺术境界。濒临绝迹的老北京绝活"毛猴"诞生于药房，制作原料全是中药，头和四肢是用蝉蜕（知了壳）做成的，身体是另一味中药辛夷，也就是玉兰花在秋天里形成的花骨朵，白及做黏合剂，木通做道具，这些东西虽小，却不容易找，一般都要到中药店去专门预订。

图 2–26　北京毛猴

（4）北京绢人（图 2–27）。绢人，是美术人形的一种，因其从头到脚、从里到外都选用上等丝绸、纱绢做成而得名。北京绢人是北京特有的一种传统民间艺术品，有 1000 多年的历史了，是以丝绢为主制成人形的民族手工艺品，它取材于中国民间故事中的历代仕女、戏剧人物和民族舞蹈造型等，经过雕塑、彩绘、服装、道具和头饰等十几道工序的精细手工制作，形成栩栩如生的立体人型。

图 2–27　北京绢人

北京绢人制作精美，神态各异，色彩绚丽，风格高雅，它以铅丝为骨骼，棉花纸絮为血肉、绢纱为肌肤，真丝为秀发，彩绘丝绸为服装塑制而成，具有很高欣赏和收藏价值。北京绢人的制作，运用了雕塑、绘画、缝纫、染织、花丝、裱糊等多种技能，是中华民族绢塑艺术传统的优秀代表和重要组成部分。从绢塑艺术的角度看，北京绢人属于三维立体软变形工艺，这是非常难驾驭的技艺，可以说北京绢人就是中国绘画直接的立体丹青。

图 2–28　北京宫灯

（5）北京宫灯（图 2–28）。北京宫灯，是北京久负盛名的特色传统手工艺品，清朝末期，北京宫灯曾在巴拿马博览会上获得金牌。北京宫灯制作精美，用料讲究，框架多用竹子、红木、檀木、花梨木等贵重木料精制，外绷彩绘纱绢，下垂流苏，口饰金边，艳丽端庄，典雅华贵，既有照明的实用价值，又有装饰欣赏价值。每当吉日良辰，华灯高悬，倍增欢乐吉庆的气氛。

（6）北京料器（图 2-29）。北京料器是用玻璃料条制成汉族传统手工艺品，最初以小型装饰物为主，如串珠、耳坠、胸饰、纽扣等，也有灯具、鱼缸等大件物品。如今，北京料器产品已达 1800 多个花色品种，其中有人物、挂屏、烟具、盆景、花鸟鱼虫，还有帽花、料珠等，造型生动，惹人喜爱。

图 2-29　北京料器

料器的原料以无机的硅酸盐石英砂和纯碱为主，再配以各种金属氧化物，如铅、锌、铜、铝、镁等，按比例组合后，经坩锅炉熔化，手工拉制而成。艺人们根据需要选用不同颜色的料棍，再经灯火软化后造型，制作出生动玲珑的工艺品，这与玻璃制品的生产基本一致，区别在于料器是高铅低熔点玻璃，它与琉璃、陶器、景泰蓝有着更多的关系。玻璃、料器、釉料实际上都是硅酸盐产品，本质是一样的，区别只在辅料的配比上，玻璃颜色单一，坚固透明，所以要石英粉比重大；料器多色、鲜艳玲珑，又要便于手工操作，因此要另加铅、碱以加强着色、降低软化温度；釉料都是在各类胎形上安家，所以要求颜色多样、鲜艳，必须要求在温度不高时，就能牢牢固定在胎形上，所以说料器与玻璃有关，但与釉料关系更密切。

现如今，北京料器经过艺人多年经验的积累，加之现代科技手段的运用，使之可以随意仿制高档的各类玉器和宝石，受到国内外收藏界的喜爱。

3. 艺术品

（1）北京景泰蓝（图 2-30）。景泰蓝，又称“铜胎掐丝珐琅”，俗名“珐蓝”，又称“嵌珐琅”，是北京著名的汉族传统手工艺品，距今已有 600 多年的历史，与玉器、牙雕、漆器合称中国工艺美术的“四大名旦”。景泰蓝的制作工艺是在铜质的胎型上，用柔软的扁铜丝，掐成各种花纹焊上，然后把珐琅质的色釉填充在花纹内烧制而成，因其在明朝景泰年间盛行，制作技艺比较成熟，使用的珐琅釉多以蓝色为主，故而得名“景泰蓝”。它集美术、工艺、雕刻、镶嵌、玻璃熔炼、冶金等专业技术为一体，堪称集中国传统工艺之大成，因而自古便有“一件景泰蓝，十箱官窑器”之说，因其古朴典雅、精美华贵的外形，价值具有鲜明的民族风格和深刻的文化内涵，于 2006 年入选首批国家级非物质文化遗产名录，并被称为国宝“京”粹。

图 2-30　北京景泰蓝

（2）北京玉雕（图 2-31）。我国玉雕工艺，源远流长，为世所公认。古语说“玉不琢不成器”，任何一块好的玉石，只有经过人工雕琢，才能赋予其新的价值和魅力。玉雕作为中国特有的工艺品，自古就有体现不同琢制风格的“南玉作”和“北玉作”之分。

图 2-31　北京玉雕

南玉以苏州、扬州为中心，如轻清柔缓的评弹一样飘逸、儒雅、灵秀；北玉以北京为中心，如铿锵有力的京剧一般大气、浑厚、雄伟。北京玉雕源远流长，技艺精湛，雄浑大气，庄重规范，以大件和摆件为主，在人物、山水、器皿、花卉等品种上都有独特的风格和气质，在制作上量料取材，因材施艺，更以玛瑙俏色见长，材料多样，题材广博，具有宫廷艺术特色和皇家风范，表现手法有圆雕、浮雕、镂雕、线雕等。2008 年，北京玉雕入选第二批国家级非物质文化遗产名录。

图 2-32　北京雕漆

（3）北京雕漆（图 2-32）。北京雕漆是一项古老的地方传统手工技艺，始于唐代，兴于宋、元，盛于明、清，和一般的漆器把漆涂在漆胎上或是在漆器上刻花之后再涂一层漆，或是镶上、用漆色画上图案、花纹有所不同，北京雕漆以雕刻见长，有金属胎和非金属胎两种，前者是珐琅里，后者为漆里，在漆胎上涂几十层到几百层漆，厚 15 ~ 25 毫米，再用刀进行雕刻，按照设计画稿，雕刻出山水、花卉、人物等浮雕纹样，最终形成具有造型古朴庄重、纹饰精美考究、色泽光润、形态典雅，并有防潮、抗热、耐酸碱、不变形、不变质特点的工艺品，深受人们喜爱。

雕漆工艺是中国漆工艺的一个重要门类，也是北京汉族传统工艺美术的精华之一，它体现了我国工艺美术家的高超技艺和聪明才智，是中华民族传统工艺的瑰宝。北京雕漆的工艺过程十分复杂，要经过制胎、烧蓝、作底、着漆、雕刻、磨光等十几道工序，各工序技艺要求都很高。

（二）天津市

天津市是我国四大直辖市之一，旅游资源丰富，交通便利，地理位置优越，有着悠久而独特的文化底蕴。这里的旅游商品种类繁多、特色明显，具有很高的艺术价值。

1. 实用品

图 2-33　桂发祥十八街麻花

（1）十八街麻花（图 2-33）。桂发祥十八街麻花是一道色、香、味俱全的传统名点，位列天津三绝（十八街麻花、天津狗不理包子、耳朵眼炸糕）之首，曾在全国首届名小吃认定会上被认定为“中华名小吃”，因店铺曾坐落于大沽南路十八街处而得名。1996 年被中国国内贸易部命名为“中华老字号”，曾荣获国家部优金鼎奖、亚太地区博览会金奖，并被认定为中国驰名商标、天津市名牌产品及天津市著名商标。其特色为每个麻花中心都夹有一根由芝麻、桃仁、瓜子仁、青梅、桂花、青红丝及香精水等小料配制的什锦馅酥条，香味绝佳而独特，深受人们喜欢。

（2）猕猴桃。猕猴桃，学名“中华猕猴桃”，天津蓟州区三宝之一，产于八仙桌原始森林，是一种野生植物，可以入药，由于其完全处于野生状态，营养价值极高，单维生素含量就高出苹果数十倍，被誉为“世界珍果”。李时珍曾在《本草纲目》中说：“其形如梨，其色如桃，而猕猴喜食，故有诸名。”因此，用猕猴桃加工制成的罐头、酱、汁、脯及酒、糕等食品，既是老弱病人、儿童的滋补品，也是高空、航海、井下、高原和牧区等特殊作业人员的高级营养品。除此之外，猕猴桃还具有一定的药用价值：如其果实对人体中的某些疾病，如心脏病、肝炎、肠功能紊乱等有一定疗效；其根有清热利水、散瘀止血的功能；其叶能止外伤出血等。

（3）蓟州脆枣。主产于天津市蓟州区北部山区的蓟州脆枣有着“形如杧果甜如蜜，红似鸡血脆若梨”之美誉，种植历史已有几百年，目前年产量已达 50 万千克。由于该果品由野生酸枣嫁接而成，故易生长，营养丰富，堪称纯天然绿色果品。蓟州脆枣枣面鲜红，有光泽，果大核小，清脆多汁，味甘甜，可与国内著名的“沾化冬枣”相媲美，畅销京、津及广州、深圳等地区。

（4）耳朵眼炸糕。耳朵眼炸糕为天津三绝食品之一，始创于清朝光绪年间，历史悠久，旧时因店铺紧靠耳朵眼胡同而得名。耳朵眼炸糕成品外形呈扁球状，淡金黄色，馅心黑红细腻，是津门特产，制作时用糯米作皮面，红小豆、赤白砂糖炒制成馅，以香油炸制而成，口感外焦里嫩、酥皮脆而不硬、馅鲜嫩而不干、细甜爽口、香味芬芳，1997 年被中国烹饪协会命名为中华名小吃。又因其富含蛋白质、碳水化合物、粗纤维以及多种维生素和微量元素等营养成分，故而兼有补中益气、温胃止泻、安神养颜、健脾利湿、清热利尿、解毒消肿等食疗功效。

2. 工艺品

（1）天津地毯（图 2–34）。天津地毯工业起源于清朝晚期，至今已有 100 多年的历史，在历史的传承和创作过程中形成了“厚密牢固、图案瑰丽、剪片浮雕、水洗丝光、规格齐全”等五大特点而扬名海内外。近年来，为满足消费者多样性的需求，天津地毯不断改进技术工艺，如拉绞过纬工艺，可增加地毯栽绒密度和弹性；用剪刀雕琢花纹的剪片工艺，可突出花纹的清晰层次和立体感等；在地毯图案设计方面，亦不断创新，在已有的京式、美术、彩花、素凸等类式的基础上，又发展出敦煌、古典、东方等多种样式图案，并吸取现代绘画、印染、雕

图 2–34　天津地毯

刻等艺术手法，创新设计出一大批不失传统韵味，又能适应现代人情趣的地毯新图案，使天津地毯图案日趋多样化、系列化。特别是天津市地毯研究所采用微机辅助设计后，使每幅地毯图案设计工效提高近千倍，产品由16个增加到72个，并研制出采用新材料的牦牛毛地毯、黄麻地毯、棕毛合织地毯、针刺化纤地毯；采用新工艺生产的“津环毯、宇环毯、盘金毯”及具有多功能的羊毛阻燃地毯、仿古旧地毯、折叠拼接地毯、旅游毯、礼品毯等一系列新产品深受广大消费者的喜爱。

（2）泥人张彩塑（图2–35）。泥人张彩塑为天津市的一种民间文化，是著名的汉族传统手工艺品之一，创始于清代道光年间，是天津艺人张明山于19世纪中叶创造的彩绘泥塑艺术品，现为天津市首批国家级非物质文化遗产，被公认为是天津的一绝。

图2–35　泥人张彩塑

泥人张彩塑创作题材广泛，或反映民间习俗，或取材于民间故事、舞台戏剧，或直接取材于《水浒传》《红楼梦》《三国演义》等古典文学名著，所塑作品不仅形似，而且以形写神，达到神形兼具的境地，其作品用色简雅明快，用料讲究，所捏的泥人历经久远，不燥不裂，栩栩如生，它把传统的捏泥人提高到圆塑艺术的水平，又装饰以色彩、道具、形成了独特的风格。泥人张作品的制作功夫在手上，一个作品的完成有80％要靠手上的技巧，在手指达不到的地方才用工具帮忙，泥人在手中捏、挤、拉、抻，手中的工具随时配合搓（条）、拍（大型）、压（衣纹和五官等）、滚（表面光平），在行云流水之中，一件完美的作品便跃然出现。

3. 艺术品

（1）杨柳青年画（图2–36）。杨柳青年画，全称“杨柳青木版年画”，属于木版印绘制品，是著名的中国民间木版年画之一，与苏州桃花坞年画并称“南桃北柳”。杨柳青年画产生于中国明代崇祯年间，继承了宋、元绘画的传统，吸收了明代木刻版画、工艺美术、戏剧舞台的形式，采用木版套印和手工彩绘相结合的方法，具有笔法细腻、人物秀丽、色彩明艳、内容丰富、形式多样、气氛祥和、情节幽默、题词有趣等特色，创立了鲜明活泼、喜气吉祥、富有感人题材的独特风格。其制作既有版味、木味，又有手绘的色彩斑斓与工艺

图2–36　杨柳青年画

性，因此，民间艺术的韵味浓郁，富于中国气派，其题材范围极广，包括风俗、历史故事、戏曲人物、娃娃、美人、花卉、山水及神祇等，尤以反映现实生活、时事风俗、历史故事等题材为特长。不仅富有艺术欣赏性，而且具有珍贵的史料研究价值，于2006年列入第一批国家级非物质文化遗产名录。

（2）天津木雕（图2-37）。天津木雕始于清代，是名扬中外的汉族民间艺术品，以刘杏林最为著名，人称“木雕刘”。木雕作品通常用于垂花门、外檐、额枋、花板和花牙装饰上，也可以作内檐装饰，如木隔扇、花罩、屏风等。天津的木雕经过诸家名师的努力探索和实践，集南北特色于一身，又将中国画的构图与木雕相结合，逐步形成木雕精美秀丽、淳朴粗犷的独有风韵。天津广东会馆的戏台木雕，堪为天津木雕技艺的代表作。

图2-37　天津木雕

（三）山西省

山西省有着悠久的历史和灿烂的文化，人文和自然旅游资源众多，附着其上而产生的旅游商品亦有着文化底蕴深厚，地方特色鲜明的特点，具有较高的收藏价值和纪念价值。

1. 实用品

（1）老陈醋。山西老陈醋作为中国四大名醋之一，是山西的地方传统名产，享有“天下第一醋”的盛誉，素以色、香、醇、浓、酸五大特征著称于世，其生产历史至今已有3000余年。山西老陈醋的独特之处在于它的酿造工艺，首先选用优质高粱、大麦、豌豆等多种原料配比，其次以红心大曲为主的优质糖化发酵剂，经过低温浓醪酒精发酵，高温固态醋酸发酵后熏醅和长期陈酿，简言之就是经过蒸、酵、熏、淋、晒的酿造过程后最终达到颜色黑紫、气味清香、食之绵酸、酸而不涩的特点。

山西老陈醋不仅是一种调味品，而且是一种保健养生食品，由于其含有丰富的氨基酸、有机酸、糖类、维生素等，多吃醋，爱吃醋，对人体健康十分有益。醋可以促进新陈代谢，帮助消除疲劳，促进睡眠，抑菌和杀菌，减少胃肠道和血液中的酒精浓度，预防动脉硬化和高血压，以老陈醋为基质的保健醋更有软化血管、降低甘油三酯等独特功效，所以在日常生活中，巧妙地使用醋作为调味料烹调食物，对健康大有裨益。

（2）沁州黄小米。在晋东南一带，民间流传着这样一句谚话：“金珠子，金珠王，金珠不换沁州黄。”这里的“沁州黄”就是指出产于沁县的一种小米，颗粒小，金黄色，被当地人称为“金珠子”。沁县古称沁州，据说在清朝康熙年间大学士吴琠曾将檀山产的“糙谷米”献给康熙帝品尝，帝悦，问：“此米产自何地？”吴答：“沁州。”皇帝便赐封为“沁州黄”，并封为贡米，从此“沁州黄贡米”沿袭各代，名扬天下，它与山东金乡县的马坡金谷小米、章丘的龙山小米，河北蔚县的桃花米并称为我国“四大名米”。

沁州黄小米不仅形体金黄，味道香美，而且营养丰富，经过有关部门鉴定，它所含的脂肪量、蛋白质、可溶性糖类的含量都高于普通小米，这种独特品种的产生，源于它择土性很强，只适宜在山区瘠薄干旱的土地生长，而沁县地处太行山深处，特殊的地理、气候、土质特别适宜于此品种谷子的生长发育，因此才造就了“沁州黄”谷香味浓，营养丰富的特点。小米粥作为健康食品，深受大众喜爱，既可单独煮熬，亦可添加大枣、红豆、红薯、莲子、百合等，熬成风味各异的营养食品。同时小米也可磨成粉制糕点，同样美味可口。

（3）平遥牛肉。平遥牛肉是山西晋中地区平遥县的汉族传统名菜，因其独特的传统制作工艺，使其不加任何色素，但色泽红润，茬口鲜红，肉质鲜嫩，肥而不腻，瘦而不柴，组织紧密，软硬均匀，食之绵软可口，咸淡适中，香味醇厚，回味悠长，久食之，可扶胃健脾，增进食欲。

平遥牛肉的主要品牌是平遥牛肉集团生产的冠云牌平遥牛肉，这一美味食品历史悠久，据说清慈禧太后途经平遥享用时“闻其香而提其神，品其味而解其困”，食之后誉为皇宫贡品，著名歌唱家郭兰英一曲山西民歌《夸土产》“平遥的牛肉太谷的饼……”使平遥牛肉更加名扬祖国大江南北。

平遥牛肉与其他各地酱牛肉的不同在于，一般加工酱牛肉不愿用老牛，而平遥酱牛肉却是牛越老，做出来的酱牛肉越香，保存的时间越长。平遥牛肉的制作工序，概括起来有三个字：杀、腌、煮。杀，用的是“平刀大拉法”，独特之处在于宰牛时要做到“快、狠、准”，要在瞬间放血，既可以不让牛血渗入体内而保持色泽鲜嫩，又使牛在屠宰时不过分受惊吓与紧张，防止了肌肉纤维迅速收缩而造成的坚韧。腌，是将牛肉切块后，在每块肉上划开几条刀痕，揉入硝盐，然后放入大缸，再用当地井中的碱水浸泡，并用牛胃蒙住缸口，浸泡时间因季节而异，天热则短，天冷则长。煮的关键是要掌握好火候，正如当地俗语所说：“水深要把肉漫到，汤沸锅心冒小泡。”具体说，就是把水不能盛得太多，以刚把牛肉盖住为宜。初煮火大，渐次减弱，肉熟八成，把火焖住，使之慢慢熟化，一般每锅煮 12 小时。肉锅不加盖，漂浮在汤上面的牛油会形成自然的锅盖，既保温又透气，还能使牛肉中的腥味和水分散发。

（4）台蘑。台蘑，产于山西省五台山，是一种营养极高的食用菌类作物，又称“天花菜”，是五台山的稀有特产，唐宋时就被选作宫廷菜，是山西传统的著名特产，主要品种有香蕈、秋露白、银盘、狗爪等。台蘑具有肉质细嫩，色泽乳白，菌体肥大，油性大，香味浓的特点，可烹制成多种荤素名肴，色泽素洁清新，味道鲜美甘甜，口感嫩脆爽滑。元代吴瑞《日用本草》中有这样的记述：“天花菜出自山西五台山，形如松花而大，香气如蕈，白色，食之甚美。”台蘑的味道独特，香气浓郁，口感醇香，开胃健脾，当地民间有“一家喝其汤，十家闻其香”的说法，而且不论干鲜烹饪，都别有风味。但由于环境所限，去大山里采摘台蘑非常辛苦且较稀有，大多被当地人们购买食用或者作为走亲访友的礼物馈赠。

（5）汾酒。中国传统名酒汾酒，属于清香型白酒的典型代表，产于山西省汾阳市杏花村，有着 4000 年左右的悠久历史，饮后回味悠长，酒力强劲而无刺激性，使人心旷神怡，它不仅是中国第一文化名酒，而且是名酒之始祖，国之瑰宝，凝聚着我国古代劳动人民的智慧，闪耀着中华民族文化的光辉。杏花村汾酒享誉千载而盛名不衰，与酿酒的泉水纯净、工艺独特密不可分。俗话说，名酒产地，必有佳泉，有着美丽传说的跑马神泉和古井泉水被人们称为“神泉”，说明了杏花村汾酒所用泉水得天独厚，世间少有。而论汾酒的酿造工艺同样独特，它是选用高粱为原料，用大麦、豌豆制成的糖化发酵剂，采用“清蒸二次清、固态地缸分离发酵”的方法制作而成，加之这里的空气和土壤中含有多种经过1000多年的选择、淘汰、优化、繁衍而形成的极有利于汾酒的微生物，形成了一个偷不走、搬不掉的唯一适合汾酒生产的独特的“汾酒微生物体系”，使所酿成的汾酒酒液莹澈透明、清香馥郁、入口香绵、醇净柔和、回甜爽口，在国内外市场都享有信誉。

以优质汾酒为基酒，配以砂仁、紫檀、当归、陈皮、公丁香、零香、广木香等十余种名贵药材采用独特生产工艺加工而成的竹叶青酒是中国古老的传统保健名酒，产于汾阳杏花村汾酒厂，具有性平暖胃、舒肝益脾、活血补血、顺气除烦、消食生津等多种功效。该酒色泽金黄透明而微带青碧，有汾酒和药材浸液形成的独特香气，芳香醇厚，入口甜绵微苦，温和，无刺激感，余味无穷，饮后使人心舒神旷。

2. 工艺品

（1）大同铜火锅（图2-38）。大同是中国著名的汉族民间铜器产地之一，历史上曾有“五台山上拜佛，大同城里买铜”之说。大同的铜器是一种古老的特色传统手工艺品，历史悠久，工艺精湛，尤以火锅为最。大同铜火锅结构设计合理，由底盘、锅身、火座、铜盖、火筒和小盖等六部分组成，其生产工序分为成型、铸造、焊接、镀锡里、錾花、抛光、组装七道工序，其中既有精密铸造技术，又有美工设计和錾雕工艺。由于造型美观、工艺精巧、品种繁多、经久耐用，具有浓厚的民族特色和地方特色，所以深受顾客喜爱，人们不仅喜爱它的实用价值，而且更喜欢它的艺术欣赏价值。

图2-38 大同铜火锅

（2）五台山砚（图2-39）。五台山砚简称台砚，又称段砚，因取石料于文山，又名文山石砚，是一种汉族传统手工艺品，因产自山西五台山而得名，与广东肇庆的端砚、安徽歙县的歙砚齐名，其石料分黑、绿、红、紫四种，黑如漆、绿如叶、红如丹、紫如肝，颜色纯净美观，石纹犹如五台山傲霜的松枝柏叶，遒劲疏朗，刚中有柔，质地细腻不滑，叩之无声，性凉如冰，用之发墨快，水墨交融，浓淡相宜，

图2-39 五台山砚

汁不易干，挥毫益墨，得心应手，历来为文人墨客所钟爱。相传清末大书画家傅山常以台砚书画，视此砚台为珍宝。

定襄县石刻工艺厂和五台县纹石厂的工人们以浮雕、半起胎、立体等雕刻技艺，使台砚石的天然文采得到充分表现，加之精细的仿古雕刻，使台砚成为造型美观，富有民族特色的名贵艺术品，在国内外久享盛名，其中比较著名的一种是五台山澄泥砚，它作为五台山旅游系列工艺纪念品久负盛名。

（3）山西面塑（图 2-40）。山西面塑俗称"面人""面羊""羊羔馍""花馍"等，是中国民间传统艺术之一，大都出自农村、乡镇、城市家庭妇女之手，它以上等白面为原料，经过揉面、造型、笼蒸、点色精制而成，塑造出各种栩栩如生的形象。由于面塑艺术具有颜色丰富、体积较小、便于携带、价格便宜等特点，加之现在的面塑作品经艺人长期摸索后具备了不霉、不裂、不变形、不褪色的效果，因此为广大旅游者所喜爱，是馈赠亲友的纪念佳品。外国旅游者在参观面人制作时，都为艺人娴熟的技艺、千姿百态栩栩如生的人物形象所倾倒，称其为"中国的雕塑"。山西面塑造形夸张、生动，用色明快、大方、风格粗犷、朴实、简练，并富有雅拙的美感，而且有着鲜明的民间和地方特色，堪称"可以食用的艺术品"，兴盛于民间，流传至今。可以说，山西面塑本身就是一种民间艺术品，它又与各地风俗人情有着千丝万缕的联系，在形式、用途、色彩上都与当地民俗活动、民俗风情紧密联系并发展变化着。如在山西南部的新绛县、襄汾县蒸制面塑讲究染色，面塑制品华丽别致；霍州一带，面塑不讲究修饰着彩，有着朴素雅致的特点；忻州、定襄等地的面塑，则以塑为主，着色为辅，色与面本色相间。

图 2-40　山西面塑

3. 艺术品

（1）太原玉雕（图 2-41）。太原玉雕是根据天然玉石资源因料取材，因材施艺，在玉雕大师们的精工刀刻下形成的色、形、态俱佳的工艺美术产品。历史悠久，雕刻工艺精致、细腻的太原玉雕，所用原料石质精美，产品品种多样，既是太原古老文化的象征，又是太原人民智慧的结晶。其内容大多在表现名胜古迹、花卉、人物等方面，如炉瓶、花鸟、人物、禽兽等，品种有数百个之多，其中以《琏子瓶》《风》《提梁卣》《嫦娥奔月》《晋祠侍女》等最为著名，别具风格。

图 2-41　太原玉雕

玉雕艺人善于相料取材，因材施艺，能够根据各种玉料的天然色彩，灵活加以利用，特别是利用“俏色”的技艺相当高明，如绿色翠鸟头上的一点红，红色金鱼的黑眼睛，梅花鹿身上的花斑等，都是利用玉料的天然色泽，独出心裁地设计、雕琢而成的。

（2）大同煤雕（图 2–42）。大同是闻名全国的煤乡，这里孕育着大量晶莹的煤炭。煤炭除了燃烧带给我们温暖之外，一种存在久远却鲜为人知的艺术形式又悄悄地出现在世人的眼前—“煤雕”，当煤炭被赋予千姿百态的形象时，这种超自然的艺术生命力也卓然显现。大同煤雕是以大同煤层深处树化石即废弃的煤矸石为原料，精心磨制而成，纹理清晰，石质细腻，真正地赋予了煤艺术以生命。煤雕作品内容丰富多样，有云冈大佛、伟人、妈祖等，一件件同黑白摄影作品一样逼真，在第一届云冈旅游节期间向中外游人展出后，令游客爱不释手，一时好评如潮，成为中外游客赠送亲友和收藏的精品，曾于 2002 年荣获首届中国旅游纪念品设计大赛优秀奖。

图 2–42 大同煤雕

在煤雕艺人中，赵师傅煤雕以独特的手艺和精湛的技术得到了诸多客户的喜爱，几年来大同赵师傅煤雕远销国内外，成为备受中外游客青睐的馈赠佳品。现如今，煤雕已被大同人以一种骄傲的态势推向国际市场，各类工艺品远销到国内外，成为中外游客书香墨宝之中的收藏品。

（3）大同艺术瓷（图 2–43）。大同生产陶瓷历史悠久，已有 1400 多年的历史，产地集中在大同市、怀仁县等地，产品造型别致，设计新颖，品种繁多，别具一格，是大同旅游工艺品中的一朵奇葩。这里生产的陶瓷制品达 130 多种，几百个花色，其中有许多富有民族传统和神话传说色彩的制品，如《大肚弥勒佛》《老寿星》《天女散花》《嫦娥奔月》《猪八戒吃西瓜》等，都具有制作精细、设计考究、姿态优美、色泽艳丽、艺术性强、趣味性浓的特点，博得了中外游人的好评，其中，陶瓷儿童玩具更为诱人，成为陶瓷艺术品中的精品。

图 2–43 大同艺术瓷

（4）平阳木版画（图 2–44）。平阳木版画是山西省的汉族民俗工艺品，不但是当地群众喜闻乐见的艺术形式，而且在中国绘画史上亦占有极其重要的地位。作为黄河流域

图 2–44 平阳木版画

民族文化的一支，这种艺术形式长期受历史文化、戏曲艺术、民俗风情的影响，形成了自己极有特色的造型体系风格。

在制作方式上，它首先运用传统白描手法双勾铁线概括地进行形体组合，再经雕刻制作，使刀味、木味与线条的刚健相统一，形成了别具韵味的艺术形象；在造型方法上，民间艺术随意洒脱的自由尺度结合戏曲艺术程式化脸谱，典型化动态，再经雕刻工艺的制约，使各个艺术形象充满了干练、典型、幽默的韵味，神态动态的极度夸张使不合比例的造型充满了艺术的合理性；在构图方法上，严谨饱满、简约的概括，充分吸收戏曲表演中舞台造型和调度的艺术感染力，并常常以全景式、半景式、特写式、连环式的方法随心所欲地表现对象，安排构图；在设色方法以分版套印和手绘晕染相结合，巧妙地利用黑色主版的主导地位，以透明度极高的品色红、绿、青、紫实施大强度对比和重叠，呈现出强烈的艺术效果。这种既有整体特征又有局部层次的表现手法，使晋南木版年画形成了自己完整优美的艺术形象，从而毫无愧色地俏立于民族艺术之林。

（5）平遥推光漆器（图 2–45）。平遥推光漆器是山西平遥汉族传统手工技艺之一，以手掌推出光泽而得名，外观古朴雅致，闪光发亮，绘饰金碧辉煌，手感细腻滑润，耐热防潮，经久耐用，是我国四大名漆器之一，以手掌推光和描金技艺著称于世。2006 年 5 月 20 日，该技艺经国务院批准列入第一批国家级非物质文化遗产名录。

图 2–45　平遥推光漆器

平遥推光漆器的生产，分木胎、灰胎、漆工、画工和镶嵌等细致复杂的工序，每一件漆艺品“髹漆”是最关键的工序，在灰胎上每刷一道漆，都要先用水砂纸蘸水擦拭，完毕后，再用手反复推擦，直到手感光滑，再进行刷漆，每件产品一般上五到八道漆，每上完一道漆干后需打磨—再上漆—再打磨，最后出光。出好光是每件产品质量优劣的关键，通常的做法是先用细砂纸把漆面打磨光滑，接下来要用优质椴木烧制的木炭块细细蘸水打磨增加漆面的黑度，再用头发蘸油打磨，最后用手掌蘸上特制的细砖灰（用水将砖灰反复过滤）和麻油推光。漆面要达到光亮如镜的效果，推磨次数越多出的光越亮，以后会越擦越亮，适于长期摆放，而平遥推光漆器的魅力不仅仅在于精雕细琢，用料也颇有讲究，如推光漆器所用的漆是在黄土高原广泛分布的漆树上刮掉树皮后流出来的一种天然漆料。

平遥推光漆髹饰品分为实用品和陈设品两大类，具有很高的实用价值和工艺价值，为广大群众所欢迎，现有品种多为高档屏风、挂屏、电视柜、大小衣柜、角柜、酒柜、陈列柜、首饰匣等，光泽亮丽，色调和谐，富丽堂皇，除此之外，现在推光漆技艺还普遍用于宫廷、庙宇、厅堂、文房的陈设装饰，取得了良好的艺术效果。

（6）平定刻花瓷（图2-46）。阳泉市平定县素有“中国刻花瓷之乡”的美誉，这里出产的刻花瓷是汉族传统陶瓷中的艺术珍品，是具有中国古代定窑系典型风格的，中国独一无二的汉族民间特色陶瓷艺术。该瓷是采用当地黏土（高岭土）为原料，用特殊的烧造工艺，纯手工制作的民间绝活，它以刀代笔，在坯胎未干前刻花，一气呵成。

图2-46 平定刻花瓷

平定黑釉刻花陶瓷制作工艺是一种用黑白色为主要表现手段来展示纯粹地道的、独特的、有着浓厚的民族民间特色的陶艺装饰语言。它具有烧造釉色稳定、釉面光亮润泽、造型古朴典雅、线条灵活流畅、纹样生动明快、图案丰富多彩、题材广泛、主题鲜明、品种齐全、式样千姿百态等特点，因其具有较高的艺术品位和收藏价值，故被列为山西省首批非物质文化遗产保护项目。

（7）剪纸（图2-47）。剪纸在山西是一种很普遍的群众艺术，是最古老的传统民间艺术之一，它作为一种镂空艺术，在视觉上给人以透空的感觉和艺术享受，其载体可以是纸张、金银箔、树皮、树叶、布、皮、革等片状材料。民间艺人通常只借助一把小小的剪刀或刻刀，就可以弯曲自然、运转灵活地在纸上镂空剪刻成花样，来装点自己的生活。

图2-47 剪纸

剪纸是民俗活动的重要一项，而丰富的民俗事象则为剪纸提供了自由驰骋创作的广阔天地，进而成为民族传统文化的有机组成部分，举凡岁时节令、居住、服饰、诞生、成年、婚葬、寿筵，都能在剪纸中得到反映。

山西民间剪纸在体裁格式上，最常见的是窗花，它的大小根据窗格的形状来定，小的精致灵巧，稚趣横生，大的素雅大方；在题材内容上，大都是人物、动物、草木花卉，可贵的是它能借生活中常见的事物，通过谐音、象征等手法，构成寓意性的艺术画面，如《龙凤呈祥》《凤凰戏牡丹》象征婚姻的美满与神圣，《刘海戏金蟾》象征爱情的真挚，《柿子和如意》表示四时如意、平安幸福，《喜鹊登枝》寓意喜上眉梢，喜事盈门等；在剪纸风格上，总体来说，具有北方地区粗犷、雄壮、简练、淳朴的特点，但是，因地域环境、生活习俗、审美观念的不同，各地剪纸又有差异。如晋南、晋中、晋东南、晋西北、吕梁山区的剪纸，多为单色剪纸，风格质朴、粗犷；而流行于雁北地区的染色剪纸，则婉约典雅、富丽堂皇，尤以“广灵窗花”为代表。

近年来兴起的磁性剪纸以晋城磁性剪纸为代表，为我国拥有1500年历史的剪纸文化中注入了科技的元素，使其更为时尚，应用更广泛，体现了科技进步的价值理念，在全国独树一帜。它的独特性体现在可以靠自身的磁性吸附到磁性相框、磁性画轴、磁性书写板上，也可吸附到冰箱、防盗门、汽车、文件柜、文具盒等铁质物体上，喷少许水或洗洁精也可贴附在玻璃或其他光滑表面上去，更充分地体现剪纸的透雕特点和剪纸的透空效果。

（8）核桃艺术品（图 2-48）。山西太行山一带盛产山核桃，这些核桃不仅美味营养，还可以拿来制造工艺品，因核桃是吉祥的化身，核谐音“和（合）”，寓意阖家幸福安康、和和美美、和气生财、百年好合，古有“核桃制品摆放家中可神灵镇宅、吉祥好运、逢凶化吉”之说，因此精致的核桃工艺品也深受欢迎。在制作时，人们首先精选出太行山一带优质的山核桃，充分利用核桃外壳坚硬、耐腐，内部花纹自然、古朴的特点，经科技处理将核桃果切片、弃果肉、干燥、定型、磨抛光、粘接、细雕等数十道工序手工制作而成，所有工艺品都保留了核桃果的原始外形和花纹，使工艺品造型风格古朴、雅致优美，具有天然的美感和自然的镂空效果，加上人们无限的想象力与创造力，就将这些小巧精致的核桃加工成了一件件充满想象力的艺术品。

图 2-48　山西核桃艺术品

（四）河北省

河北是中华民族的发祥地之一，是长城途经距离最长、保存最完好的省份，这里悠久的历史、多样的地貌和独特的风俗使其旅游商品的类型丰富多样，土特产品的品质优良，手工艺品技艺精湛，艺术陈列品格调高雅。

1. 实用品

（1）赵州雪花梨。赵州雪花梨俗称象牙梨、雪梨，产于“中国雪花梨之乡”河北赵县，因其果肉洁白如玉，似霜如雪而得名。赵州雪花梨成熟期早，个头大，产量高，含糖量高，是制作水果罐头及其他工业食品的上乘原料，以其为原料酿制的雪花梨酒清澈甘洌，馨逸芳香，沁人心脾，是人们理想的清凉饮料；以其制成的梨干、梨脯、蜜饯等工业食品，风味浓厚，食用方便，耐储存，深受国内外消费者的喜爱。

雪花梨营养丰富，含有各种有机酸、蛋白质、矿物质和多种维生素等，除鲜食外，也可以加工成罐头、梨汁、梨脯、梨酒、梨膏等各具风味的保健食品，也可入药医病，据《本草纲目》记载，“雪梨性甘寒，微酸”，具有“清心润肺、利便、止瘧消炎、切片贴烫火伤、止疡不烂”等功效。

（2）漕河驴肉。漕河驴肉是河北省汉族传统名菜，有“保定特色美食”“中国地方特产”“河北省著名商标”等多种美誉，曾于 2010 年亮相上海世博会后又被列入保定市非物质文化遗产名录，现凭借其重要的历史和文化价值，已经成为保定市响当当的特色美食名片。

漕河驴肉加工始于宋代，当时漕帮和盐帮争斗，漕帮大胜，盐帮运货毛驴被宰杀，稀世名吃漕河驴肉由此诞生，至清朝雍正年间，徐水漕河小驴肉已远近驰名。漕河驴肉制作时先以大火后以温火炖，配以近 20 种调料，烹煮时间长，熟度透彻，色泽红润，肉香而不柴，香味绵长，不仅味道鲜美，还有保健功能。

（3）藁城宫面。宫面又名藕面，是藁城特色礼品之一，属河北省地方传统名产，亦称贡面或御面，由于最初只供给宫廷而得名。此面起源于东汉末年，其制作技艺已有 2000 多年的历史，它是以小麦精粉为原料，配以精盐、精炼油、淀粉等，不用任何添加剂，采用秘传手工工艺制作，经过盘条、上秆、拽条、拉丝、阴干等十余道工精制而成，有营养、杂粮、风味三大系列。该面营养丰富，味道鲜美，面条细匀空心，色泽油亮而洁白，耐煮不糟，回锅不烂，食用方便，汤清面秀，既可以作为主食，又可以做副食佐餐，吃凉面条，热面汤均可。

（4）马头酥鱼。邯郸特产马头酥鱼是驰名中原的地方名吃，曾被评为邯郸市十大名小吃之一，它是以滏阳河中的纯天然生长的优质鲜活小鲫鱼为原料，加以盐、白糖、天然香辛料等多种配料经精心烹制而成，不含任何防腐剂的纯天然食品，具有鱼形不散、鱼肉鲜嫩洁白、味道鲜美等特点。该产品早在魏晋时期即被列为贡品，其中含有多种维生素和氨基酸、高蛋白、低脂肪，久吃不腻，受到广大消费者的青睐。

（5）衡水老白干。衡水老白干是河北名酒之一，历史悠久，居全省清香型白酒之首，其酿造工艺世代流传：以高粱为主料，精选小麦踩制的清茬曲为糖化发酵剂，以新鲜的稻皮清蒸后作填充料，采取清烧混蒸老五甑工艺，低温入池，地缸发酵，酒头回沙，缓慢蒸馏，分段滴酒，分收入库，精心勾兑而成，可长时间储存，形成了芳香秀雅、醇厚丰柔、甘洌爽净、回味悠长的典型风格，并与其他香型白酒共立于中华酒林。老白干其味“闻着清香，入口甜香，饮后余香”。其命名之“老”，即历史悠久；“白”，即酒质清澈；“干”，即酒度高，深受广大游客欢迎。

（6）保定健身球（图 2–49）。保定健身球又称王铁匠保健球，是保定民众十分喜爱的体育活动器材，一般用一只手托着两个健身球玩耍，以舒筋活络，强身健体。同时保定健身球还是保定特有的传统民间手工艺品，是馈赠亲朋佳友，出门访亲的最好的礼品。此产品可发出高、低清脆悦耳之声，被称为“雌雄”球，是民族传统产品，古色古香，典雅大方，具有强身健体、延年益寿之功能，被称为“东方瑰宝”，既是医疗保健器具，又极具观赏收藏价值。

图 2–49　保定健身球

2. 工艺品

（1）衡水内画壶（图 2–50）。衡水内画是一种鼻烟壶内壁绘画技艺，是中国独有的民间工艺，也称之为冀派内画，其工艺精妙异常，如同鬼斧神工，“寸幅之地具千里之势”，被外界认为不可思议，由于衡水内画艺术独树一帜，被命名为“中国内画艺术之乡”，并于 2006 年经国务院批准列入第一批国家级非物质文化遗产名录中。

图 2–50　衡水内画壶

中国内画艺术分为“京、冀、鲁、粤”四大派，其中“冀派”内画发源于衡水，其艺术特点是风格多样、布局巧妙、立意深远、造型准确、精皴细染、色彩典雅，不仅有以国画色为主的国画类型画种，而且还有国画色和油画色结合的表现手法，模拟多类型多画种的各种画面效果，使内画的图、形、神达到炉火纯青的地步，被称为“中西合璧”的壮举。冀派内画选题以人物肖像见长，特别是婴戏图和百子图最能反映冀派内画鼻烟壶的艺术特点。迄今为止，无论在艺术风格、工艺技法、花色品种、从艺人员、市场营销、社会影响等方面，冀派内画都暂居领先地位。

（2）固安柳编（图 2–51）。河北省固安县素有“柳编之乡”的美誉。柳编是固安的传统手工艺技术，早在明代永乐年间，当地农民就开始杞柳的种植和柳器的编织，迄今已有 600 多年的历史。清初，民间编织的柳箱、筐、篮、升、斗、簸箕、笸箩等产品，技术精巧，样式考究大方，结实耐用，远销京、津、苏、奉诸大商埠。到了清末，柳编产品发展到上百种。1949 年后，固安柳编获得大发展，成为将美学、编织技艺和科学技术熔为一炉的柳编工艺。20 世纪 60 年代柳编产品遍布全国，主要编织生产提箱、茶几、果篮、花篮、面包篮、礼品篮、餐具盘、多层吊盘、首饰盒等工艺品。现如今品种多样的固安柳编已成为重要的旅游工艺品，深受广大游客的喜爱。

图 2–51　固安柳编壶

3. 艺术品

（1）馆陶黑陶（图 2–52）。馆陶黑陶产于邯郸东部的馆陶县，它以自己的独特工艺使有着 4500 年悠久历史的黑陶技艺不断向前发展，并在国内外市场上占有一席之地。黑陶被看作是陶器中的极品，被誉为“土与火文明的诠释，力与美的结晶”，现代黑陶艺术经过馆陶人的继承和创新，集陶艺、漆艺、镶艺于一身，形成镂空、浮雕、线刻、影雕、彩绘、漆画、镶嵌几大系列，拥有 1000 多个品种，在将制陶技术、雕刻艺术、绘画艺术融为一体的同时，采用当地特有的制陶原料，经过严格的工艺过程，制作出了具有“黑如漆、亮如镜、音如磬、薄如纸、硬如瓷”典型特征，且古朴典雅，浑厚庄重的黑陶产品以供应国内外市场。如今馆陶县被确定为“中国黑陶艺术之乡”“中国黑陶、彩陶研究基地”等。

图 2-52 馆陶黑陶

由河北省工艺美术大师李思月专门为北京奥运会精心设计创作的黑陶艺术品“国娃”，制作精细，美观典雅，从设计到完工历经 8 个多月，造型是具有中国民间特色和现代艺术相结合的童娃，形态各异，栩栩如生，曾作为“国礼”和我国黑陶艺术的代表作品，赠送给前来参赛的各国体育代表团团长，作为为数不多的“国礼”之一，它是不可复制的珍品，具有很高的艺术收藏价值。

（2）唐山陶瓷（图 2-53）。唐山是中国的北方瓷都，也是我国主要陶瓷产区之一，唐山陶瓷历史悠久，是古老的汉族传统制瓷技艺，具有造型新颖、装饰多姿、品种齐全、刻意求新之特色，其装饰的主要技法是雕金、喷彩、釉中彩等，形成了唐山陶瓷的独特风格，其中骨瓷瓷质润泽、光灿莹洁、胎质细致；白玉瓷瓷质细腻、釉面光润、白中泛青，是唐山陶瓷的典型代表。目前唐山陶瓷主要产品有日用瓷、建筑瓷、卫生瓷、工业理化瓷、高新技术瓷、美术陈列瓷等，品种多达 500 多种。

图 2-53 唐山陶瓷

（3）曲阳石雕（图 2-54）。曲阳石雕，是汉白玉大理石雕刻的代表，其造型逼真，手法圆润细腻，纹式流畅洒脱。据悉，首都天安门广场上雄伟壮观的人民英雄纪念碑下部，展现中国人民革命斗争画卷的八幅浮雕，就是河北省曲阳县石雕艺人的杰作。曲阳雕刻工艺历经千年而不中断，誉满海内外。

图 2-54 曲阳石雕

曲阳石雕所用材料天然汉白玉储量丰富，产于该县城南黄山之下，石质具有洁白晶莹、纯净细腻、脂润坚韧、经久耐磨等特点，既易受刀，又耐风化，色泽不败，这种得天独厚的条件，加上世代相传的雕刻工艺，使曲阳成为我国有名的石雕之乡。其传统工艺是利用开脸特技法，在石料上画出大概轮廓，先雕鼻子，再从头到脚依次雕刻，做到“内外有度，比例协调”，而现代工艺则是在传统工艺基础上，依靠科技力量，运用圆雕、浮雕、线雕技法，将解剖学、美学融为一体，所雕作品既有高贵华美的传统特点，又有新颖明快的时代精神。

雕刻的题材亦相当广泛，既有传统的仿古建筑饰品，又有现代人物雕像；既有园林雕塑，又有家庭装饰；既有飞禽走兽，又有游鱼花卉；既有上百米的巨作，又有长不盈寸的精品，加之其构思精巧、造型美观，纹饰清晰剔透、生动逼真，刀工精湛细腻、圆润光滑的艺术风格，该遗产于2006年经国务院批准列入了第一批国家级非物质文化遗产名录。

（4）邢窑白瓷（图2-55）。邢窑是唐五代最著名的白窑瓷场，有邢窑白瓷"天下无贵贱而通之"的美誉。邢窑白瓷胎质坚实、细洁纯白，器内施满釉，器外釉不到足。在胎、釉之间有一层化妆土，作为护胎釉。尤为难得的是其细白瓷的釉面光滑，色泽雪白莹润，"邢瓷类雪"，便是指其釉色而言。

图2-55 邢窑白瓷

邢窑产品器型规整，制作精致，有碗、盘、钵、托子、杯、砚、盒、瓶、壶、罐等，多为日常用品，均少带纹饰，以凸显釉质之美，风格朴素淡雅。白瓷给中国乃至世界陶瓷带来了划时代的变化，进一步开辟了美化瓷器进行各种彩绘装饰的良好条件，把瓷器工艺成就推向了一个新的高峰。

（5）秦皇岛贝雕画（图2-56）。秦皇岛贝雕是以海滩所产的螺贝为材料加工制成的工艺美术品。贝雕艺人以传统的螺贝镶嵌技法为基础，采用中国国画的构图章法，吸取牙雕、木雕等工艺之长，雕制出千姿百态、妙趣横生的浮雕式画面，形成了自己独特的风格。画面上的重峦叠峰、古柏苍松、行云流水、仙阁琼亭等，一件件古朴苍劲，自然洒脱而富有诗意。

图2-56 秦皇岛贝雕画

在制作贝雕画时，艺人们利用贝壳的天然色泽、纹理和形态，按照图案的设计要求，经过切磨镶嵌最终完成，其工艺精细，装模考究。为了使画面的每一根线条或每一部分造型颜色鲜明，浓淡相宜，艺人们还精心选用带有本色的螺贝加工，如用红口螺做山茶花，用粉口螺做荷花，使原画的色调更加逼真鲜明。

（6）承德木雕（图2-57）。承德木雕是用承德独有的名贵特产为原料，在继承中国传统木雕艺术的基础上大胆创新，雕刻出的作品既实用，又具有山城特色，因使用的木材质地很像象牙，甚至能达到乱真的程度。

承德木雕图案多取材于大自然中的花鸟、人物、山水，形象生动，刻工精细，惟妙惟肖。在承德市区的山野、路边、宅旁，生长着一种"昼开夜合"树，这种树因其叶子白天舒展开，夜间闭合上而得名。此树之木料色泽洁白，淡雅细腻，柔韧富有弹性，非常适宜精雕，故而承德雕刻艺人用这种名贵的木材制成的浮雕和圆雕艺术品，不仅历史悠久，而且在全国也是独一无二的。除此之外，艺人们还以本地产的花榆木、楸木、杏木、椴木为原料，雕制成炕桌、圆桌、八仙桌、茶几、沙发桌等，桌心雕制的花纹有的似沧海碧浪，有的如碧空流云，有的像奇花奇兽，人们把这种桌子叫作“楠木桌”，受到中外友人的好评。

图 2-57　承德木雕

（7）承德滕氏布糊画（图 2-58）。滕氏布糊画是河北丰宁民间艺术家滕腾发明的新画种，被誉为“中华百艳，华夏一绝”。该画的创作技法集绘画、雕塑、堆绣、唐卡、剪纸等工艺之大成，用料讲究、色彩绚丽、操作细腻、画面逼真、取材广泛，既有油画透视之效果，又不失国画之特点；既有工笔之观感，又具有写意之风格。一画作成，须经绘样、分解、制版、整型、配料、布糊、组装、装饰、成画等12道手工工序。用料繁多，以绫罗绸缎等面料为主，其他如木料、纸板、海绵、绢花、首饰等多达百余种。代表作有《龙凤壁》《天下第一布糊寺》《凤凰宝相瓶》《大威德怖畏金刚》等，一经面世，即引起轰动，业内业外赞不绝口，公认其为中国一朵光彩夺目的奇葩。其作品既可摆放，亦可悬挂，是融阳春白雪与下里巴人为一体的一种工艺美术品，也是与时俱进的室内装饰画。

图 2-58　承德滕氏布糊画

（8）涿州金丝挂毯（图 2-59）。金丝挂毯，古称“红绣毯”“红线毯”，是河北省历史悠久的汉族传统手工艺品，可与世界闻名的伊朗丝毯相媲美。它以真丝和金银线编织而成，绒头长，色泽典雅，已有2000多年的历史，具有富丽典雅，精细名贵的特点，是会堂、客厅的华贵装饰品。涿州金丝挂毯构图严谨、色彩绚丽、织工精细，图案丰富多样，有绘画式、波斯式、东方式等，在制作上经过画图样、染线、上径线、织活、盘金、平毯等多道工序精制而成，是装饰居室的上好选择。

图 2-59　涿州金丝挂毯

（五）河南省

河南省物产丰富，土特产品种类繁多，也积累了具有厚重历史文化底蕴的产品，如开封汴绣、洛阳唐三彩、南阳玉石、许昌钧瓷等在河南遍地开花，除了这些传统的工艺品以外，近两年来，麦秸画、红色旅游商品、高档工艺品、青铜仿真器、泥塑等也广受游客喜爱。

1. 实用品

（1）许昌腐竹。许昌腐竹是河南许昌一带的汉族传统名菜，是集环保、营养为一体的绿色食品，被人们称为“素中之荤”。腐竹由黄豆制成，具有与黄豆相似的营养价值，如黄豆蛋白、膳食纤维及碳水化合物等，对人体非常有益，其保健功能亦同豆浆相差无几，几乎适合所有人食用。腐竹颜色金黄，色泽亮丽，蜂窝均匀，发泡之后再经过煎、炒、煮等加工方法，吃起来口感筋道、味道鲜美，备受广大消费者的喜爱。

（2）道口烧鸡。道口烧鸡是特色传统名菜之一，与北京烤鸭、金华火腿齐名，被誉为“天下第一鸡”，由河南省安阳市滑县道口镇“义兴张”世家烧鸡店所制，是我国著名的特产。道口烧鸡具有口味佳、酥香软烂、咸淡适口、肥而不腻的特点，在制作过程中还辅以多种名贵中药和陈年老汤，使其成品烧鸡色泽鲜艳、香味浓郁、酥香软烂、咸淡适口、熟烂离骨、肥而不腻，极具食疗和保健功能。

道口烧鸡的制作技艺历代相传，有着自己独特的风格，就拿香味浓郁这一点来说，就需要用陈皮、肉桂、豆蔻、白芷、丁香、草果、砂仁和良姜八味佐料，缺一不可；而仅是煮鸡这一道程序，就需要花上 3 ～ 5 小时，再加上火候的调整，制作技术要求很高。如此复杂的工艺所制作的道口烧鸡食用时不需刀切，用手轻轻一抖，骨肉即自行分离，无论凉热，食之均余香满口、香嫩鲜美。

（3）郑州黄河鲤鱼。郑州黄河鲤鱼，河南省郑州市黄河河段特产，历史上曾作为贡品上贡朝廷，被列为中国四大名鱼之首。郑州地处黄河下游之首，黄河流经的地方地势平坦，河槽宽阔，水流也比较缓慢，其中有黄土高原冲刷下来的大量泥沙，携带着树叶、草籽、虫类和粪便，这些物质在这个区域淤积，从而使郑州所临的黄河水域变成了水质肥沃、饵料丰富的鱼类饲料仓库。那些从黄河下游而来的鲤鱼，游到郑州水域时已长到八九两重，正好是贪吃和长膘的时候，遇到这样的天然仓库，便迅速生长，这样特殊的地理环境加之黄河本身的水质特征，使得郑州黄河鲤鱼表现为金鳞赤尾，色彩艳丽，外形美观，肉质细腻，营养丰富，俗称铜头铁尾豆腐腰，即黄河鲤鱼的头、身、鳍全是金白色，稍微发黄，而鱼尾部分则红里透黄，四根胡须两长两短，用油干炸后鱼嘴张而不闭与一般的鲤鱼有很大差别。

（4）信阳毛尖。信阳毛尖又称豫毛峰，是中国十大名茶之一，河南省著名特产，属绿茶类，被誉为“绿茶之王”，主产地在信阳市和新县、商城县及境内大别山一带，它具有“细、圆、光、直、多白毫、香高、味浓、汤色绿”的独特风格，具有生津解渴、清心明目、提神醒脑、去腻消食等多种功效，曾于 1915 年在巴拿马万国博览会上与贵州茅台同获金质奖。

当地茶农多选择在海拔 300 ～ 800 米的高山区种茶，这里山势起伏多变，森林密布，植被丰富，雨量充沛，云雾弥漫，空气湿润，光照不强，日夜温差较大，土壤多为黄、黑沙壤土，深厚疏松，腐殖质含量较多，肥力较高，使茶树芽叶生长缓慢，持嫩性强，肥厚多毫，有效物质积累较多，从而形成信阳毛尖颜色鲜润、干净，香气高雅、清新，味道鲜爽、醇香、回甘的品质特点，深受广大游客的喜欢。

（5）张弓酒。河南省商丘市宁陵县张弓镇，自古就有“酿酒名镇”之称，这里拥有丰富的酿酒原料和优质的地下水，具有得天独厚的酿酒资源，著名产品张弓酒就产于此地，它是以优质高粱为原料，用小麦、大麦混合制曲为糖化发酵剂，通过固体发酵，精工酿造出优质基础酒，然后再加浆降度，冷冻过滤而成的国家优质酒，并以38° 开创了我国低度白酒的先河。张弓系列酒以其“窖香浓郁，绵甜爽净，醇厚丰满，回味悠长”而享誉全国，曾蝉联第四届、第五届全国白酒评比银质奖，荣获阿姆斯特丹第30届世界金奖，国家、省部级质量金、银奖，以及“中国驰名白酒精品”“口感最好的中国白酒”等多项荣誉。

2. 工艺品

（1）开封汴绣（图2–60）。历史悠久的汴绣，是中国传统刺绣工艺之一，素有“国宝”之称，它以绣工精致、针法细密、图案严谨、格调高雅、色彩秀丽而著称，早在宋代就已驰名全国。汴绣继承了宋绣的题材、工艺特点，借鉴了苏绣、湘绣等姊妹绣艺的长处，吸收了河南民间刺绣的乡土风味，并在此基础上创新了大量针法，既长于花鸟虫鱼、飞禽走兽，又善于山水图景，刻画人物形象细致传神。绣品既有苏绣雅洁活泼的风格，又有湘绣明快豪放的特点，从而形成了汴绣绣工精致细腻、色彩古朴典雅、层次分明、形象逼真的特色。汴绣是中国著名绣种之一，它以绣制中国名、古画著称于世，绣品古朴、典型、细腻，以绣制北宋画家张择端的《清明上河图》为代表作。

图2–60 开封汴绣

（2）棠溪宝剑（图2–61）。棠溪宝剑是传承古代传统铸剑技艺而成的工艺品，产自棠溪（今驻马店市一带）是中国九大名剑之首。1997年和1999年，棠溪宝剑厂分别铸就大型回归剑，送抵香港、澳门，受到两地同胞的欢迎。2001年，棠溪宝剑厂又向另一个高峰冲刺，铸造“中华第一剑”，此剑被中国历史博物馆永久收藏。棠溪宝剑通过剑条、剑鞘、饰件、剑架和剑盒上的所有部位不同的画面，既表现了中华民族龙的精神、龙的气概、龙的神韵，又反映了历史悠久、创造中华冶铁、铸剑文明的棠溪文化和劳动人民祈福致祥、镇恶服邪的心理期求，剑盒上相互缠绕纠结的夔龙，代表56个民族紧密团结和富有反抗精神的中华民族，剑鞘上的饕餮、蝙蝠图案和剑架的兽头造型，都是匡正祛邪的一种表达，腰箍上的龙凤图案，表达了龙凤呈祥之意。

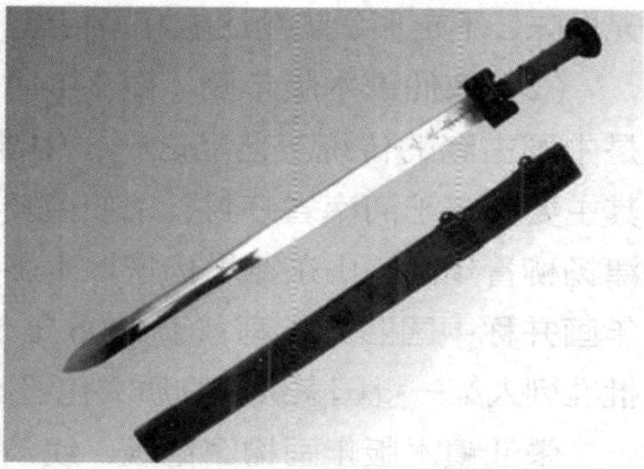

图 2-61　棠溪宝剑

（3）淮阳泥泥狗（图 2-62）。淮阳泥泥狗是河南淮阳民间小泥塑的统称，因其造型古拙、荒诞，在众多民间艺术中具有独特的魅力，它是一种黑色泥塑玩具，在黑色上再施以红、黄、青、白色，统称“五色”，色彩对比强烈，而又不失和谐。泥泥狗具有三大特点：一是稳中求动，即在平稳中传递一种内在的气势，好像“稳如泰山”一词的形容，立地扎根很坚固，不可动摇，产生一种时空的永恒感；二是方圆结合，即泥泥狗的头概括成圆形，而身体处理成方形，腿做成圆柱形，脚就做成方块形。大方大圆的结合，特征尤为明确；三是直来直去、斩钉截铁，即用线很有力度、挺拔且直来直去，不拖泥带水，没一点做作，铿锵有力。

图 2-62　淮阳泥泥狗

淮阳泥泥狗的形式感之所以如此富有魅力，就在于它是形式为内容服务而被艺人创造出来的，它的形式与内容结合得十分完美，包含着本来就离奇的神话传说，又充满着强烈的现代色彩。泥泥狗作为远古的民间艺术流传至今，其实质上是一种原始图腾文化的延续和拓展，给人以永恒的生命印象，它不仅是中华民族民俗文化中的一种极为典型、罕见的艺术瑰宝，而且真实地记录了史前人类生殖文化的种种轨迹，折射出民间美术与传统文化之间的血缘关系，现如今泥泥狗已成为节日赠送亲朋好友的最好礼物之一，同时也是旅程中最好的礼品之一。

3. 艺术品

（1）桐木漆器（图 2-63）。郑州的桐木漆器由来已久，迄今已有2000多年的历史，是一种汉族传统手工艺品，它是以桐木作底胎，以中国大漆作涂料，沿用传统的民间技艺，制作出的各种工艺性很强的装饰品。由于桐木质轻、传热慢，与天然大漆黏合性能好，故而形成了其不变形、不崩裂、耐酸碱、耐腐蚀、耐热性能高、

图 2-63　郑州桐木漆器

无异味、不走形、防潮性能好等特点。

（2）朱仙镇木版年画（图 2–64）。朱仙镇木版年画是中国古老的传统工艺品之一，中国木版年画的鼻祖。其主要分布于河南省开封、朱仙镇及其周边地区，与天津杨柳青年画、山东潍坊杨家埠木版年画、江苏桃花坞年画并称中国四大年画，于 2006 年 5 月 20 日经国务院批准列入第一批国家级非物质文化遗产名录中。

图 2–64　朱仙镇木版年画

朱仙镇木版年画构图饱满，线条粗犷简练，造型古朴夸张，色彩新鲜艳丽，极富装饰效果，具有鲜明的地方特色。在表现手法上，朱仙镇年画吸取了传统绘画技法及丰富多彩的装饰手法，创作出栩栩如生的人物故事，但对人物的衬景不进行刻意描绘，能做到恰到好处。对神祇的形象塑造，特别突出头部形象，身体比例夸张，极具感染力。人物的面貌健美英俊而不带媚色，是朱仙镇年画最突出的特点。

（3）烙画（图 2–65）。烙画又称烫画、火笔画，汉族传统艺术珍品，是利用碳化原理，通过控温技巧，不施任何颜料以烙为主套彩为辅的表现手法，在竹木、宣纸、丝绢等材料上勾画烘烫作画。烙画创作在把握火候、力度的同时，注重“意在笔先、落笔成形”，它不仅有中国画的勾、勒、点、染、擦、白描等手法，还可以烫出丰富的层次与色调，具有较强的立体感，酷似棕色素描和石版画，因此烙画既能保持汉族传统绘画的民族风格，又可达到西洋画严谨的写实效果，使其有独特的艺术魅力，因而能给人以古朴典雅、回味无穷的艺术享受。烙画的表现形式亦丰富多样，小至直径不足一厘米的佛珠，大到几米乃至几十米的长卷，以至大型厅堂壁画，如《清明上河图》《大观园图卷》《万里长城》等作品，可以充分反映国画山水、工笔、写意，以及人物肖像、年画、书法、油画、抽象画等不同画种的风格，图案清新、美观大方、永不褪色，堪称“中华一绝”。

图 2–65　烙画

（4）南阳玉雕（图 2–66）。南阳玉，又称独山玉或南玉，产于河南省南阳市城区北边的独山，为中国四大名玉之一。该玉玉质坚韧微密，细腻柔润，光泽透明，色泽斑驳陆离，是雕琢玉器的上好原料，南阳也因玉石资源丰富，质地优良，开采、雕刻、经营历史悠久而举国著称，被誉为“中国玉雕之乡”和“中华玉都”，曾荣获“中国珠宝玉石首饰特色产业基地”称誉，为使玉雕业形成加工、销售一条龙的产业化体系，南阳先后在南阳市区开辟了卧龙路玉器一

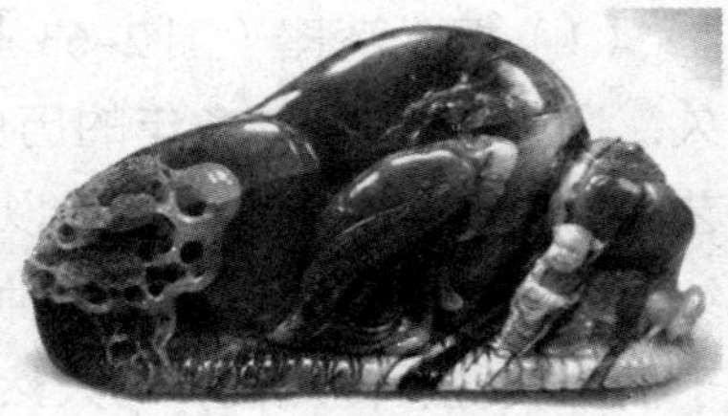
图 2–66　南阳玉雕

条街，在镇平县城建起了国际玉城和三雕大世界，并通过一年一度的南阳国际玉雕节，加强了与国内外玉雕业界的联系与沟通，加快了玉雕产业的快速发展。同时经过玉雕艺人和科技工作者挖掘、整理传统技艺，吸取外地经验，南阳玉雕的工艺不断改进，逐渐形成了自己的独特艺术风格，以技巧的灵活及色泽显贵著称于世，使南阳玉雕在中国玉文化发展史上的地位不断提高。

（5）洛阳手工牡丹瓷（图 2-67）。牡丹瓷来自古都洛阳，它把瓷器烧制、粉彩涂抹等技术结合在一起，在传统工艺的基础上，研制出形象逼真、花色自然、花叶薄如纸张、叶脉清晰可见的牡丹瓷，它的诞生为中原大地又增添了一束多彩艳丽的文化奇葩。牡丹瓷博中国雕塑艺术众家之优长，集中国陶瓷技艺诸派之精髓，是中国悠久的瓷文化与瓷工艺延续发展过程中的创意成果。牡丹瓷是继中国"五大官窑"之后出现的独具洛阳文化特色的新派陶瓷制作工艺，是中国古老的陶瓷文化与悠久的牡丹文化有机融合的新派美术瓷种。

图 2-67　洛阳手工牡丹瓷

牡丹瓷是采用中国豫西地区富含多种矿物元素的高岭土为制作材料，经过研磨、拌浆、滤泥、塑型、成型、晾干、素烧、施釉、釉烧等多道工艺制作流程，最终形成一件美轮美奂的牡丹瓷艺术作品。牡丹瓷聚中国陶瓷技艺诸派之精髓，形象逼真地再生再现了牡丹的形态、神韵、色彩和特殊寓意，既体现了牡丹的雍容华贵，又兼备了瓷器的典雅古朴，具有极高的历史文化与鉴赏收藏价值。

牡丹瓷填补了我国工艺美术品和特色旅游纪念品的空白，延续了中国陶瓷工艺演进发展的历史，开辟了牡丹文化创意产业新天地。

（六）陕西省

威严大气的兵马俑微缩版、憨态可掬的皮影造型、玲珑剔透的蓝田玉印章、别具一格的秦腔脸谱、地域特色明显的农民画等一系列造型丰富、创意新颖的旅游商品，吸引着众多海内外游客对陕西的关注和热爱，深刻反映出了陕西的文化内涵。

1. 实用品

（1）镇安大板栗。镇安大板栗是乡土品种，是用家板栗树与野生茅栗树嫁接而成，素以颗粒肥大、栗仁丰满、色泽鲜艳、肉质细腻、糯性较强、甘甜芳香、营养丰富而著称于世，生食脆甜，熟食糯香。由于其个大、甜脆、含淀粉率高，不仅成为国内外市场上的紧俏商品，也是陕西省传统的大宗出口土特产品，在世界市场上有着"中国甘栗"的美誉。

镇安大板栗不仅营养丰富，含有较高的淀粉、糖、维生素等，有"干果之王"的美称，而且可以入药，医治多种疾病，其药用滋补功能类似人参、当归，且价廉易得，故备受历代医家推崇。在古代，就曾被誉为“山中药”，其树皮、果实、果壳、叶、根皆可入药。据《千金方》说：栗味甘，性温，入脾胃肾经，栗果有养胃、健脾、补肾、强筋、活血之功效，是老年人最好的滋养品。

（2）临潼石榴。临潼石榴是陕西一大特产，素以色泽艳丽，果大皮薄，汁多味甜，核软鲜美，籽肥渣少，品质优良等特点而著称，被列为果中珍品，历来为封建皇帝的贡品，享誉九州，驰名海外，凡来临潼的中外游客，都以能品尝到这里出产的石榴为一大快事。石榴之盛于临潼，与特殊的地理和气候大有关系。临潼背靠骊山，面临渭河和广阔的关中平原，又有温泉，气候温和，雨量适中，开花期无大雾；石榴主要栽植于骊山北麓，土质松软，含沙量大，透水性好；渭河和温泉水汽蒸发，增加了空气湿度；夏季昼夜温差较大。这样的气候和土壤条件为石榴的生长提供了优越环境，所以世代相传至今。

临潼石榴营养丰富，尤以磷的含量最为突出，在水果中名列前茅，其籽粒味道甘美，含果汁 36％～61％，它的香气和微微的酸涩，能生津、化食、健脾、益胃，食后可开胃、滋阴、平肝、补肾、明目，同时也是制糖、果子露、酿酒、造醋、制高级清凉饮料的上等原料。除此之外，临潼石榴还是农家常用的中药，可以治疗多种疾病。其皮、花、叶、根部都可入药，但石榴伤肺气，多食亦不利。另石榴的根、果皮和叶，含有大量单宁，可成为鞣皮工业和印染工业的重要原料之一。而且，石榴树能抗氟化氢，对二氧化硫、二硫化碳和铅蒸气吸附能力较强。加之其花期长、花朵娇美的优点，对美化环境和净化空气亦极有价值，是绿化城市、庭院的珍贵树木之一。

近几年来，久负盛名的临潼石榴备受青睐，石榴花被定为西安市花，为了促进旅游业的发展，满足中外人士品赏石榴的要求，西安市政府决定，从 1991 年起，每年 9 月份在石榴产地举办内容丰富、形式多样的“临潼石榴节”。美丽俊俏的“石榴仙子”，手捧鲜红的石榴，热情地接待着中外游客。

（3）大荔黄花菜。黄花菜又名忘忧草、萱草花，学名萱草，是一种多年生草本植物的花蕾，它菜条丰润，色泽呈黄白色或金黄色，油分大，弹性强，味鲜质嫩，营养丰富，含有丰富的花粉、糖、蛋白质、维生素 C、钙、脂肪、胡萝卜素、氨基酸等人体所必需的养分。黄花菜性味甘凉，有止血、消炎、清热、利湿、消食、明目、安神等功效，亦可作为病后或产后的调补品。

大荔县境内的沙苑地区由于土质肥沃松软，排水性能良好，出产的黄花菜以针长、色佳、肉厚、味香、营养丰富而著称，配以荤菜香而不腻，清康熙年间已成为皇室贡品，在全国品质鉴定会上名列同类产品之首。

（4）潼关酱笋。潼关酱笋是渭南市名扬四海的传统名优特产，由潼关县酱菜食品厂生产。它以选料考究，做工精细，外形美观，红褐透亮，色泽鲜润，酥脆鲜嫩，咸中有甜，笋香浓郁，酱香扑鼻，食之开胃，风味独特，耐于长贮，最宜佐餐而闻名遐迩，素有“十里芳香”的美誉。

潼关酱笋之所以久负盛名，是因为其原料是当地上等的莴笋。潼关北依黄河，南依秦岭，故而水源丰富，土地肥沃，当地所产莴笋挺直坚实，个大皮薄，粗壮肉嫩，上下粗细均匀，叶黄，外皮发白，内皮变硬，号称“铁杆青笋”，是制作酱笋的理想原料，之后采用山西潞盐为辅料进行腌制。风味独特的潼关酱笋不仅营养丰富，还有促进食欲、壮健身体之功能．早在19世纪中期的清代道光年间，就被列为皇宫贡品，称为“廷笋”，之后在1915年还曾荣膺巴拿马万国博览会金奖，1924年鲁迅先生专程到潼关品尝潼关酱菜，赞不绝口，一时传为佳话。

（5）紫阳富硒茶（图2–68）。紫阳富硒茶，陕西省南部紫阳县特产，这里空气清新，山水相依，景色秀丽，由于北有秦岭、凤凰山双重屏障，西北高，东南低，冬季能阻挡西北寒流入侵，夏季又可充分接纳东南暖湿气流，从而形成了夏无酷暑、冬无严寒、降雨适中的气候特点。加之区内土壤绝大部分为黄棕壤，有机质含量丰富，茶树生长季节水热资源充沛，非常有利于茶树生长，所以被公认是地球上同纬度地带中最适合人类生活和最适合茶树生长的地方。同时，虽然全国有71％的县缺硒，而紫阳却是富硒地区，故而紫阳境内所产茶叶硒元素含量非常高，当微量元素硒被茶树吸收后可转变为有机硒蛋白，使之具有与众不同的保健功效。

紫阳富硒茶除具有芽叶嫩壮匀整，白毫显露，色泽翠绿，香气高长带花香，汤色嫩绿明亮，滋味鲜美、回甘，叶底嫩匀成朵的品质特征外，还有以下显著特点：富含氨基酸、咖啡因含量高、多酚类化合物中儿茶多酚类含量高，品质成分比率协调。

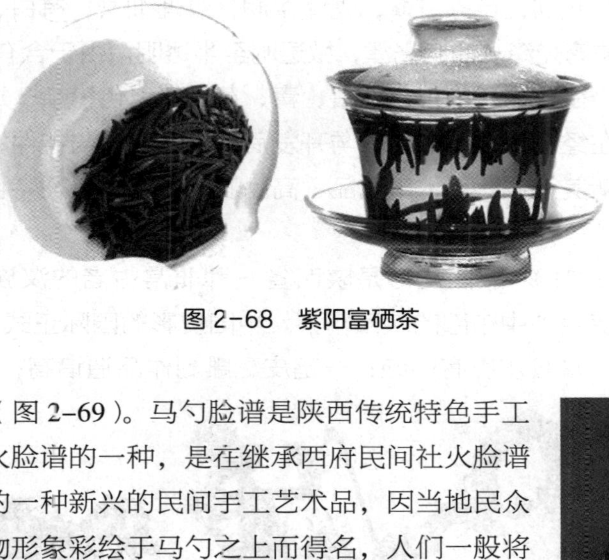

图2–68　紫阳富硒茶

2. 工艺品

（1）马勺脸谱（图2–69）。马勺脸谱是陕西传统特色手工艺品，属于宝鸡社火脸谱的一种，是在继承西府民间社火脸谱的基础上发展起来的一种新兴的民间手工艺术品，因当地民众将神话故事中的人物形象彩绘于马勺之上而得名，人们一般将其悬挂在厅堂居室用于扶正祛邪，镇妖降怪，表达祈福纳祥、招财进宝的美好愿望，美学装饰效果极佳，在国内外享有盛名，堪称“西府一绝”。

图2–69　马勺脸谱

马勺脸谱的制作一般先选用优质的桐木、柳木、桃木等为原材料，经民间工匠用特制刀具手工刻制而成，其谱式图案多取自《封神榜》《三国演义》，以及民间传说和地方戏曲中具有法力、正义感的人物脸部造型。社火马勺脸谱传承着中华上下五千年的源远文明，记载着周秦文化最辉煌的民俗过程。当今的社火马勺脸谱，以深厚扎实的画工，配以多层次的图案，使得作品凸显大红大绿的西部特色，风格稳重，意境深远，其粗犷的造型、稚拙的纹样、浓烈的色彩、奇特的想象、线条穿插变化、使得忠奸善恶各具特色，既单纯又细腻，个性清新自由、大胆、夸张、异彩纷呈，充分显示出了广大中国劳动人民丰富的想象力和非凡的智慧。

（2）秦腔脸谱（图 2–70）。秦腔脸谱作为中国最古老剧种之一的舞台美术的有机组成部分，其谱绘制风格古典独特，体系完整，与京剧脸谱、川剧脸谱并称中国三大脸谱系统，且对国粹京剧脸谱的形成与发展影响深远。秦腔脸谱总的来说比现行京剧脸谱复杂，特别是眉眼花纹比较碎，但也有一些与京剧脸谱大同小异，如关羽、包拯、孟良、焦赞、呼延赞、李元霸等，现已发展为一种深受游客欢迎并有纪念意义的工艺品。

图 2–70　秦腔脸谱

（3）蓝田玉。蓝田玉因其产于陕西西安的蓝田山而得名，是中国四大名玉之一，素有“玉种蓝田”之美称，是中国开发利用最早的玉种之一，迄今已有 5000 多年的历史。

蓝田玉的摩氏硬度为 2 ～ 6 度，密度约 2.7 克 / 立方厘米，呈块状、条带状、斑花状，质地致密，细腻坚韧，色彩斑斓，光泽温润，纹理细密，有白、米黄、黄绿、苹果绿、绿白等色，显玻璃光泽、油脂光泽，微透明至半透明。由于含有氧化的硅、铝、镁、钠、钙、铜等元素，往往一玉多色，乳白、青、黄、红诸色错杂，是良好的玉雕和制作工艺美术品原料，在经过了数代的创新与开发后，已从摆件与挂件发展成大众喜爱的艺术品，现主要用于精美玉雕、美术工艺品、高品质的装饰材料及特色保健用品等，规格丰富，花样繁多。

（4）皮影（图 2–71）。陕西皮影是陕西省一种非常古老的汉族戏曲艺术形式，其发祥地是位于中国陕西关中东部的陕西华县。中国皮影的国际正式名称叫“华剧”，即华县皮影戏曲之意。华县皮影有四绝：一是皮影雕刻作品造诣高；二是演唱功力极深；

图 2–71　陕西皮影

三是表演者功力精湛；四是华县皮影博大精深，综合艺术水平炉火纯青，堪称戏曲艺术之绝唱。陕西皮影在民间较普及，分东、西、南三路，影人形制大小和表演唱腔均不一样，其人物造型的轮廓整体概括，线条优美生动有力度，有势有韵，在轮廓内部以镂空为主，又适当留实，做到繁简得宜、虚实相生，富于装饰性的同时又具有精致工巧的艺术特色。

皮影制作选用上等牛皮、驴皮，经削、磨、洗、刻、着色等24道工序，手工精雕细刻3000余刀而成，其艺术创意汲取了中国汉代帛画、画像石、画像砖和唐宋寺院壁画之手法与风格，造型精巧别致，刻工细腻，施色考究，充分表现了中国传统文化博大精深，民间艺术的朴实淳厚，并被列入国家首批非物质文化遗产名录。

（5）凤翔彩塑（图2–72）。凤翔彩塑，当地人称“泥货”，是一种民间工艺美术品，属于陕西省的特产，也是极受儿童喜爱的玩具，其制作工艺很独特，要经过脱胎、黏合、整形、涂染、点彩等工序才能制出成品，这些泥塑大都是空心圆塑体，也有浮雕式的挂件，既是儿童喜爱的玩具，也是陕西的旅游纪念品。

图2–72　凤翔彩塑

凤翔彩塑吸收了当地民间的艺术营养，不断创造，逐渐形成了自己独特的风格，如：颜色搭配要均匀，同一颜色不能挨着用；神态则是英雄无项，表现威武；佳人无肩，表现秀柳等。同时取材立意较广，既有神话传说、历史典故、戏剧人物，又有吉祥图案、乡俗生活、鸟兽虫鱼。代表作有虎面挂盘、卧虎、卧狮、卧牛、小狗、孙悟空、福禄寿三星等，形成了造型浑厚饱满，形象生动诙谐，勾画浪漫，富于夸张想象，装饰意味浓厚的艺术特点，即“妙在似与不似之间”，具有“像醇酒一样醉人”的艺术魅力，在中国众多的民间泥塑中独树一帜。

3. 艺术品

（1）仿秦兵马俑（图2–73）。秦兵马俑被称为“世界第八大奇迹”，随着秦兵马俑的发掘与展出，秦兵马俑复制品也日渐成为中外游客理想的纪念品和礼品，其品种适宜于艺术馆、博物馆等陈列，也可供家庭陈设、装饰、馈赠亲友，满足了中外游人的购物需求，使秦俑走出陕西，遍布世界。陕西文物和工艺美术部门设计和仿制出了各种造型和规格不同的陶兵俑和马俑，供游客选购。

图2–73　仿秦兵马俑

（2）碑石拓片（图2–74）。拓片就是将宣纸贴在器物表面用墨拓印来记录花纹和文字，是从原物直接复制下来的，大小和形状与原物相同，是一种科学的记录方法。西安碑林博物馆对部分名碑制出少量原拓件，还根据实物复制部分碑石进行数量较大的翻拓，以供书法家、书法爱好者及旅游者选购。西安碑石拓片包括颜真卿的《唐多宝塔感应碑》、柳公权的《唐玄秘塔碑》，还有欧阳询、褚遂良、怀素等大书法家的作品拓本。拓片品种除散张外，还装裱成册，既可珍藏，又可作为礼品赠送亲朋好友。

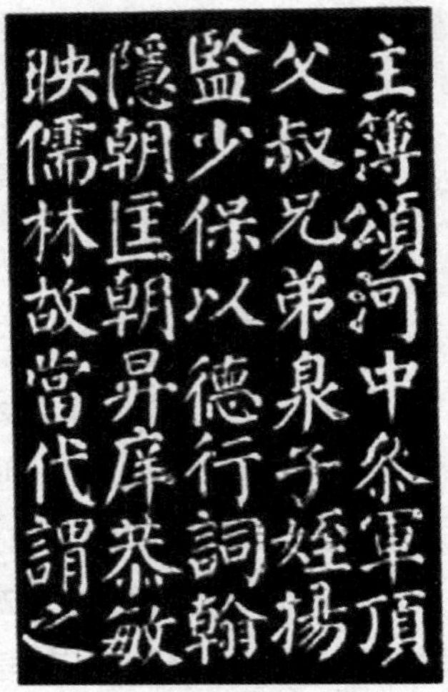

图 2–74　碑石拓片

西安碑林，现保存着自汉代以来的各种名贵石碑 2500 多方，既是经史的宝库，也是书法的海洋。这些碑石中，有许多是在中国书法艺术史上长时期享有盛誉，差不多是临帖习字者尽人皆知的名碑，为了满足广大中外游客的需求，碑林博物馆从众多的碑石中选出 100 多种碑石字画珍品，由富有经验的拓印技工进行拓制。这些拓印出来的文图拓片与原碑石完全一样，常被书法爱好者视为珍宝，再精心装裱成册，成为难得的宝贵资料，也是罕见的工艺品。

图 2–75　仿唐三彩

（3）仿唐三彩（图 2–75）。唐三彩是一种盛行于唐代的陶器，以黄、白、绿为基本釉色，后来人们习惯地把这类陶器称为“唐三彩”，它吸取了中国国画、雕塑等工艺美术的特点，采用堆贴、刻画等形式的装饰图案，线条粗犷有力。西安美术陶瓷厂、乾县工艺美术厂等单位利用西安得天独厚的条件，仿制了唐三彩。他们以高超技艺，纯依古法的制作工艺，使所产三彩形象逼真，人物富有个性，马和骆驼具有感人的艺术魅力和独特风格，被游客视为瑰宝。

（4）户县农民画（图 2–76）。户县农民画源于民间，是在陕西关中地区的剪纸、壁画、年画、刺绣等汉族民间艺术基础上衍变而来，它以朴实的绘画语言，详尽而生动地记录了农村生产劳动的壮观场面、热烈活泼的节庆场景和绚丽多彩的汉族民风民俗。户县农民画地域特色鲜明，画面简洁而饱满，想象大胆丰富，风格浪漫稚拙，装饰意味强烈，古拙中流露天工。1988 年，户县正式被国家文化部命名为“中国现代民间绘画之乡”。

户县农民画的出现是一个奇迹，它以其独特的魅力征服了成千上万的人，在中国现代文化殿堂里占据了一席之地，它是中国西安户县文化史上空前辉煌的一页。它以“夸张变形、对比强烈、浪漫稚拙、构图饱满以及重朴实、讲神似、民族民间风情强烈，乡土生活气息浓郁，地域特

图 2–76　户县农民画

征明显”为主要特点，作品题材广泛，内容丰富，表现手法灵活多样，内容形式完美统一，具有浓郁的时代性、地域性和强烈的艺术感染力。这些农民画反映了不同时期北方农民热爱生命、热爱生活的真实感受，以及积极向上、追求幸福、全面建设农村小康社会的精神风貌，具有很高的艺术品位和审美价值。

（七）山东省

山东的旅游景区富有鲜明的地域文化色彩，反映在旅游商品上亦体现出较强的地域文化特色，鲜明地打上了山东地域文化的烙印，具有不可替代的纪念意义和收藏价值，深得广大游客的青睐。

1. 实用品

（1）明水香稻。香稻，是稻米的一种特殊品种。明水香稻，因产于章丘明水一带而得名，是山东省的著名特产之一，历史上因种种条件影响，产量低，成为稀物，历来享有无上的盛名，是享誉全国的名产，具有香、优、鲜、爽、珍的品质特点。其粒微黄、呈半透明状，颗粒饱满、米质坚硬、油润光亮，做成米饭吃起来十分爽口，清香之气能令人食欲大增，回味无穷，所以当地市民俗称为“香米”，具有很高营养功效，是补充营养素的基础食物，民间有“一株开花几里香，一家煮饭香全庄”的赞誉。中医认为大米性味甘平，有补中益气、健脾养胃、益精强志、和五脏、通血脉、聪耳明目、止烦、止渴、止泻的功效。

（2）章丘大葱。章丘大葱，产于山东济南章丘，是山东省著名特产之一，以“名”“特”“优”三字著称于世，被誉为“葱中之王”。章丘大葱中含有较多的蛋白质、多种维生素、氨基酸和矿物质，并富含微量元素“硒”，在当地又被誉为“富硒大葱”，具有辣味稍淡，微露清甜，脆嫩可口，葱白很大，适宜久藏的特点，并且历史悠久，驰名中外，深受世界各地消费者的喜爱。据中国医学科学院营养研究所分析，大葱中含有的营养物质尤其是维生素 A 和维生素 C 具有强大的杀菌能力，用它入药，可以预防治疗十几种常见疾病。

（3）东阿阿胶。阿胶，高档滋补品，历来被誉为“补血圣药”“滋补国宝”，与人参、鹿茸一起被誉为“中药三宝”。东阿阿胶，是正宗地道阿胶的代名词，国家非物质文化遗产，中华老字号。陶弘景《本草经集注》曰：阿胶，出东阿，故曰阿胶。明确了山东东阿县出产的阿胶是不可复制的原产珍品。东阿阿胶是中医药的瑰宝，是最具代表性的中药品类，历史悠久，文化底蕴极其丰厚，具有补气养血、滋阴润燥等多重功效，系中医治疗血虚的首选之品，我国首部药物学专著《神农本草经》称“久服，轻身益气”。

（4）德州扒鸡。德州扒鸡又称德州五香脱骨扒鸡，是著名的德州三宝之一，山东传统名吃，鲁菜经典，其制作工艺从选择原料开始，经宰杀煺毛、浸泡造型、上色晾干、烧油炸制、入汤煮制等一系列过程精制而成，具有形色兼优、五香脱骨、肉嫩味纯、清淡高雅、味透骨髓、鲜奇滋补的特点。在造型上，德州扒鸡两腿盘起，爪入鸡膛，双翅经脖颈由嘴中交叉而出，全鸡呈卧体，色泽金黄，黄中透红，远远望去似鸭浮水，口衔羽翎，十分美观，是上等的美食艺术珍品，其制作技艺现已被列入国家非物质文化遗产名录。

（5）青岛啤酒。青岛啤酒产自青岛啤酒股份有限公司，它以优质大麦、大米、上等啤酒花和软硬适度、洁净甘美的崂山矿泉水为原料，经过糖化、过滤、冷却、发酵、包装等工序酿制而成，酒液清澈透明、呈淡黄色，泡沫清白、细腻而持久，风味纯净协调，落口爽净，具有淡淡的酒花和麦芽香气。

现在青岛啤酒博物馆中游客不仅可以通过详尽的图文资料，了解啤酒的神秘起源、悠久的历史、数不胜数的荣誉、青岛国际啤酒节和国内外重要人物来青啤参观访问的情况，更可以喝到纯正幽香的正宗青岛啤酒，国内外众多游客都纷纷慕名前来感受青岛啤酒的文化和魅力。

2. 工艺品

（1）潍坊风筝（图 2–77）。潍坊又称潍都，鸢都，是世界风筝的发祥地，世界风筝文化交流的中心，“国际风筝联合会”的会议总部所在地，这里制作风筝的历史悠久，工艺精湛。2006 年 5 月，潍坊风筝被列入第一批国家级非物质文化遗产名录。

图 2–77　潍坊风筝

风筝，古称“鸢”，是用竹子扎制骨架，高档丝绢蒙面，以手工绘画，将工艺与美术相结合的汉族民间艺术品。它不仅被广泛用于放飞、比赛、娱乐，而且已经成为美化人们生活的时尚装饰品。潍坊风筝属中国三大风筝派系之一，与京、津风筝齐名鼎立，享誉中外，其种类丰富多样，有硬翅风筝、软翅风筝、串式风筝、板式风筝、立体风筝、动态风筝等，在经过历史演变和横向传播后，现已逐渐形成了选材讲究、造型优美、扎糊精巧、形象生动、绘画艳丽、起飞灵活的传统风格与艺术特色。每年 4 月 20 ～ 25 日举行的潍坊国际风筝节，都有来自世界各地 30 多个国家和地区的代表团参赛。

（2）鲁绣（图 2–78）。鲁绣一种古老的汉族传统刺绣工艺，山东地区的代表性刺绣，是历史文献中记载最早的一个绣种，属中国“八大名绣”之一，因山东省简称“鲁”，故名。鲁绣集抽、勒、锁、雕等精华工艺于一身，色彩淡雅、构图优美、虚实适宜、形象逼真。鲁绣所用的绣线大多是较粗的加捻双股丝线，俗称“衣线”，故又称“衣线绣”。其风格较其他绣品有所不同，它多以暗花织物作底衬，

图 2–78　鲁绣

以彩色强捻双股衣线为绣线，采用齐针、缠针、打籽、滚针、擞和针、镇绣（辫子股针）、接针等针法，选取汉族民间喜闻乐见的人物、鸳鸯、蝴蝶和芙蓉花等为刺绣内容，作品擅长表现中国书画的笔墨效果，绣品清隽淡雅、质感逼真、风格粗犷中见精微，是中华民族悠久刺绣文化的重要组成部分，工艺上博采“苏、粤、蜀、湘”四大名绣之长，而又独具一格。

（3）尼山石砚（图 2–79）。尼山砚为鲁砚的传统名品之一，因石产于孔子出生地曲阜尼山而得名。尼山砚石硬度适中且含有适量零星分布硬度较高的矿物，如石英、黄铁矿，既能增强砚石的研磨性能，又可不损笔毫，少量的片状矿物如伊利石、绿泥石等，不仅使少数砚锋具有“自磨刃”性质，提高了砚石的研磨寿命，而且对砚石的“贮墨不涸”也起一定的作用，故有“坚而不顽，抚之生润，下墨利，发墨好，久用不乏”之美称。

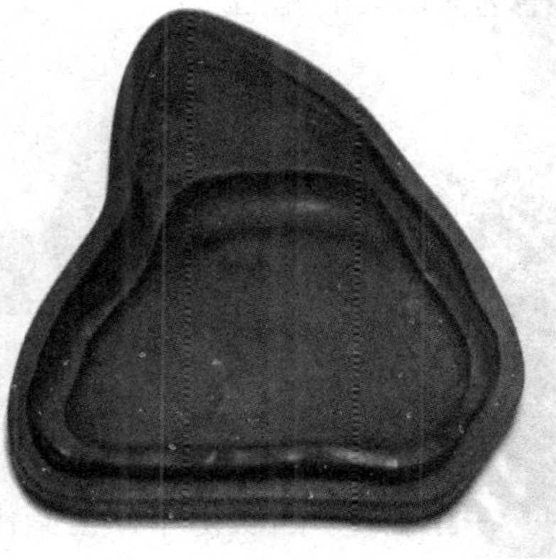

图 2–79　尼山石砚

目前我们所见到的尼山砚，继承了鲁砚“巧夺天工，简朴大方”的风格，形成了粗中有细、细中含粗、运用自然、以求意境的独特艺术风格，在制作过程中因材施艺，依形开墨堂、墨池，少有雕琢点缀，加之铭文多选于《论语》箴言，互为辉映，颇为典雅。因其在众多名砚石中别具一格，频为书画艺术家和收藏家所青睐，加之产于圣人之乡，文人墨客无不以得之为快。

图 2–80　嵌银漆器

3. 艺术品

（1）嵌银漆器（图 2–80）。潍坊红木嵌银漆器是山东潍坊特有的汉族传统手工艺品，是工匠们比照古代青铜器的金银错工艺发展而来。人民大会堂山东厅大座屏便是采用了嵌银漆器红木工艺，同时国务院、中南海、玉泉山、天安门城楼的接待厅等都有使用嵌银漆器配套家具作装饰，可以看出嵌银漆器作为潍坊的特种工艺品，受到极大的重视，并经常作为党和国家领导人赠送外国友人和出访的礼品。潍坊嵌银漆器以其典雅古朴、秀美飘逸的独特风格，越来越受到人们的青睐。

（2）淄博陶瓷（图 2–81）。淄博是位于山东中部的新兴工业城市，是古齐国的都城，也是驰名世界的瓷都之一，这里生产的流璃品和陶瓷制品不仅享誉国内外，而且有着悠久的历史传统。淄博陶瓷不论在造型还是装饰上都具有较高的水平，至今仍被各国视为

图 2–81　淄博陶瓷

珍品；仿古陶瓷，工艺精湛，古朴逼真，令人称绝；园林陶瓷，设计新颖、新奇美观，为中国园林艺术添色不少。

（3）楷雕如意（图 2–82）。曲阜是历史文化名人孔子的故乡，一直以来都以圣人之乡、礼仪之邦而名扬四海，而楷木雕刻如意手工艺品作为曲阜三宝之一亦在海内外享有盛誉，它历来被当作孔府象征吉祥如意的装饰品，亦是孔府向历代皇帝进贡的贡品和馈赠达官贵人的礼品。

图 2–82　楷雕如意

楷雕始于西汉初年，至清代工艺渐臻完美，形成特有的艺术风格。楷雕如意使用的材料为楷木，楷树属稀有树种，树龄达千年以上，此木坚硬，木质细，呈金黄色，故有“软黄金”和“南檀北楷”之美誉。

【任务实施】

华北旅游区代表性旅游商品的讲解实训

实训目的：1. 掌握本旅游区内代表性旅游商品的概况。

2. 提高学生对旅游商品的讲解、宣传能力。

实训内容：华北旅游区代表性旅游商品的讲解。

实训步骤：1. 分组：将班级 6 ～ 8 人分为一个小组。

2. 前期准备：

（1）选择本旅游区内其中一个省（市）代表性旅游商品；（2）根据所选商品进行配套的 PPT 制作配合讲解；（3）小组成员共同完成讲解所需道具的制作和旅游商品介绍的讲解词撰写；（4）讲解过程需在特定情境中完成（注：小组根据情况自行设计）。

3. 实施过程：

（1）抽签决定小组训练顺序；（2）各小组按顺序以角色扮演的方式进行旅游商品介绍的情境展示；（3）小组互评；（4）教师点评。

任务三　华东旅游区

◆【任务引入】

宁波市首个五星级旅游商品购物点挂牌

据介绍，浙江省旅游商品购物点的等级划分，参照星级酒店的管理模式，共分为五个等级，星级越高，表示旅游购物店的管理服务和信誉度越高；游客照着星级购物，心里会更有底，旅游商品质量也将更有保障。日前，浙江省旅游标准化技术委员会派出评审组，经对宁波市陆龙海产中心进行现场实地检查，认为其在购物点规模和经济效益、社会收益、旅游商品情况、购物点设施情况、购物点服务管理和荣誉创新等方面，均已符合五星级旅游商品购物点的条件，特核准其成为宁波市首个“浙江省五星级旅游商品购物点”。

问题：1. 旅游商品购物点进行等级划分对游客来讲有什么重要意义？

2. 浙江省的星级旅游商品购物点主要经营哪些具有代表性的特色旅游商品？

案例分析：正如上文所提到的，旅游商品购物点进行等级划分后，等级越高意味着服务水平、信誉度、商品质量等各方面保障越高，游客购买时更加放心。在浙江旅游商品种类众多，具有代表性的主要的实用品主要有嘉兴粽子、金华火腿、西湖龙井等；工艺品主要有杭州丝绸、宁波绣衣、苏州檀香扇等；艺术品则主要有东阳竹编、青田石雕、黄杨木雕等，这些地域特色明显且体现当地文化内涵的旅游商品都会呈现在每个星级旅游商品购物点。

◆【任务分析】

为了更好地宣传旅游商品，规范旅游商品经营并让游客买到高品质的、正宗的、能真正体现当地特色的商品，浙江省旅游标准化技术委员会对旅游商品购物点进行了星级划分和管理，在这里我们能看到浙江具有代表性的旅游商品类型，此方法值得其他省区市借鉴和学习，完成以上任务应掌握以下知识点及技能点。

知识点：1. 华东旅游区的基本情况；

2. 上海市、江苏省、浙江省旅游商品的总体情况；

3. 上海市、江苏省、浙江省各自具有代表性的特色旅游商品。

技能点：1. 能对华东旅游区具有代表性的旅游商品进行准确描述；

2. 能准确而生动地对华东旅游区具有代表性的旅游商品进行介绍和讲解。

◆【知识链接】

一、旅游区概况

华东旅游区地处中国的中东部，范围包括上海、江苏、浙江两省一市，属于我国东部沿海地区，是一个人多地少，城镇密集，文化、技术发达，经济实力雄厚的地区，这里旅游资源丰富，基础条件优越，组合优势显著，在全国占有重要地位。

本区地势西高东低，低山丘陵与平原相间分布，有著名的长江三角洲平原，属于亚热带湿润性季风气候，冬温夏热、降水丰沛均匀。冬夏季风明显交替，四季分明。本区历史上曾为吴越两国争雄之地，吴越文化在这里留下了深厚的痕迹，随着历史的发展演变，其所蕴含的内容和精粹，不断丰富和促进长三角地区的政治、经济和文化的发展。自三国吴大帝孙权定都建业，南北朝长期划江而治，沿江的建业、京口等市镇曾盛极一时。隋时修筑的京杭大运河极大地刺激了长江下游的发展，促进了扬州、常州等城市的极大发展。自唐至清，扬州在江南乃至全国长期处于领先地位。

华东旅游区主要旅游商品如表 2-4 所示。

表 2-4　华东旅游区主要旅游商品

省份	实用品	工艺品	艺术品
上海市	上海高桥松饼、金泽状元糕、上海梨膏糖、进京乳腐、枫泾丁蹄、上海白斩鸡	上海丝绸、上海潜泉印泥	上海木雕、嘉定竹刻、上海漆器、上海玉雕、上海砚刻、上海集云阁篆刻
江苏省	阳澄湖大闸蟹、碧螺春茶、镇江醋	苏绣、南京云锦、宋锦、金陵折扇、宜兴紫砂陶花盆	宜兴紫砂陶、留青竹刻、扬州漆器
浙江省	嘉兴粽子、金华火腿、西湖龙井茶、绍兴黄酒、天竺筷、张小泉剪刀	杭州绸伞、湖州湖笔、杭州丝绸、宁波绣衣、萧山花边、苏州檀香扇	温州瓯塑、宁波骨木镶嵌品、东阳竹编、东阳木雕、青田石雕、黄杨木雕

二、主要旅游商品介绍

（一）上海市

作为国际化大都市的上海，有着令人回味的历史和独特的文化，这里丰富多彩的旅游商品既有大家风范的豪气，也有小家碧玉的温馨，令游客爱不释手。

1. 实用品

（1）上海高桥松饼（图 2-83）。上海高桥松饼产自中国上海高桥镇，是一道美味可口的汉族名点，因其入口酥松而得名，又因酥皮层次分明，每层薄如纸，别称千层饼。该饼用精白粉、熟猪油、绵白糖、赤豆、

图 2-83　上海高桥松饼

桂花为原料，精制而成。其成品形如月饼，饼面呈金黄色，油润光洁，四周乳白色，底部不焦结发硬，酥皮层次分明，馅心无杂质，皮薄馅足，酥松香甜。制作松饼要求很严，自古都要选取上等的原料，如赤豆沙就一定得选崇明的赤豆；若是枣泥馅，这大枣必须是山东产的；包括起酥用到的猪油，和面用到的井水，无一不是精挑细选。

（2）金泽状元糕。金泽状元糕产自中国上海青浦，为青浦著名汉族糕类特产之一，其成品片薄，色泽金黄，味美气香，甘甜松脆，入口即溶，内含蛋白质、脂肪、维生素及多种微量元素，具有助消化、生津健脾之效。此糕系采用优质纯粳米，用石舂碓成粉，粉质细腻不糊，配以白糖，经蒸、切、焙、烘等工艺制成。

（3）上海梨膏糖（图2-84）。上海梨膏糖，是上海市特色传统名点，著名特产，中华老字号产品之一。该产品是以雪梨或白鸭梨为主要原料，添加纯白砂糖（不含饴糖、香精、色素）与杏仁、川贝、半夏、茯苓等14种国产良药材（碾粉）熬制而成。口感甜如蜜、松而酥、不腻不黏、芳香适口、块型整齐、包装美观，主治咳嗽多痰和气管炎、哮喘等症，味甘易服，疗效显著，在国内外享有盛名。如今，历史悠久、经久不衰的上海老城隍庙梨膏糖已家喻户晓，深受全国消费者的喜爱，特别受到那些怀有深厚老上海情结的海内外华人的喜爱，他们总要带些产品与他们的亲人共同享受这一份快乐的情趣。

图2-84　上海梨膏糖

（4）进京乳腐（图2-85）。进京乳腐也称为南桥进京乳腐，是上海市特产之一，以黄豆、糯米为原料，做成豆腐后使其发酵而成。主要分为红乳腐、白乳腐和花色乳腐三种，其中红乳腐包括大红方和小红方，色泽红中带褐，质地细糯，咸淡适口；白乳腐包括糟乳腐、油乳腐和白方，其中糟乳腐色呈鹅黄，多黏白米酒糟，香气浓郁，味鲜而清口，稍带甜味；花色乳腐以配料命名，如玫瑰乳腐、油辣乳腐、火腿乳腐、虾子乳腐等，其中以玫瑰乳腐最具江南特色。进京乳腐营养丰富，口味多样，深受大众喜爱。

图2-85　进京乳腐

（5）枫泾丁蹄。上海枫泾丁蹄是上海地区的特色传统名菜，淞沪风味，是从农家便饭便菜发展而来，比较朴素实惠，以红烧、生煸见长，口味较重，善浓油赤酱，颇有家常风味。它是选用猪后蹄为主料，佐以绍酒、冰糖、桂皮、丁香等辅料烹制而成，选料注重活、生、寸、鲜，调味擅长咸、甜、糟、酸，其成品具有热吃酥而不烂，冷吃喷香可口，肉质细嫩，汤质浓而不腻的独特味道，色泽红亮，卤汁浓厚，肉质肥嫩，负有盛誉。后来，在制作方法上吸取了无锡、苏州、宁波等地方菜的特点，兼及西菜、西点之法，使花色品种有了很大的发展，十分可口，久吃不厌。

（6）上海白斩鸡。白斩鸡是上海地区传统名菜，其原料精选上海浦东一带所产著名的“三黄鸡”，成品具有味道鲜美、形状美观、皮黄肉白、肥嫩鲜美的特点，从而赢得了广大顾客的喜爱。

2. 工艺品

（1）上海丝绸（图2-86）。上海是中国丝绸的重要产地和出口地之一，丝绸生产历史悠久，做工精细，花色、种类繁多，样式美观漂亮，绸、缎、绫、罗、锦、绉、绒、葛、绨、纺、纱、绡应有尽有，深受国内外消费者的赞赏。以中国画为题材的真丝花绸，不仅有古色古香的风貌，又有崭新的表现手法，具有浓厚的古意，造型生动，形象逼真，在国际市场上独树一帜，加之上海丝绸透气、吸湿、凉爽的特点，深受海内外游客的青睐。

图2-86　上海丝绢

（2）上海潜泉印泥。潜泉印泥选料严格，做工讲究，品质优良，是上海市出口优质产品，质量之优，深得国内外书画篆刻家赞誉，“朱霞散彩，玉琢生辉，印质古朴，当今独步”是对它品质的赞誉。潜泉印泥采用优质朱砂、陈油及富有弹拉力的艾绒等为原料，质地细腻浓厚，色泽沉着显目，寒而不凝冻，炎而不透油，印文跃于纸上，字迹清晰而富有立体感，经曝晒、水浸，色泽鲜明如故，字文不走样。

3. 艺术品

（1）上海木雕（图2-87）。上海是我国木雕工艺品重点产区之一，按所用材料分为白木、红木和黄杨木雕三大类。其中白木雕讲究构图丰满，层次丰富，刀法精细，富有变化，具有精工华贵的装饰特色，产品有插屏、屏风等高档陈设品，还有家具、啤酒橱、台灯、果盘等实用和装饰相结合的制品；红木雕采用小块红木，运用镂雕、圆雕、深浅浮雕等技艺，以山水、花鸟、瓜蔬、虫鱼为题材，设计成文具用品、烟具、花插、仿青铜器等工艺品，造型精致、纹饰简练、做工挺括；黄杨木雕则是在我国传统雕刻技法的基础上，吸收了西洋雕塑的解剖、比例、结构、重心、线条等处理手法，以圆雕为主，作品大多取材于儿童生活，刀法精细，富有浓厚的生活气息，造型风趣幽默、活泼生动，适于案头欣赏，其优秀作品有《五子戏龟》《顽皮娃娃》《乘龙》等，是大家所称誉的“海派”黄杨木雕特色。

图2-87　上海木雕

（2）嘉定竹刻（图2-88）。嘉定竹刻是我国工艺品百花园中的一枝奇葩，是汉族优秀的民族传统工艺之一，“以刀代笔、以书法刻竹”是嘉定竹刻的主要特点和传统技艺，于2006年入选第一批国家非物质文化遗产名录。嘉定竹刻艺人以刀代笔，将书、画、诗、文、印诸种艺术融为一体，赋予竹以新的生命，使竹刻作品获得了书卷之气和金石品位，风雅绝俗，成为历代文人士大夫的雅玩，其品种有以竹筒和竹片制成的笔筒、香筒（薰）、臂搁、插屏、抱对等，也有以竹根刻成的人物、山水、草木、走兽等，技法包括浅刻、深刻、薄地阳文、浅浮雕、深浮雕、透雕、圆刻等十余种，具有明显的地域风格和鲜明的原创性，审美价值远远超过实用价值。

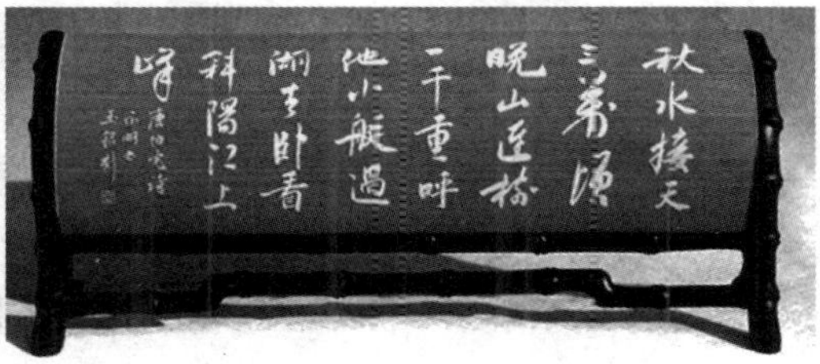

图 2-88　嘉定竹刻

（3）上海漆器（图 2-89）。漆器工艺是汉族文化宝库中一颗璀璨夺目的明珠，像陶瓷、丝绸一样，是汉族文化的瑰宝。所谓漆器，就是用漆涂在各种器物的表面上所制成的日常器具及工艺品和美术品。它的制作工艺相当复杂，首先需制作胎体。胎为木质，偶尔也用陶瓷、铜或其他材料，也有用固化的漆直接刻制而不用胎，胎体完成，漆器艺人运用多种技法对表面进行装饰，其主要特点是可以抛光到可与瓷器媲美。

图 2-89　上海漆器

上海漆器有镶嵌漆器和刻漆漆器之分，其中镶嵌漆器又分骨石镶嵌、玉石镶嵌和手磨螺钿三种。艺人们利用牙板骨、青田石、寿山石、蒙古石、云母、蚌壳或翡翠、白玉、珊瑚、绿檀、金星石等不同色彩的天然材料，根据画稿上人物、花鸟的神情形态，加工细刻，然后拼装，镶嵌在各种漆器上，再辅之描金技法，刻成图案背景，加以衬托，使画面色彩鲜艳，并富有立体感。

刻漆漆器是以刀代笔，在磨光后的漆器上，根据设计的画稿，用刀刻去漆皮，填上各种绚丽古雅的色彩，表现出各种美丽的画面，具有刀法流畅、线条优美的特点。它以精刻楼阁亭台和古装人物见长，并以准确地复制中国古典名画和创作设计古典文学故事情节而享有盛誉。

（4）上海玉雕（图 2-90）。上海玉雕以牌子及手玩件为主流，以精细精美为特征，其风格可谓既传统又有创意，外观造型新奇美观、工艺精湛，规格有大有小，小的可以随身携带，大的可以放在家里供观赏，从古至今都是摆设、送礼的佳品。

海派玉雕是以上海为中心地区的玉石雕刻艺术风格的派系，是中国玉雕四大流派之一，形成于19世纪末20世纪初，在当下玉雕艺术中有很强的影响力。其贡献在于“海纳”和“精作”。它的“海纳”包容万象—绘画、雕塑、

图 2-90　上海玉雕

书法、石刻、民间皮影和剪纸、当代抽象艺术，都可以包含其中；它的“精作”更让人惊异，料色的应用、异想、巧作和精制独具匠心，题材的传承、转化、创新和出挑非常丰富，工艺的理解、发扬、运用和变幻更加神化，思想的发现、嫁接、延续和突破无愧于时代。

（5）上海砚刻（图 2-91）。上海砚刻是一种古老的汉族民间雕刻艺术，以造型雅朴，刀法刚健著称，题材多取于蔬菜、瓜果等静物，也有少数鱼虫等图案，具有独特的地方特色。由于艺师们在砖刻、石雕的基础上，又吸收金石雕刻等艺术的精华，采用深、浅雕相结合的方法，使作品富有立体感，故使形神自然、精工巧妙的刻砚，也成为一件具有上海民俗特色的工艺品。此种砚台既是实用品，又可供人们欣赏。

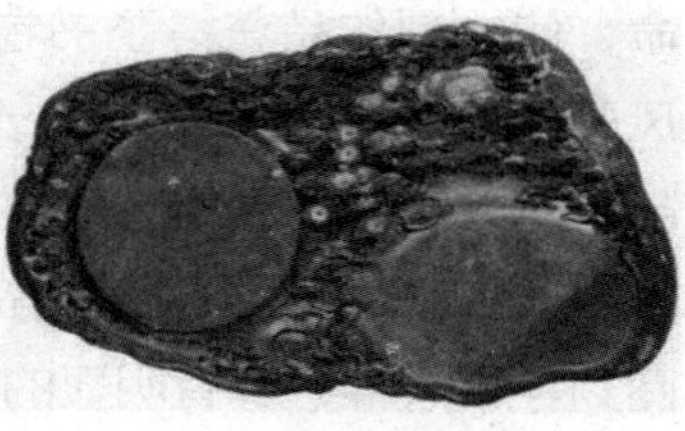

图 2-91　上海砚刻

（6）上海集云阁篆刻（图 2-92）。篆刻是中国传统的艺术之一，具有悠久的历史。集云阁篆刻所用印材大有讲究，并备有篆刻印章的各种材料，玉、石、铜、牙、角五大类都有。其中玉章有老虎石、独山玉、新山石等，晶莹明澈，光彩夺目。石章有寿山石、青田石、昌化石等，质地油润，色彩瑰丽，还有举世稀少的田黄石和鸡血石，都是珍贵的印材，它本身就具有艺术欣赏价值。集云阁的铜章造型古朴，独具匠心。还有漆黑的牛角章以及造型典雅、雕工精细的各类印纽。篆刻除了作为名章之外，还可以镌刻一定的语句，宣述作者的思想和观点。印章刻好之后，可以在侧面刻上款识，谓之“边款”，多用单刀刻出，也有特殊的艺术美。

图 2-92　上海集云阁篆刻

（二）江苏省

作为中国古代吴越文化、长江文化发祥地的江苏，有着悠久的历史和灿烂的文化，在这片文明的土地上留下了众多丰富多彩、类型多样、特色显著的旅游商品，让往来这里的游客流连忘返。

1. 实用品

（1）阳澄湖大闸蟹。有蟹中之冠美誉的阳澄湖大闸蟹又名金爪蟹，产于苏州阳澄湖一江苏省重要的淡水湖泊之一。因其蟹身不沾泥，俗称清水大闸蟹，体大膘肥，青壳白肚，金爪黄毛，肉质膏腻，十肢矫健，置于玻璃板上能迅速爬行，每逢金风送爽、菊花盛开之时，正是金爪蟹上市的旺季。农历九月的雌蟹、十月的雄蟹，煮熟凝结，雌者成金黄色，雄者如白玉状，滋味鲜美，是享誉中国的名牌产品。

阳澄湖大闸蟹与众不同的四大特点：一是青背，阳澄湖蟹壳呈青灰色，平滑而有光泽；二是白肚，贴泥的脐腹，晶莹洁白；三是黄毛，脚毛长黄挺拔；四是金爪，阳澄湖蟹爪金黄坚挺有力，放在玻璃上能八足挺立，双螯腾空。

（2）碧螺春茶。碧螺春属于绿茶类，是中国传统名茶，中国十大名茶之一，以形美、色艳、香浓、味醇“四绝”闻名于中外，已有1000多年历史，产于江苏省苏州市太湖的东洞庭山及西洞庭山一带，所以又称“洞庭碧螺春”。因炒成后的干茶条索紧结，白毫显露，色泽银绿，翠碧诱人，卷曲成螺，产于春季，故得名“碧螺春”。此茶冲泡后茶叶徐徐舒展，上下翻飞，茶水银澄碧绿，清香袭人，口味凉甜，鲜爽生津，饮后有回甜之感。

（3）镇江醋。镇江醋又称镇江香醋，是江苏镇江的地方传统名产，属于调味品，具有“色、香、酸、醇、浓”的特点，存放时间越久，口味越香醇，曾多次获得国内外的嘉奖。与山西老陈醋相比，镇江香醋的最大特点在于微甜，这是与其得天独厚的地理环境与独特的精湛工艺分不开的，它以优质糯米为主要原料，采用优良的醋酸菌种，经过酒精发酵，醋酸发酵，淋醋、杀菌三大过程，40多道工序，历时60多天精制而成，其中醋酸发酵是决定香醋产量、质量的关键工序。镇江香醋用以拌冷盘，熘素菜，烹鱼肉，炖鸡鸭时可提味增香、去腥解腻、开胃生津，确为极佳的调味品，被国内外誉为“醋中上品”。

2. 工艺品

（1）苏绣（图2-93）。苏绣是中国优秀的民族传统工艺之一，是苏州地区刺绣产品的总称，其发祥地在苏州一带，现已遍衍无锡、常州等地，与粤绣、湘绣、蜀绣合称为中国“四大名绣”。刺绣与养蚕，缫丝分不开，所以刺绣，又称丝绣。苏绣具有图案秀丽、构思巧妙、绣工细致、针法活泼、色彩清雅的独特风格，绣技具有“平、齐、和、光、顺、匀”的特点，地方特色浓郁。在种类上，苏绣作品主要可分为零剪、戏衣、挂屏三大类，装饰性与实用性兼备，其中以“双面绣”作品最为精美。2006年5月20日，经国务院批准列入第一批国家级非物质文化遗产名录。苏绣的仿画绣、写真绣的逼真艺术效果名满天下，在中国工艺美术发展史上占有重要地位。

图2-93　苏绣

（2）南京云锦（图2-94）。南京云锦，中国四大名锦之首，是中国传统的丝制工艺品，因其色泽光丽灿烂，美如天上云霞而得名，有“寸锦寸金”之称，至今已有1600年历史。其用料考究，织造精细、图案精美、锦纹绚丽、格调高雅，在继承历代织锦的优秀传统基础上发展而来。南京云锦还融汇了其他各种丝织工艺的宝贵经验，达到了丝织工艺的巅峰状态，代表了中国丝织工艺的最高成就，浓缩了中国丝织技艺的精华，是中国丝绸文化的璀璨结晶，被公认为“东方

图2-94　南京云锦

瑰宝”“中华一绝”。南京云锦是中华民族和全世界珍贵的历史文化遗产，于2006年列入首批国家级非物质文化遗产名录。

云锦的一大特色是用金线、银线、铜线及蚕丝、绢丝，各种鸟兽羽毛等用来织造的，使得丝织物的效果更加华丽、独特、美轮美奂、富丽堂皇，尤其是“三色金”的使用，使得云锦的色彩更富于变化，其生产工艺过程极其繁杂，工序极多，主要有五大部分，即纹样设计、挑花结本、原料准备、造机和织造，形成了云锦逐花异色，通经断纬，挖花盘织的特点。

（3）宋锦（图2–95）。宋锦为宋代发展起来的织锦，因主要产地在苏州，故谓“苏州宋锦”。苏州是我国著名的丝绸古城，为锦绣之乡、绫罗之地。唐宋时，苏州成为国内丝绸生产中心；明清时期，苏州又有著名的苏州织造府，其宫廷织造和民间丝织产销两旺，素有“东北半城，万户机声”之称。

图2–95　宋锦

苏州宋锦的渊源可追溯至春秋时，地处江南的吴国贵族已经在生活中大量使用织锦。历经各时代的发展，织锦技艺在北宋时期得到了全面的提高。南宋时，苏州成立了作院，这时在苏州织锦中出现了一种质地精美、技艺独特的新品种——苏州宋锦，除用于袍服衣着等服饰外，还大量用于书画卷轴类技艺装裱，品种共有40多种。特别是装裱书画的应用，使这些美丽华贵的织锦与书画珍品一起得以保存。明清时，宋锦织物使用范围扩大，特别是康熙、乾隆年间达到了历史上的全盛时期。故宫博物院收藏的“极乐世界织成锦图轴”就是乾隆时期苏州生产的重锦，堪称稀世珍宝。

苏州生产的宋锦，织工精细，艺术格调高雅，具有宋代以来的传统风格与特色，与元明时期流行的光泽艳丽的织金锦、妆花缎等品种有着明显的区别，是一种以经线和彩纬同时显花的织锦，既继承了秦汉经锦的技艺，又继承了唐代纬锦的风格，集两者特色于一身。宋锦的类别，根据织物的结构、技艺的精粗、用料的优劣、织物的厚薄以及使用性能等方面，分为重锦、细锦、匣锦和小锦四类。

传统宋锦的生产制作工序很多，从缫丝染色到织成产品前后要经过20多道工序。其产品的基本特点是采用了经线和纬线联合显花的组织结构，应用了彩抛换色之独特技艺，使织物表面色线和组织层次更为丰富。这一技艺特征被后来的云锦所吸收，并一直流传到当代的织锦技艺上。在艺术风格上，以变化几何形为骨架，内填自然花卉、吉祥如意纹等，配以和谐、对比的色彩，使之艳而不俗、古朴高雅。正因此，自宋代起，宋锦便取代了秦汉时期的经锦、隋唐时期的纬锦，并在宋、元、明、清得以蓬勃发展。宋锦不仅是苏州这座丝绸古城优秀丝绸传统文化的重要组成部分，也是中国丝绸传统技艺杰出的代表作，具有很高的历史文化价值。

（4）金陵折扇（图 2–96）。金陵折扇，中国南京地区传统手工艺品，是一种用竹木做扇骨，韧纸或绫绢做扇面的能折叠的扇子，用时须撒开，呈半规形，聚头散尾；收拢呈线形，可收于袖间，既是传统祛暑纳凉的实用品，又是艺术欣赏品，主要品种包括竹制折扇、木质折扇、绢宫扇等。金陵折扇是中国折扇的代表，最讲究扇骨用材和扇骨雕刻。许多制扇名师用玳瑁、紫檀木等贵重材料制成扇骨，还在扇骨的大边上镂雕细刻，有的扇子采用全雕刻工艺，所雕花草玲珑有致。后来，艺人们在继承旧时扇骨雕刻技艺的基础上，进一步发展镶嵌扶持技术，镶嵌材料有兽骨、玉石、金银、贝壳等。如今的折扇依然是以竹为骨，有白竹、罗汉竹、湘妃竹等，此外还常用乌木、檀香木等珍贵材料，扇面则采用花纹清晰的绵料宣纸，扇面上有气韵丰沛的书画，折射出无穷的艺术魅力。

图 2–96　金陵折扇

（5）宜兴紫砂陶花盆（图 2–97）。宜兴紫砂陶花盆是江苏省宜兴的特产，是当地名优特产之一。它是用当地一种紫砂泥陶土仿制而成，有高矮大小之分，方圆曲直之别，形态各异，变化万千。高盆可植悬崖式的花木，浅盆用来布置水石，树桩盆景，相得益彰。宜兴紫砂陶花盆特有的红褐色彩给人一种庄重、古雅、质朴之感，它把装饰和雕刻紧密地结合起来，以金石篆刻的手法，把诗词、山水、花鸟、字画雕刻在盆上，古色古香，陈设于客厅、居室，更显得文雅古朴。造型优美，古雅大方的紫砂陶花盆具有吸湿好，透气性强等优点，可使花木保持株形丰满，长期繁茂，是盆栽花木室内陈列和培植的首选产品。

图 2–97　宜兴紫砂陶花盆

3. 艺术品

（1）宜兴紫砂陶（图 2–98）。紫砂陶是汉族特有的手工制造陶土工艺品，原产地在江苏宜兴，是集陶瓷工艺和器皿造型、雕塑、绘画、书法、文学、金石艺术于一体的综合性艺术，以紫砂壶最常见，其特点是不夺茶香气又无熟汤气，壶壁吸附茶气，日久使用空壶里注入沸水也有茶香，被誉为“人间珠宝何足取，宜兴紫砂最要得”，它不仅有极高的艺术价值，而且有无可比拟的独特优点：因表里不施釉具有良好的透气性能，所烹之茗，醇芳隽永，泡茶不走味，贮茶不变色，越宿不易馊；泡茶沏以开水时，冬不易冷，夏不炙手；赏用日久，越安放细润，光洁古雅，有“世间茶具称为首”的赞誉。

图 2–98　宜兴紫砂陶

宜兴紫砂陶制作技艺举世无双，它以特产于宜兴的一种具有特殊团粒结构和双重气孔结构的紫砂泥料为原料，采用百种以上的自制工具，经过打泥片、拍打身筒（圆器）、镶接身筒（方器）或镶接与雕塑结合（花器）、表面修光、陶刻装饰等步骤最终完成。艺术性与实用性的兼具，文化内涵与艺术表达形式的提高，使宜兴紫砂越出国境，饮誉世界。

（2）留青竹刻（图2-99）。留青竹刻是汉族传统的雕刻艺术，江苏常州三宝之一。留青，是留用竹子表面的一层青筠，作为雕刻图纹；然后铲去图纹以外的竹青，露出下面的竹肌作地，故名“留青竹刻”，因留青是留其表皮一层，所以又名“皮雕”，其竹材选用深山冬竹，经防霉防蛀工艺处理，成品底面光润，竹筠洁如玉，竹肌有丝纹。竹筠色浅，年久呈微黄；竹肌年愈久，色愈深，色如琥珀，留青竹刻，充分利用这种质地和色泽变化差异，巧施全留、微留、不留、多留、少留的功夫，使作品显出层次、明暗、浓淡，具有很高的观赏性和珍藏价值，为历代名人雅士所喜爱、珍藏。留青竹刻的笔筒、臂搁、匣盒、扇骨等器物雕刻方法不仅精巧，而且竹器外表色泽莹润，可以经常抚玩摩挲，年代越是久远，竹肌颜色越是深沉，光滑如脂，温润如玉，色泽近似琥珀，同时图案部分也越清晰突出。

图2-99 留青竹刻

（3）扬州漆器（图2-100）。扬州漆器是中国汉族传统手工艺品种之一。漆器产品主要选择木、漆、灰、牙、玉、石、骨、金、银、贝等千余种优质材料为原料，运用涂、髹、磨、绘、勾、填、雕、刻、镶、嵌等工艺手法进行制作，既保留了传统工艺的特色，又富有时代气息。其制作技艺主要有十大工艺门类，包括点螺工艺、雕漆工艺、雕漆嵌玉工艺、刻漆工艺、平磨螺钿工艺、彩绘（雕填）工艺、骨石镶嵌工艺、百宝嵌、楠木雕漆砂砚工艺、磨漆画制作工艺。生产产品包括各种屏风、地屏、桌椅、文房用品以及各类礼品、旅游纪念品、漆艺装饰壁画等近3000个花式品种，代表作品《松龄鹤寿》骨石镶嵌屏风、雕漆嵌玉《玉堂春色》等曾被国家作为礼品赠给外国友人。

图2-100 扬州漆器

（三）浙江省

浙江是中国古代文明的发祥地之一，河姆渡文化、良渚文化等悠久的历史文化造就了众多丰富多彩、具有典型江南特色的旅游商品，不负自古以来获得的“丝绸之府”“鱼米之乡”的美誉。

1. 实用品

（1）嘉兴粽子（图2-101）。嘉兴粽子是浙江嘉兴特色传统名点，具有悠久历史，以糯而不糊，肥而不腻，香糯可口，咸甜适中而著称，其中尤以鲜肉粽最为出名，被誉为“粽子之王”。嘉兴粽子因其滋味鲜美，携带、食用方便而备受广大旅游者厚爱，有“东方快餐”之称。

图 2-101 嘉兴粽子

（2）金华火腿。金华火腿又称火膧，浙江金华地方传统名产之一，具有俏丽的外形，鲜艳的肉，独特的芳香，悦人的风味，即色、香、味、形，“四绝”而著称于世。金华火腿用金华两头乌猪的后腿精制而成，皮色黄亮，形似竹叶，肉色红润，香气浓郁，营养丰富，鲜美可口，是馈赠珍品，佐食佳肴，也是滋补良品。据清代赵学敏编纂的《本草纲目拾遗》记载，金华火腿有益肾、养胃、生津、壮阳、固骨髓、健足力等功能。在日常生活中，吃点火腿，既能促进食欲，增添口福，又得到滋补，增进健康，一举两得，妙不可言。

（3）西湖龙井茶（图 2-102）。西湖龙井，属绿茶，素有“绿茶皇后”之称，中国十大名茶之一，产于浙江省杭州市西湖龙井村周围群山，具有 1200 多年历史。西湖龙井茶，外形扁平挺秀，色泽绿翠，内质清香味醇，泡在杯中，芽叶色绿，素以“色绿、香郁、味甘、形美”四绝称著。由于其是未经发酵而制成的茶，性寒，故龙井茶的功效中较为显著的一点即可清热、利尿。

图 2-102 西湖龙井茶

（4）绍兴黄酒。黄酒为世界三大古酒之一，源于中国，且唯中国有之，可称独树一帜。黄酒产地较广，品种很多，但是被中国酿酒界公认的，在国际国内市场最受欢迎的，能够代表中国黄酒总的特色的，首推绍兴酒。绍兴黄酒又称绍兴老酒，主要呈琥珀色，即橙色，透明澄澈，使人赏心悦目。这种透明琥珀色主要来自原料米和小麦本身的自然色素和加入了适量糖色。绍兴黄酒具有诱人的馥郁芳香，随着时间的久远而更为浓烈，所以绍兴酒称老酒，因为它越陈越香。

（5）天竺筷。天竺筷是浙江省杭州市的汉族传统手工艺品，其用料取自杭州天竺山一带的细竹，质地良好，散发着淡淡竹香，筷身往往印有妙笔丹青，既美观又实用，洗涤非常方便，富有地方特色，是杭州特产之一。

天竺筷制作精良，图案清晰，光洁轻便，染色不褪，价廉物美。因筷身饰有云头雕有佛像，每逢香节，灵隐寺的香客游人云集，都争相购买天竺筷，据说从佛地带回的筷子，既能为全家人“增口福”，又可时时保留一份“佛祖心中留”的虔诚。现今，天竺筷制作工艺不断改进，用纤细的实心竹制作筷身，熨上字、画，有山水、花鸟和西湖风景等花版，颜色有红、白两种，并镶有银头、牙头、骨头、珠头等，以作装饰。

（6）张小泉剪刀。张小泉剪刀是浙江杭州市知名的汉族传统手工艺品，中国手工业的传统名牌，已有 300 多年的历史，此产品选用闻名的“龙泉”钢为原料，制成的剪刀具有镶钢均匀、钢铁分明、磨工精细、刃口锋利、销钉牢固、开合和顺、式样精巧、刻花新颖、经久耐用、物美价廉等十大特点，它与孔凤春“杭粉”、王星记“杭扇”、都锦生“杭锦”、宓大昌“杭烟”，并称为“五杭”，蜚声海内外。2006 年 5 月 20 日，张小泉剪刀锻制技艺经国务院批准列入第一批国家级非物质文化遗产名录。

张小泉传统制剪工序中有两项精湛独特的制作技艺历经磨炼被延续下来，一是镶钢锻打技艺，造剪一改用生铁锻打剪刀的常规，选用浙江龙泉、云和的好钢镶嵌在熟铁上，并采用镇江特产质地极细的泥精心磨制，经千锤百炼，制作成剪刀刃口，并用镇江泥砖磨削；二是剪刀表面的手工刻花技艺，造剪工匠在剪刀表面刻上西湖山水、飞禽走兽等纹样，栩栩如生、完美精巧。

2. 工艺品

（1）杭州绸伞（图 2–103）。杭州绸伞又称西湖绸伞，是汉族传统工艺品之一，是在绸、绢等伞面上装饰绘画、图案的伞，既有遮阳的实用价值，又有观赏价值。西湖绸伞以竹为伞骨，以绸为伞面，又在伞面上运用刷色、喷色、绘画等工艺表现杭州西湖风景，成为杭州具有特色的工艺品。所用绸子薄如蝉翼，轻盈透风，易于折叠。伞骨则多选用江南三年以上的淡竹制作，竹质良好，不易弯曲。此外，绸伞伞面之上每每绘有山水、花鸟、仕女、奔马等各色图案，不仅样式美观，而且还让西湖绸伞具有了中国古典的江南意蕴。

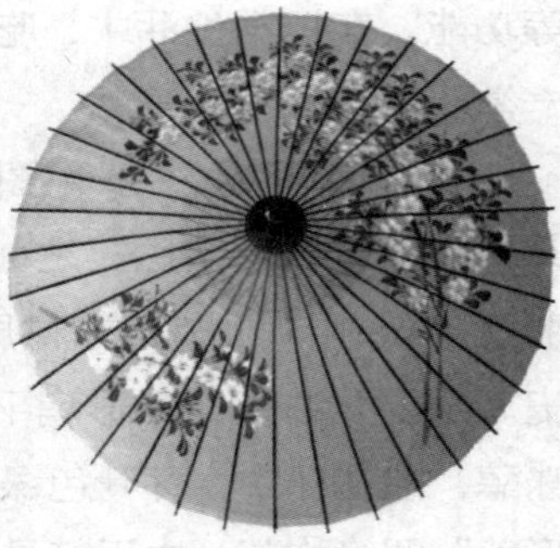
图 2–103　杭州绸伞

（2）湖州湖笔（图 2–104）。湖笔产于素有“笔都”之称的浙江吴兴县善琏镇，是浙江省著名的地方传统手工艺品，与徽墨、宣纸、端砚并称为“文房四宝”，是中华文明悠久灿烂的重要象征。其选料讲究，工艺精细，品种繁多，粗的有碗口大，细的如绣花针，具有尖、齐、圆、健四大特点。尖指笔锋尖如锥状；齐指笔锋撮平后，齐如刀切；圆指笔头圆浑饱满；健指笔锋挺立，富有弹性。

图 2–104　湖州湖笔

湖笔，又称“湖颖”，颖是指笔锋尖端一段整齐透亮的部分，笔工们称为“黑子”，这是湖笔最大的特点，这种笔蘸黑后，笔锋仍是尖形，把它铺开，内外之毛整齐而无短长，是毛笔中的佼佼者，以制作精良、品质优异而享誉海内外，已成为毛笔的代名词。

（3）杭州丝绸。杭州是国家命名的“六大绸都”之一，有“丝绸之府”之称，素来在汉族传统丝织业中占据重要地位。杭州丝绸，历史悠久，质地轻软，色彩绮丽，品种繁多，有绸、缎、绫、绢等十几类品种，200 多个品种，2000 余个花色，图景新颖，富丽华贵，花卉层次分明，人物栩栩如生，远销世界上 100 多个国家和地区，产品主要以风景画、台毯、靠垫、窗帘及织锦衣料为主，富丽堂皇，雍容华贵，被国际友人誉为“东方艺术之花”。

（4）宁波绣衣（图2–105）。宁波绣衣是汉族传统手工艺品，中国优质绣衣之一，产于著有“中国刺绣之乡”的浙江省宁波市，它把当地民间刺绣的传统技法和“外国绷”绣法巧妙地结合起来，用作服装装饰，使宁波绣衣别开生面，绚丽多彩，美不胜收。

图2–105　宁波绣衣

宁波绣衣分为金银彩绣（又称仿古绣）、平绣、包梗绣、刀绣，尤以金银彩绣古朴雅致、色彩和谐、绣工精湛，最为著名。金银彩绣，是在真丝缎子和其他原料上，用金线和银线盘绣，用各色彩线绣制而成的工艺品。其制品有床罩、绣衣、靠垫、门帘、桌布和女式背包等多种，既是工艺欣赏品，又是生活日用品，更是馈赠亲友的佳品。

宁波绣衣有独特的地方风格，刺绣品图案多取材于民间喜闻乐见的如龙凤、如意、牡丹、百鸟等，使绣品显得典雅华贵，古色古香，朴实沉着，富有宁波民间地方风格，具有款式新颖，纹样优美，裁剪得体，做工精细，凉爽挺括的优点，在国际市场上被誉为“绝妙手工艺品”。

（5）萧山花边（图2–106）。萧山花边又称萧山万缕丝，浙江省著名的汉族传统手工艺品，因产于萧山区而得名。它是直接用线编结挑绣花边，在欧洲中世纪民间刺绣的基础上发展起来的一种抽纱刺绣，与中国民间抽纱技艺交融，花边工艺产生了重大的变化，具有构图严密、技艺精湛、工针多样、精致结实、色彩素雅的特点。萧山花边的艺术特点是简朴中求繁复，素雅中求华丽，引人入胜。它质量要求极高，花样要求平整均匀，拼接要平妥不露针迹，整烫要无皱纹，色泽要一致无污渍，高度的技术水平和不朽的艺术价值，是古代汉族劳动人民的智慧杰作，也是它畅销海内外的重要原因。

图2–106　萧山花边

（6）苏州檀香扇（图2–107）。檀香扇，汉族特色手工艺品，是苏州的一大特产，因扇骨采用檀香木制成，故名。檀香木制成的檀香扇具有天然香味，用以扇风，清香四溢，有“扇存香在”之誉，盛暑可以去暑清心，入秋藏之箧中，有香袭衣衫、防虫蛀之功效，保存十年八载，依然能“日日花香扇底生”。苏州檀香扇，工艺精良、玲珑纤巧、芬芳馥郁、色泽秀丽、典雅大方、高贵富丽，极具地方特色，深受各地游客喜爱。

图2–107　苏州檀香扇

3. 艺术品

（1）温州瓯塑（图 2–108）。瓯塑，俗称彩色油坭塑，又称“彩色浮雕”，是浙江温州独有的民间艺术，汉族传统工艺美术品之一，与“黄杨木雕”“东阳木雕”“青田石雕”并称“浙江三雕一塑”。它是用桐油和泥碾细合成为原料，运用堆塑技艺的手法，用于装饰寺院、庙宇门壁和民间嫁妆品以及家具漆器等。其由中国漆器艺术中的堆漆工艺发展演化而成，色彩丰富，技法繁多，题材广泛，规格不限，广泛应用于建筑浮雕、壁画、装饰图案及艺术挂件等。2008 年 6 月 7 日，温州瓯塑被列入第二批国家级非物质文化遗产名录。

图 2–108　温州瓯塑

瓯塑有一个明显的特色，即它借助色彩描绘光线的强弱、色调的冷暖和深远的空间，从而大大加强了画面的艺术感染力，所以瓯塑艺术既是一种古老的艺术，也是一种脱颖而出的年青的艺种，艺人们可贵而大胆的创新使瓯塑具有其他艺种所不及的强烈时代气息。

人民大会堂浙江厅的风景壁塑《西湖全景》和《雁荡秋色》是瓯塑中的优秀作品，这两幅瓯塑代表作，前者像一个秀丽、文静、含情多姿的少女，后者则是一个雄壮、威武、粗犷豪爽的壮士，创作者运用一系列的表现手法，突出了一静一动、一柔一刚、一冷一暖、一细一粗、一浓一淡的对比效果，充分体现了瓯塑艺术的精湛技艺和丰富的表现手段。

（2）宁波骨木镶嵌品（图 2–109）。浙江省的宁波骨木镶嵌是采用黄杨木、红木、花梨木、牛骨、螺钿、铜片、蜡石等为原料，在木坯上起槽后嵌花纹，再经打磨雕刻，髹漆而成的一种汉族传统工艺。这种工艺多见于家具、屏风、文具和生活日常器物的用品之上，具有浓厚的地方特色。2008 年，宁波骨木镶嵌被列入第二批国家级非物质文化遗产保护名录。

图 2–109　宁波骨木镶嵌品

宁波骨木镶嵌的品类繁多，与人们的日常生活密切有关，实用性很强，一般可以分为三大类即传统家具类；生活用品类；门、窗、挂落、凭栏等建筑装饰类。其常用的题材有人物故事，如《泥马渡康王》《姜太公八十遇文王》《郭子仪拜寿》等；山水风景，包括名胜古迹、四时景色等，如“西湖十景”“桃李佛手”；“凤穿牡丹”“双龙抢珠”“松鼠葡萄”等图案装饰纹样；或传统的纹样组合，如博古、回纹、暗八仙等。它的画一种是临摹当时书画家作品的“丹青体”，绘画性强；另一种是由民间艺人靠经验积累而自行设计的所谓“古体”。而宁波骨木镶嵌最有特点的形式之一是色彩，它充分利用自然材料的本色，不加其他修饰的色彩，形成骨木镶嵌艺术特殊的装饰效果和强烈的黑白对比。

（3）东阳竹编（图 2-110）。东阳竹编同东阳木雕一起并称为盛开在东阳江畔的一对民间工艺艺术姊妹花，是我国传统工艺美术园地中的一个很有特色的品种，距今已有 1200 多年历史，以富丽中显淡雅，清幽中含华贵的独特风格，为世人所称颂，因其工艺精巧，风格独特，在国内外都有一定影响。现如今，在东阳竹编艺人的不懈努力下，竹编工艺突破了传统理念的束缚，巧妙地与园林建筑、室内装饰有机结合起来，在西湖阮公墩、杭州花港公园、德国汉堡市“新北京酒家”等处，留下了许多不朽佳作，令人赞叹。

图 2-110　东阳竹编

（4）东阳木雕（图 2-111）。东阳木雕，中国民间雕刻艺术之一，产于有着“中国木雕之乡”美称的浙江东阳，与青田石雕、黄杨木雕并称“浙江三雕”。它是以平面浮雕为主的雕刻艺术，其多层次浮雕、散点透视构图、保留平面的装饰，形成了自己鲜明的特色。又因色泽清淡，保留原木天然纹理色泽，格调高雅，又称“白木雕”，是中华民族最优秀的民间工艺之一，被誉为“国之瑰宝”，2006 年 5 月 20 日被列入第一批国家级非物质文化遗产名录。

图 2-111　东阳木雕

东阳木雕选料严格，多用椴木、白桃木、香樟木、银杏木等材质，也有用柏木、红木（花梨木）、水曲柳、水杉、云杉、红豆杉、台湾松木的，其工艺类型有无画雕刻与图稿设计雕刻两类，均注重创意和绘画性，具有较高的艺术价值，题材内容多为历史故事和民间传说，图案装饰丰富而有变化。在艺术手法上，东阳木雕以层次高、远、平面分散来处理透视关系并以中国传统绘画的散点透视或鸟瞰式透视为构图特点，它所表现出来的内容可以比西洋浮雕更为丰富，充分展示画面内容，可谓“画中有画，景中有景”，深受大众欢迎。

（5）青田石雕（图 2-112）。青田石雕是指以青田石为材料雕制而成的中国传统工艺品，其雕刻风格自成流派，奔放大气，细腻精巧，形神兼备，作为传统的工艺精品，其雕刻技巧、风格塑造和情趣意境，都达到了前所未有的完美程度。石雕艺人在创作过程中遵循石材的自然特点，发挥艺术构思的独创性，因材施艺，依色取巧，可以将石材原有的异色斑痕加以巧妙利用，使石材的缺点转化为艺术上的点睛之笔，同时令塑造的动物、植物和人物的

图 2-112　青田石雕

形体构成也具有不同色彩的变化，从而增强了造型与自然物的相似感，堪称巧夺天工，从而创造出了具有“精、细、美、奇、真”特点的工艺精品，使青田石雕具有独特的艺术魅力，并于2006年被入选第一批国家级非物质文化遗产名录中。

青天石雕的雕刻材料是产于中国东部浙江省的青田县的青田石，此石在地质学上称为“叶蜡石”，是一种耐高温的矿物，色彩丰富、光泽秀润、质地细腻、软硬适中，可雕性极强，是中国特有的印章石，为中国四大印章石之一，其本身即是上好的艺术品。

（6）黄杨木雕（图2–113）。黄杨木雕，浙江地区的汉族民间雕刻艺术之一，是以黄杨木为雕刻材料而得名，其内容题材大多表现中国民间神话传说中的人物，如八仙、寿星、关公、弥勒佛、观音等，具有古朴文雅、精致圆润的特点，适宜把玩陈设，深受收藏者喜爱，于2006年6月被列入第一批国家级非物质文化遗产名录中。

图2–113　黄杨木雕

黄杨木是一种珍贵的常绿灌木，生长缓慢，纹理细腻，质地坚韧，用手触摸光洁滑润，其他木材无可比拟，比较难得，适于雕刻高档工艺品。黄杨木雕在存放中会自然变色，色泽会一年年逐渐变深，有经验的收藏家根据色泽深浅和包浆就可以大致判断出作品的年代，但如果保管不当，就会出现不同程度的损坏，价值就会大打折扣，因此完好无损者自然就弥足珍贵。

【任务实施】

华东旅游区代表性旅游商品的讲解实训

实训目的：1. 掌握本旅游区内代表性旅游商品的概况。

2. 提高学生对旅游商品的讲解、宣传能力。

实训内容：华东旅游区代表性旅游商品的讲解。

实训步骤：1. 分组：将班级6～8人分为一个小组。

2. 前期准备：

（1）选择本旅游区内其中一个省（市）代表性旅游商品；（2）根据所选商品进行配套的PPT制作配合讲解；（3）小组成员共同完成讲解所需道具的制作和旅游商品介绍的讲解词撰写；（4）讲解过程需在特定情境中完成（注：小组根据情况自行设计）。

3. 实施过程：

（1）抽签决定小组训练顺序；（2）各小组按顺序以角色扮演的方式进行旅游商品介绍的情境展示；（3）小组互评；（4）教师点评。

任务四 华中旅游区

◆【任务引入】

“长沙记忆”旅游商品体验馆开业迎客

2016年4月27日，“长沙记忆”旅游商品体验馆高铁一号馆在长沙火车南站黎托客运枢纽正式开业，后续将有更多旗舰店和加盟店在长沙落地，为游客带来丰富体验。全新开放的“长沙记忆”旅游商品体验馆是全国首家注重个人体验消费的旅游商品门店，在这里，充满了琳琅满目的特色旅游商品，更有手艺高超的传统艺人现场展示，产品涵盖了近2000个品种。正如在开业仪式上，湖南省旅游局副局长高扬先所说，“在旅游购物市场问题频发的大背景下，旅游购物形象的树立与规范无疑是全域旅游创建中极为重要的一环。”“长沙记忆”的出现，一方面，可以大力改善旅游市场的有效供给，丰富游客的旅游体验；另一方面，可以全面规范旅游购物市场，提升旅游购物环境，真正让游客在长沙的旅途成为美妙记忆。

问题： 1. 旅游体验馆中展出的特色旅游商品有哪些？

2. 如何让游客对旅游商品有更深的体验，传统手工艺人现场展示意义何在？

案例分析： 现代旅游方式正在悄然发生变化，体验性旅游不断深入人们的生活，如今湖南旅游商品体验馆的建立正是适应了游客的这种需求而产生，在这里游客不仅可以看到具有当地特色、丰富多样的旅游商品，如孔雀石、荆锦、蜡染、湘绣等，还可以观赏并有可能亲自体验具有传统文化和工艺的特色旅游商品的制作过程，让游客耳目一新的同时增强了对产品的了解和认知，提升了购买欲望。

◆【任务分析】

湖南旅游商品体验馆的建立让游客对当地的旅游商品有了更全面的了解和认识，更可以满足游客对传统手工艺产品的制作工艺和流程的好奇心，提升游客美好的购物体验，使游客享受高质量的旅游服务，值得其他地方学习。那么，在这里到底能看到哪些旅游商品，湖南有哪些特色鲜明的旅游商品，与其共处的旅游区其他省市有何不同，完成以上任务应掌握以下知识点及技能点。

知识点： 1. 华中旅游区的基本情况；

2. 湖北省、湖南省、安徽省、江西省旅游商品的总体情况；

3. 湖北省、湖南省、安徽省、江西省各自具有代表性的特色旅游商品。

技能点： 1. 能对华中旅游区具有代表性的旅游商品进行准确描述；

2. 能准确而生动地对华中旅游区具有代表性的旅游商品进行介绍和讲解。

◆【知识链接】

一、旅游区概况

华中旅游区位于我国中部的长江中下游地区，包括湖北、湖南、安徽、江西四省，是全国唯一既不靠海又无陆地国境线的旅游区。区内河湖胜景众多，名山峡谷特色鲜明，文化古迹丰富多彩，自然保护区原始独特，大型水利工程举世闻名，是我国旅游资源开发的主要地区，旅游业发展潜力巨大。

本区内山地分布较广多为区内河流的分水岭，形成较多大型河谷盆地。主要地貌单元包括鄂西山地、两湖平原、鄂北山地等。气候类型属于亚热带湿润季风气候，四季分明且各时气候特征明显。冬季较温暖且少雨，夏季全区炎热而降水集中，春季温暖且气候多变，秋季天高气爽。荆楚文化因楚国和楚人而得名，是周代至春秋时期在江汉流域兴起的一种地域文化，湖北是荆楚文化的发祥地，也是古代楚国的政治、经济和文化中心。荆楚文化是中华民族文化的重要组成部分，它源远流长，博大精深，具有鲜明的地域特色和巨大的经济文化开发价值。

华中旅游区主要旅游商品如表 2–5 所示。

表 2–5　华中旅游区主要旅游商品

省份	实用品	工艺品	艺术品
湖北省	孝感麻糖、襄阳大头菜、房县木耳、黄石港饼	黄石孔雀石、荆州锦缎	宜昌彩陶
湖南省	凤凰姜糖、益阳松花皮蛋、地瓜酒	苗家花带、凤凰蜡染、湘绣、浏阳菊花石、岳州扇	醴陵釉下彩瓷器、洞口墨晶石雕
安徽省	符离集烧鸡、黄山毛峰、六安瓜片、祁门红茶、太平猴魁、古井贡酒	宣纸、歙砚、徽墨、羽毛扇	祁门瓷器、界首彩陶、芜湖铁画
江西省	南安板鸭、庐山云雾茶、四特酒、万载夏布	修水贡砚、公道杯	景德镇瓷器、瓷雕、南昌瓷板画

二、主要旅游商品介绍

（一）湖北省

湖北省旅游资源丰富，区域特色明显，是一个多民族的旅游大省，这里旅游商品种类齐全，丰富多样，具有鲜明的民族特色和地方特色，深受游客喜爱和追捧。

1. 实用品

（1）孝感麻糖。孝感麻糖历史悠久，是湖北有名的汉族传统小吃之一，配方是以精制糯米、优质芝麻和绵白糖为主料，配以花生、杏仁等，经过 12 道工艺流程、32 个环节制成，外形犹如梳子，色白如霜，香味扑鼻，营养丰富，含蛋白质、葡萄糖和多种维生素，有暖肺、养胃、滋肝、补肾等功效，相传宋太祖赵匡胤曾经吃过并赞不绝口，从而一举成为皇家贡品。

（2）襄阳大头菜。襄阳大头菜是我国四大名腌菜之一，又名孔明菜、诸葛菜，相传是三国时期诸葛亮发明而得名，是一道湖北襄阳市的汉族传统名吃。在襄阳俗称“咸菜”或“芥菜”，又称“蔓茎”，系根菜类，属十字花科。质地紧密，水分少，纤维多，形状为锥型，肉白色，肉质坚实，有强烈的芥辣味，不宜生吃。

襄阳大头菜味之鲜美，香之浓郁，在全国同类产品中一枝独秀，无可比拟，因而备受消费者喜爱，成为千家万户必备的佐餐妙品，曾被时任国务院副总理的邹家华赞为“中国一绝”。由于襄阳大头菜主要用盐腌制而成，因此能存放较久，且存放越久味越香。腌制后的大头菜呈黄褐色，甘咸适中，香而微酸，脆嫩可口，生吃、炒吃均可，切丝与肉丝共炒，其味更美，有增强唾液分泌、开胃、健脾、消食之功能，是病后增强食欲，促进康复的佳品。

（3）房县木耳。房县黑木耳产于中国著名的黑木耳生产基地县、驰名中外的“木耳之乡”湖北省房县。房县黑木耳属于光木耳，新鲜的房县黑木耳较质状，半透明，深褐色，有弹性；干燥的黑木耳为角质，背面绒毛短而少，暗灰色，耳面黑褐色，平滑有光感。房县黑木耳因色鲜、肉厚、朵大、质优、营养丰富，赢得“房耳”盛誉，又因其“形似燕，状如飞”，又被称为“燕耳”，有“山珍之王”的美称。

（4）黄石港饼（图 2–114）。黄石港饼是湖北省黄石市的汉族传统名点之一，地方名特产品，至今已有 170 多年的历史。

由面粉、芝麻、冰糖、小麻油、金钱橘饼、糖桂花等十几种上等原料组成，以麻色黄亮，松酥爽口，甜润清香，顺气开胃，回味悠长和具有浓郁的天然麻香味的独特风味名扬湖北，畅销全国。2011 年 3 月被商务部评为“中华老字号”。

图 2–114　黄石港饼

2. 工艺品

（1）黄石孔雀石。黄石孔雀石古称石绿，属单斜晶系，晶体形态常呈柱状或针状，十分稀少，通常呈隐晶钟乳状、块状、皮壳状、结核状和纤维状集合体，具同心层状、纤维放射状结构，有绿、孔雀绿、暗绿色等，常有纹带，丝绢光泽或玻璃光泽，似透明至不透明，性脆，贝壳状至参差状断口，遇盐酸起反应，并且容易溶解。

光洁的孔雀石，作为一种“宝石”和“玉石”不比名贵的“祖母绿”逊色，用孔雀石雕琢成的工艺品，其价值可与翡翠、玛瑙制品媲美；孔雀石制成的首饰，因含有人体不可缺少的微量元素铜，更具有“陨玉粉治病，佩玉饰避邪”的功效。孔雀石研成粉末，是一种天然颜料，且颜色鲜亮久不褪色，皮壳状可作观赏石或琢制工艺品。

（2）荆州锦缎（图 2–115）。荆州锦缎，锦名，又名“荆锦”“江陵锦”，即湖北荆州锦缎，产自江陵，具有独特风格，经面嵌花，图案上以万字栏杆、麦菱、曲线回纹等典型的楚图为主，形式上多见方块、条状、菱形、多边形等几何色块，黄、蓝、红、绿相间，呈鲜明对比，艳丽生辉，特别是图案与色块的配合，具有浓厚的楚文化艺术特色。

图 2-115　荆州锦缎

3. 艺术品

宜昌彩陶以本地黄泥为主要原料，经过加工和艺术处理，其釉色晶莹、深沉，具有浓郁的地方特色。其代表作品有包括大型高温彩釉陶壁画系列，即把设计成型的壁画、用描、刻、括、喷、填、浸、堆等手法，复制到陶版坯上，施以高温彩釉，经一次焙烧而成；夷陵骏马系列，其造型粗犷，形态各异，遍体黛釉，乌黑发亮，光彩夺目，为群众喜爱的陈设品；彩陶猫盘系列，即直径为 30 厘米的陶瓷盘，盘中精心绘制白色猫，施用高温颜色釉经煅烧而成，形象生动逼真，外观古朴大方，为陈设陶瓷，行销国内外；西陵文具系列，一套三件，笔洗、笔筒、笔架各一，造型具有宜昌器物传统特点，配以钟乳石底座，施以虎皮纹橘红花釉，形象浑厚，釉质晶莹，古朴高雅，为案头实用的工艺品；昭君茶具系列，一套 12 件，造型取材于汉代王昭君远嫁匈奴思念家乡的情景，造型优雅、富有乡土味，是集陶瓷工艺、文字、书法、篆刻、浮雕等艺术表现手法于一体的艺术品。

（二）湖南省

湖南悠久的历史文化和丰富的旅游资源，为丰富多样的旅游商品资源提供了良好的基础，同时作为一个多民族的省份，湖南的每个民族都有自己的传统手工艺品和土特产品，加之各地区不同的特色，使湖南的手工艺品和土特产品不仅丰富，而且具有浓郁的民族特色。

1. 实用品

（1）凤凰姜糖（图 2-116）。姜糖，系凤凰传统的独家特产，起源于清乾隆年间，迄今已有 200 多年历史。它是一种很好吃的特产，闻着喷香，咬着酥脆，它不似糖果那样甜得发腻，也不会像姜那样辣得透不过气。稍甜和恰到好处的辣，令人唇齿留香，回味悠长。其制作方法是用生姜、红糖、水等原料一起放铁锅里熬，当熬成黏状时，把它倒在青石板台面上冷却，等冷到可以拉出丝来时，就把这一姜糖团挂到门旁的铁钩上，迅速地拉出一条条的糖条，摔到青石板上，然后另有人马上用剪刀把它剪成拇指大的三角形，如此便制作完成了。好的姜糖大小均一、色泽光亮、入口后甜、脆、浓、香，无异常口味。

图 2-116　凤凰姜糖

图 2-117　益阳松花皮蛋

（2）益阳松花皮蛋（图 2-117）。益阳松花皮蛋是湖南省益阳市驰名的汉族名菜，传统特产之一，已有500多年的历史，味道鲜美，清腻爽口，余香绵长。益阳松花皮蛋呈棕色或绿褐色，肉体柔软，晶莹透亮，指触不沾，富有弹性，玳瑁皮层，内嵌乳白色松枝图像，不仅味美醇香，且清凉爽口，食之不腻，易消化，有增加食欲、降血压、解热清火等功能。

（3）地瓜酒。地瓜酒即红薯酒，顾名思义就是以红薯为原料，由农村的传统工艺用土制的酒曲加工酿造而成，属于湖南省永州的传统食品，目前已发展成为具有湖南特色的旅游商品。

2. 工艺品

（1）苗家花带（图2-118）。花带是用玫红、浅绿、米黄、深绿、橙红、深紫色等多色棉线织成，主体图案是曲线组成的抽象龙纹，织成的图形正好是两面相反，形成阴阳图案，龙纹是苗族纹饰中最常见的形象，千变万化，象征着吉祥、幸福。

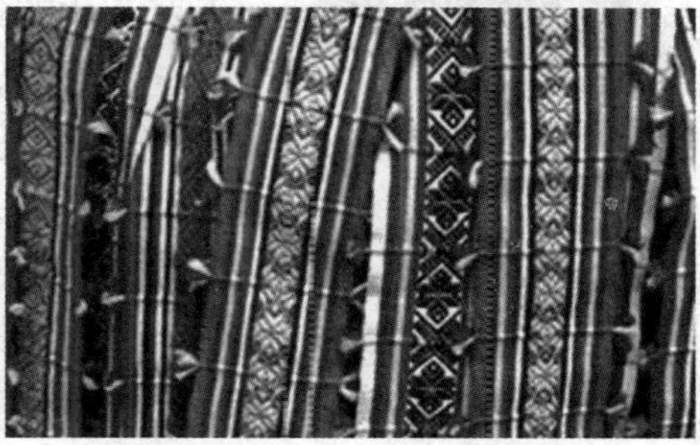

图2-118 苗家花带

花带是苗族的日常用品，既可作系物之用，也可作为服饰饰品，还可作为定情之物，其制作方法是先在一种用硬木做成的X形织架上牵双色或多色的经线，然后用牛角或铜制的挑刀挑压经线，纬上单色的纬线而织成五彩缤纷的花带，民族特色鲜明，深受游客喜爱。

（2）凤凰蜡染（图2-119）。凤凰蜡染艺术历史悠久，其蜡染印花布纯美典雅，原始古朴，是凤凰民族民间工艺品中的精品。蜡染印花布制作工艺程序复杂，要先将各种图案投影在木板上并雕刻成模板，而后将布料置于两块模板间，再将特制的染沐灌入夹好的花模空白处，称为凸染。手染是把花模板压在平展的布面上，然后用特制的染沐刷浸，稍干后揭开模板即可。

图2-119 凤凰蜡染作品

蜡染原始古朴，分为两大流派：一为土家族蜡染印花布；一为苗族蜡染土布。土家蜡染印花注重配色纯净，讲究立意构图，成形的布料呈花异彩流车，幅面艺术风格特异纯美，突出的工艺特点为热色；苗族蜡染土布注重染色纯，不讲究华美雕饰，给人一种自然纯净的艺术感，突出的工艺特点为冷色。在古城区内随处可见蜡染作品，一般蜡染花布的颜色较为丰富；蜡染土布，由工艺师用蜡在土布上画图，颜色局限于白和蓝。蜡染印花布可以根据需要设计，制成壁挂、屏风、被面、桌罩、衣物等，成品独具特色，具有鲜明的民族风格和浓郁的民族韵味。

（3）湘绣（图2-120）。湘绣是以湖南长沙为中心的带有鲜明湘楚文化特色的湖南刺绣产品的总称，是中国优秀的民族传统工艺之一，与苏绣、蜀绣、粤绣齐名，为中国四

图 2-120　湘绣《虎》

大名绣之一，已有 2500 多年的历史。湘绣擅长以丝绒线绣花，绣品绒面的花形具有真实感，曾有“绣花能生香，绣鸟能听声，绣虎能奔跑，绣人能传神”的美誉，于 2006 年入选第一批国家级非物质文化遗产名录。

湘绣艺术特色主要表现为形象生动、逼真，质感强烈，构图严谨，色彩鲜明。各种针法富于表现力，通过丰富的色线和千变万化的针法，绣出的人物、动物、山水、花鸟等具有特殊的艺术效果。湘绣在配色上善于运用深浅灰及黑白色，加上适当的明暗对比，增强了质感和立体感。结构上虚实结合，善于利用空白，突出主题，形成了湘绣水墨画般的素雅品质。湘绣的传统题材是以狮、虎、松鼠等，特别是以虎最为多见，民间有“苏猫、湘虎”之说，湘绣狮虎毛纹刚健直竖，眼球有神，几可乱真，今已发展到异色、异形、异面的双面全异绣。

图 2-121　浏阳菊花石雕作品

（4）浏阳菊花石（图 2-121）。天然稀世珍品菊花石又名“石菊花”，产于湖南浏阳大溪河底岩石层中。其“花”孕育于 2 亿多年前，因地质运动而自然形成于岩石中，亦可称“取日月之精华，吸天地之灵气”，花形酷似异彩纷呈的秋菊，呈乳白色，且纹理清晰、界线分明、神态逼真、玉洁晶莹、蔚为壮观。

图 2-122　岳州扇

（5）岳州扇（图 2-122）。岳州扇是历史悠久的汉族手工艺术珍品，在长期的产销过程中，以其独特的艺术风格，与苏州扇、杭州扇同享盛誉，成为工艺扇中的三姊妹。岳州扇品种繁多、工艺精湛、美观耐用，品种达 200 多个，主要分为纸扇、羽毛扇、绢扇、骨扇、宫扇、帽扇、轻便扇、套扇、戏剧舞蹈扇和香木扇等十几大类。其扇骨以竹制成，光亮轻巧，镂刻精美；扇面设计想象丰富，取材广泛，构思新颖，有山水风景、名胜古迹；有花鸟虫鱼、名言警句；有历史人物、神话传说等，万紫千红，五彩缤纷，美不胜收。岳州扇高超的技艺水平和不朽的艺术价值，充分体现了古代汉族劳动人民的卓越才能和和艺术创造力。

3. 艺术品

（1）醴陵釉下彩瓷器（图 2-123）。釉下彩瓷是产自中国湖南醴陵的一种汉族传统陶瓷装饰艺术，已被列入国家非物质文化遗产名录。它选用优质高岭土、长石、石英作原料，制出胎质坚细、淡白的瓷坯，装饰的花样绘在生坯上，然后再覆盖一层薄而透明的釉料，最后将它放进 1300℃的高温窑中烧制而成，出窑之后，瓷器的颜色变得像宝石那

图 2-123　醴陵釉下彩瓷器

样晶莹润泽。醴陵瓷器画面五彩缤纷，犹如罩上一层透亮的玻璃纱，色彩显得格外清新、柔和、明亮。釉下彩的釉是一种很坚硬的玻璃质，它保护着画面，耐摩擦、耐高温、耐酸碱腐蚀，能始终保持原来色彩，有“看得见，摸不着，永不褪色”之神秘感，真正达到了薄如纸、白如玉、明如镜、声如磬的最高境界。该工艺使其具有釉上贴花、粉彩、喷彩等瓷器不可比拟的优点，不含任何铅、镉等有害物质，耐酸、碱，实属环保瓷、健康瓷，长期使用有益健康。

（2）洞口墨晶石雕。洞口墨晶石雕是中国古老的汉族民间石雕艺术的一个重要品种，为湖南省独具一格的汉族传统手工艺术品，其造型生动，刀法洗练、纹理奇妙、庄重古朴、浑厚典雅，既有玉雕的晶莹细腻，又不失石雕的粗犷豪放，陈于室内观赏，犹如置身旷野；随身携带嬉弄，似跃然手掌，因而被观赏者和珍藏者誉为“洞口一绝”。

它虽然没有玉石、玛瑙石、水晶石等名贵石材水质般的明净珍贵，但它温顺的质地、细腻的石面、没有燥硬腻涩的感觉，特别是经过上蜡打磨后所显露出来的那种墨黑之中厚重的油质感，生动质朴，独具一种独特的艺术魅力。

（三）安徽省

安徽大地锦绣多姿，文化古迹甚多，是中国旅游资源最丰富的省份之一，这里独特的自然和人文环境孕育出了具有地方民族特色的旅游商品，吸引着国内外游客来这里驻足、观赏、购物，进一步促进了安徽经济的发展。

1. 实用品

（1）符离集烧鸡。符离集烧鸡和德州扒鸡、河南道口烧鸡、锦州沟帮子熏鸡并称为“中国四大名鸡”，因原产于符离镇而得名，是安徽省宿州市埇桥区的汉族传统名菜，也是中华历史名肴。正宗的符离集烧鸡要经过宰、烫、搓、洗、扒、磕、漂、刭、晾、炸、卤等十多道工序精制而成，色佳味美，香气扑鼻，肉白嫩，肥而不腻，肉烂脱骨，嚼骨而有余香，具有原汁老卤、鸡香肉烂、烂而连丝、一抖就散（热鸡）、肉烂脱骨、肥而不腻、鲜味醇厚、齿颊留香的特点。

图 2-124　黄山毛峰

（2）黄山毛峰（图 2-124）。黄山毛峰产于安徽省黄山（徽州）一带，属于绿茶，是中国十大名茶之一，由清代光绪年间谢裕大茶庄所创制，由于新制茶叶白毫披身，芽尖峰芒，且鲜叶采自黄山高峰，遂将该茶取名为黄山毛峰。该茶外形微卷，状似雀舌，绿中泛黄，银毫显露，且带有金黄色鱼叶（俗称黄金片）。入杯冲泡雾气结顶，汤色清碧微黄，叶底黄绿有活力，滋味醇甘，香气如兰，韵味深长。

（3）六安瓜片（图 2–125）。六安瓜片，简称瓜片、片茶，产自安徽省六安市大别山一带，中华传统历史名茶，中国十大名茶之一，为绿茶特种茶类，具有悠久的历史底蕴和丰厚的文化内涵。六安瓜片的外形，似瓜子形的单片，自然平展，叶缘微翘，色泽宝绿，大小匀整，不含芽尖、茶梗，清香高爽，滋味鲜醇回甘，汤色清澈透亮，叶底绿嫩明亮。在世界所有茶叶中，六安瓜片是唯一无芽无梗的茶叶，由单片生叶制成。去芽不仅保持单片形体，且无青草味；梗在制作过程中已木质化，剔除后，可确保茶味浓而不苦，香而不涩。

图 2–125 六安瓜片

（4）祁门红茶（图 2–126）。祁门红茶简称祁红，产于安徽省祁门、东至、贵池（今池州市）、石台、黟县以及江西的浮梁一带，是红茶中的极品，中国历史名茶，有“红茶皇后”之美称。茶叶原料选用当地的中叶、中生种茶树“槠叶种”（又名祁门种）制作，香名远播。

图 2–126 祁门红茶

（5）太平猴魁（图 2–127）。太平猴魁，中国传统名茶，中国历史名茶之一，属于绿茶类尖茶，产于安徽太平县（现改为黄山市黄山区）一带，为尖茶之极品，久享盛名。其外形两叶抱芽，扁平挺直，自然舒展，白毫隐伏，有“猴魁两头尖，不散不翘不卷边”的美名。茶叶中所含的化学成分达 500 多种，具有抗菌、减肥、防龋齿、抑制癌细胞等功效。太平猴魁全身披白毫，含而不露，入杯冲泡，芽叶成朵，或悬或沉，茶汤清绿，香气高爽，品其味则幽香扑鼻，醇厚爽口，回味无穷，大有“头泡香高，二泡味浓，三泡四泡幽香犹存”的意境。

图 2–127 太平猴魁

（6）古井贡酒。古井贡酒产自安徽省亳州市，是亳州传统名酒，属于亳州地区特产的大曲浓香型白酒，有“酒中牡丹”之称，被称为中国八大名酒之一。古井贡酒在中国酿酒史上拥有非常悠久的历史，以“色清如水晶、香醇似幽兰、入口甘美醇和、回味经久不息”的独特风格，赢得了海内外的一致赞誉。

2. 工艺品

（1）宣纸（图 2–128）。宣纸产于安徽宣城泾县，

图 2–128 宣纸

中国传统的古典书画用纸，是中国传统造纸工艺之一，迄今已有1500余年历史。因其有易于保存，经久不脆，不会褪色等特点，故有“纸寿千年”之誉。宣纸的原材料主要是青檀，配料是稻草等农产品，按加工方法可以分为原纸和加工纸，安纸张洇墨程度分为生宣、半熟宣和熟宣。2006年宣纸制作技艺被列入首批国家级非物质文化遗产名录。

宣纸作为一种具有悠久历史的纸品，在用于创作中国传统的书画时具有不可替代的作用，主要源于其四大特征：第一，润墨性好，耐久耐老化强，不易变色；第二，宣纸具有“韧而能润、光而不滑、洁白稠密、纹理纯净、搓折无损、润墨性强”等特点；第三，有独特的渗透、润滑性能。俗话说“墨分五色，”即一笔落成，深浅浓淡，纹理可见，墨韵清晰，层次分明，这是书画家利用宣纸的润墨性，控制了水墨比例，运笔疾徐有致而达到的一种艺术效果；第四，少虫蛀，寿命长。

（2）歙砚（图2–129）。歙砚，全称歙州砚，中国四大名砚之一，具有发墨益毫、滑不拒笔、涩不滞笔的特点，受到历代书法家的称赞。歙砚的制作主要包含选料、制坯、设计、雕刻、配盒等，每一方砚台的制成都要经过十几道工序，在图案美的表现上，强调图案与砚石浑然一体、和谐统一，使图案在歙砚的造型中起到装饰和美化的作用。

图2–129　歙砚

（3）徽墨（图2–130）。徽墨是中国传统制墨技艺中的珍品，也是闻名中外的“文房四宝”之一，因产于古徽州府而得名。徽墨是以松烟、桐油烟、漆烟、胶为主要原料制作而成的一种主要供传统书法、绘画使用的特种颜料，其制作主要经点烟、和料、压磨、晾干、锉边、描金、装盒等工序精制而成，成品具有色泽黑润、坚而有光、入纸不晕、舔笔不胶、经久不褪、馨香浓郁、防蛀等特点。徽墨是集绘画、书法、雕刻、造型等艺术于一体的艺术珍品。因为有独特的配方和精湛的制作工艺，使徽墨素有拈来轻、磨来清、嗅来馨、坚如玉、研无声、一点如漆、万载存真的美誉。

图2–130　徽墨

（4）羽毛扇（图2–131）。羽毛扇是安徽省合肥市肥西县三河古镇的汉族传统手工艺品。羽毛扇的原料为鹅翅大毛，鹅毛分白鹅毛、雁鹅毛两种，因雁鹅毛稀少，尤其珍贵，其制作工序有分拣、清洗、晾晒、扎把、穿丝、整形、上色、绘画、装潢、包装等。现如今，随着三河旅游业的发展，曾一度萧条冷落的羽毛扇又复苏辉煌，不但在三河“走红”，而且摆上了苏南的周庄、同

图2–131　羽毛扇

里等地的旅游商品柜台。游客可以悠闲地摇着羽毛扇，体会诸葛亮“站在城楼观山景”的心情，发一段思古之幽情。

图 2-132　祁门瓷器

3. 艺术品

（1）祁门瓷器（图 2-132）。花色品种丰富多样，琳琅满目，造型优美，画工精细，既充分反映了祁门瓷土的优异品质，又体现了祁门瓷器生产者的精湛技艺。产品装饰多种多样，既有粉彩、贴花、青花，也有结晶釉、颜色釉和多种艺术釉。产品品种中日用瓷有各类碗、壶、杯、盘、匙、坛等餐具和用具；工艺瓷有各种花瓶、笔筒、挂盘、釉面砖、壁画等。祁门瓷器在国内外颇负盛名，曾为北京人民大会堂安徽厅精制过一批青花、十字花和描金的迎客松烟缸、茶具，胎体晶莹，花样清新，美观大方，充分展示了祁门瓷器的风采。祁门瓷器遍销于国内外各地，深受消费者的喜爱。祁门的瓷土，色泽纯白，带花纹，俗称“土脑”，有“天然配方”和“瓷土之王”之美誉。

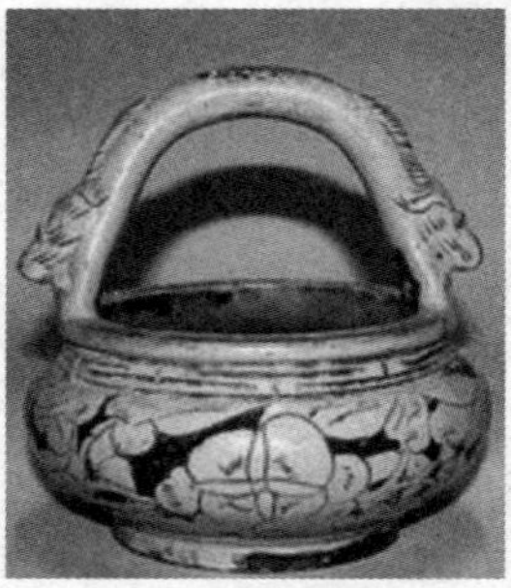
图 2-133　界首彩陶

（2）界首彩陶（图 2-133）。界首彩陶烧制技艺是指安徽省界首市的一种汉族民间传统制陶技艺，它秉承了唐三彩的遗风，又吸收了剪纸、木版年画的艺术风格，在制陶技艺中自成流派，并以其独特的艺术，成为中华民族民间艺术百花园中的一朵奇葩。界首彩陶在原料的选择上，采用当地的黄胶泥，又称为“黄河淤”，即黄河泛滥后沉积下来的黄色黏土；在胎面的制作上，以两层化妆土，在刻画过程中表现出赭、黄或赭、白两种基本对比色；在刻画题材上，除以生活中的花、鸟、鱼、虫为创作对象外，还着重吸取了传统戏曲中的艺术元素，以一幕幕场景的形式加以表现；在烧制方面，则先除潮，然后素烧，温度一般在 700℃～800℃，成品为砖红色的刻画陶，素烧后可以釉烧，即涂以含铅、二氧化硅、粉土的釉料后放入陶制的匣钵内，逐渐加大温度，达到 1000℃～1050℃，烧两天两夜，形成红底白花的界首彩陶。2006 年 5 月 20 日，该制作技艺经国务院批准列入第一批国家级非物质文化遗产名录。

（3）芜湖铁画（图 2-134）。芜湖铁画，原称铁花，安徽省芜湖市著名的汉族传统工艺美术品，以历史悠久、风格独特、工艺精湛、技艺高超著称于世。铁画是用铁铸成线条，再焊接而成的一种美术作品，一般涂成黑色或棕红色，主要是借鉴国画的水墨、章法、布局。线条简明有力，苍劲古朴。铁画工艺综合了古代金银空花的焊接技术，吸取了剪纸、木刻、砖雕的长处，融合了国画的笔意和章法，画面明暗对比鲜明，立体感强，在古代工艺美术品中独树一帜。

图 2-134　芜湖铁画

铁画有国画黑白相间的风韵美，也有西画层次分明的立体美。铁画种类丰富多样，有人物木石，山川风景，花鸟草虫，总之凡能在纸上画出来的，铁画均可一展其风韵，它将民间剪纸、雕刻、镶嵌等各种艺术的技法融为一体，采用中国画章法，黑白对比，虚实结合，另有一番情趣。

（四）江西省

景德镇的瓷器作为江西旅游商品的一张亮丽的名片，名扬天下，其实作为旅游资源丰富的江西，不仅有着傲人的瓷器艺术品，还有着各种土特名产和工艺精湛的手工艺术品，令游客心驰神往。

1. 实用品

（1）南安板鸭。南安板鸭系全国传统腌制品四大板鸭（江西南安板鸭、福建建瓯板鸭、江苏南京板鸭、四川建昌板鸭）之一，是江西省的地方名优产品，有“腊中之王”的美誉。南安板鸭外形美观，色泽白净，皮薄肉嫩，尾油丰满，骨脆可嚼，味香可口，诱人食欲，是江南尤其是赣南的食中珍馐和旅游名品。

（2）庐山云雾茶（图 2–135）。庐山云雾茶是汉族传统名茶，属于绿茶中的一种，是中国名茶系列之一。始于汉朝，宋代列为“贡茶”，因产自江西省九江市的庐山而得名。此茶茶芽肥绿润多毫，条索紧凑秀丽，香气鲜爽持久，滋味醇厚甘甜，汤色清澈明亮，叶底嫩绿匀齐。概括起来就是人们通说形容庐山云雾茶的“六绝”，即“条索粗壮、青翠多毫、汤色明亮、叶嫩匀齐、香凛持久，醇厚味甘”。由于受庐山凉爽多雾的气候及日光直射时间短等条件影响，形成云雾茶叶厚、毫多、醇甘、耐泡的独特风味。

图 2–135　庐山云雾茶

（3）四特酒。四特酒产自江西省樟树市四特酒有限责任公司，此酒历史悠久，源远流长。它以整粒大米为原料，大曲为糖化发酵剂，采用传统的续渣浸蒸、“三进四出”操作，老窖固态发酵，缓气蒸馏，量质摘酒，分级入库，经贮存、勾兑等多道程序精工酿制而成，属“特香型”白酒，其工艺特点被专家概括为“整粒大米为原料，大粬面麸加酒糟，红褚条石垒酒窖，三香俱备犹不靠”（三香即酱香、浓香、清香），是我国白酒香型中的一个独特品种，即“特香型”白酒。

（4）万载夏布。万载夏布，俗称“鸡鸣布”，也叫“扁纱”“生布”，为江西三大特产之一。此布以苎麻为原料，经过传统手工劈成细缕，并拈成细纱，再经整经、上浆后，用木机织造而成，它以“柔软润滑、平如水镜、轻如罗绡”誉满全国，远销海外，在国内外都享有较高的声誉。于 2009 年，经国务院批准万载县的夏布织造技艺被列入第三批国家级非物质文化遗产名录。

万载夏布因轻柔胜丝，避暑爽身，实为暑天衣料之佳品，有本色、漂白、染色或印花等多种，具有纱质轻软、经纬咸宜、边缩平整、编织均匀、色泽清香、不易皱褶、不易变形、易洗涤、凉爽清汗等特点，唐时就曾列为贡品。

2. 工艺品

图 2-136　修水贡砚

（1）修水贡砚（图 2-136）。修水贡砚又名赭砚，是江西传统名砚之一，具有悠久的历史，其砚材十分珍稀，所用石材质地坚而不顽，触笔细而不滑，发墨速而不粗，储水久而不涸，颜色以赭色为主，翠绿为镶嵌，兼分五色，更有金星、金晕、鸡血藤、鱼子纹、水波纹、天然山水图案等为其中名贵的石品。赭砚的雕刻工艺也十分有特点，既有端砚的细腻精巧，也有北派豪放的气度，因此颇受人们青睐。

（2）公道杯（图 2-137）。公道杯，古代汉族饮酒用瓷制品。杯中央立一老头或龙头，体内有一空心瓷管，管下通杯底的小孔；管的上口相当于老人胸前的黑痣高度（或龙颌）。头体下与杯底连接处留有一孔，向杯内注水时，若水位低于瓷管上口，水不会漏出；当水位超过瓷管上口，水即通过杯底的漏水孔漏光。这种漏水杯，汉族民间称"公道杯"，系根据物理学上的虹吸原理制成。公道杯盛酒最为公道，盛酒时只能浅平，不可过满，否则，杯中之酒便会全部漏掉，一滴不剩。

图 2-137　公道杯

为了进一步发掘陶瓷传统工艺技术，景德镇曙光瓷厂陶瓷艺人对公道杯实行了大胆的改进，原来的杯子龙头角度朝下，装饰单一，且盛水不足杯子容量的 70％时所盛之水便全部漏光，经他们反复试验改进的公道杯龙角朝上，用青花、粉彩装饰得五彩缤纷，美观之至，且盛水容量也由原来的 70％上升为 90％。现在的公道杯驰名中外，可称得上是一种陶瓷高级艺术珍品，深受外商青睐。现在，凡是来瓷都观光的游客，见到这种珍品都是赞不绝口，皆为公道杯所倾倒。

3. 艺术品

图 2-138　景德镇瓷器

（1）景德镇瓷器（图 2-138）。景德镇素有"瓷都"之称，这里千年窑火不断，其瓷器以"白如玉，明如镜，薄如纸，声如磬"的独特风格蜚声海内外。景德镇瓷器造型优美、品种繁多、装饰丰富、风格独特，尤其以"骨瓷"最为有名，这里生产的大量瓷器系艺术陶瓷、生活用瓷和陈设用瓷，品种齐全，曾达 3000 多种，且瓷质优良，造型轻巧，装饰多样。釉色品种很多，有青、蓝、红、黄、黑等类。

景德镇陶瓷艺术是汉文化宝库中的重要财富。在琳琅满目的瓷器中，最著名的有典雅素净的青花瓷，明净剔透的青花玲珑瓷，五彩缤纷的颜色釉瓷，幽静雅致的青花影青瓷，古朴清丽的古彩瓷，万紫千红的新彩瓷，明丽娟秀的窑彩瓷，别开生面的综合装饰瓷等，这些珍贵的名瓷，被人们誉为“中华民族文化之精华”“瓷国之瑰宝”。

图 2-139　瓷雕

（2）瓷雕（图 2-139）。陶瓷雕塑就是瓷泥通过雕塑成型，然后经过高温烧制的三维立体艺术品，简称瓷雕，它是绘画和雕刻相结合，将绘画、书法等艺术形式表现在瓷器上的一种特殊的艺术手段，是在没有彩绘的白瓷上刻上绘画或文字，是陶瓷艺术家“人巧”与窑火“天工”完美结合的产物。瓷雕与木雕、石雕、骨雕、贝雕、根雕、冰雕、漆雕等所有雕塑都不同，它必须经过 1300℃以上高温烧制而成，而从“泥”变成“瓷”这一过程，作品的物理和化学物质都会产生根本的变化，诞生了“瓷”这一全新的物质，意即经过高温瓷化的洗礼，其造型、颜色、体积、质地等全部“脱胎换骨”，可谓“凤凰涅槃”。所以作为三维空间的中国白瓷雕艺术，不仅从材料、创意、造型、工艺、烧制与环境空间乃至其所耗时力都比绘画等其他的工艺要求高得多，这是其他雕塑艺术所无法企及的，其成品秀雅且具永久性，是一直以来赢得广大人民群众喜爱的主要原因。

图 2-140　南昌瓷板画

（3）南昌瓷板画（图 2-140）。南昌瓷板画，又称肖像画、瓷像，是江西特有的一种绘画艺术，诞生形成于古都南昌，主要流传分布在南昌市、景德镇、九江等及邻近省、市。它是在中国传统绘画法、陶瓷彩绘和西方摄影术基础上发展起来，集绘画艺术与烧瓷工艺巧妙结合的一种艺术形式。南昌瓷板画既继承了中国传统绘画的精华，又兼容了中国陶瓷艺术的特点，是绘画艺术和陶瓷艺术的结合，是中华民族的艺术瑰宝和赣文化的代表，具有浓郁的赣文化特点，在中国绘画史和国际绘画艺术上有极高的地位和影响，于 2008 年入选第二批国家级非物质文化遗产名录。

【任务实施】

华中旅游区代表性旅游商品的讲解实训

实训目的：1. 掌握本旅游区内代表性旅游商品的概况。

2. 提高学生对旅游商品的讲解、宣传能力。

实训内容：华中旅游区代表性旅游商品的讲解。

实训步骤：1. 分组：将班级 6 ～ 8 人分为一个小组

2. 前期准备：

（1）选择本旅游区内其中一个省（市）代表性旅游商品；（2）根据所选商品进行配套的 PPT 制作配合讲解；（3）小组成员共同完成讲解所需道具的制作和旅游商品介绍的讲解词撰写；（4）讲解过程需在特定情境中完成（注：小组根据情况自行设计）。

3. 实施过程：

（1）抽签决定小组训练顺序；（2）各小组按顺序以角色扮演的方式进行旅游商品介绍的情境展示；（3）小组互评；（4）教师点评。

任务五　华南旅游区

◆【任务引入】

独具福州元素的特色旅游商品亮相2016福建旅游商品创意设计大赛

据《福州日报》记者报道，2016年4月26日由福建省旅游局主办的2016福建旅游商品评选暨创意设计大赛在福州初评，同时展出552件参赛作品。经过评审专家现场评审，选出了入围福建首批名优旅游商品300余件，将在第12届海峡旅游博览会上展出，并参加最终评选。记者看到，福州元素在此次大赛中表现抢眼，据悉，首批名优旅游商品将按最具传统民俗、最具市场魅力、最具人文故事、最具工艺创意4类进行终评，最终择优评选出100件，并授权使用"福建好礼"福建旅游商品标识。省旅游局有关负责人表示，评选旨在培育、扶持一批创意理念新、文化内涵深、市场前景好、地域特色突出的福建旅游商品和传统工艺，提升旅游商品整体水平和市场竞争力，培育旅游商品成为福建旅游新的增长点。

问题：1. 福建有哪些代表性的地方特色旅游商品？

2. 举办旅游商品评选大赛的目的和意义是什么？

案例分析：福建举办此次大赛目的是更好地对当地的旅游商品进行宣传，提升其市场竞争力，使更多的人了解福建，了解福建的旅游商品，推动旅游商品设计、推广向前发展，为当地经济做贡献。在福建，特色旅游商品丰富多样，有耳熟能详的铁观音、武夷岩茶，有珠绣、竹编、软木画等手工艺品，以及艺术价值和收藏价值很高的的木雕、玉雕等。

◆【任务分析】

福建省旅游局通过举办大赛的形式进行旅游商品的宣传，既能推动旅游商品的不断向前发展，又能增加地方经济效益，还能起到保护和传承特色手工技艺等目的，可谓一举多得。这次活动让我们了解到了福建当地丰富多样的旅游商品类型和内容，也让游客在购物中有了更多的选择，那么福建具有代表性的旅游商品到底有哪些，与之相邻的省份是否有相类似的商品种类，完成以上任务我们应掌握以下知识点及技能点。

知识点：1. 华南旅游区的基本情况；

2. 广东省、福建省、海南省旅游商品的总体情况；

3. 广东省、福建省、海南省各自具有代表性的特色旅游商品。

技能点：1. 能对华南旅游区具有代表性的旅游商品进行准确描述；

2. 能准确而生动地对华南旅游区具有代表性的旅游商品进行介绍和讲解。

◆【知识链接】

一、旅游区概况

华南旅游区位于中国东南部，范围包括广东省、福建省和海南省。本区面临东海、南海，海岸线曲折漫长，方便的海上交通为发展外向经济提供了良好的条件，所以本区成为中国经济率先崛起的地方。

本区地貌主要包括右江谷地、西江谷地、珠江三角洲、粤东沿海以及闽南沿海及其附近的岛屿。区内地表侵蚀切割强烈，丘陵广布。在长期高温多雨的气候条件下，丘陵台地上发育有深厚的红色风化壳。另外，丹霞地貌主要分布在广东北部和福建武夷山地区。地处中国东南沿海的华南地区，气候类型属于亚热带/热带气候，多海岸海岛，四季温暖高温，一派南国风光。岭南文化是中华民族传统文化中最具特色和活力的地域文化，其有三大主要来源：一是固有的本土珠江流域文化，珠江流域和黄河流域、长江流域一样，都是中华民族文明的发祥地。二是南迁的中原文化，由于本区开发较晚，之前常为流放之所，因此本区深受中原文化影响。三是舶来的域外文化，岭南作为海上丝绸之路的始发地甚至是唯一通商大港，使得外来文化为岭南文化注入了新活力。

华南旅游区主要旅游商品如表 2-6 所示。

表 2-6　华南旅游区主要旅游商品

省份	实用品	工艺品	艺术品
广东省	荔枝、广式腊味	肇庆端砚、粤绣	广州玉雕、广州木雕、广州彩瓷
福建省	铁观音、武夷岩茶	福州角梳、厦门珠绣、泉州竹编	平潭贝雕、福建脱胎漆器、寿山石雕、泉州漆线雕、福州软木画
海南省	椰子制品、海产干品、热带果脯和鲜果、槟榔果茶、鹧鸪茶、特色酒类	黎族织锦、黎族鼻箫	珊瑚盆景、海南贝雕、椰雕

二、主要旅游商品介绍

（一）广东省

由于历史文化和地理环境的差异，广东形成了具有自身特色的旅游商品体系，不论是土特产品还是手工艺品都体现了当地的特色和文化，极具纪念意义和收藏价值。

1. 实用品

（1）荔枝。荔枝与香蕉、菠萝、龙眼一同号称“南国四大果品”。荔枝喜高温高湿，喜光向阳，味甘、酸、性温，入心、脾、肝经，可止呃逆，止腹泻，是顽固性呃逆及五更泻者的食疗佳品，同时有补脑健身，开胃益脾，促进食欲之功效。荔枝木材坚实，纹理雅致，耐腐，历来为上等名材。荔枝主要品种有三月红、圆枝、黑叶、淮枝、桂味、糯米糍、元红、兰竹、陈紫、挂绿、水晶球、妃子笑、白糖罂 13 种，其中以桂味、糯米糍为上品，亦是鲜食之选，挂绿更是珍贵难求的品种。荔枝营养丰富，含葡萄糖、蔗糖、蛋白质、脂肪，以及维生素A、维生素B、维生素C、叶酸、精氨酸、色氨酸等各种营养素，对人体健康十分有益。现代研究发现，荔枝有营养脑细胞的作用，可改善失眠、健忘、多梦等症，并能促进皮肤新陈代谢，延缓衰老。

（2）广式腊味。腊味是中国民间喜爱的传统食品之一，也是人们相互馈赠的佳品，在中国有悠久的历史。广式腊味选料上乘，工艺精湛，色、味、香、形均佳，在国内外久负盛名，畅销全国及东南亚。其花式品种繁多，食用方法也是多种多样，随人所好，既可以信手蒸熟作方便食品，也可配以蔬菜炒食，既可以作拼盘原料，可以供包点、月饼等作肉馅用，同时还可作为糯米饭、快餐腊味饭等配料。总之，它既能以“阳春白雪”之身登上大雅之堂，又能以“下里巴人”之身普及寻常人家。

广式腊味制品以鲜（冻）畜、禽、动物性水产品为主要原料，配以食盐、酱油、白砂糖、酒等辅料，不添加花椒、八角、桂皮等香料、香精及淀粉、植物蛋白，经腌制、晾晒或烘焙等工序制成的，具有咸中带甜、酒香醇厚等特色风味。其中，腊肠的感官要求是咸、甜味协调，具有糖、酒与肉混合后的醇正腊香味，无酸败及其他异味。

2. 工艺品

（1）肇庆端砚（图2–141）。在中国四大名砚中，出产于广东省肇庆市的端砚最为著称，它以石质坚实、润滑、细腻、娇嫩而驰名于世，用端砚研墨具有不滞，发墨快，研出之墨汁细滑，书写流畅不损毫，字迹颜色经久不变之优点，端砚若佳，无论是酷暑还是严冬，用手按其砚心，砚心湛蓝墨绿，水气久久不干，故古人有“呵气研墨”之说。

图2–141　肇庆端砚

（2）粤绣（图2–142）。粤绣是以广东省潮州市和广州市为生产中心的手工丝线刺绣的总称，包括潮绣和广绣两大分支，是中国四大名绣之一，它以布局满、图案繁茂、场面热烈、用色富丽、对比强烈、大红大绿而著称。粤绣的另一个独特现象，就是绣工多为男工，和其他地区绣工均为女子不同，在绣制大件时，绣工常手拿长针站着施绣。粤绣中金绒绣以潮州最有名，绒绣以广州最有名。粤绣构图丰满，繁而不乱；图案工整，富于夸张；色彩艳丽，对比强烈；针法多样，善于变化，其运用“水路”的独特技法，使绣出的图案层次分明，和谐统一。“水路”即在每一相邻近的刺绣面积之间，在起针和落针点之间留出约0.5毫米的等距离，从而在绣面形成空白的线条。粤绣题材广泛，其中以龙、凤、牡丹、百鸟朝凤、南国佳果（如荔枝）、孔雀、鹦鹉、博古（仿古器皿）等传

图2–142　粤绣

统题材为主。

3. 艺术品

（1）广州玉雕（图 2–143）。广州玉雕是广东省汉族民间雕刻艺术之一，至今已有 1000 多年的历史，其原料多选用翡翠玉，制作工艺在继承了宋代“七巧色玉”传统技艺的基础上，创造了“留色”的特技，保持了原玉的天然色彩，显得更加精美，其作品主要有首饰品如玉镯、戒指、耳环、玉坠等；摆设品如花卉、人物、鸟兽、瓶罐，以及独具风格的玉球、花舫、宝塔、熏炉等高级工艺品。其中尤以玉球最有特色，能镂空成十几层的圆球，大球套小球，厚薄均匀，层层自由转动，并雕上山水、花卉、人物、鱼虫、花鸟等精细的衬花，形象极其逼真生动。2008 年，广州玉雕入选第二批国家级非物质文化遗产名录。

图 2–143　广州玉雕

相对于北派的庄重古朴，广州玉雕以造型典雅秀丽、轻灵飘逸、玲珑剔透见长，突出了岭南文化的内蕴，其花色品种繁多，技艺深厚，雕法细腻，追求创新，烙下了岭南先民审美情趣的印记，也记录了近百年来中西文化交融的现象，具有重要的历史、文化、艺术、工艺和经济价值。

（2）广州木雕（图 2–144）。木雕是广州雕刻的一种，素以工艺精巧细腻而闻名。木雕分为建筑装饰和家具雕刻两类。建筑雕刻多采用棒木制成，有厅堂花槅、门窗、屏风、神案等，如陈家祠广东民间工艺博物馆里的屏风、梁柱、门窗便处处体现着广州木雕工艺的特色。家具雕刻以红木家具和樟木箱最为有名。以红木家具为例，它继承了我国传统的雕刻工艺和木质结构工艺，具有造型古朴典雅、雕刻精细、打磨光滑、油漆明亮、结构坚固、经久耐用等特点，是东方式厅堂的高档实用艺术品。

图 2–144　广州木雕

（3）广州彩瓷（图 2–145）。广州彩瓷是广州织会彩瓷的简称，它是在各种白瓷器皿上彩绘后烧成的一种具有浓厚的东方特色的汉族传统手工艺品，以色彩绚丽、构图严谨、绘工精细而著称，是我国釉上彩瓷的一个独特的品种。广彩采用织、填、染、洗、描、堆、刻、刷等多种彩绘技法，在白瓷胎上绘制出优美的花纹图案，其制作工艺主要包括描线、填色、织金、填绿、斗彩、包金口、烧花七道工序，图案以人物、花鸟虫鱼、山水风景等为主，产品主要有陈列艺术瓷、日用欣赏瓷、工艺瓷三大类。

图 2–145　广州彩瓷

广彩瓷器的产生，是从中西贸易的外销瓷中，逐步适应国外市场的需要而发展起来的。可以说它是因外销的需要而逐渐发展起来的一种独特的艺术彩绘瓷，它既有我国传统彩绘艺术的风格，又吸收了欧美的艺术精华，是中西文化交流的结晶，是数百年来广彩艺人们辛勤劳动的硕果，现已赢得国内外人士的赞誉，备受消费者关注和收藏。

（二）福建省

福建省的旅游市场在国内位居前列，同时也是旅游商品的主要生产省份，从土特产到传统手工艺品，从旅游纪念品到艺术品，品种多样，应有尽有，成为吸引游客前来的重要因素。

1. 实用品

（1）铁观音（图 2–146）。铁观音，中国传统名茶，是中国十大名茶之一，产于福建泉州市安溪县西坪镇，属于半发酵茶类，清香雅韵，冲泡后有天然的兰花香，滋味纯浓，香气馥郁持久，有“七泡有余香”之誉。因其含有较高的氨基酸、维生素、矿物质、茶多酚和生物碱等多种营养和药效成分，故除具有一般茶叶的保健功能外，还具有抗衰老、抗动脉硬化、减肥健美、清热降火、醒酒等功效。

图 2–146　铁观音

铁观音成品依发酵程度和制作工艺，大致可以分清香型、浓香型、陈香型等三大类型。其中清香型铁观音口感比较清淡、舌尖略带微甜，颜色翠绿，汤水清澈，香气馥郁，花香明显，口味醇正，但因新茶缘故，性寒，不可多饮；浓香型铁观音口味醇厚、香气高长、比较重回甘，是传统工艺炒制的茶叶经烘焙再加工而成产品，具有“香、浓、醇、甘”等特点，色泽乌亮，汤色金黄，香气纯正、滋味厚重，性温，有止渴生津、健脾暖胃等功效；陈香型铁观音又称老茶或熟茶，由浓香型或清香型铁观音经长时间储存，并反复再加工而成，具有“厚、醇、润、软”等特点，表现为色泽乌黑，汤水浓郁，绵甜甘醇，沉香凝韵，其特质和口味接近普洱茶及红茶、黑茶，且有沉重的历史与文化沉淀。

（2）武夷岩茶（图 2–147）。武夷岩茶，属半发酵的青茶，中国传统名茶，是具有岩韵（岩骨花香）品质特征的乌龙茶，产于福建闽北“秀甲东南”的武夷山一带，它具有绿茶之清香，红茶之甘醇，叶端扭曲，似蜻蜓头，色泽铁青带褐油润，内质活、甘、清、香，是中国乌龙茶中之极品，制作方法介于绿茶与红茶之间，最著名的武夷岩茶当数大红袍茶。

图 2–147　武夷岩茶

大红袍为武夷岩茶四大名枞之首，素有“茶中之王”的美誉，具有显著的健胃养胃药理作用，其最大的特点就是性质温和，适合四季饮用，还兼备防辐射和防日晒的功效。大红袍色泽乌褐或带墨绿，或带沙绿，或带青褐；

条索紧结或细紧或壮结，汤色橙黄至金黄、清澈明亮，香气带花、果香型，郁则浓长、清则幽远，滋味醇厚、滑润甘爽，带特有的“岩韵”，叶底软亮、呈绿叶红镶边或叶缘红点泛现。

2. 工艺品

（1）福州角梳（图 2-148）。福州角梳，福州“三宝”之一，是福建省福州市的汉族传统手工艺品。它以中国南方水牛角和北方的绵羊角为材料制作而成，造型美观，经久耐用，在国内外享有盛誉。长期用牛角梳梳头，可疏经活络，促进头部血液循环，有加速头皮血液循环，增强免疫力，消炎凉血，镇痛止痒，防止静电，去屑护发，舒筋活血，安神健脑，促进头发生长等独特的保健作用，有益头皮健康。一把角梳从原料制成产品，须经过 25 道工序，可使每只角梳都色泽莹亮，光润如镜，为增加可观赏性，还在制成的角梳上运用传统漆画工艺技法，精心绘制虎、豹、狮、象等飞禽走兽和南国花草的图案花样，画面生动，永不褪色，深受国内外顾客的欢迎。

图 2-148　福州角梳

（2）厦门珠绣（图 2-149）。厦门珠绣工艺是在专用的米格布上根据设计的抽象图案或几何图案，把色彩丰富、闪亮夺目、五彩缤纷的玻璃珠子和电光胶片珠粒，经过专业运用凸绣、平绣、串绣、粒绣、乱针绣、竖针绣、叠片绣等传统的工艺手法纯手工精制而成的，具有独特艺术风格的汉族装饰性手工艺品，它以新颖别致、富丽堂皇、光彩夺目见称，已有 100 多年的历史。

图 2-149　厦门珠绣

珠绣分半珠绣和全珠绣两种。半珠图案优雅秀美，清新悦目；全珠图案构图严谨、密不容针。珠绣设计风格突出，色彩对比强烈，珠光宝气，晶莹华丽、新颖别致、色彩明快，经光线折射又有浮雕效果，尤其是夜间穿用，在灯光照射下，熠熠闪烁，贵气逼人，是现代生活理想的高档时尚礼品、室内装饰品。

（3）泉州竹编（图 2-150）。泉州竹编技艺历史源远流长。泉州盛产竹材，为泉州竹编提供了丰富的物资资源。泉州著名艺术家李硕卿在泉州传统竹编的基础上，博取我国出土文物器皿的优秀传统造型特点，采用富有图案纹样的编织技法，运用雀目、旋花和绞辫、平顺等编织技法，形成竹编立体编织花形，再配上染红、黑双层颜色加以磨光，凸显不同明暗的编织花纹，成功发展为富有精巧雅致、庄重浑厚、新奇古趣艺术特色的竹编工艺美术品，被省级艺术部门珍

图 2-150　泉州竹编

藏，颇受海内外嘉宾的推崇。

3. 艺术品

图 2-151　平潭贝雕

（1）平潭贝雕（图 2-151）。平潭贝雕，福建福州地区特产，是具有独特艺术的汉族传统手工艺品。它是利用贝壳的天然色泽、纹理、形状，经过艺术构思、磨雕，粘贴而成的工艺美术品，具有贝壳的自然美、雕塑的技法美和国画的格调美，是福州工艺美术领域独树一帜的艺术奇宝。平潭贝雕以立体、小巧、实用为主要特色，产品包括浮雕贝画、立体圆雕、嵌贝漆器、嵌贝盒子和贝雕花插五大类，产品形态各异、色彩斑斓，既有刻画人物和动物形象的，又有描绘花草和山水的，多姿多彩，惟妙惟肖。

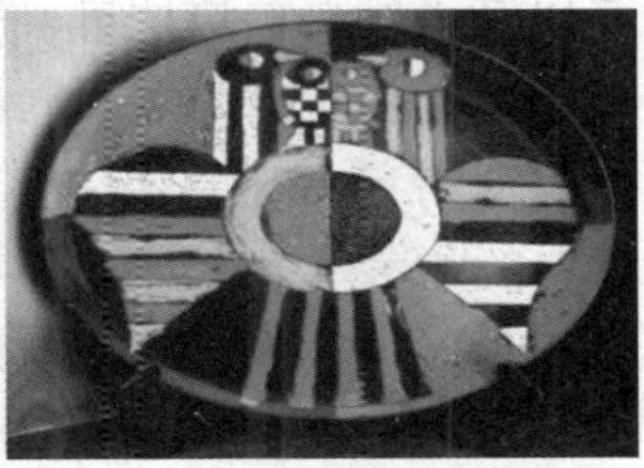
图 2-152　福建脱胎漆器

（2）福建脱胎漆器（图 2-152）。福州脱胎漆器与北京的景泰蓝、江西的景德镇瓷器并称为中国传统工艺的“三宝”，是具有独特民族风格和浓郁地方特色的汉族传统艺术珍品，它质地坚固轻巧、造型别致，装饰技法丰富多样，色彩明丽和谐，可谓集众美于一体，具有非凡的艺术魅力，被誉为“真正的中国民间艺术”。

脱胎漆器产品大致分为实用和欣赏两大类，除轻巧、美观、耐用外，还具有耐热、耐酸、耐咸、绝缘的优点，制作方法分为脱胎和木胎两种：脱胎是以泥土、石膏、木模等为胚胎，用夏布或绸布和生漆逐层裱褙在胚胎上，待阴干后，敲碎或脱下原胎，留下漆布器形，上灰地、打磨、髹漆研磨，施以各种装饰纹样；木胎主要是用楠木、樟木、榉木等坚硬木材为坯，直接涂髹，工序与脱胎布胚相同。

图 2-153　寿山石雕

（3）寿山石雕（图 2-153）。寿山石雕，中国民间雕刻艺术之一，与福州的脱胎漆器、软木画合称“榕城三绝”，是以产于福州北部山区北峰的寿山石为材料，通过特殊技艺制作出供人玩赏的小型雕刻。寿山石雕技法丰富多样，精湛圆熟，又在发展过程中广纳博采，融合了中国画和各种民间工艺的雕刻技艺与艺术精华，其技法主要包括圆雕、印纽雕、薄意雕、镂空雕、浅浮雕、高浮雕、镶嵌雕、链雕、篆刻和微雕等。寿山石雕十分注重依石造型，因而有“一相抵九工”之说，其技艺主要流传在福州市晋安区鼓山、岳峰镇、象园、王庄街道和寿山乡。2006 年 5 月 20 日，寿山石雕经国务院批准列入第一批国家级非物质文化遗产名录。

（4）泉州漆线雕（图 2-154）。漆线雕是中国漆艺文化宝库中的艺术瑰宝之一，源于泉州，是福建泉州历史悠久、独具特色的汉族民间手工艺精品，它是以精细的漆线经特殊的制作方法缠绕出各种金碧辉煌的人物及动物形象，尤以民间传统题材，如龙凤、麒麟、云水、缠枝莲等为主的手工艺品。漆线雕做工精细雅致，形象逼真生动，风格古朴庄重，画面栩栩如生，堪称艺苑奇葩，中国一绝。2006 年 5 月 20 日，该技艺经国务院批准列入第一批国家级非物质文化遗产名录。

图 2-154　泉州漆线雕

（5）福州软木画（图 2-155）。“榕城三绝”之一的福州软木画，又称木画，是中国著名的汉族传统工艺品，也是中国在国际上独有的雕画结合工艺品，它以栓树皮（俗称软木）为材料，快刀作画，雕镂黏结成亭台楼阁、树木花草、小桥流水、回廊曲径以及人物鸟兽等挂屏、屏风、大小摆件，色调古雅纯朴，形象逼真，画面犹如宋人笔意，意境深邃，远奥高古，清奇可爱，具有“丛山数百里，尽在一框中”的艺术效果，以“无声的诗”“立体的画”闻名于世，被称为“民间艺术精品”。它借鉴我国园林“框景”艺术手法，构图新颖别致，画面层次分明，风格之独特，工艺之精湛，加之轻便、不变形、不脱胶、抗腐蚀等优点，使人有如亲临其境之感觉，咫尺之内能瞻万里之遥，方寸之中可辨千里之秀，恍惚置身于大自然之中，令人惊叹。

图 2-155　福州软木画

（三）海南省

常夏无冬的海南省地处中国的最南端，有“天然大温室”的美称，特殊的地理环境和多民族的特征使得这里的旅游商品呈现出典型的地域特色和明显的民族特色，是海内外游客向往的天堂。

1. 实用品

（1）椰子制品。海南岛处处有椰树，优美的椰树产椰子很多，故海南人用椰子来制作各种椰子糖果、椰片糖、椰汁粉、椰花、椰角、椰糯糕、椰香酥饼、椰子卷和椰子酱等出售给游客，备受消费者喜欢。

（2）海产干品。海南岛四面环海，是我国绿色生态大省，其海产品极为丰富，是游客们购买海产的理想之地，常见的海鲜干货特产有虾米、鱿鱼、墨鱼、红鱼、马鲛鱼、鱼肚、干海马、干螺肉、干海参、虾仁、海蛇干以及琼脂等。

（3）热带果脯和鲜果。地处热带的海南岛，热带水果数量繁多，椰子、香蕉、波罗蜜、杧果、荔枝、龙眼、莲雾、黄皮、番石榴不胜枚举，为了更方便游客携带，人们更多地把这些热带水果制成果脯，如杧果干、椰子片、香蕉片、波罗蜜干果等，都非常美味，深受游客喜欢。

（4）槟榔果茶。槟榔果茶是采用海南生产的槟榔和名茶为原料而生产的天然保健饮料，含有人体多种氨基酸及丰富的碘、钙、铁、胡萝卜素等，具有消毒止咳、消食醒酒，提神利尿、防癌和促进新陈代谢的功能。

（5）鹧鸪茶（图 2–156）。鹧鸪茶，海南特产，叶圆味甘，是一种奇特的野生茶叶，主产于冠有“世界长寿之乡”美誉的海南万宁各山区、丘陵、沿海一带的优良品质原生态野生鹧鸪茶树大叶，其茶质醇厚，众口皆碑，千百年来，被历代文人墨客誉为茶品中的“灵芝草”，是海南各地方人们日常生活，四季常饮和接待宾客的绿色养生健康饮品。

图 2–156　鹧鸪茶

鹧鸪茶系纯手工制作，每串 20 个茶球左右，每个茶球大概有乒乓球一样大小，很有特色，属于毛茶类，冲泡后的外观像大片的树叶一样，看起来特别大，汤色清亮，饮后口味甘甜，余香无穷，是理想的解油腻、助消化的保健饮料。如今，海南鹧鸪茶已成为具有浓郁地方特色的旅游品，甚受游客欢迎。

（6）特色酒类。山兰酒：采用所居山区一种旱糯稻（山兰稻）运用传统自然发酵的办法酿制而成，是真正的绿色酒类，对于黎族来说，一般逢贵客来临或重大节庆才拿出来痛饮。山兰酒是黎族的“茅台”，称之为“biang”系，其酿造方法颇为独特，制作时，将山兰米蒸熟揉散成粒，再把用黎山特定植物和米粉制成的“球饼”碾至粉状掺入其中，然后放置在垫满芭蕉叶的锥形竹筐内，上面也用芭蕉叶封盖。三天后，朝下的竹筐尖部开始往置于筐下的陶土罐子里滴出浆水，这就是山兰纯液，呈乳白色。待山兰纯液滴干后，竹筐内的酒渣还可再用黎族传统工艺进行酿造，酿造出来的酒就是山兰白酒。

鹿龟酒：以海南特产和海龟为主要原料，加黄芪、当归、淮山药、枸杞子、木瓜、肉桂、冰糖、白酒等精制而成的保健酒。

槟榔酒：以优质槟榔、山兰糯及人参等多味名贵中药、优质矿泉水酿制而成。香兰酒：以海南省产香草兰为主要香源，纯粮为原料研制而成的低度利口酒，该酒澄清透明，香气纯正，风格独特，具有香草兰的典型香气，味柔和，入口协调，回味绵长，可作为餐前开胃酒、餐后爽口酒饮用，也可用作配制鸡尾酒用。

2. 工艺品

（1）黎族织锦（图 2–157）。黎锦产于海南岛的黎族居住区，有着悠久的历史，多用于妇女筒裙、摇兜等生活用品，是中国纺织艺术的一朵奇葩。黎锦有着制作精巧，色彩鲜艳，富有夸张和浪漫色彩，图案花纹精

图 2–157　黎族织锦

美，配色调和的特点，鸟兽、花草、人物图案栩栩如生，在纺、织、染、绣方面均有着本民族自己的特色。

黎锦以织绣、织染、织花为主，刺绣较少，染料主要采用山区野生或家种植物作原料，具有色彩鲜艳，不易褪色的优点。黎族织锦图案是体现妇女的审美意识、生活风貌、文化习俗、宗教信仰及艺术积累的文化现象，其内容主要是反映黎族社会生产、生活、爱情婚姻、宗教活动以及传说中吉祥或美好形象物等。

（2）黎族鼻箫（图 2-158）。鼻箫，一种独特的用鼻子来吹奏的箫，流行于海南黎族同胞中，是黎族富有特色的边棱气鸣乐器，因用鼻孔吹奏而得名。其箫管用石竹制作，长短、粗细规格不一，民间多使用一根无节的细竹管，管长 60 ~ 70 厘米、管径 1.6 厘米左右，在距两端管口 8 厘米处，各开一个圆形按音孔。如果使用两端带竹节的竹管，须在节隔中心开一圆形通孔，使用多节竹管制作，则要打通竹节，吹孔在竹管的细端。

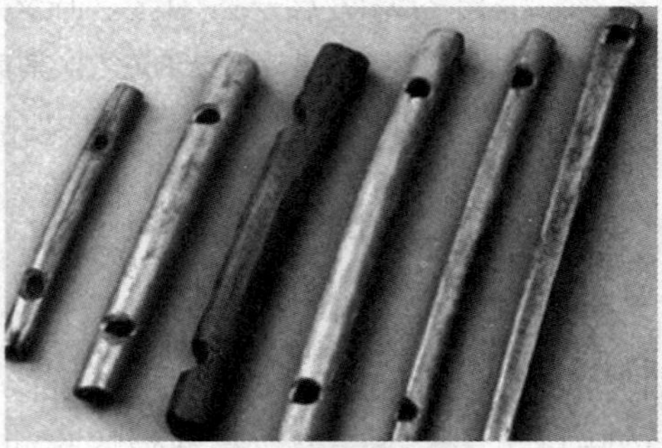

图 2-158　黎族鼻箫

3. 艺术品

（1）珊瑚盆景（图 2-159）。珊瑚盆景是海中奇葩，产于热带海洋，人称“海石花”，它是由无数珊瑚虫（一种生活于热带海域里的腔肠动物）的遗骸集结而成的化石，这些“海底奇花”再经过工匠们的加工，配上贝壳海柳和精致的底盘，便成为雅俗共赏的、各种各样的珊瑚盆景，备受游客喜爱。

图 2-159　珊瑚盆景

图 2-160　海南贝雕

（2）海南贝雕（图 2-160）。海南贝雕在明代就有很高水平，并且逐渐和古老的椰雕结合起来，形成独特的艺术风格。现如今的海南贝雕大多与椰雕拼合、镶嵌而成，或者用椰雕作座架，明丽的贝雕与古朴的椰雕形成强烈对比色调，古典雅致，构思精巧细腻，具有独特的艺术风格和浓厚的海南民族色彩，越来越受到人们的关注与喜爱。

（3）椰雕（图 2-161）。椰雕，海南岛的特产之一，是以椰壳、椰棕、椰木为原料手工雕刻成的各种实用产品和造型艺术品。椰雕工艺品样式新颖，造型古朴，画面雅致，质地轻巧，融观赏性与实用性于一体，具有浓

图 2-161　海南椰雕

郁的海南风格，是海南旅游工艺品的重要组成部分，2008 年 6 月 7 日，被列入第二批国家级非物质文化遗产名录，2014 年，成功入选世界“杰出手工艺品徽章认证”。椰雕的制作流程要经过选料、造模、雕刻、通花、嵌镶、刨光、修饰等几道工序，雕刻手法有沉雕、浮雕、通雕、棕雕、圆雕、拼贴、油彩等，同时椰雕也和其他雕刻材料和工艺结合在一起，创造出不同的另类之美，比较常见的有镶锡、镶银、贝雕镶嵌、石膏镶嵌、檀木嵌镶、陶瓷拼贴等，形式多样，备受欢迎。

【任务实施】

华南旅游区代表性旅游商品的讲解实训

实训目的：1. 掌握本旅游区内代表性旅游商品的概况。

2. 提高学生对旅游商品的讲解、宣传能力。

实训内容：华南旅游区代表性旅游商品的讲解。

实训步骤：1. 分组：将班级 6 ～ 8 人分为一个小组。

2. 前期准备：

（1）选择本旅游区内其中一个省（市）代表性旅游商品；（2）根据所选商品进行配套的 PPT 制作配合讲解；（3）小组成员共同完成讲解所需道具的制作和旅游商品介绍的讲解词撰写；（4）讲解过程需在特定情境中完成（注：小组根据情况自行设计）。

3. 实施过程：

（1）抽签决定小组训练顺序；（2）各小组按顺序以角色扮演的方式进行旅游商品介绍的情境展示；（3）小组互评；（4）教师点评。

任务六　西北旅游区

◆【任务引入】

500 余种商品角逐"新疆礼物"

穿着民族服饰的芭比娃娃，雕刻精美的木质酒壶，匠心独运的沙砾画……在 2014 年 8 月 19 日举行的第二届"新疆礼物"展评会上，各种"稀罕物"令人目不暇接。这些吸引眼球的商品最终能否成为"新疆礼物"，还有待群众的考量。本次参评的商品共有 500 多种。在全疆范围内广泛征选。

在展评会现场，记者看到，参加评选的商品既有天山雪菊、和田玉等非常知名的旅游商品，也有鱼头标本等很少见的旅游商品，内容涵盖食品、民族手工艺品、玉器等多个大类。市民可以到现场参观并投票，选出自己认为能作为"新疆礼物"的 6 种商品。最终入选的商品将成为"新疆礼物"，纳入"新疆旅游商品名录"，被授予"新疆礼物"称号。旅游部门还将进行全新的旅游商品运作模式。据统计，新疆各类商品通过旅游途径销售形成的收入仅占旅游收入的 20%，而在旅游业发达的省区市，旅游商品收入已占旅游业总收入的 40%。

新疆旅游研究院副院长石峰认为，新疆旅游商品发展空间巨大，购物旅游会成为新疆旅游的新增长点。

问题：1."新疆礼物"评选活动的目的何在？

2. 新疆有哪些代表性的旅游商品？

案例分析："新疆礼物"本身就是旅游资源，提供丰富的旅游购物资源，满足游客的购物体验需求，已成为新疆最具吸引力的内容之一。"新疆礼物"的评选是依托新疆民族文化和资源优势，集合新疆所有旅游特色，吸引游客前来购买代表新疆最高水准的旅游商品，从而帮助新疆增加旅游收入，使旅游收入成为新疆新的经济增长点。这便是"新疆礼物"评选活动的目的所在。

新疆代表性的旅游商品除了有传统的土特产哈密瓜、葡萄干、巴旦木之外，还有知名旅游商品和田玉、天山雪菊，以及受游客欢迎的艾德莱丝绸、维吾尔族小花帽等。

◆【任务分析】

新疆作为拥有众多塞外风光旅游资源的大省，其旅游商品具有鲜明的民俗特色。与其同属西北旅游区的宁夏、甘肃、内蒙古，自古也是多民族聚居区，他们的旅游商品品种多样，地方特点浓厚，包括宁夏枸杞、回族刺绣、酒泉夜光杯、内蒙古乳制品等，这些旅游商品都需要我们去了解，因此，完成以上任务应掌握以下知识点及技能点。

知识点：1. 西北旅游区的基本情况；

2. 新疆维吾尔自治区、宁夏回族自治区、甘肃省和内蒙古自治区旅游商品的总体概况；

3. 新疆维吾尔自治区、宁夏回族自治区、甘肃省和内蒙古自治区各自具有代表性的特色旅游商品。

技能点：1. 能对西北旅游区具有代表性的旅游商品进行准确描述；

2. 能准确而生动地对西北旅游区具有代表性的旅游商品进行介绍和讲解。

◆【知识链接】

一、旅游区概况

西北旅游区位于我国西北部，包括新疆维吾尔自治区、宁夏回族自治区、甘肃省和内蒙古自治区四省区。该区位于欧亚大陆中部，深居内陆，距海遥远，面积广大，资源丰富，属内陆型旅游区，是我国与中亚等国进行经济、文化交流的重要枢纽。

本区地貌的特点是：高山夹大型盆地，盆地内戈壁流沙千里。如阿尔泰山与天山之间夹准噶尔盆地；天山与昆仑山、阿尔金山环抱着塔里木盆地。本区主要为荒漠环境，沙漠和戈壁分布面积甚广，特殊的环境造就了别具一格的自然景观。本区属于温带大陆性气候，气温年差较大，日差较大尤为显著，所以荒漠内部的夏季有“早着棉、午穿纱，怀抱火炉吃西瓜”一说。区内的吐鲁番盆地因地理环境特殊，气候炎热异常，素有“火洲”之称。

丝绸之路简称丝路，是指西汉时张骞出使西域开辟的以长安为起点，经西北地区的甘肃、新疆，到中亚、西亚，并联结地中海各国的陆上通道。丝绸之路是一条横贯亚欧的商业要道，也是一条东西各国政治、经济、文化交流的大路，并以沟通当时国际贸易最为突出。总之，丝绸之路开通后，中国与中亚、西亚和南欧各地各民族友好往来绵亘不断，日益密切，促使各地经济文化均有极大的发展，形成独特的丝路文化。

西北旅游区主要旅游商品如表2-7所示。

表2-7　西北旅游区主要旅游商品

省区	实用品	工艺品	艺术品
新疆维吾尔自治区	巴旦木、哈密瓜、新疆葡萄干、天山雪莲、维吾尔族小花帽	新疆地毯、艾德莱丝绸、英吉沙手工小刀	和田玉雕、沙砾画
宁夏回族自治区	枸杞、宁夏大米、甘草、发菜、滩羊皮	回族刺绣、贺兰石砚	五奎陶艺、回族剪纸
甘肃省	天水花牛苹果、张掖南酒、兰州水烟	酒泉夜光杯、洮砚、敦煌伞艺	天水雕漆、兰州刻葫芦、大漠风雨雕石艺画、临夏仿古彩陶
内蒙古自治区	风干牛肉、内蒙古乳制品	驼形蒙古组合刀、马头琴	巴林叶蜡石雕、手二羊毛编织挂毯、内蒙古皮画

二、主要旅游商品介绍

（一）新疆维吾尔自治区

新疆维吾尔自治区是一个多民族聚居的地方，同时也是古丝绸之路北、中、南三道的必经之地。历史文化、民族文化底蕴深厚，旅游商品种类繁多，有瓜果之乡、宝石之乡、地毯之乡的美誉。

1. 实用品

（1）巴旦木（图 2–162）。巴旦木又名巴旦杏，也俗称薄壳杏仁，是新疆维吾尔族人民最珍视的干果，主要产在天山以南喀什绿洲的疏勒、英吉沙、莎车、叶城等县。每逢初秋，果园里的巴旦杏由绿变黄微带红晕，开始干裂成熟的时节，人们就络绎不绝地前去选购采摘。巴旦木营养价值很高，它的营养比同重量的牛肉高 6 倍。据化验，仁内含植物油 55%～61%，蛋白质 28%，淀粉、糖 10%～11%，并含有少量胡萝卜素、维生素 B_1、维生素 B_2 和消化酶、杏仁素酶、钙、镁、钠、钾，同时含有铁、钴等 18 种微量元素，具有保护肌肤、控制体重、维持血糖水平等功效，是维吾尔人传统的健身滋补品。

图 2–162　巴旦木

（2）哈密瓜。哈密瓜又名雪瓜、贡瓜，是一类优良甜瓜品种，果形呈圆形或卵圆形，出产于新疆。味甜，果实大，以哈密所产最为著名，故称为哈密瓜。

哈密瓜的品种资源很丰富。按成熟期不同，分早熟、中熟和晚熟品种。早、中熟的称为夏瓜，晚熟的称为冬瓜。早熟的品种主要有黄旦子、纳西甘等，其特点是皮薄肉细，香味浓郁。中熟品种主要有红心脆，其特点是多汁、肉厚细腻、清香爽口。晚熟品种主要有黑眉毛密极干、青麻皮密极干，其特点是瓜肉呈淡青色，储藏后肉质由脆硬，逐渐变得绵软多汁、甜爽而又醇香。哈密瓜不仅好吃，而且营养丰富，药用价值高，有“瓜中之王”的美称。其含糖量高，形态各异，风味独特，有的带奶油味，有的含柠檬香，但都味甘如蜜，奇香袭人，饮誉国内外。在诸多哈密瓜品种中，以“红心脆”“黄金龙”品质最佳。

（3）新疆葡萄干。新疆葡萄干主要产自新疆吐鲁番盆地。吐鲁番盆地因地势低洼、高温少雨、日照充足，高低温差大等得天独厚的自然条件，使这里盛产的葡萄干拥有非凡的品质。新疆葡萄干根据选用葡萄种类的不同可分为：无核白、特级绿、无核绿香妃、无核玫瑰香妃、无核红香妃、王中王、马奶子、男人香、玫瑰香、金皇后、香妃红、黑加仑、沙漠王、巧克力、酸奶子、琐琐、喀什哈尔、日加干等。用无核白鲜葡萄晾制的葡萄干，含糖量高达 60%，被人们视为葡萄中的珍品。经常食用葡萄干可提高身体代谢机能、能快速地消除疲劳、消除多余的脂肪、使血流畅通、偏高的血压降低归于正常、消除肥胖、使胃肠机能转好、消除便秘等。并且葡萄干中的铁和钙含量十分丰富，是儿童、妇女及体弱贫血者的滋补佳品，可补血气、暖肾，治疗贫血，血小板减少。除此以外，葡萄干内含大量葡萄糖，对心肌有营养作用，有助于冠心病患者的康复。近年研究还证明，葡萄干有防癌效果，其中的白藜芦醇可有效防止细胞癌变或抑制恶性肿瘤的增长。

（4）天山雪莲（图 2–163）。天山雪莲主要分布于中国新疆维吾尔自治区多地高寒地带，俄罗斯及哈萨克斯坦也有分布。生于高山雪线附近的岩缝、石壁和冰碛砾石滩中，海拔 2400 ～ 4000 米。以天山所产最多，质亦最佳。可作药用，也有一定的观赏价值。1996 年中国已将天山雪莲列为二级保护植物，天山雪莲是唯一列入《中国植物红皮书》的雪莲植物，是中国国家三级濒危物种。2000 年国务院 13 号文件已明令禁止采挖野生雪莲。雪莲花生长的环境极其恶劣，它能在零下几十摄氏度的严寒中和空气稀薄的缺氧环境中傲霜斗雪、顽强生长。这样的生长环境一般植物根本无法存活。也正是雪莲花这种独有的生存习性和独特的生长环境使其天然而稀有，并造就了它独特的药理作用和药用价值。雪莲花产量极低，雪莲从发芽到开花需要历经 5 年，其种子在 0℃发芽，3℃～ 5℃生长，幼苗能够抵御 –21℃的低温，实际的生长期却不到两个月。就在这短短的生长期里，雪莲凭借着旺盛的生命力，植株高度能超过其他植物 5 ～ 7 倍。雪莲花性温，味甘苦，入肝、脾、肾三经，具有除寒、壮阳、调经、止血之功效。

图 2–163　天山雪莲

（5）维吾尔族小花帽（图 2–164）。新疆维吾尔族小花帽图案精美，花纹繁多，色彩绚丽，做工精致，居住在新疆天山南北的维吾尔人，无论男女老幼，不分春夏秋冬，都喜欢戴这种四楞的小花帽（维吾尔语称为“朵巴”）。这种小花帽不但实用，而且是一种具有装饰美感的工艺品。花帽上，一般用黑白两色或彩色的丝线绣出民族形式的花纹图案。各种花帽又根据工艺制作水平和用料的不同，而有繁简贵廉之分。每逢节日、婚礼、歌舞盛会，走亲访友的人们都要挑选心爱的小花帽给自己装饰打扮。

图 2–164　维吾尔族小花帽

维吾尔族小花帽的种类很多。就其制作方法和工艺特点可分为：丝线平绣、丝线结绣、串珠片绣、格子架绣、盘金银绣、十字花绣、钩花刺绣、扎绒刺绣以及刺、扎、串、盘综合绣等。绝大部分花帽是将手工绣好的四瓣，以顶为中心缝合起来，套在木质帽模上成型，最后镶上黑绒布边，而成为立体小花帽，它可按缝折叠，便于携带和保存。还有一种用白丝线钩制而成的钢扣软便帽，便于洗涤，图案纹样也极为丰富。另外，还有一种白布便帽，四面缀以简朴素净的红绿小花，适合平时戴用，也可作为其他帽子的内衬小帽，价格又较低廉，因此也很受群众的欢迎。

维吾尔族小花帽的图案纹样大都是以新疆花卉果实等自然形象为素材，加以艺术的提炼而成。众多的纹样按其构成骨式可归纳为单独适合纹样（曼甫花帽）、满地散花纹样（奇曼花帽）、巴旦木花纹样（巴旦木花帽）和十字对称纹样等。不论何种绣法，均能使图案纹样与缀结富有立体感。

2. 工艺品

（1）新疆地毯（图 2–165）。新疆地毯是新疆少数民族尤其是维吾尔族民众的一种传统文化象征，具有独特的民族特色和精巧的工艺水平。维吾尔族的地毯是具有悠久历史传统的手工艺品，它集绘画、编织、刺绣、印染等手工技艺于一体，或悬挂于厅堂之壁，或展铺于室内走廊。新疆地毯采用和田羊羊毛为原料，该羊为当地的优良异质半粗毛羊品种，毛质纤维粗，宜织造，光泽如丝，染色鲜艳，色彩固着力强，长久不变，羊毛强力大，富有弹性，耐磨耐用，具有独特的民族风格，图案端庄典雅，有强烈的装饰性。

图 2–165 新疆地毯

新疆地毯亦称东方地毯，式样、图案和色彩均富有浓郁的民族特色和地方风格，花纹对称整齐，线条细腻，对比色彩强烈。有铺毯、挂毯、坐垫毯、拜垫毯、褥毯等。新疆地毯不仅国内驰名，在国际上也享有盛誉，具有鲜明的民族特点和浓厚的地方色彩，在国际地毯业中也独树一帜。新疆地毯作为新疆重要的传统名贵出口商品博得了世界各地用户的好评，被称为独具一格的“东方式”地毯。

（2）艾德莱丝绸（图 2–166）。艾德莱丝绸，是维吾尔族妇女最喜爱用于做服装的土产丝绸，主要产于和田市、喀什市、莎车县等地。艾德莱意为“扎染”。这种丝绸采用我国古老的扎经染色工艺，按图案的要求，在经纱上扎结，进行分层染色、整经、织绸。染色过程中图案因受染液的渗润，有自然形成的色晕，参差错落，疏散而不杂乱，既增加了图案的层次感和色彩的过渡面，又形成了艾德莱丝绸纹样富有变化的特点。维吾尔族妇女特别喜爱这种绸料，给它起了个

图 2–166 艾德莱丝绸

雅号“玉波甫能卡那提古丽”，意为“布谷鸟翅膀的花”，隐喻它能给人们带来春天的气息。

（3）英吉沙手工小刀（图 2-167）。英吉沙小刀是新疆维吾尔族的手工艺品，具有浓厚的维吾尔族风情，几乎是人人携带，形影不离。英吉沙手工小刀制工格外的讲究，尤其是新疆刀刀柄和新疆刀刀鞘。为了美观，新疆刀刀柄或弯或直，被制成各种样式，有的干脆用羊角、鹿角直接来做新疆刀刀柄。若是铜刀柄，那就更得着实装饰一番了。新疆英吉沙小刀一般先在铜柄上镶嵌几块彩色的玻璃或者塑料块，然后再镶嵌十几颗宝石般的玻璃和塑料颗粒，闪闪烁烁，珠光璀璨，煞是夺目。当然也可以镶些真的宝石上去，那价格可就不菲了。新疆英吉沙小刀鞘的做工也不能小看。一般的刀鞘多为铜质或者皮革制成。铜质的刀鞘上则有用各色的玻璃或塑料饰品镶嵌而成的各式各样的图案，显得珠光宝气，富贵华丽。皮革刀鞘对于保护刀具是最好的选择，但装饰较少，所以皮革刀鞘多。虽然装饰得较少，但更讲究实用性。刀身用最好的钢制成，刀刃锋利，使用起来得心应手，非常方便，因而深受人们的喜爱。新疆英吉沙小刀既美观大方又方便实用，选料精良，做工考究，造型纹饰美观秀丽，是上等的馈赠佳品或珍藏品。

图 2-167　英吉沙手工小刀

3. 艺术品

（1）和田玉雕。和田玉是一种软玉，俗称真玉。狭义上讲的玉，一般指新疆和田玉。和田玉雕是中国最古老的雕刻品种之一。和田玉雕顾名思义就是和田玉器的雕刻品。“和田玉”无论是从皮色，肉质及温润度来说都优于其他玉种，乃是玉中之珍。和田玉雕因为和田玉的形状、白度、皮色及润度都好才称得上精品。所以，经过雕琢之后的和田玉雕艺术品十分精美。

和田玉雕外观造型新奇美观，玉雕有大有小，小的可以随身携带，大的可以放在家里供观赏，和田玉雕从古至今都是摆设、送礼的佳品。和田玉雕分为很多种，如圆雕、浮雕、透雕以及镂雕等，不仅体现出和田玉雕人高超的和田玉雕工艺，更显示出中国五千年的璀璨文化。

（2）沙砾画（图 2-168）。沙砾画是新疆传统的民间艺术，是中华传统艺术百花园中的一朵奇葩，是千佛洞壁画和沙泥制画艺术的延续。它以古代维吾尔族凹凸画法为基础，融绘画、书法、雕塑、手工艺等技艺为一体，挑选新疆各地不同质地的沙砾为原料制作而成，具有独特的地域风格和浓郁的民族特色。

图 2-168　新疆沙砾画

（二）宁夏回族自治区

宁夏回族自治区历史上曾是东西部交通贸易的重要通道，悠久的历史、多样的地貌、特有的民俗使得宁夏旅游商品资源丰富，土特产品品质优良。

1. 实用品

（1）枸杞。枸杞是人们对商品枸杞子、植物宁夏枸杞、中华枸杞等枸杞属下物种的统称。人们日常食用和药用的枸杞子多为宁夏枸杞的果实“枸杞子”，而且宁夏枸杞是唯一载入《2010 年版中国药典》的品种，与琼珍灵芝、长白山人参，东阿阿胶并称为中药四宝。宁夏枸杞在中国栽培面积最大，主要分布在中国西北地区，而其他地区常见的为中华枸杞及其变种。在中国枸杞有很多民间叫法，如枸杞子、枸杞红实、甜菜子、西枸杞、狗奶子、红青椒、枸蹄子、枸杞果、地骨子、枸茄茄、红耳坠、血枸子等。枸杞具有补肾益精，养肝明目，润肺止咳之功效，尤其适合血气两亏、高血压、体质虚弱、视力下降、贫血、慢性肝炎，中毒性或代谢肝病及胆道系统引起的肝功能障碍等的人士服用。

（2）宁夏大米。宁夏大米不仅产量丰盈，而且也以品优质佳而著称。宁夏大米齐备了“粒圆、色洁、油润、味香”四大优点，且蛋白质、脂肪含量尤高，极富营养价值。用其蒸制的米饭，洁白如脂，粒粒晶莹，黏而不腻，油润香口，与著名的天津“小站米”可媲美共荣。特别是青铜峡市叶盛堡一带的“叶盛白皮大稻”，加工后的精米，光映半透，粒腴丰盈，更是珍品。近年来，农业科技工作者又鉴定出了一种新的“粳型杂交水稻”。经过试种，亩产最高的竟达 1600 斤，米质优良，为宁夏水稻生产开辟了更为光辉的前景。

（3）甘草。甘草属多年生草本，根与根状茎粗壮，是一种补益中草药。甘草多生长在干旱、半干旱的荒漠草原、沙漠边缘和黄土丘陵地带，喜欢阴暗潮湿，日照长气温低的干燥气候，在引黄灌区的田野和河滩地里也易于繁殖。它适应性强，抗逆性强。甘草喜光照充足、降雨量较少、夏季酷热、冬季严寒、昼夜温差大的生态环境，具有喜光、耐旱、耐热、耐盐碱和耐寒的特性。甘草是对人体很好的一种药，药用部位是根及根茎，药材性状根呈圆柱形，长 25 ~ 100 厘米，直径 0.6 ~ 3.5 厘米。外皮松紧不一，表面红棕色或灰棕色。甘草根茎呈圆柱形，表面有芽痕，断面中部有髓，气味甜而特殊。功能主治清热解毒、祛痰止咳、脘腹等。

（4）发菜（图 2-169）。发菜大量产于宁夏回族自治区、内蒙古自治区、甘肃、青海和陕西等省的干旱和半干旱地区，是一种能固氮的光合原核生物。它的丝状体中主要有两种细胞：一种是营养细胞，呈绿色，进行光合作用—吸收、释放、合成有机物质；另一种是异形细胞，体积较大，细胞壁较厚，颜色较淡，主要进行固氮作用—把空气中的氮气还原成

图 2-169 发菜

氨，合成氨基酸。由于发菜能用无机碳和无机氮合成有机碳和有机氮，对改良荒漠土壤，繁衍其他生物有重要意义，因此被誉为“开发荒漠的先锋”。

发菜是高原特有的野生陆地藻类生物，因形似人的头发而得名，纤细如发丝，俗称头发菜。每年夏末秋初为发菜的盛产期，三四月份也有生产。一般在早晨和雨后，用铁丝耙或竹耙扒菜。采集后轻轻拍打，抖土块，拣其杂质，晾干后梳理成绺，即为成品。可以说，阴雨天气是发菜生长的最佳气候，湿润是发菜丰产的条件。

（5）滩羊皮（图 2-170）。宁夏滩羊皮为宁夏“白宝”之宁夏滩羊身上的毛皮。滩羊是蒙古羊的后裔，后经游牧迁徙到宁夏黄河两岸草滩上。宁夏草原干旱少雨而牧草丰足，

图 2-170　宁夏滩羊皮制品

水质微碱，矿化度高正是滩羊繁育的天赋条件，使之素有“轻裘”美称。滩羊皮是滩羊羔生下 45 天左右宰杀取皮，底绒少，绒根清晰，不粘连，具有波浪形花弯，俗称“九道弯”，毛长，柔软，灵活，光润，毛色多为纯白色，也有少数为纯黑色，主要产于宁夏银川、盐池、中卫等地。滩羊毛纤维细长均匀，绒毛轻柔蓬松，富弹性，是制作毛毯、披肩、围脖等装饰品的高级原料。滩羊皮每年产量约为 25 万张，约 10 万张出口欧洲，5 万张出口日、韩等国，10 万张国内销售。用滩羊皮加工的男女冬装，猎装穿着轻便、暖和、舒适、美观大方，是中国传统出口商品。用滩羊皮生产的毯子以纤维匀长、绒毛滑松、富有光泽和弹性而驰名中外。

2. 工艺品

（1）回族刺绣（图 2-171）。回族刺绣是一种宝贵的传统文化和传统艺术，有着独特的艺术语言和技艺表现手法，刺绣的市场化之路更是给古老的回绣艺术注入了新的发展活力和生机。回族的刺绣富有想象力和艺术魅力，刺绣花草图案和几何图形，是回族妇女刺绣的绝技。巍山回族不断开发挖掘回族刺绣，继承和发扬了传统民俗文化，受到了中外客商的青睐，增加了农民

图 2-171　回族刺绣

收入。妇女在创作刺绣图案时，大胆创新，提高技艺，绣出新式样的绣品。在绣生活用品和鸟类动物时绣成各种错综复杂的图形，使鸟类等形体交织在花草图案中，以求形似。在枕头、坎肩、挂图、围裙等处绣花卉时，以形象逼真为精髓，形似蝴蝶的花朵，娇嫩的花瓣，淡雅恬静，仿佛使人感到散发着暗香。妇女在刺绣作品上很注意变化装饰，给人以整体美，撷取大自然中各种不同的植物叶，构成自己想象中的花草树

木，枝与叶、花与蔓和谐地统一，有点像汉族人刺绣图案中的百花百果一棵树的创作方法。有的回族姑娘或媳妇买回一块干净的布料后，洗完大小净后便请阿訇书写上阿文中堂，然后便不分昼夜、千针万线地刺绣。绣完字，一般还用传统的阿拉伯几何图形或云纹样绣上花边，挂在墙上，颇受人们的喜爱与好评，充分体现了回族妇女的审美心理。

（2）贺兰石砚（图 2–172）。宁夏贺兰石砚，因其石料产于贺兰山而得名。贺兰石产在贺兰山小口子，又名小滚钟口，分前山石、后山石两种。清乾隆四十五年（1780 年）撰写的《宁夏府志》卷三，有这样的记载，“笔架山，在贺兰山小滚钟口，三峰矗立，宛如笔架，下出紫石可为砚，俗呼贺兰端”，此处是记载前山石。后来，清末湖南人谢威风当宁夏府台时，他擅长书画，喜贺兰石砚，便令人开采后山石。后山石产于大寺沟转角楼的山峰背面，石质比前山石细润，彩色石也较多，所以人们一般用后山石制砚。

图 2–172　贺兰石砚

贺兰石质地均匀细密，清雅莹润，绿紫两色，天然交错，刚柔相宜，叩之有声，是一种很好的工艺品原料。用它制作的砚台，图案清新，色彩对比强烈，呵之可出水，具有发墨快、发墨细、不干不臭、不拔笔毫等特点。

贺兰石砚在艺术风格上主要讲究“相石”“俏彩”。“相石”就是看石料的质地是否细润，彩石的走向和纹理，以及石料的大小、厚薄和自然形状等。先做到心中有数，然后再根据石料的不同色彩和形状，决定砚台的尺寸和形状。“俏彩”就是根据绿紫两色石料的不同特点不同层次，可以制出几层彩色不同的东西，使整个画面绿紫分明，互相衬托，突出主题。如在紫底上可利用上面的绿色作出人物，又用绿色上的紫色作出人物的头发、眉眼以及衣着首饰等，这样就一层衬托一层，美观大方。

3. 艺术品

（1）五奎陶艺（图 2–173）。五奎陶艺是宁夏唯一具有地域特色，以陶艺制品反映西夏文化、岩画艺术的旅游纪念品。五奎陶艺的创始人李五奎先生自幼随祖父学习制陶，深受黄河文化的熏陶和感染，祖孙三代制陶的坚韧跋涉培养了他顽强不屈的斗志，孕育着丰富旺盛的创造力。祖国文化事业的蓬勃发展，将这个黄河的子孙引向了艺术的殿堂。从 20 世纪 70 年代，他在黄河泥制陶艺术的道路上思考、学习、

图 2–173　五奎陶艺品

创造着，秦砖汉瓦、贺兰山岩画、西夏文化……为他提供了深厚的创作滋养，现代文明的进步为他的创作增添了全新的表现力。他的陶艺作品先后参加了一系列会展和评选，并荣获多项嘉奖，成为中国西部具有影响的青年陶艺家，开启了西域文明面向世界的窗口。自1998年以来，五奎陶艺不断挖掘创新，开发研制了具有西夏文化特征的上百种陶艺作品、产品，具有较高的收藏价值，填补了宁夏旅游纪念品的一项空白，深受国内外游客的喜爱，各种"五奎"陶艺制品远销日本、荷兰、加拿大、美国、白俄罗斯等国。2002年，李五奎先生和来自日本岛根县的陶艺家就西夏陶瓷艺术进行了友好切磋。如今，"五奎"陶艺制品已成为传播西夏传统文化的友好使者，不断带给塞上凤城新的活力和生机。

（2）回族剪纸（图2-174）。回族剪纸是宁夏回族的一种民间艺术。在西北回族聚居区，回族妇女的剪纸内容丰富，生活气息浓厚，无论在窗户上、墙壁上、顶棚上，还是箱柜上，随处可见她们的作品。回族妇女有剪纸的传统习俗。一般女孩子到了七八岁，就拿起剪刀开始剪，一直剪到六七十岁。心灵手巧的回族妇女用一把剪刀，几张彩纸，可随心所欲地表现自己的想象力和创造力，剪出各种各样的作品，以美化和点缀生活。特别是每逢回族传统节日、乔迁新居、举行婚礼、给孩子贺满月、抓周等喜庆活动时，便剪出寄托她们理想的作品，以增加生活的新鲜气息和欢快的气氛。

图2-174　回族剪纸

回族妇女的剪纸反映出回族独特的审美意识。《五谷丰登》《农家乐》《瑞雪兆丰年》《吉（鸡）庆有余（鱼）》等作品，既不是传统观念的自然的摹仿，也不是现代观念自然形态的夸张变形，而是充分表现了回族人民的生活情趣和朴素、大方、自然的审美观念。回族剪纸的显著特点是，剪纸所采用的材料不是大红纸，而是宣纸，并且可以根据作品需要，染制上各种色彩。目前，回族剪纸已发展到以闪光宣纸、闪光丝绸为材料，剪纸造型生动，线条流畅，强调"圆如月，方如砖，尖如针，缺如齿，细如丝"。至于纹样，回族剪纸与其他风格剪纸大致相同。回族剪纸在技艺上，也颇有特点，有折剪、扎剪、旋剪等多种形式。另外，回族剪纸在工具上也颇为讲究，除了剪刀，还有冲子、针头等。所谓冲子，就是一个被削去锥尖的铁锥子，其作用是能在纸上扎出一个个小圆洞，以便"下剪子"。至于针头，就是普通的医用针头，被削去针尖，作用与冲子相同，只是打出的圆洞比冲子小一些。

回族剪纸还自由地纯真地表现回族人民的感情，如她们剪的《十二生肖图》，特别是双虎、金鸡报晓等飞禽走兽的形态，都是意念中的，不受时间、空间的约束。有许多作品还寄托着回族人民追求美好生活的愿望，有着较为深刻的寓意。如《龙凤》《金鸡》《黄牛》《骏马》《滩羊》《双飞燕》《领头雁》等作品，从表面上看是一般的飞禽走兽，但实际上经过她们巧手布局，大胆点题，借形寓意，便具有了或生动形象，或隽永含蓄的艺术魅力。随着社会的发展，回族妇女的剪纸艺术在不断翻新，如黄土高原的朵朵山花，争奇斗妍。

（三）甘肃省

甘肃省历史悠久、文化灿烂，是古丝绸之路的黄金路段，旅游商品地方特色鲜明，收藏价值和纪念价值较高。

1. 实用品

（1）天水花牛苹果。天水花牛苹果，是甘肃省天水市秦州区、麦积区、清水县、甘谷县、秦安县部分宜植地区特产，为中国国家地理标志产品。花牛苹果成为名果的必要条件是：一是天水独特的气候优势；二是种植区文化深厚且远离污染；三是种植历史较长和有几代人的技术延续。

花牛苹果除元帅系列产品质量上乘外，富士系列色、香、味也俱佳，其产品肉质细，致密，松脆，汁液多，香气浓郁，口感好，风味独特，被许多中外专家和消费者认可，是可与美国蛇果、日本富士相媲美的世界三大著名苹果品牌。

（2）张掖南酒。张掖南酒在张掖是祭祀、婚丧的必备之物，如民间儿女结婚，父母便酿酒一罐，吉日一到便取出来待客。张掖南酒在制作过程中加入川乌、陈皮、大芋、砂仁、当归、红花、桃仁、官桂、山甲、五加皮、地骨、何首乌等40余种草药，但在饮用时没有药味，经长期低温，自然发酵的原汁酒，清香扑鼻，色泽金黄，澄清透明，酒味醇厚，绵软适口，是别具一格的高糖度甜型酒。张掖南酒不仅酒质优美，而且浓郁清香，也是具有地方特色的传统产品，具有健脾开胃利湿之功，也有补益健身之效。适量久饮，不仅是人们的一种享受，而且对风湿病、妇女病有一定疗效，实为健身之佳品。

（3）兰州水烟。兰州生产水烟盛于明清、民国，至今已有300余年的历史。兰州水烟制作过程是：把宽大肥厚的翠绿烟叶，去掉茎根阴干，加入槐花、紫花、碱、白矾、石膏等混合蒸煮；并搓以清油、食盐、姜黄；加入当归、香草、薄荷、白芍、苍术、冰片等香料，搅拌均匀，压制成一米见方的烟墩；再人工推成细丝，刨丝后在模具内压成小方块，即可包装出售。根据制作工艺的繁简不同，兰州水烟又可分为青、黄、绵烟三种类型，做工精细，色泽清亮，丝细条显，气味芬芳，为烟中佳品。吸用兰州水烟，有耐寒、提神、顺气、防蚊等功效。

2. 工艺品

（1）酒泉夜光杯（图2–175）。酒泉夜光杯是甘肃省酒泉市的汉族传统工艺品，是中国甘肃省酒泉特产之一。酒泉“夜光杯”历史悠久，享誉国内外，早在周穆王时，西域曾向朝廷献“夜光常满杯”。“杯是白玉之精，光明夜照”（汉东方朔《海内十册记》）。唐代诗人王翰有：“葡萄美酒夜光杯，欲饮琵琶马上催”的诗句。由此可见，在西周之时，已有夜光杯向中国政权进贡的历史了，只是那个时候是以和田玉制成夜光杯，运往长安、洛阳等地。后来因为玉杯在运输途中易损，则改为把和田玉运到酒泉，在当地加工成夜光杯再运输。后来和田玉供应不上，就改用在祁连山开采的酒泉玉来制作夜光杯。酒泉夜光杯作为一种玉制的餐饮工具，按玉的颜色可分为墨玉杯、碧玉杯、黄玉杯，其墨黑如漆、碧绿似翠、白如羊脂，斟烫酒、冷酒均不会爆裂，具有耐高温、抗低温的优点，是旅游纪念、馈赠亲友之珍品。熠熠生辉的酒泉夜光杯，不仅是生活中馈赠友人的佳品和聚会饮酒的器皿，其独特的雕琢工艺更是后人引以为傲的宝贵文化遗产。2006 年 5 月 20 日，该遗产经国务院批准列入第一批国家级非物质文化遗产名录。

图 2-175　酒泉夜光杯

（2）洮砚（图 2-176）。洮砚距今已有 1300 多年的历史，产于甘南藏族自治州卓尼县。历代文人、学者、书画家对洮砚赋铭咏诗，赞叹不已。北宋著名鉴赏家赵希鹄《洞天青禄集》云："除端、歙二石外，惟洮河绿石，北方最贵重，绿如蓝，润如玉，发墨不减端溪下砚，然石在大河深水之底，非人力所致，得之为无价之宝。"洮砚以其石色碧绿、雅丽珍奇、质坚而细、晶莹如玉、叩之无声、呵之可出水珠、发墨快而不损毫、储墨久而不干涸的特点饮誉海内外，历来为宫廷雅室的珍品，文人墨客的瑰宝，馈赠亲友的佳礼，古玩库存中的奇葩。

图 2-176　洮砚

（3）敦煌伞艺。敦煌伞艺是甘肃敦煌新型的旅游商品。敦煌伞艺以时尚、品质、实用为设计理念，并附有文化和艺术质感，可谓独具新意。材质上，敦煌伞艺采用了德国进口的加厚玻璃纤维主杆和玻璃纤维骨架结构，伞面则采用了高超防水防紫外线面料，并设计制作了飞天图案。透过一把伞来传递敦煌历史质感与情怀，将敦煌文化和艺术深植于人们日常生活之中的独特创意，也受到了业界的关注。除此之外，伞的手柄还独树一帜地采用了加大自动开按钮，方便灵动、优雅大气。同时，与伞相配套的伞套、伞盒，也均采用了敦煌写经与飞天图案做修饰，将伞、伞套、伞盒完美地结合在了一起。敦煌伞艺无论作为收藏品还是馈赠客户的工艺礼品，都值得拥有。

3. 艺术品

（1）天水雕漆（图 2-177）。天水漆雕是甘肃省历史悠久的地方传统工艺，是中国雕漆工艺中一个出类拔萃的品种。天水雕漆已有 2000 多年的悠久历史，在全国漆器行业中占据着重要地位。天水雕漆继承了古代雕漆工艺的传统，又从雕塑、绘画中吸取了营养，经过细心切磋，推陈出新，富有自己的特点。它漆面乌黑、光亮、均匀，漆底平整、坚实，不怕酸碱腐蚀，不怕烧，不怕烫。造型古朴、大方、雅致，表现出西北的“浑厚”风格。它所采用的装饰方法多为石刻镶嵌（又名花嵌）。用五光十色的石料及玉石等装配雕刻成人物、花鸟、走兽、文物等镶嵌在围屏或桌面上，并交替运用镶银、贴金、印锦、胎花、描金、彩绘等装饰方法使之更显得立体感突出、生动、逼真。天水雕漆之所以成为珍品，在于它的每件成品都要经过木工、漆工、石刻工、镶嵌工、描金工的苦心制作，一件屏风和一张沙发须分别经 113 道和 185 道工序。讲究的雕漆台面，要反复刷漆三四十遍，仅漆层就达数毫米之厚。雕漆的生产周期长，最快的也得 4 个月，有的要半年，甚至 1 年多的时间。天水雕漆以选料严格、工艺精湛、造型奇特、图案古朴、漆质坚硬、漆面光亮、耐酸耐碱耐高温，既可观赏又可实用的特点，在国内外享有盛誉。

图 2–177　天水雕漆

（2）兰州刻葫芦（图 2–178）。兰州刻葫芦是甘肃传统的民间技艺，主要用刀或者针在葫芦表面进行阴刻，来体现中国传统绘画山水、花鸟、人物和书法，然后涂上松墨，令其线条明晰。随着技艺高超的历代民间艺术家的不断发展创新，兰州刻葫芦形成了自己独特的风格，成为欣赏收藏的艺术品。刻葫芦和兰州牛肉面、羊皮筏子并称兰州三宝。坊间有“吉祥葫芦牛肉面，羊皮筏子赛军舰”的说法。

图 2–178　兰州刻葫芦

兰州刻葫芦，起源于魏晋。考古资料已充分证明，自魏晋起，生产技术已发展到相当高的水平。

兰州刻葫芦，融诗书画于一体，主要是以刀和针为工具，运用雕刻技法加以表现，是中国工艺美术百花园中的一朵奇葩。其刻绘之线条多源自中国传统白描绘画，图案丰富，许多好的作品要在国家级博物馆才能见到。兰州刻葫芦，凝集了历代兰州葫芦艺人的文化修养、艺术遐想、精湛技艺和高洁的情怀，是中国民间工艺中的珍品。

（3）大漠风雨雕石艺画（图 2–179）。大漠风雨雕石艺画是具有中国西北韵味的天然奇石工艺美术画。产品以嘉峪关戈壁滩上的天然风雨砾石为主要原料，采用传统工艺和绘画艺术相结合的方法精心设计、精心雕琢、手工制作而成。画面真切质朴、立体感强，惟妙惟肖、栩栩如生。主要有仕女、童子、花卉、松鹤、风景、山水以及动物、卡通等系列，80 多种规格、100 多个类别。以奇异的形状、自然的色泽、美妙的造型构成每一幅都是绝版的工艺美术精品，蕴含着中国古典文化和丝绸之路文化内涵，具有很强的艺术魅力和欣赏价值。既是家居、商务会所、高级宾馆等场所的典雅装饰，又是朋友、商人之间及公务礼尚往来的馈赠佳品；也是具有地方特色的旅游纪念品和收藏品。2007 年 1 月 3 日国家知识产权局授予大漠风雨雕石艺画知识产权专利。现已成为嘉峪关市的旅游产品和对外交流的文化品牌之一，陆续销往国内及海外。

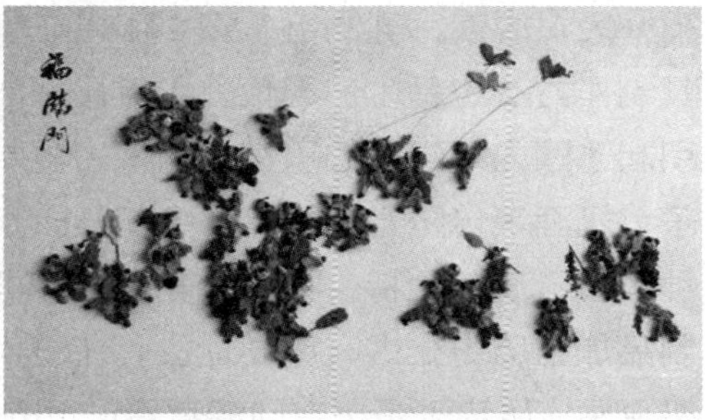
图 2-179　大漠风雨雕石艺画

（4）临夏仿古彩陶（图 2-180）。临夏彩陶表面光洁，陶底橙黄，以线彩绘，花纹瑰丽。彩绘多以平行线、同心圆、涡形花纹组成各种图案构成，常饰水波纹、平行弧线纹、宽带纹、锯齿纹、三角纹、葫芦形网鱼，栩栩如生。半山彩陶有黑红两彩相间，纹饰以锯齿纹为特点，两色相间成旋涡纹、水波纹、葫芦纹、菱形纹，半山彩陶造型浑厚典雅，纹饰繁密优美，是临夏彩陶文化繁盛的标志。临夏陶体形较大，网纹、蛙纹形象生动、神韵俱佳。由于出土彩陶是国家的珍贵文物，数量有限，价格昂贵，市场上流通的少，为了满足人们对彩陶的喜爱之情，临夏的民间艺人们通过长期探索研究，仿真复制出不少精美的彩陶手工艺品。这些仿古复制的盆、罐、壶、瓶等，保持了真品的基本特点，成为一种具有独特风格的工艺品。一些技艺精湛的仿古彩陶高手

制作的仿古彩陶古朴逼真，真假难辨。彩陶瓮的复制按 4 ∶ 1 或 1 ∶ 1 比例复制而成，还有复制的各种彩陶罐、盆、瓶和素陶等。彩陶复制品的生产，已经成为临夏的一个新兴产业，为了解祖国悠久历史和传统文化、增进中外文化交流起到了积极作用。

图 2-180　临夏仿古彩陶

（四）内蒙古自治区

内蒙古自治区是蒙古族的摇篮，在大草原上，到处都可以体味到丰富的蒙古风情，旅游商品大多都能体现蒙古族传统文化。

1. 实用品

（1）风干牛肉。内蒙古风干牛肉是切片牛肉经过一系列工艺制成的一种食品。其制作方法是：牛肉（后腿牛肉）剔去筋膜，片刀为大薄片，铺晒在簸箕上，放在通风地方，2 ～ 3 小时即干燥。随后把炒锅置于火上，热锅注入花生油，四成热时，放入干牛肉泡炸 3 分钟（油温要过高），捞出沥油。炸后的肉用手轻轻砸成 2 ～ 3 厘米小块，回入锅中，烹淋上糖醋汁，颠锅均匀淋入芝麻油，即可装盘上桌。风干牛肉富含蛋白质，氨基酸组成比猪肉更接近人体需要，能提高机体抗病能力，有补中益气、滋养脾胃、强健筋骨、化痰息风、止渴止涎之功效，适宜于中气下隐、气短体虚、筋骨酸软、贫血久病及面黄目眩之人食用。

（2）内蒙古乳制品（图 2-181）。内蒙古乳制品独树一帜，备受国内外游客的青睐，其制作方法也是生产现代乳制品最好的工艺源泉。乳制品还具有保健、食疗作用，已经引起了国内外学者的重视。内蒙古乳制品加工已有几千年的历史，主要有奶豆腐、奶皮子、奶酒等传统奶食品。其中正蓝旗察哈尔的民族传统奶食品加工历史悠久，乳制品品种丰富、工艺独特、味道鲜美、营养丰富，曾经是历代皇帝王室的贡品，在中国传统乳制品加工历史上占有重要地位。在清代，察哈尔八旗是清皇室加工奶食品的基地，其中奶豆腐、奶皮子是指定向清宫廷进贡的奶制品。

奶皮子又称乌如木，是一种高级奶制品，其外形是厚约 1 厘米，半径 10 厘米左右的半圆形饼状物，颜色微黄，表面有密集的麻点，营养价值很高，是蒙古族人民招待贵宾的佳品。奶皮子中的脂肪酸种类较多，且含量高，其中油酸含量最高，依次为棕榈酸、硬脂酸、肉豆蔻酸、亚麻酸、亚油酸等。亚麻酸、亚油酸是人体所必需的脂肪酸，亚油酸还是合成脑磷脂的必需物质，而且对婴儿的湿疹性皮炎有一定的预防作用。牛奶分离成奶油和脱脂乳时，近 70% 的磷脂存在于奶油中。可见，奶皮子是提供必需脂肪酸和磷脂的良好来源，是营养价值很高的乳制品。

图 2-181　内蒙古乳制品

内蒙古奶豆腐是一种传统的民族食品，是具有牧区特点的传统的直接入口食品。它是在家庭作坊式的条件下，用鲜奶自然发酵，至乳清与乳酪分离后煮沸而制成。其制作方法简单，风味醇正，贮存时间较长，深受消费者的欢迎。奶豆腐中不仅蛋白质含量高、品质优良，而且铁、锌、钙、磷含量较丰富，它们在胃肠道中吸收率高，是老人和小孩补充钙、磷、铁、锌的良好食物。

马奶酒是一种古老的乳酸—酒精发酵乳饮料。公元前 5 世纪就流行于欧洲的赛西亚部落，是我国蒙古族和哈萨克族等少数民族地区著名的传统乳制品。马奶酒以新鲜的马奶为原料，由乳酸菌、醋酸菌和酵母菌等菌种共同发酵而成。马奶酒中含有保加利亚乳酸杆菌、乳酸球菌、酵母菌等。这些菌将乳糖分解成乳酸、二氧化碳等，酸度提高，乳糖含量降低 1.4% ~ 4.4%，产生发酵奶特有的风味，其他成分没有太大变化。在我国，用马奶酒治疗疾病是蒙医学中很早就采用的重要饮食疗法之一。蒙医典著中说："马奶酒味酸、甘、涩"，酸能开胃、助消化、祛温、行气；甘能健身补虚、疏通食道、治伤、接骨、解毒、增强五官功能；涩可治血热、化瘀血、消肥胖、祛腐生肌、润滑皮肤等。所以马奶酒具有舒筋、活血、通络、补肾、驱寒、消食健胃、遣兴壮神等功效。

2. 工艺品

（1）驼形蒙古组合刀（图 2–182）。驼形蒙古组合刀是牧民生活中的日常用品，也是居家室内装饰品。驼形组合蒙古刀采用手工雕刻錾花的制作方法，造型别致；驼身用红、桦木雕刻而成，刀把以牛角、驼骨制作，具有独特的民族风格。蒙古银匠最拿手的技术就是做刀。刃用好钢，柄用牛角、红木做成的。从前的蒙古刀比现在复杂、实用而漂亮，鞘中有孔，可插驼骨筷子等。鞘上有环，环上缀有丝线带子。丝线带子一头有环，可以挂在胯上；一头编有蝴蝶结，下面是穗子；一头有勃勒。勃勒是一种银子打的圆形饰件，上面有花纹，中间嵌有珊瑚大珠。蒙古刀的勃勒，也有用绸缎刺绣的，刀鞘用金、银、铜做成，上刻龙、虎、兽头、云纹图案。蒙古刀种类繁多，造型各异，大小不一。主要用来杀羊吃肉，也是男子汉的佩饰。不戴蒙古刀的男子汉，妇女们多看不起。但蒙古刀并不是械斗的工具，在牧区很少打架动刀子的。

图 2–182　驼形蒙古组合刀

（2）马头琴（图 2–183）。马头琴是蒙古族的拉弦乐器，因琴杆上端雕有马头而得名。马头琴的历史悠久，从唐宋时期拉弦乐器奚琴发展演变而来。成吉思汗时（1155 ～ 1227 年）已流传民间。据《马可波罗游记》载，12 世纪鞑靼人（蒙古族前身）中流行一种二弦琴，可能是其前身。明清时期用于宫廷乐队。

图 2–183　马头琴

马头琴是蒙古民族的代表性乐器，不但在中国和世界乐器家族中占有一席之地，也是民间艺人和牧民们喜欢的乐器，马头琴所演奏的乐曲具有深沉粗犷、激昂的特点，体现了蒙古民族的生产、生活和草原风格。

马头琴由共鸣箱、琴头、琴杆、弦轴、琴马、琴弦和琴弓等部分组成，琴身木质，长约 1 米，有两根弦，声音圆润，低回婉转。琴箱框板多使用色木、榆木、花梨木、红木或桑木等硬杂木制成，琴箱正背两面蒙以马皮、牛皮或羊皮，皮面上彩绘民族图案为饰。琴头、琴杆多用一整块色木、花梨木、红木或松木制作。琴头呈方柱形，顶端向前弯曲，造型为雕刻精细的马头，既有奔马的马头，也有立马的马头。2006 年 5 月 20 日，蒙古族马头琴音乐经国务院批准列入第一批国家级非物质文化遗产名录。2009 年 4 月，蒙古族马头琴经国务院批准列入第一批国家级非物质文化遗产名录。

3. 艺术品

图 2-184　巴林叶蜡石雕

（1）巴林叶蜡石雕（图 2-184）。内蒙古的巴林石雕选题新颖、雕工精细，为人称道。一石一题雕刻而成的，巴林石雕最擅长塑造鸟羽、马鬃、牛蹄、羊眼、草坪、花瓣等。巴林石隶属叶蜡石，石质细润，通灵清亮，质地细洁，光彩灿烂，颜色妩媚温柔，似婴儿之肌肤，娇嫩无比。巴林福黄石质透明而柔和，坚而不脆，色泽纯黄无瑕，集细、洁、润、腻、温、凝六大要素于一身，金石界素有“一寸福黄三寸金”之说。巴林石雕雕刻的古今人物、亭台楼阁、山水花卉，鱼鸟虫兽、烟茶酒具，以及文房四宝、印章戳料等，是根据石料的色泽、质地、形状因材施艺。

（2）手工羊毛编织挂毯。内蒙古手工编织挂毯主要利用欧美油画艺术风格与中国编织丝绸工艺完美结合，采用当地传统丝绸编织工艺精心编制，挂毯形色各异、图案丰富多彩、形态真实立体，浓郁的南亚西亚文化风情，颇具艺术感和观赏性，内蒙古手工编织挂毯的起源已有千年历史，至今历史悠久、经久不衰。内蒙古手工编织挂毯主要以天然羊毛为原材编织而成，利用天然如核桃皮、橡树皮、石榴皮、茜草等植物颜料为染料，在经过当地传统手工工艺编织而成，挂毯的制作工艺烦琐、严谨，一针一线都是纯手工织制，挂毯大小也须根据图案主题来决定，以及外观也根据图案的风格来定制，主题以鸟兽、山水、人物、油画、建筑、花卉、摄影作品等为艺术形式表现，挂毯不仅富有民族气息还独具时尚气息。

图 2-185　内蒙古皮画

（3）内蒙古皮画（图 2-185）。内蒙古皮画牛皮画工艺创作灵感来源于古老而辽阔的大草原，祖祖辈辈放牧牛羊的草原人创作了大量精致而有价值的艺术作品。皮画最早可以追溯到游牧民族逐水草而居的时期，经过漫长的演变，如今皮画除保持古朴韵味外，更加融入现代民族工艺技法，成为一种难得的馈赠佳品和高雅的室内装饰品。

蒙古族皮画，精选草原天然优质的整张牛皮为原料，民间工艺师根据自己巧妙的构思（多数以民族风情为体裁），用刻刀在牛皮上精雕细琢出画的轮廓，经过特殊描绘、着色、层染、抛掐光、定型、半浮雕凹凸压制等一系列工艺，几十道工序纯手工制作完成。充分利用和展示了天然皮革所具有的皮质皮色，具有线条流畅、勾描别致、立体感强、色彩柔和、永不褪色等特点。皮画表面浮雕般的立体效果和冷峻、凝重的风格以及猛烈、尖锐的视觉冲击力，往往令观赏者感到无比震撼，给人以全新的艺术享受。同时蒙古族精品皮画充分体现蒙古民族的艺术精髓和文化内涵，具有极高的艺术鉴赏和收藏价值，备受海内外各界人士的青睐，是装饰、馈赠、收藏的首选佳品。

【任务实施】

西北旅游区代表性旅游商品的讲解实训

实训目的：1. 掌握本旅游区内代表性旅游商品的概况。

2. 提高学生对旅游商品的讲解、宣传能力。

实训内容：西北旅游区代表性旅游商品的讲解。

实训步骤：1. 分组：将班级 6 ～ 8 人分为一个小组。

2. 前期准备：

（1）选择本旅游区内其中一个省（市）代表性旅游商品；（2）根据所选商品进行配套的 PPT 制作配合讲解；（3）小组成员共同完成讲解所需道具的制作和旅游商品介绍的讲解词撰写；（4）讲解过程需在特定情境中完成（注：小组根据情况自行设计）。

3. 实施过程：

（1）抽签决定小组训练顺序；（2）各小组按顺序以角色扮演的方式进行旅游商品介绍的情境展示；（3）小组互评；（4）教师点评。

任务七　西南旅游区

◆【任务引入】

重庆打造高端旅游商品

“重庆缺乏高端旅游商品和高级社交礼品的现象从今天起结束了。”在 2009 年 11 月 25 日举行的重庆高端旅游商品—大足石刻国翠珠宝鉴定暨新闻发布会上，大足县县长周波如是说。

在发布会旁边的大足石刻国翠珠宝展览厅内，展出了十几件精心打造的“吹笛女”“释迦牟尼佛”“手珠观音”“日月观音”等玉器，其中尤以“金缕玉衣”最受瞩目。据现场工作人员介绍，这件“金缕玉衣”是完全按照出土的汉代马王堆“金缕玉衣”1 ∶ 1 的比例打造的，全身由金线将 4000 多片上好的佘太翠玉片缝连起来，价值高达 1000 万元。据周县长介绍，这次推出的大足石刻国翠珠宝是融千年传统雕刻工艺与现代设计理念及技术，将千年石刻铭就的大足文化、重庆文化、中国文化成功倾赋于佘太翠之上打造的神奇之作，是高端的旅游商品和社交礼品。

据悉，大足石刻国翠珠宝的成品全部都是以大足石刻原物为模本，价格在几百到几百万元不等。“现在就可以定做了。”周县长说，可以在网上订购，也可以到大足县城的相关展厅购买，大足石刻的各个景区也有销售。

问题：1. 重庆旅游商品有哪些？

2. 重庆为何要打造高端旅游商品？

案例分析：到重庆除了可买到丝绸、木雕、漆器等精美工艺品，也能购得以大足石刻为原型，精雕细琢而成的翡翠玉器。在旅游吃、住、行、游、购、娱六大要素中，购一直是重庆旅游的短板，大足石刻国翠珠宝首次将玉石与大足石刻结合起来，带着很强的地域文化色彩，具有很高的收藏价值和升值空间，填补了重庆高端旅游产品的空白，是重庆旅游资源开发的又一项重大进步。

◆【任务分析】

我国旅游商品大多是以简单的加工工艺面向市场，价格低廉，缺乏设计与品牌。但是，与重庆同属西南旅游区的四川、云南、贵州和广西却利用独特的民族风情，充分开发和利用本土特色的资源，把眼光瞄向了带有鲜明民族特色的精美旅游商品，收获好的效益和口碑。所以，我们要更进一步认识西南旅游区的旅游商品。完成以上任务应掌握以下知识点及技能点。

知识点：1. 西南旅游区的基本情况；

2. 重庆市、四川省、云南省、贵州省和广西壮族自治区旅游商品的总体情况；

3. 重庆市、四川省、云南省、贵州省和广西壮族自治区各自具有代表性的特色旅游商品。

技能点：1. 能对西南旅游区具有代表性的旅游商品进行准确描述；

2. 能准确而生动地对西南旅游区具有代表性的旅游商品进行介绍和讲解。

◆【知识链接】

一、旅游区概况

西南区位于我国西南部、青藏高原的东侧，包括重庆市、四川省、云南省、贵州省和广西壮族自治区。区内岩溶景观发育典型，分布广泛；热带亚热带高山高原及峡谷风光独特，动植物资源极为丰富；少数民族众多，民族风情浓郁；旅游资源丰富多彩，特色突出，是我国旅游业发展较重要的一个区域。随着交通条件的进一步改善，该区凭借沿海沿边的区位优势和独特的旅游资源优势，旅游业必将进一步腾飞。

本区包括广西盆地、贵州高原、云南高原、横断山脉大部等，其中贵州高原大部、云南东部在地质史上都是海洋环境，碳酸盐类沉积发育，石灰岩分布广泛，本区是世界上喀斯特地貌发育最典型的地区之一。本区大部分位于亚热带，为亚热带季风气候。云南南部为热带季风气候、四川西部为高原气候区。云贵高原上气候温暖湿润，四季宜人。西南地区因为位于我国西南边陲，交通闭塞，外来势力的影响较小，加之我国政府积极推行少数民族政策，注意民族文化的保护与传承，尊重少数民族的风俗习惯，使该区域少数民族的特色得以保存、发展，成为我国民族多样性最为典型的地区，是我国少数民族聚居的主要地区之一。

西南旅游区主要旅游商品如表 2-8 所示。

表 2-8 西南旅游区主要旅游商品

省区	实用品	工艺品	艺术品
重庆市	涪陵榨菜、三江牌合川桃片、重庆沱茶、荣昌夏布	荣昌折扇、大足石刻刻花刀	荣昌安陶、綦江农民版画
四川省	郫县豆瓣、保宁醋、四川泡菜、蒙顶茶、文君酒、宜宾五粮液	瓷胎竹编、蜀绣、蜀锦、自贡扎染、龚扇、乐山宋笔	广元百花石刻、会理绿陶、南充竹帘画、绵竹木版画
云南省	大理雪梨、宣威火腿、云南山茶花粉、普洱茶、文山三七、云南白药	个旧锡制工艺品、邵通版纳地毯、傣族竹编、大理扎染、斑铜制品	剑川木雕、建水紫陶
贵州省	都匀毛尖、茅台酒、贵州杜仲、大方天麻、棕竹牛角手杖	苗锦、苗族蜡染、织金砚台、玉屏箫笛、大方漆器、牙舟陶器	遵义通草堆画
广西壮族自治区	罗汉果、桂林豆腐乳、桂林辣椒酱、桂林三花酒、毛南族花竹帽	桂林刺绣、壮锦	钦州坭兴陶、桂林美术陶、桂林山水国画

二、主要旅游商品介绍

（一）重庆市

重庆市是我国面积最大的城市。地形最突出的特点是地形起伏有致，立体感强，“山城”之誉举世闻名。重庆山地辽阔、地产丰盈，是中国茶叶的主要产地之一，茶树种植有着悠久的历史，重庆沱茶为茶中上品。跟川菜联姻的风味食品，花样繁多，味道精美，涪陵榨菜、合川桃片等享誉中外。

1. 实用品

（1）涪陵榨菜。涪陵榨菜是重庆特产，选用重庆市涪陵区特殊土壤和气候条件种植的青菜头为原料，经独特的加工工艺制成的鲜嫩香脆的一种风味产品。它与法国酸黄瓜、德国甜酸甘蓝并称世界三大名腌菜，也是中国对外出口的三大名菜（榨菜、薇菜、竹笋）之一。涪陵青菜头呈圆形、扁圆球形或纺锤形，表皮青绿，肉质白而肥厚，质地嫩脆，富含人体所必需的多种蛋白质、糖、维生素以及钙、磷、铁等微量元素，鲜嫩香脆、鲜香可口，有多种做法和独特妙用。其传统制作技艺被列入第二批国家级非物质文化遗产名录。

（2）三江牌合川桃片。三江牌合川桃片，由重庆合川桃片厂生产，已有 140 多年历史。清光绪二十一年（1895 年），县城“祥云斋”糖果铺开始生产，产品为甜桃片。后内江人蒋盛文在苏家街开设“同德福”斋铺，改进桃片用料和工艺，使桃片更加香甜可口，由此名声远扬。1964 年经中商部批准合川桃片注册为“三江牌”商标。为了提高桃片生产，保证产品质量，经过改进工艺，增加设备，建立健全了一套科学的质量检验体系，使“三江牌”合川桃片每年复查均获优质标准。合川桃片采用上等糯米、桃仁、麻油、猪板油、搅糖、蜜玫瑰等材料加工精制而成，有甜、盐两个品种。甜桃片色泽洁白，厚薄均匀，散如展卷，卷裹不断，点火即燃，细腻化渣，香甜爽口，有核桃仁和玫瑰的清香味。椒盐桃片色泽微黄，香甜酥脆，有浓郁的桃仁、芝麻、花生、椒盐香味和微有甜咸麻味。两种桃片均具有补脑、健脾、润肺、利尿的功能，深受广大消费者喜爱，是馈赠亲友之佳品，曾获国家、省、市优质产品奖、国家银质奖章。

（3）重庆沱茶。重庆沱茶，于 1953 年开始生产，以重庆、四川南部地区 14 个产茶区的优质茶叶为原料精工制作。制作时选用中上等晒青、烘青和炒青毛茶，运用传统工艺和现代化生产手段，对原料进行搭配、筛分、整形，再进行大拼堆、称料、蒸制、揉袋压形，属上乘紧压茶。

重庆沱茶成品形似碗臼，色泽乌黑油润，汤色澄黄明亮，叶底较嫩匀，滋味醇厚甘和，香气馥郁陈香。茶中含梗为 3 %、灰分 7 %、杂子 0.2 %，及对人体有益的咖啡因、茶多酚、矿物质等多种元素，具有提神益脑，生津止渴，醒酒利尿，去腻消食，防止血管硬化和胆固醇增高之功效。同时，具有明目清心，解渴利尿，止胃出血、止腹胀、止头痛、降低胆固醇含量等疗效。

（4）荣昌夏布。荣昌夏布是重庆市荣昌区的汉族传统纺织品，因轻柔胜丝，避暑爽身，实为暑天衣料佳品而得名。夏布原料为苎麻，经过传统手工工艺绩纱、纺织加工而成。夏布有生夏布和熟夏布之分，生夏布是淡草黄本色易于创作中国画，熟夏布经漂白后成为布料可以染色和印花，不宜创作中国画。荣昌夏布细密平整，色泽莹洁润滑，且坚韧耐用。麻质冬暖夏凉，具有通风透气的特性及透气、挺括、凉爽宜人的特点，且其品种甚多，以颜色分有本色、漂白、染色、印花四种，粗布可做口袋、衬布，细布宜做衣料，或绣花、挑花制成台布、椅垫、手巾、窗纱等工艺装饰品。精漂的细布，色泽雪白，细嫩轻软，有誉之为“麻绸”“珍珠螺纹”，素有“轻如蝉翼，薄如宣纸，平如水镜，细如罗绢”的称誉，是夏布中精品。由于苎麻纤维与棉花纤维相比较无法用现代化纺织机械加工，只能靠传统手工技艺生产，这种传统的手工技艺被列入第二批国家级非物质文化遗产名录。1998 年，国家农业部先后授予荣昌县盘龙镇“中国夏布之乡”和“夏布加工基地”的称誉。

2. 工艺品

（1）荣昌折扇（图 2–186）。重庆市荣昌区四宝之一的荣昌折扇，经历代艺人刻苦钻研、精工创制，逐步发展成为具有独特风格的汉族传统工艺品，其精雅宜士人，其华灿宜艳女。古人曾有诗赞曰：“开合清风纸半张，随机舒卷岂寻常；金环并束龙腰细，玉栅齐编凤翅长，偏称游人携袖里，不劳侍女执花傍；宫罗旧赐休相妒，还汝团圆共夜凉。”

图 2–186　荣昌折扇

折扇虽是日用小商品，但独具收则折叠，用则撒开，折撒自如，携带方便的特点。荣昌折扇造型轻盈灵巧，线条外圆内方，明快流畅；其选料考究，制作精细，工艺精湛，是实用与工艺相结合的日用佳品。由于品种齐全，花色繁多，高、中、低档产品均有，可谓男女老少皆宜，雅俗共赏，深受各阶层人士的喜爱。

（2）大足石刻刻花刀（图 2–187）。大足石刻刻花刀是重庆创新的旅游商品，具有锋利、切物不黏刀、文化艺术特征鲜明美观的特点。刻花刀是在传统龙水刀锋利特点的基础上，经工艺技术创新，以大足石刻造像为题，加工出各种艺术图形的凹槽线条植于刀面，压暗纹，达到减少刀面黏附力，切割物品省力、不黏刀之功效，同时使传统刀具艺术化，将实用性、艺术性和当地的旅游文化特征的纪念性融为一体。

图 2–187　大足石刻刻花刀

3. 艺术品

（1）荣昌安陶（图 2–188）。荣昌安陶产自重庆市安陶县，安陶享有“薄如纸、亮如镜、声如磬”的美誉。安陶既有北方陶的线条与素雅，又有中原陶的大器与重彩。

安陶按胎质精细度分为“粗陶”和“细陶”两大类。粗陶多为大众化的罐、缸、坛、盆、钵等日用陶，以花盆（特别是堆花龙纹花盆）最具代表性，有粗犷之美；细陶具有天然色泽，观之有晶莹剔透之形，叩之能发清脆悦耳之声，产品多为工艺陶和日用陶，如花瓶、茶壶、文房用品等。2010年年初，安陶工艺被列为国家级非物质文化遗产保护项目。

图 2-188　荣昌安陶

（2）綦江农民版画（图 2-189）。綦江农民版画起源于重庆市綦江区，是在明清年间的木板年画的基础上发展起来的。綦江农民版画是一种先在木板上雕刻出图画，再拓印而成的纯手工之作，作品构图明快，色彩艳丽，大都取材于广大农民群众的生产生活实践，具有浓郁的民族民间风情和生活气息。表现手法大量吸收了当地民族民间美术技法，呈现出古朴稚拙、夸张浪漫的艺术效果。綦江农民版画不但具有幽默、稚拙的情趣和热情、奔放、诚挚的元素，而且还具有鲜明的个性特征和浓厚的乡土气息。色彩构成自然大方，意到笔到情到，伴着创作者强烈的情感，把创作者对生活的认识和热爱主观地融进画中，情到深处画面生姿，意趣盎然。

图 2-189　綦江农民版画

（二）四川省

四川自古以来素有“天府之国”的美誉，是中国经济开发最早的地区之一。这里物华天宝、资源丰富，旅游商品繁多，包括风味食品郫县豆瓣、保宁醋、泡菜，名酒文君酒、五粮液，以及驰名中外的蜀绣、蜀锦制品等。

1. 实用品

（1）郫县豆瓣。郫县豆瓣，中国地理标志产品。是四川三大名瓣之一。它在选材与工艺上独树一帜，与众不同。香味醇厚却未加一点香料，色泽油润却未加任何油脂，全靠精细的加工技术和原料的优良而达到色、香、味俱佳的标准，具有辣味重、鲜红油润、辣椒块大、回味香甜的特点。从营养的角度说，郫县豆瓣含有丰富的蛋白质、脂肪、碳水化合物，维生素C和辣椒碱，长期食用可增进食欲，促进人体血液循环，并且起到驱湿祛寒的作用。作为一种技艺和文化，郫县豆瓣已深深地融入四川人的血液和川菜的魂魄中，有“川菜之魂”之称。其制作技艺被列为第二批国家级非物质文化遗产名录。

（2）保宁醋。保宁醋是四川省的地方传统名优特产，属于中国四大名醋之一。保宁醋以地名（今四川阆中市保宁镇）俗称，始于五代唐长兴元年（936年）设保宁军治时，距今已有1000多年历史。近400年来，保宁醋通过不断探索和创新，最终形成以麸醋、药醋为特色而名扬中华醋苑的百年老字号。保宁醋以麸皮、小麦、大米、糯米为原料，用砂仁、麦芽、元楂、独活、肉桂、当归、乌梅、杏仁等多味材料开胃健脾，促进血液流动的中药材制曲，取观音寺莹洁甘洌、沸而无沉之唐代古“松华井”之优质泉水（古称观音圣水）精酿而成，近百年来被人们誉为川菜精灵，甚有“离开保宁醋，川菜无客顾”的说法。

（3）四川泡菜。四川泡菜又叫泡酸菜，是中国四川家喻户晓的一种佐餐菜肴，味道咸酸，口感脆生，色泽鲜亮，香味扑鼻，开胃提神，醒酒去腻，老少适宜，一年四季都可以制作，但制作时气候环境十分讲究，是居家过日子常备的小菜。四川泡菜的制作历史有一两千年了。据考证，泡菜古称菹，《周礼》中就有记载，三国时期就有泡菜坛，北魏的《齐民要术》记有用白菜制酸菜的方法。在天府之国的四川，经家庭妇女们长期的实践总结，制作泡菜的工艺逐渐完善，形成了现在的四川泡菜。

四川泡菜制作简单，易于储存，食用方便。原料有萝卜缨、白菜帮、青菜茎、黄瓜、豆角等。蔬菜原料经泡渍发酵，就成了酸泡菜。因是冷加工，有益成分损失较少，所以营养丰富，是很好的低热量食品。泡菜还被当作调料和药用，如酸菜鱼、泡椒鲫鱼、榨菜肉丝等很多菜都有泡菜；药用功能方面，如用泡萝卜去寒，用泡青菜清热去暑，用泡茄子治腮腺炎，用泡姜祛寒御湿等。2010年，四川泡菜成功申报为国家地理标志保护产品。

（4）蒙顶茶（图2–190）。蒙顶茶是汉族传统绿茶，产于四川省雅安市著名山区蒙顶山。产地全年平均气温14.5℃，年降水量2000～2200毫米，常细雨蒙蒙、烟霞满山。这种生态环境，能减弱太阳光直射，使散射光增多，有利于茶叶中含氮物质的形成，也增加了氨基酸、蛋白质、咖啡因、茶素、维生素C的含量。相传西汉时，甘露普惠妙济大师吴理真，“携灵茗之种，植于五峰之中”。吴理真在上清峰栽了七株茶树。茶树“高不盈尺，不生不灭，迥异寻常”，久饮该茶，有益脾胃，能延年益寿，故有“仙茶”之誉。蒙顶茶外形紧卷多毫，嫩绿色润；内质香气馥郁，芬芳鲜嫩；外汤色碧清微黄，清澈明亮，滋味鲜爽，浓郁回甜。

图2–190 蒙顶茶

（5）文君酒。文君酒只在灵山秀水、拥有千年酿造传统的川酒四大产地之一的邛崃出产。早在2300年前，邛崃已开始酿酒，酿造文君酒的“通天泉”水纯净甘洌。而其生产工艺流程完整保留了传统古法精髓：制曲车间前身为拥有200多年历史的“曾氏曲房”，至今坚持全手工制曲法。曲砖色泽金黄、外紧内松，有利于微生物充分发酵，给入窖的粮糟提供更多发酵所需的菌种；酿造车间前身为明代寇氏烧坊，拥有400多年历史的古法原酿至今仍被鲜活演绎。文君酒精选100％纯头酒精粹，仅使用经数年宜兴陶坛储存的顶级原酒进行调配，对品质有着极高的要求。文君酒的独特口感是“甜润幽雅，蕴含众香”。“甜”来自自然发酵所产生的香味成分的合理组合；“润”即不刺喉、不尖辣，口感醇厚；“幽雅”指文君酒入口十分舒适，饮后带给饮者飘逸清新的感觉；“众香”则指文君酒不仅融合了白酒的传统五香，同时还包含层次丰富的花香与果香，自然协调，芬芳持久。

（6）宜宾五粮液。五粮液酒产于四川宜宾市，是以高粱、大米、糯米、小麦和玉米五种粮食为原料，经陈年老窖发酵，长年陈酿，精心勾兑而成的浓香型白酒。以“香气悠久、味醇厚、入口甘美、入喉净爽、各味协调、恰到好处、酒味全面”的独特风格闻名于世，以独有的自然生态环境、600 多年明代古窖、五种粮食配方、古传秘方工艺、和谐品质、“十里酒城”宏大规模六大优势，成为当今酒类产品中出类拔萃的珍品。自 1915 年首获“巴拿马万国博览会”金奖以来，五粮液酒又相继在世界各地的博览会上共获 36 次金奖，1995 年在“第十三届巴拿马国际食品博览会”上又再获金奖，铸造了五粮液“八十年金牌不倒”的辉煌，并被第五十届世界统计大会评为“中国酒业大王”。五粮液酒还 4 次蝉联“国家名酒”称号；4 度荣获国家优质产品金质奖章；“五粮液”商标 1991 年被评为首届中国“十大驰名商标”；10 多年来五粮液品牌连续在中国白酒制造业和食品行业“最有价值品牌”中排位第一。五粮液股份有限公司于 2003 年再度获得“全国质量管理奖”，成为我国酒类行业唯一两度获得国家级质量管理奖的企业。

2. 工艺品

（1）瓷胎竹编（图 2–191）。瓷胎竹编，是成都地区独特的汉族手工艺品，也是四川特产的一种，起源于清代中叶，当时主要用作贡品。由于世道艰辛，技艺几经绝传，20 世纪 50 年代经重新发掘、恢复生产。瓷胎竹编产品技艺独特，以精细见长，具有“精选料、特细丝、紧贴胎、密藏头、五彩图”的技艺特色。

图 2–191　瓷胎竹编

瓷胎竹编工艺使用的竹材是经过严格挑选来自成都地区的特长无节瓷竹，经过破竹、烤色、去节、分层、定色、刮平、划丝、抽匀等十几道工序，全是手工操作，制作出精细的竹丝。瓷胎竹编所用竹丝断面全为矩形，在厚薄粗细上都有严格要求，厚度仅为一两根头发丝厚，宽度也只有四五根发丝宽，根根竹丝都通过匀刀，达到厚薄均匀，粗细一致，观者无不赞叹其难。瓷胎竹编在制作过程中全凭双手和一把刀进行手工编织，让根根竹丝依胎成形，紧贴瓷面，所有接头之处都做到藏而不露，宛如天然生成、浑然一体。瓷胎竹编产品只使用竹材表面一层，纤维十分致密，同时进行了特殊的处理，能够耐干燥，不变形，不虫蛀，耐水可清洗。瓷胎竹编产品只有四川生产，以其纪念性、地方性成为中外宾客优选的旅游纪念品。

（2）蜀绣（图 2–192）。蜀绣是汉族传统刺绣工艺之一，属于川绣。产地集中在成都、温江等地。四川蜀绣生产历史悠久，与湘绣、苏绣、粤绣并称我国四大名绣，与蜀锦一起被称为“蜀中之宝”。起源于川西民间的蜀绣，由于受地理环境、风俗习惯、文化艺术等各方面的影响，经过长期的不断发展，逐渐形成了严谨细腻、光亮平整、构图疏朗、浑厚圆润、色彩明快的独特风格。

蜀绣以优质软缎和彩丝为原料，一针一丝手绣而成，具有平顺光亮、针脚整齐、施针严谨、掺色柔和、车拧自如、劲气生动、虚实得体的特点。绣法分单面绣和双面绣两种。针法有罩针、切针、拉针、沙针等130余种。产品有绣屏、被面、枕套、靠垫、头巾、手帕等。图案设计为山水人物，花鸟鱼虫，无所不及。蜀绣产品针法严谨，片线光亮，针足齐品，富于变化，达到“远看是画，近看是绣”的特殊艺术效果。

图2-192　蜀绣

（3）蜀锦（图2-193）。蜀锦，专指蜀地（四川成都地区）生产的丝织提花织锦，起源于战国时期中国四川省成都市所出产的锦类丝织品，距今已有2000年的历史。四川古称“蜀”“蜀国”和“蚕丛之国”，这里桑蚕丝绸业起源最早，是中国丝绸文化的发祥地之一。蜀锦兴于春秋战国而盛于汉唐，在我国传统丝织工艺锦缎的生产中，历史最悠久，影响最深远。蜀锦大多以经线彩色起彩，彩条添花，经纬起花，先彩条后锦群，方形、条形、几何骨架添花，对称纹样，四方连续，色调鲜艳，对比性强，是一种具有汉民族特色和地方风格的多彩织锦。它与南京的云锦、苏州的宋锦、广西的壮锦一起，并称为中国的四大名锦。2006年，蜀锦织造技艺经国务院批准列入第一批国家级非物质文化遗产名录，成都蜀锦织绣博物馆是蜀锦工艺的传承单位。蜀锦也是日本国宝级传统工艺品京都西阵织的前身。

图2-193　蜀锦

（4）自贡扎染（图2-194）。自贡扎染是四川省的汉族传统手工艺术珍品，属于古称蜀颉的扎染艺术。自贡扎染工艺性强，以针代笔，无一雷同，色彩斑斓，款式多样，扎痕耐久。近年研制的棉、麻、丝、缎、皮革、绒等质地的多色套染，隽永雅秀、韵味天成，图案设计富于情趣，特色浓郁。

图2-194　自贡扎染

（5）龚扇。龚扇又称自贡龚扇，是汉族传统工艺美术珍品，蜀中名扇之一。四川自贡竹编扇，晶莹光亮，宛如纨绢，驰名中外。竹丝扇始于龚氏，故俗称龚扇，至今已逾百年历史，是自贡著名的小三绝之一。清光绪年间，由民间艺术家龚玉璋在继承其父龚爵五技艺基础上创制而成。在1886年四川劝业道周孝怀创办的宝川局“赛宝”会上一举夺魁，选送进皇宫，光绪皇帝赐名“宫扇”。

龚扇制作选料之精，做工之巧，艺术品质之高，工艺之复杂，堪称艺术珍品，誉为“天下第一扇”。龚扇选用一年青阴山黄竹为原料，以特制工具加工出来的竹丝，透明莹洁，薄如蝉翼，再按名家书画行丝走篾，精心穿、吊、镶、破，巧妙结构，再现原作神韵，扇面竟似绫绸。敲打扇把有如鼓声，使观赏者误认为素丝织锦。采用白牛角做扇把，饰以丝质“流苏”，更显质地高贵，色纹柔和统一，大增风采。这种用自然物质制作的民族文化题材、形式、风格朴实、细腻、潇洒、技艺高超的竹丝制品正是东方艺术、民间传统工艺品的极好代表。著名文学大师、考古学家郭沫若先生初认竹丝扇误认为素丝织锦，赞叹为“真是巧夺天工”。自贡龚扇被誉为“中华第一扇”，是中国非物质文化遗产和珍贵的汉族民间艺术品。

（6）乐山宋笔（图 2–195）。乐山宋笔是四川省乐山市的汉族传统手工艺品。因苏东坡而得名的四川乐山宋笔，可以与宣笔、湖笔相提并论。其采用峨眉山数种珍贵兽毛，用汉族传统的手工工艺，特别的制作方法精制而成，笔毛刚柔相济，笔锋尖，腰力好，弹性强，圆直挺拔，书写时刚劲有力，收锋好，不散不乱，蓄墨适度。宋笔既保留了宋代抓笔的特长，又增加了新的特色。宋笔中不仅有一般制笔所用的健毫和柔毫，还含有峨眉山区特产的一种强豪。千年“宋笔”传到今，著名画家徐悲鸿于 1937 年题下了“嘉州产名笔，工艺甲西南”的赞语。国内书画名家用乐山宋笔题词作画，对该笔给予了高度评价。宋笔不仅畅销国内市场，而且远销国外。

图 2–195　乐山宋笔

3. 艺术品

（1）广元白花石刻（图 2–196）。广元白花石刻历史悠久，相传从隋、唐开始，艺人们就利用当地一种细密柔润、赤白相间的白花石（在猪肝色和墨绿色的石块中，呈现出白色、灰白色和淡绿色石层），因材施艺，雕刻成各种石屏、砚台、笔筒、花钵、花瓶、烟缸、果盒等日用器皿，成为一种具有独特风格的工艺品，被中外誉为“白花石刻”。中华人民共和国成立后，广元石刻有了极大发展，创造了高雕镂空的飞龙石砚、梅花笔筒；玲珑秀气的松鹤花瓶、荷花鱼钵和以民间传说、历史故事为题材的“嫦娥奔月”“苏武牧羊”等石屏，以及以山水、虫鱼、花草为表现内容的作品。产品畅销国内外，深受各界人士的赞誉。早在隋、唐时期，广元石刻就由凿崖造像逐步演变为雕石为器，在长期的生产实践中，广元民间艺人利用赤白相间的白花石，因材设计，雕刻成色彩分明的山水、人物、花鸟、禽兽等石屏、砚台、笔筒、花钵、笔架等。到了近代，白花石刻已逐渐形成自己独特的人文风格。以浓厚的地方特色及精湛的雕刻工艺形成一绝，被誉为全国四大名刻之一，著称中外。

图 2–196　广元白花石刻

（2）会理绿陶（图 2–197）。会理绿陶是四川著名产品，因采用“孔雀绿石”配料而得名。产品呈宝石绿色，清爽素雅，叩之有金属清脆的声响，釉不含铅，无毒、无味、耐高温、耐酸碱，在川陶中独具一格。

会理绿陶主要的原材料为白泥陶土，以特殊工艺制作，釉色用天然孔雀石碾制成浆再加谷糠灰浆、坯浆制成。经验丰富的釉工配制出的绿釉，烧成后碧绿、晶莹，极为光亮。在各种温度下，可出现墨绿、碧绿以及别称“青菜绿”等不同色调。因其色呈绿色，独具特色，自古以来被人们称为“绿陶”。经国家工商总局商标局公告“会理绿陶”获准中国地理标志证明商标注册。这标志着“会理绿陶”有了一张标志，其特定的人文技艺和自然资源价值的独一无二的“身份证”对推动会理绿陶发展具有深远意义。

图 2-197　会理绿陶

（3）南充竹帘画。南充竹帘画是四川首创的汉族传统工艺美术品，曾被列为皇家贡品。竹帘画在精编的竹丝卷帘上绘画，通常运用具有传统特色的国画技法。据《梁平县志》载，南充所产竹帘，“细如毫发密如丝”，光绪年间就发展了油漆彩绘的画帘。早期多作轿帘使用，清末逐渐发展成为室内陈设画帘形式。品种有通景屏、单条、斗方、屏风、帐檐、对联、灯罩等百余种。

南充的竹帘画竹帘雅洁，图画富丽，具有浓郁的汉民族地方风味，被称为精工画帘。竹帘画的编织非常平整柔软，因有粉底堂心，诗画作于上有传统宣纸的感觉。最精湛的竹帘画是采用蚕丝与竹线作经纬交织，然后在帘子的幅面上画山水、人物、花卉、翎毛、走兽等，密不漏缝，如丝绢般精细润泽。在竹帘画的基础上，南充工匠们又加上蜀绣，绘制出竹绣帘。由于画绣结合，竹绣帘发挥了两种技艺的优势，也避免了各自的短处。如在熊猫图、猛虎图中，动物的毛发、人物的衣服等由于蜀绣的针法更加栩栩如生，质感极强，而脸部则采用绘画技法，其感觉表情更传神。为了适应刺绣的需要，竹绣帘采用的竹帘坯经线密度大大高于绘画竹帘，因而竹绣帘的价格也就大大高于竹帘画了。

（4）绵竹木版年画（图 2-198）。绵竹年画又称绵竹木版年画，中国民间木版年画之一，因产于竹纸之乡的四川省绵竹市而得名，流行于中国西南地区，多以木版印出轮廓而后填色。绵竹年画与天津杨柳青年画、山东潍坊杨家埠木版年画、苏州桃花坞木版年画齐名为中国四大年画之一，素有“四川三宝”“绵竹三绝”之美誉。绵竹年画起源于北宋，兴于明代，盛于清代。乾隆、嘉庆年间，由于经济繁荣，绵竹年画进入鼎盛时期，年画行会也相应建立，名“伏羲会”，有专业从业人员 900 余人，作坊 300 多户，年产年画 1200 万多份，产品除运销两湖、陕、甘、青及四川各地外，还远销印度、日本、越南、缅甸等国家和我国港澳等地区。

图 2-198　绵竹木版年画

在绘制风格上，绵竹年画既承传了唐代之前手工绘制年画的制作风格，又继承了唐代之后雕版印刷年画的风格。和中国其他年画一样，首先是要刻成线版。但是，线版在绵竹年画中只起轮廓作用，从不套色制作，最后完成全部靠手工彩绘，经过不同艺人的手笔，呈现出不同的风格，同一个艺人绘制不同的画幅也会产生不同的趣味。与其他地区用色版套印年画有明显区别，这是绵竹年画区别于其他诸家年画的主要特点之一，也正是绵竹年画的绝妙之处。绵竹年画是世世代代民间画师们勤劳和智慧的结晶，体现巴蜀人民乐观向上的思想感情和古老的民族风尚。2002 年 2 月，绵竹年画入选首批中国非物质文化遗产项目。

（三）云南省

云南是我国少数民族人口多、分布广的省份之一，素有“植物王国”“动物王国”“有色金属王国”“药材之乡”“花卉之乡”的美誉，是全国植物种类最多的省份。旅游商品中有许多名贵的中药材，如三七、当归、云木香等。

1. 实用品

（1）大理雪梨。大理雪梨主要出产在洱海东岸的海东乡一带，故传统上称为海东雪梨。海东区域内栽培雪梨树已有 1000 多年的历史。远在大理国、南诏国时期，每年梨熟时节，各地方官员都要选上等雪梨作进贡果品，上贡给朝廷。每年八九月份是海东雪梨成熟期，果实呈圆形或椭圆形，经贮藏一段时间皮色由绿色转为黄色，晶莹透亮。熟透的雪梨皮薄、肉质雪白细嫩，汁多香甜，咀嚼不留渣滓，含有丰富的苹果酸、蛋白质、钙、磷、铁、维生素 B、维生素 C 等多种营养成分，有生津止渴、润肺消咳之功效。

（2）宣威火腿。宣威火腿，云南省著名地方特产之一，因产于宣威而得名。宣威火腿的历史悠久，最迟始于明代。20 世纪初，浦在廷等人集资兴办“宣和火腿公司”，引进机械设备制作火腿罐头，继而“云南宣威浦在廷兄弟食品罐头有限公司”成立，其产品于 1923 年参加广州等地赛会受到各界的好评。孙中山先生为其题词“饮和食德”，从此名声大噪，远销我国香港、新加坡等地。它的主要特点是：形似琵琶，只大骨小，皮薄肉厚，肥瘦适中；切开断面，香气浓郁，色泽鲜艳，瘦肉呈鲜红色或玫瑰色，肥肉呈乳白色，骨头略显桃红，似血气尚在滋润。其品质优良，足以代表云南火腿，故常称“云腿”。

（3）云南山茶花粉。云南山茶花粉是由云南山茶花精制而成。云南山茶花也叫滇山茶，属于山茶科山茶属植物，原产云南。其树体较高大，荫浓叶阔，花朵硕大。生长过程中的叶子，有其典型的特性云南山茶花，是中国传统花木之一。已有 1000 多年的栽培历史，是“八大名花”中最享有盛名的一种，现在是昆明市的市花，也是本油料植物和培育茶花新品种有用的种质资源，被列为国家二级保护植物。由山茶花制作的新鲜茶花粉具有特殊的茶香气息，味道微甜，呈浅黄色。云南山茶花粉的氨基酸含量居所有常见花粉之首，微量元素及烟酸含量也高于其他花粉，是女士美容护肤的首选花粉。另外可提高神经系统的正常兴奋性，改善睡眠，增强智力，抗衰老。山茶花粉里富含的氨基酸、蛋白质、维生素以及生物活性物质，既营养皮肤，又能去除各种色素斑点，调节内分泌，维持卵巢正常功能，所以能去黄褐斑。它含有的维生素和微量元素硒是强氧化剂，能防止脂质被自由基氧化成脂褐斑，因而能去除老年斑。而且山茶花粉有着非常强的抗辐射功效，对于一些常见辐射斑，如晒斑、电脑斑等，均有着一定的效果。

图 2-199 普洱茶

（4）普洱茶（图 2-199）。普洱茶是以云南省西双版纳、临沧、普洱等地区的大叶种晒青毛茶为原料，经过发酵加工成的散茶和紧压茶。普洱茶在制作上，分为普洱散茶和普洱紧茶两大类。普洱散茶，传统品类为毛尖、粗叶，今已发展为普洱绿茶、普洱青茶、普洱红茶、普洱黑茶、普洱黄茶、普洱白茶 6 个品类。普洱茶讲究冲泡技巧和品饮艺术，其饮用方法丰富，既可清饮，也可混饮。清饮指不加任何辅料来冲泡，多见于汉族；混饮是指于在茶中添加辅料，多见于香港、台湾，如香港在普洱茶中加入菊花、枸杞、西洋参等养生食料。普洱茶香气持久，香型独特，滋味浓醇，经久耐泡，具有降低血脂、减肥、抑菌助消化、暖胃、生津、止渴、醒酒解毒等多种功效。

图 2-200 文山三七

（5）文山三七（图 2-200）。文山三七又名文州三七，明代著名的药学家李时珍称其为“金不换”。云南三七分布较广，几乎在海拔 1200 米、1700 米的地区都有种植，其中以文山州各县为主要产区，该州的砚山、马关、西畴等县栽培三七已有三四百年的历史。文州三七是中药材中的一颗明珠，清朝药学著作《本草纲目拾遗》中记载：“人参补气第一，三七补血第一，味同而功亦等，故称人参三七，为中药中之最珍贵者。”扬名中外的中成药“云南白药”和“片仔癀”，即以三七为主要原料制成。近 30 年来，国内外专家学者对三七进行了广泛深入的药化、药理研究和临床试验。研究表明，三七含数十种皂苷等活性物质高于人参，对防治心脑血管疾病有显著作用，尤其是在降血脂、降血糖、降血稠、降血压、抗炎症、抗疲劳和提高机体免疫力等方面疗效显著，而且安全无毒。

（6）云南白药。云南白药由云南名医曲焕章创制，已有 100 多年的历史。1955 年，曲家人将“云南白药”秘方献给了云南省政府。卫生部在关于《卫生工作中国家秘密及其密级具体范围的规定》中明确表示，“绝密级事项其一就是被列为国家重点保护的中药制剂，是指由卫生部确定的中成药。如云南白药，其保密期限为长期”。1984 年 8 月国家医药管理局将云南白药配方、工艺列入国家绝密。云南白药由数种药材合成，被称作疗伤圣药“万应百宝丹”，祖传药方中载有“藤三七”和“白鹤灵芝”，具有止血、活血化瘀、抗炎、愈创的功效。

2. 工艺品

（1）个旧锡制工艺品（图 2-201）。著名锡都个旧的锡制工艺品已有 300 多年历史，采用高纯度精锡，经过熔炼、压片、裁料、造型、刮光、装接、雕刻等工序制作而成。由于锡的化学物理性能，具有耐酸、耐碱、无毒、无味、不上锈、防腐蚀等特点。个旧锡制工艺品，含锡量高而硬度大，抗氧化能力强，产品白如银，明如镜，光洁程度、耐磨程度在国际同行业中遥遥领先。

图 2-201　个旧锡制工艺品

个旧锡制工艺品已有 70 多个品种：有精巧玲珑的酒具、食具、笔架、笔筒；有造型浑朴凝重的香炉、蜡台、粉盒、花瓶；有栩栩如生的飞禽走兽等。造型和图案均体现了本地风俗和民族特色：有象征美满幸福的游龙戏凤、表现古朴素雅的流水高山、福寿呈祥的松鹤延年，以及清静和谐的鸟语花香。此外，还有在锡器上雕刻了石林、龙门、大观楼等名山胜景的各类产品。

（2）邵通版纳地毯（图 2-202）。邵通版纳地毯图案多以反映西双版纳风光风情为主，在中国羊毛手工编织地毯中具有独特地方民族风格。昭通盛产绵羊毛，昭通地毯厂以当地的优质羊毛作原料，精心织造了一幅幅富有浓郁民族特色的版纳地毯，产品有 100 多个品种，图案有大象、孔雀等珍禽异兽，也有牡丹、山茶等奇花异卉。色彩艳丽多姿，工艺精良，产品远销欧美。

图 2-202　邵通版纳地毯

（3）傣族竹编（图 2-203）。傣族的竹编工艺是傣族的传统工艺美术形式，历史悠久，造型古朴，美观实用。傣族有着世代相传的竹编技艺，具有鲜明的民族特色。

傣族竹编工艺精细，造型朴实大方，图案变化美观，制品种类繁多，是优良的实用工艺品。其中以芭箩、饭盒、槟榔盒等竹器编织技术最有代表性。芭箩是傣语，是一种挂在腰间的竹篓。芭箩编织精巧，美观适用，既是生产、生活用具，又是精致的装饰品。傣族妇女身着轻盈飘逸民族服装，腰系一只芭箩，走动时芭箩随身轻松摇摆，显得十分朴实、精干、健美、俊俏。更为珍爱之处在于，芭箩是傣族青年男女间爱情的传递物。傣族男子从小学习竹编，人人都有一手精湛的竹编技艺。青年男子总是精心编织一只芭箩送给自己心爱的姑娘，

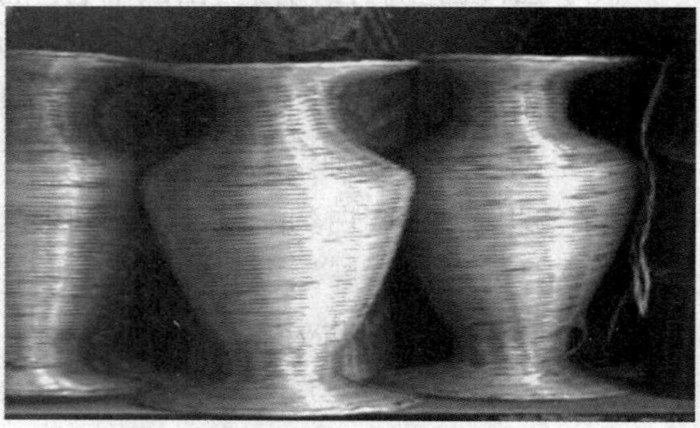
图 2-203　傣族竹编

换回一个姑娘回赠的亲手织绣的筒帕。所以，编织笆箩、织绣筒帕，是傣族青年“编织爱情的技艺”。如果一个小伙子不会竹编，那么他就会同姑娘不会织绣“筒帕”一样，说明他没有一双勤劳灵巧的双手，很难找到心爱的伴侣。傣族竹编经过通体髹漆，内施朱，外漆金，并压印出孔雀翎纹和镶嵌五彩琉璃图案，尤其富丽堂皇，可以作为上好的陈列工艺品。

（4）大理扎染。大理扎染是大理白族和彝族民间传统的手工艺品，主产地在大理市和巍山彝族自治县。扎染，古称杂花布，又叫绞缬染，是民间古老的手工印染工艺，起源于1000多年前的中原地区，如今主要保存在大理市周城和巍山县城、大仓、庙街等地。扎染是我国民间传统的染色技术之一，与蜡染和镂空印花并称为我国古代三大印花技术。大理扎染全靠手工制作，经过手工绘图、扎缝、染漂、扎花、碾平等工序制作而成。大理的扎染，多以家庭小作坊的形式出现，采用对人体有益的纯植物—板蓝根为原料，真正地保留了淳朴和完全的手工制作。

（5）斑铜制品（图2–204）。斑铜，云南特有的民间传统工艺品，起源于云南青铜器，明代就已见行于世。斑铜工艺制作复杂而严格，采用高品位的铜基合金原料，经过铸造成型，精工打磨，以及复杂的后工艺处理制作而成。它“妙在有斑，贵在浑厚”，褐红色的表面呈现出离奇闪烁，艳丽斑驳，变化微妙的斑花而独树一帜，堪称金属工艺之冠。

图2-204　云南斑铜制品

云南斑铜工艺品在造型上不仅继承和发扬了传统特色，还吸取了云南青铜和中原青铜文化的艺术营养，并结合现代雕塑手法和先进工艺，在充分显示斑花特点的前提下辅以简洁洗练的装饰图案，使其达到艺术的完美和统一。现今已形成包括人物、动物、花卉、瓶罐、炉尊、壁饰、器皿七大类的斑铜系列产品。其浑厚古朴，典雅富丽，熠熠生辉的艺术效果，令人爱不释手，实为中、高档陈设玩赏之工艺佳品。

3. 艺术品

（1）剑川木雕（图2–205）。剑川木雕产于大理州剑川县，始于10世纪。剑川县素称“木匠之乡”，白族人民在吸收了汉族和其他民族的文化和生产技术后，逐步形成了独特精湛的技艺。剑川木雕选用优质的红木、西南桦、缅甸红木，以及天然植物漆和闻名于世的彩花大理石，使产品具有很高的实用价值、工艺价值和收藏价值。

图2-205　剑川木雕

剑川木雕做工精细、用料考究，集明、清各式木雕之精华，造型美观大方，高雅别致，坚硬柔韧，抗腐蚀、不变形，再现了优秀的民族木雕艺术，现已发展为艺术价值很高的木雕工艺品。尤其是云木雕花镶嵌大理石家具，用优质硬木精心雕出龙、凤、狮、孔雀、梅花等传统图案，制成桌、椅、茶几等，再镶嵌上苍山特产的彩花大理石，显得古朴大方新颖高雅，富于民族特色，既实用，又华美。剑川木雕有豪华典雅、富有民族气息的客厅家具类；古朴高雅的嵌石餐厅家具类；栩栩如生的九龙壁画、九狮壁画、花鸟壁画类；各型座屏、挂屏、屏风类；园林古建筑的格扇门、窗、挂帘以及各种民族旅游产品等几百个品种，远销欧、美等数十个国家和地区。

（2）建水紫陶（图2-206）。建水紫陶始于元末明初，是云南省建水县的汉族传统手工艺术品，至今已有900多年的历史。历史上宋有青瓷，元有青花，明有粗瓷，清有紫陶的说法，紫陶属传统的名优产品。用建水近郊五色陶土（红黄青褐白）制作成型，经过书画、雕刻、填刮、烧炼、磨光等工序，陶器色泽深紫，花纹雪白，叩声如磬。其中胎色若羊肝者，尤为上品。

图2-206　建水紫陶

建水紫陶品种繁多，造型大多古朴典雅，别具一格。建水紫陶采用当地得天独厚且蕴藏量丰富的红、黄、紫、青、白五色土配制。色调为红底白花和黑底白花或白底红、黄、蓝花等。装饰上采用刻画雕填，既有粗犷豪放、大笔、大块的书法，又有写意国画和民族图案。画面用笔潇洒，刀法流畅，无论刻画飞禽走兽，还是花草鱼虫，均栩栩如生，给人以古色古香、高雅而不俗之感。生产工艺上采用无釉磨光，即坯体不上釉，烧成后只需打磨、抛光，产品就可清新光洁。一旦敲击铿锵有声，真可谓“体如铁、色如铜、音如磬、亮如镜、光照鉴人”，形成了有别于陶器的独特之处，实为“陶坛一秀”。

（四）贵州省

贵州被誉为天然大公园，拥有喀斯特地质地貌、原生的自然环境、浓郁的少数民族风情，旅游商品以中药材与传统手工艺为主，主要有杜仲、天麻、蜡染制品、苗锦、织金砚台等。

1. 实用品

（1）都匀毛尖（图2-207）。都匀毛尖，中国十大名茶之一，产于贵州都匀市。1956年，由毛泽东亲笔命名，又名“白毛尖”“细

图2-207　都匀毛尖

毛尖”“鱼钩茶”“雀舌茶”，是贵州三大名茶之一。其外形条索紧结纤细卷曲、披毫，色绿翠，香清高，味鲜浓，叶底嫩绿匀整明亮。都匀毛尖不仅味道好，而且具有生津解渴、清心明目、提神醒脑、去腻消食、抑制动脉粥样硬化、降脂减肥以及防癌和防御放射性元素等多种功效与作用。

（2）茅台酒（图 2-208）。茅台酒独产于中国贵州省遵义市仁怀市茅台镇，是中国的传统特产酒，与苏格兰威士忌、法国科涅克白兰地齐名的世界三大蒸馏名酒之一，是大曲酱香型白酒的鼻祖，更是中国的国酒，至今已有 800 多年的历史。酿制茅台酒的用水主要是赤水河的水，赤水河水质好，用这种入口微甜、无溶解杂质的水经过蒸馏酿出的酒特别甘美。故清代诗人曾有“集灵泉于一身，汇秀水东下”的咏句赞美赤水河。茅台镇还具有极特殊的自然环境和气候条件。它位于贵州高原最低点的盆地，海拔仅 440 米，远离高原气流，终日云雾密集。夏日持续 35℃～ 39℃的高温期长达 5 个月，一年有大半时间笼罩在闷热、潮湿的雨雾之中。这种特殊气候、水质、土壤条件，对于酒料的发酵、熟化非常有利，同时也部分地对茅台酒中香气成分的微生物产生、精化、增减起了决定性的作用。可以说，如果离开这里的特殊气候条件，酒中的有些香气成分就根本无法产生，酒的味道也就欠缺了。

图 2-208　茅台酒

（3）贵州杜仲（图 2-209）。杜仲是贵州特产，产于贵州高原海拔 200 ～ 800 米的山脉丛林之中，汲取着阳光雨露之精华。在得天独厚的自然条件下生长的杜仲，品质优良，是一种名贵的山野珍品。《神农本草经》列为上品，谓其“主治腰膝痛，补中，益精气，坚筋骨，除阴下痒湿，小便余沥。久服，轻身耐老”。杜仲作为中国名贵滋补药材，药用历史悠久，在临床有着广泛的应用。具有补肝肾、强筋骨、降血压、安胎等诸多功效。

图 2-209　贵州杜仲

（4）大方天麻（图 2-210）。大方天麻是一种中草药，产于贵州高原大方县九龙山脉的深山丛林中和世界罕见的百里杜鹃丛林中。贵州是中国天麻的主要产区之一，因得天独厚的自然条件，所产天麻的天麻素含量较高，品质好。大方天麻明代是进贡皇室的珍品，拥有 600 多年的进贡历史，素以“滋补之王”的称号而驰

图 2-210　大方天麻

名中外。贵州天麻无论野生或家种，主要药用成分天麻素的含量均较高，而且还含有10多种含量较高的人体所必需的元素，如钾、钠、钙、硫、磷、硼、锰、钴、钼、铷等。天麻作为珍贵名产，其身价可与茅台酒齐名，作为地道药材，其名气又堪与东北人参媲美。现代科学研究表明，大方天麻的天麻素含量高，微量元素丰富，能激活脑细胞、改善微循环、防止脑血管疾病、补脑健脑、抗衰老、增强免疫力，对头目眩晕、头风、头痛、久病体虚、肢体麻木、半身不遂、脑震荡、高血压等有较为显著的效果。除了药用，在大方当地，天麻也作为蔬菜鲜食也很有名。

（5）棕竹牛角手杖（图2–211）。棕竹牛角手杖产于贵州，早年多为民间艺人制作，20世纪50年代后集体批量生产。棕竹手杖选用多年生棕竹，经烧弹、打磨、抛光、镇直成杆。棕竹牛角手杖系棕竹、水牛角、不锈钢套子三部分结合而成。棕竹生长于乌江上游沿岸等地的幽山深谷之中，实心，材质坚硬、纹理自然、色彩清晰（深棕，紫黑）。选用作杖杆者宜在5年生长期以上，直径2.5～4厘米为最佳。其承重压力50～60千克，经久耐用，遇击打时不易碎裂。水牛角用作杖柄原坯，以墨绿、乳白色为上品。箍子位于柄、杆结合部，用不锈钢套作坯料，经加工后耀眼夺目，观感华贵。手柄及杖杆坯料，用明火灼烧选型，经过锯、砍、烧、磨、锉、弹、推、泵、斗、打磨、抛光等工序，得到合格型材。再采用高浮雕的艺术手法，巧妙地结合角质、竹质天赋的美术特性，在角质手柄杖杆上镂上精美的图案。因此，产品具有坚韧细致、精巧适用、流畅明快、色泽古朴等方面的特点。

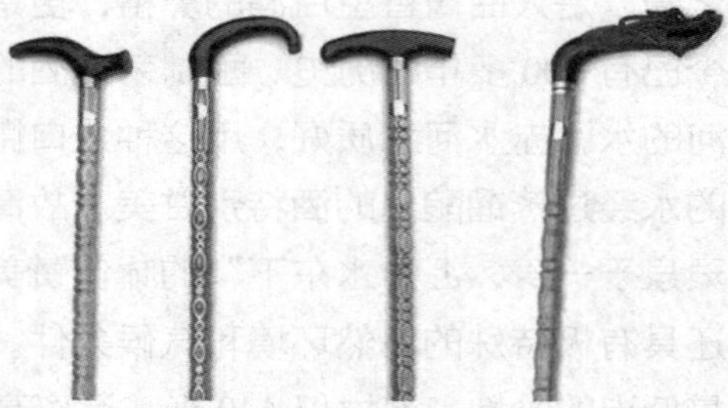
图2–211　棕竹牛角手杖

2. 工艺品

（1）苗锦（图2–212）。苗锦是贵州苗族人民传统生活用品、工艺美术品。苗锦同银饰、刺绣、蜡染一起，被称为苗族四大服饰工艺。苗族服装用苗锦镶嵌衣领、衣袖或作其他装饰。苗锦以纬丝起花，采用多把小梭子织造，制作比较费时，但纹样色彩优美，富有民族风格，深受民间喜爱。苗锦分为素锦和彩锦。素锦用蚕丝织造，采用通经通纬法，蓝底起白色图案。彩锦用彩色丝线织造，采用通经断纬法，苗族彩锦纹样丰富，有动物纹、植物纹、天象挑纹、器物纹、几何纹，其中绝大多数纹样为几何（菱形图案）锦为主。其工艺复杂，制作者面对千根细丝线，数纱经挑，露纬起花或断纬起花的功夫尤其显得繁难，即使是熟工巧匠，一天也难以织

图2–212　苗锦

出寸许。动植物纹取自大自然，经过抽象简化变形处理，显得十分夸张、生动、传神。菱形纹更加频繁地被合理其中，使得构图严谨规整、饱满对称。加上巧手细作，工艺精湛，更凸显图案鲜洁明快，统一和谐，美观大方，具有很高的美学价值和极好的装饰效果。

（2）苗族蜡染（图 2–213）。苗族蜡染是贵州省丹寨县、安顺市、织金县等地区苗族世代传承的传统技艺，古称“蜡缬”，苗语称“务图”，意为“蜡染服”。

图 2–213 苗族蜡染

丹寨县、安顺市及织金县是以苗族为主体的多民族聚居区，在长期与外界隔绝的艰苦环境中，这里的居民逐渐形成了自给自足的生活方式，古老的蜡染技艺因此得以保留下来。蜡染是用蜡刀蘸熔蜡绘花于布后以蓝靛浸染，既染去蜡，布面就呈现出蓝底白花或白底蓝花的多种图案，同时，在浸染中，作为防染剂的蜡自然龟裂，使布面呈现特殊的“冰纹”，尤具魅力。由于蜡染图案丰富，色调素雅，风格独特，用于制作服装服饰和各种生活实用品，显得朴实大方、清新悦目，富有民族特色。苗族蜡染是为生产者自身需要而创造的艺术，其产品主要为生活用品，包括女性服装、床单、被面、包袱布、包头巾、背包、提包、背带、丧事用的葬单等。按苗族习俗，所有的女性都有义务传承蜡染技艺，每位母亲都必须教会自己的女儿制作蜡染。所以苗族女性自幼便学习这一技艺，她们自己栽靛植棉、纺纱织布、画蜡挑秀、浸染剪裁，代代传承。在此状况下，这些苗族聚居区形成了以蜡染艺术为主导的衣饰装束、婚姻节日礼俗、社交方式、丧葬风习等习俗文化。

（3）织金砚台。织金砚台是指贵州织金所产砚台，中国名砚之一。织金砚台所用石料产于织金当地，这种石头质地坚硬，细密朗润，花纹美观。所制砚台研磨细致均匀，不枯不涩，极善发墨，加上砚盖，能抗热耐寒，墨汁几日不干涸。夏日研墨，隔日不生怪味；用来储墨汁，久不挥发，不吸尘土；用来写字丰润饱满。织金砚台一般还有精巧美观的雕刻，巧匠能根据石质大小，色泽不同，雕刻成各种花纹及装饰，如空花葡萄、明月梅花，都能做到因材施艺，绘形绘色。据传，这一技艺从清代光绪年间黄乾昌开始，一直流传至今。因为织金砚台上多种雕刻，因此又叫空花石砚。织金砚台还配有盒盖，盒盖也由当地石料制作，上刻诗词、人物、山水、花鸟等，从盖到砚的装饰，使它更加雅致动人。

（4）玉屏箫笛。玉屏箫笛用贵州玉屏侗族自治县出产的竹子制成，遂因此而得名。玉屏箫笛是中国著名的传统竹管乐器，以音色清越优美、雕刻精致而著称，它是玉屏当地侗、汉、苗、土家等多民族文化发展的结晶，具有较高的历史文化和工艺价值。玉屏箫笛，不仅是一种极好的民族乐器，同时也是一件高雅的工艺品，其历史悠久，驰名中外。玉屏箫笛，音韵清越，工艺精巧，是民族乐器中的精品，是玉屏侗、汉、苗、土家等多民族文化发展融合的结晶。许多箫笛艺人都为它的发展做出过贡献。玉屏箫笛取材于当地的小水竹，竹节长而均匀，壁厚薄适宜，质地坚实。玉屏箫笛现在的高级制作师傅大多出自杨氏，以平海师傅工艺最是老到精湛，其选材非常严格，工序烦琐细腻。玉屏箫笛的传统雕刻颇具特色。凤翥龙翔，栩栩如生；山水花鸟，清新迷人；草篆隶楷，流畅古雅。箫笛音质纯正，音色圆润，尤其是椭圆形扁箫，音色更佳，为箫中上乘。

（5）大方漆器（图 2–214）。大方漆器，是贵州富有民族风格和地方特色的传统工艺美术作品。据史料记载，大方漆器的生产始于明朝洪武年间，距今已有 600 多年历史。明、清朝代，大方漆器就被选作“贡品”上京供奉皇帝，在清道光年间盛极一时。当时古老的大定府城内几乎家家都会制作漆器，故享有“漆城”之誉称。大方漆器的特点是图案幽雅逼真，造型朴实，漆色光亮可照人影，色泽艳丽，经久耐用，并具有鲜明的民族色彩。用作食具，具有不导热，不串味，不漏水，不生虫，耐酸、碱，不易腐朽，不褪色等优点。

图 2–214　大方漆器

大方漆器装饰多以写实与大胆夸张相结合，形成鲜明地方色彩，除保留隐花、明花、退光等传统手法外，还发展了明光、印漆、台花、金花、银刻、五彩嵌花等品种。大方漆器选料精良，采用牛、马皮脱胎和布胎，以上等漆作涂料，一般一件制品须经过 40 多道工序才得以完成。漆器制作工艺，可分为制坯、漆地、装饰等几个重要环节。这些工艺都极为精湛，体现了我国劳动人民的智慧和创造。

（6）牙舟陶器（图 2–215）。牙舟陶器，是贵州黔南布依族苗族自治州平塘县的著名工艺品，已有 200 年的历史。其历史可上溯到明代洪武年间。明王朝大量军队进入贵州作战，并在贵州实行军屯和民屯，将汉文化从江西带进牙舟，同时也开始了牙舟陶的生产。牙舟陶器工艺精湛，以造型古朴敦厚著称，在中国陶瓷界独树一帜，极具观赏性和艺术性。牙舟陶属自然龟裂的玻璃釉型工艺，主要分为餐具、用具和玩具 3 大类。其中，杯、盘、壶、虎、牛、狗、马等可供家庭摆设、装饰用，又称美术陶。中国美术馆民间部已经先后收藏了 100 多件牙舟陶作品。牙舟陶以黄、白、绿、紫、棕、褐色为基调色，以玻璃为基础釉，各色互相配合。产品多为生活用具及陈设品、动物玩具和祭祀器皿，造型自然古朴，线条简洁明快，色调淡雅和谐，具有浓重的出土文物神韵。在设计上选择蜡染、刺绣、桃花图案，以浮雕的手法体现，富于装饰性，凡鱼、兽、虫、鸟等玩具，色彩自然，玲珑剔透。时至今日，牙舟还以古老的轮制法制作，并沿袭着以龙窑烧制的传统。牙周陶器造型工艺、图案设计，均保持本民族特色，实用价值高，既是生活用品，又是工艺品。牙舟陶器牛奶罐，于 1984 年曾获全国工艺美术百花奖二等奖，并多次出国展出，受到国外的好评。

图 2–215　牙舟陶器

3. 艺术品

遵义通草堆画（图 2–216）是一种汉族传统手工艺品。以中草药的通草为原料，以素堆法为主，经过匠心构思、设计、制图、试制、切片加工成通片，精心雕刻成形，绘画组装成堆画。以花草鸟虫为主，种类繁多，造型高雅，形象逼真，可用作装饰客厅、会议室、候机室、接待室等场合，亦可作为家庭摆设。通草堆画具有异香，防虫蛀、不变色的特点。通草堆画的制作，系根据通草潮后软、干后定型的特殊性质，采用大造型和小造型的两部法，创造了素堆与彩堆（淡、重）两大形式，并以素堆为主。素堆中的形象刻画，强调了以刀代笔的手法，常用刀法有刻、压、画、刮、刺、凿、破七法。堆造的花、鸟、虫、鱼、人物、走兽等，活灵活现。画与堆，两种不同风格的艺术浑然一体，既保留了中国画浓郁的笔墨情趣，又突出了明洁秀雅的牙雕立体效果。《鹦鹉闹梅》是素堆中的一个品种。以雅致的意境衬托，在蜡梅枝干上，两个形态逼真的鹦鹉一动一静，相互呼应。1984 年，遵义通草堆画被评为“贵州省优质旅游产品”。

图 2–216　遵义通草堆画《鹦鹉闹梅》

（五）广西壮族自治区

广西，山奇秀多姿，水清澈碧透，树四季常青，海滨风光美丽迷人，民族风情独具特色。旅游商品以文化旅游资源为主，有毛南族的花竹帽，桂林刺绣，壮锦等传统服饰制品，也有钦州泥兴陶、桂林美术陶等当地的陶瓷艺术。

1. 实用品

（1）罗汉果。罗汉果是桂林名贵的土特产，也是国家首批批准的药食两用材料之一，属葫芦科多年生藤本植物的果实。罗汉果别名拉汗果、假苦瓜、光果木鳖、金不换、罗汉表、裸龟巴，被人们誉为“神仙果”，其叶心形，雌雄异株，夏季开花，秋天结果，主要产于广西壮族自治区桂林市永福县龙江乡、龙胜和百寿等镇。永福县和龙胜县是罗汉果之乡，种植历史比较悠久，其中永福种植罗汉果已经有 300 多年历史，龙胜县种植罗汉果已经有 200 多年历史，中国 90% 罗汉果产于永福县和龙胜县。罗汉果其主要功效是能止咳化痰，果实营养价值很高，含丰富的维生素 C（每 100 克鲜果中含 400 ～ 500 毫克）以及糖甙、果糖、葡萄糖、蛋白质、脂类等。

（2）桂林豆腐乳。桂林豆腐乳产自桂林，为桂林三宝之一，主要以黄豆为原料精制而成。它的制作工艺细腻严谨，从磨浆、过滤到定型、压干、霉化都有一套系统，选材也很讲究。桂林豆腐乳有辣椒豆腐乳、五香豆腐乳两大类。做乳猪、扣肉、狗肉、红烧肉、白切鸡等，均宜用腐乳作配料，香味四溢。用以凉拌豆腐、皮蛋、椿芽、小笋等，更是风味别具，回味无穷。桂林豆腐乳块小，质地细滑松软，表面橙黄透明，味道鲜美奇香，辣中有甜，甜中喷香，营养丰富，增进食欲，帮助消化，是人们常用的食品，同时又是享饪的佐料。1937 年 5 月，在上海举行的全国手工艺产品展览会上，桂林腐乳因其形、色、香、味超群出众而受到特别推崇，从而畅销国内外。1983 年，又被评为全国优质食品。

（3）桂林辣椒酱。桂林辣椒酱是广西桂林市的特产之一，有百年左右的历史。桂林辣椒酱因其配料的不同，有各种不同的品种，以大蒜头为配料的是蒜蓉辣椒酱。再加入豆豉就成为豆豉辣椒酱，通常是选用优质红辣椒、大蒜头等剁碎，拌入豆豉，加入三花酒和细盐等，密封入坛，数月之后始成。桂林辣椒酱味鲜辣香，辣后回甜，鲜中带香，是上好的调味品，佐餐也可食用。

（4）桂林三花酒。桂林三花酒产自广西桂林，是中国米香型白酒的代表，被誉为“米酒之王”。三花酒酿造历史可追溯到南宋，原由“师司公厨”酿成，后传入民间，清末出现专业酿酒作坊，至民国年间，作坊遍及桂林。三花酒之所以优质，除了与采用清澈澄碧、无怪味杂质的漓江水、优质大米、精选的酒曲有关外，还因为桂林冬暖夏凉的岩洞所构成的特有的贮存条件，才使酒质愈加醇和芳香。三花酒无色透明，蜜香清雅，入口柔绵，落口爽洌、回甜，饮后留香，具有提神、活血的作用。

（5）毛南族花竹帽（图 2–217）。广西环江县毛南族花竹帽，是毛南族妇女当雨具用的一种精美的手工艺品。毛南族称花竹帽为“顶卡花”，即在帽底编织花纹的意思。该花竹帽是用当地盛产的金竹和墨竹篾子编织而成的。工艺精致，花纹美观，帽形大方，结实耐用。据传，很久以前有个汉族青年，是个编织能手，他走到哪就用哪的竹子编织竹器卖，以此糊口度日。一天，他来到长满金竹和墨竹的毛南山乡，看见这么多好竹子，喜出望外，砍了些竹子，连夜编成一顶花竹帽。第二天，他高兴地戴着它上山继续砍竹。当时在山上还有个毛南族姑娘正在砍竹，也是个编织能手。不一会儿，天突然下起雨来。小伙子毫不犹豫地把花竹帽递给姑娘戴着挡雨。姑娘不好意思一个人戴，就与小伙子一块戴。雨停后，姑娘突然发现帽底编有精美的花纹，惊喜地说道：“多美的顶卡花！”后来，两人结为夫妇。在汉族青年帮助下，那位毛南族妇女把“顶卡花”编得更加精美了。从此，顶卡花就在毛南山乡流传开来。毛南族妇女把花竹帽看成美好幸福的象征。

图 2–217　毛南族花竹帽

2. 工艺品

（1）桂林刺绣（图 2–218）。桂林刺绣品种繁多，艺术风格各异，尤其是刺绣运用各种不同针法，以一种独特的手法和材质表现桂林的奇山秀水，让观赏者从中得到一种新奇的艺术享受。桂林刺绣在针法上以线细针密、色彩丰富而著称，并不断融入现代的时尚元素。桂林刺绣包含 130 多种工艺，尤

图 2–218　桂林刺绣

以"抽、拉、雕"三大手法独具特色。工艺上，常采用切针、跳针、钩针、旋旋针和反底针等各种针法来表现不同的图景，如旋旋针的针法宜于表现枝繁叶茂，使其有郁郁葱葱之感；切针针法有力，宜于表现奇峰异石，使其有古朴流畅之感。绣工们为了表现桂林山水的秀姿，还会交错运用各种针法，绣出了形态逼真自然风貌，其精巧奇绝，令人称道。

图 2-219　壮锦

（2）壮锦（图 2-219）。壮锦，与云锦、蜀锦、宋锦并称中国四大名锦，据传起源于宋代，是中华民族文化瑰宝。壮锦图案生动，结构严谨，色彩斑斓，充满热烈、开朗的民族格调，体现了壮族人民对天地的崇拜和对美好生活的追求与向往。忻城县是广西壮锦的起源地之一，有着悠久的历史和深厚的文化底蕴，忻城壮锦曾经是广西壮锦中的精品，作为贡品进献皇宫。传统的壮锦以棉、麻线作地经、地纬平纹交织，用于制作被面、褥面、背带心、背包、挂包、围裙等，常见的花纹有大万字、小万字，以及较复杂的双凤朝阳、凤栖牡丹、狮子滚球等。

3. 艺术品

（1）钦州坭兴陶（图 2-220）。钦州坭兴陶，简称坭兴陶，它以广西钦州市钦江东西两岸特有紫红陶土为原料，将东泥封闭存放，西泥取回后经过 4 ～ 6 个月以上的日照、雨淋使其碎散、溶解、氧化，达到风化状态，再经过碎土，按 4 ：6 的比例混合，制成陶器坯料。东泥软为肉，西泥硬为骨，骨肉得以相互支撑并经过坭兴陶烧制技艺烧制后形成坭兴陶。坭兴陶的艺术魅力在于不上釉不上彩而获得"自然陶彩、陶刻技艺、古铜陶鹤（褐）、陶艺造型"等"坭兴四宝"，这是坭兴陶的艺术瑰宝。坭兴陶是特定陶土、艺术创作、高温窑冻三者融合的产物。陶土、高温结合产生神奇的陶褐（鹤）与陶彩，艺术家的陶刻艺术、陶艺造型与高温陶土融合后使坭兴四宝形成其独具特色的艺术，这正是坭兴陶的魅力所在。

图 2-220　钦州坭兴陶

图 2-221　桂林美术陶

（2）桂林美术陶（图 2-221）。桂林美术陶产于广西桂林，以造型新颖、线条简练、色调明快、朴实大方见称。它采用漓江陶泥作为原料，并把传统的民间制陶工艺与现代的制陶技术相结合烧制而成。桂林美术陶的造型多取材于桂林的名景，如象山、驼峰、塔山，以及南方常见的玉兰、荷花等，所以具有浓郁的地方色彩。近些年来，桂林美术陶的釉料又创出几个新品种，如利用釉彩溶化后相互渗融，自然形成色彩交错、状如桂林山水的“山水釉”，以及把某种金属结晶混入陶土烧制，形成闪闪发光、似岩中乳石一般的“钟乳釉”。当地艺人们把这些自己创制出来的山水釉、钟乳釉来装点象山瓶、三脚羊提壶、玉兰瓶、荷花瓶、塔山壶等，就使这些美术陶作品更具有“桂林风味”。

（3）桂林山水国画（图 2-222）。桂林山水国画，自宋至清，都有画家涉猎。桂林山水之美吸引了历代的画家为之挥毫泼墨。而真正认识桂林山水真面目，用国画形式表现其特点的还在现代。徐悲鸿、黄宾虹、李可染、齐白石等名家大师，在游历了桂林的山川美景之后，为我们留下了一幅幅国画珍品。如今倾情于桂林山水的画家们，继承了中国山水画的传统技法，并发扬光大，在表现桂林山水之美的手法上各显其能，各派纷争，使桂林山水国画艺术在当代的兴旺繁荣中，与桂林山水的自然风光交相辉映。桂林的画店也因此而异军突起，与广州的发廊、温州的鞋摊共称三大垄断行业，可见桂林的画和画店在全国的影响力。

图 2-222　桂林山水国画

【任务实施】

西南旅游区代表性旅游商品的讲解实训

实训目的：1. 掌握本旅游区内代表性旅游商品的概况。

2. 提高学生对旅游商品的讲解、宣传能力。

实训内容：西南旅游区代表性旅游商品的讲解。

实训步骤：1. 分组：将班级 6 ～ 8 人分为一个小组。

2. 前期准备：

（1）选择本旅游区内其中一个省（市）代表性旅游商品；（2）根据所选商品进行配套的 PPT 制作配合讲解；（3）小组成员共同完成讲解所需道具的制作和旅游商品介绍的讲解词撰写；（4）讲解过程需在特定情境中完成（注：小组根据情况自行设计）。

3. 实施过程：

（1）抽签决定小组训练顺序；（2）各小组按顺序以角色扮演的方式进行旅游商品介绍的情境展示；（3）小组互评；（4）教师点评。

任务八　青藏旅游区

◆【任务引入】

雪域高原的“千年宝贝”

——细说西藏旅游商品中的牦牛制品

在西藏，牦牛制成的工艺品随处可见，牛角梳子以及牦牛的皮、毛制成的纪念品深受消费者欢迎。一位到西藏旅游的游客正在试戴一串牦牛骨手链，经过她和店主讨价还价，最终以双方都能接受的价格买走了。“牦牛是西藏的高原之宝，牦牛骨制品价格相对来说比较低，我的店里珍藏有上千年历史的牦牛皮包，像这个六弦琴上的皮子也是牦牛皮做的，同样珍藏了很久，牦牛绒做的毯子很耐用，还有牦牛角的梳子也很受顾客喜欢。”店老板次仁告诉记者。

不光是牦牛制作的工艺品备受消费者青睐，牦牛肉制品和乳制品也成为本地居民和进藏游客的必选。许多牦牛制品加工厂先后打出品牌，像旗胜、喜马拉雅等。李先生开了一家店，他的招牌产品是酱牛肉，很多游客买了过后都会推荐朋友过来买。“牦牛全身都是宝，相对水牛、黄牛来说，牦牛的营养价值最高。”李先生坦言，这几年赚了不少钱，不过现在生意没有前两年好做，因为竞争越来越大了。

问题：1. 牦牛制品为什么成为进藏游客的必选？

2. 西藏还有哪些能够代表西藏文化的旅游商品？

案例分析：在西藏，牦牛被称作“千年宝贝”。在藏族人民的生产生活中，可以说无论是衣、食、住、行，还是政、教、商、战等都离不开牦牛，牦牛制品遍及藏族人民生活的方方面面。游客之所以选择牦牛制品作为旅游商品，正是因为牦牛制品是青藏高原的象征，也是西藏传统生活方式的象征。除了牦牛制品外，西藏传统的旅游商品还包括青稞酒、西藏地毯、藏靴、冬虫夏草、藏红花等。

◆【任务分析】

位于青藏高原的西藏和青海以其深厚的宗教文化、雪域风光、高原风情吸引着越来越多的中外游客。青藏旅游区有着其他旅游区无法替代的旅游商品，如牦牛制品，体现高原藏区文化的工艺品等，这些旅游商品不但能传承当地优秀的传统文化，更能促进当地经济的增长，所以，我们必须了解青藏高原特殊的旅游商品。完成以上任务应掌握以下知识点及技能点。

知识点：1. 青藏旅游区的基本情况；

2. 西藏自治区和青海省旅游商品的总体情况；

3. 西藏自治区和青海省各自具有代表性的特色旅游商品。

技能点：1. 能对青藏旅游区具有代表性的旅游商品进行准确描述；
2. 能准确而生动地对青藏旅游区具有代表性的旅游商品进行介绍和讲解。

◆【知识链接】

一、旅游区概况

青藏旅游区位于我国西南部的青藏高原，号称“世界屋脊”，包括青海省和西藏自治区两省区。高原上独特的冰雪世界、高寒草原、湖泊热泉，以及高原、高山峡谷与原始森林等构成了本区奇异诱人的自然旅游资源，而具有原始色彩的藏族风情、宗教文化与礼制建筑又构成本区神秘诱人的人文旅游资源。本区在登高探险、科学考察、民族风情旅游开发上独具优势，是一个极富魅力、发展前景广阔的待开发和正在开发中的旅游区。青藏高原平均海拔 4000 米以上，是世界上海拔最高的高原，与南极、北极并称为“地球三极”。这里不仅是世界上最高、最年轻的高原，而且有世界上最高的山峰，是一片山的海洋。在这块高海拔的地方，雪岭横空，大河奔涌，蓝湖静谧，令人心醉神迷。青藏高原最鲜明的气候特点为“高寒干旱”。由于地势较高，使得其气温比同纬度偏低，高原空气稀薄，气压低，含氧量少；太阳辐射强，日照时间长；日温差大；全年分为明显的干季和雨季；干季风大，阳关充足、太阳辐射强。强烈的太阳直接辐射使青藏地区地表和近地面空气白昼强烈增温，但夜间冷却迅速，一年内有较长时间出现正负温度的交替变化。

青藏旅游区主要旅游商品如表 2-9 所示。

表 2-9　青藏旅游区主要旅游商品

省区	实用品	工艺品	艺术品
西藏自治区	西藏牦牛肉、那曲冬虫夏草、藏红花、青稞酒、尼木藏香、墨脱石锅	藏腰刀、仁布玉石制品、藏饰品	唐卡
青海省	青海雪莲、西宁大黄、青海菜花蜜	昆仑彩石制品、土族盘绣	酥油花

二、主要旅游商品介绍

（一）西藏自治区

西藏以雪山、冰川、高峰、峡谷、地热以及辉煌的寺庙和灿烂的宗教文化艺术、民俗风情来吸引中外游客。西藏名特产品很受游客喜爱，如地毯、卡垫、藏靴等。药材有麝香、当归、鹿茸、冬虫夏草、贝母、红花等。

1. 实用品

（1）西藏牦牛肉。西藏牦牛肉是选用海拔 3800 多米的世界屋脊—青藏高原出产的牦牛排。牦牛属地球之巅的高寒、无任何污染环境（青藏高原是世界上罕见的洁净未受任何污染、空气清洁的自然环境）、独特的半野生半原始珍稀动物，与北极熊、南极企鹅共称为“世界三大高寒动物”。全世界存栏的牦牛约有95%集中在中国。牦牛长年生活在海拔3000米以上高寒地带，抗寒能力特别强，体质粗壮结实，可以在-38℃下生存。由于常年生活在高寒地带，那里没有工业污染，没有化学肥料和农药的危害，然而却有天然、广阔的牧草高原，洁净的生态环境造就了这一优良的畜种。牦牛终身无劳役，逐水草而居的半野生放牧方式、原始自然的生长过程，一生中摄入大量的虫草、贝母等名贵中草药，使牦牛肉质细嫩，味道鲜美。

牦牛肉富含蛋白质和氨基酸，以及胡萝卜素、钙、磷等微量元素，脂肪含量特别低，热量特别高，对增强人体抗病力、细胞活力和器官功能均有显著作用。牦牛肉极高的营养价值是其他牛肉所无法比拟的，《吕氏春秋》载“肉之美者，牦象之肉”，在我国港澳地区和西欧市场上，牦牛肉被誉为“肉牛之冠”。牦牛肉以富含蛋白质和低脂肪而名列肉类前茅，是国际市场上稀少的高级肉类，它以名、优、稀、特征服了世界各地的消费者。牦牛的肉经过盐卤，切成薄片，拌上辣椒不失为一道好的下酒菜，当然，酒要喝当地的青稞酒。

（2）那曲冬虫夏草（图2-223）。西藏那曲冬虫夏草生长在西藏那曲地区海拔4500～6000米以上的羌塘草原上，以生理特性强、药用价值高、个大而在海内外享有盛誉，也是全世界品质最高的冬虫夏草。西藏那曲虫草虫体表面色泽黄净，不论虫体大小，色泽均一致，虫草眼睛颜色为棕色，青海玉树和果洛所产虫草眼睛颜色为黄色，川草和其他地区所产的草多为红色。消费者在购买时通过色泽的差别很容易就能辨别其产地。

图2-223 那曲冬虫夏草

西藏那曲虫草无论虫体大小，看上去均显得粗肥匀称，尾宽长至少5厘米以上。其他产地的虫草虫体细瘦且尾细短。而且，那曲虫草虫体和尾皆透亮油润，有股浓酥油的香味。其他产地的虫草香味极淡，甚至只有草味，且无油润感。那曲冬虫夏草可入药，也可食用，是上乘的佳肴，具有增强机体免疫力、滋补肺肾、抗癌等疗效。

（3）藏红花（图2-224）。藏红花别名西红花、番红花。藏红花并不是因为产于西藏而得名，它原产于西班牙、荷兰等地中海沿岸国家，过去多经过印度进口到我国西藏而销往各地，因此称之为藏红花。我国于1965年开始引种试验，由于需求量不断增大，现已在上海、浙江、河南、北京、新疆等22个省、市、自治区引种成功。这将在我国形成一个藏红花市场。藏红花不仅是妇科良药，还是美容化妆品与香料制品的宝贵原料，被大量应用于药酒、食品、保健品中。

图2-224 藏红花

（4）青稞酒。青稞酒，是用青藏高原出产的一种主要粮食—青稞制成的。青海省互助县威远镇和青海省湟中县海马泉镇，都是著名的青稞酒产地。相传，互助青稞酒的制作是文成公主远嫁吐蕃路过此地留下的白酒酿造工艺，为藏地带来了酒文化的起源。而湟中县则因南塑山泉水酿造而闻名青海本地。此外，湟中县境内有藏传佛教圣地塔尔寺，地处青藏地区的经济文化重镇，自古便是藏文化与汉文化广泛交流的前沿阵地，文化和经济的交流，使得湟中县酿酒工艺数百年来取得了长足的进步。最初的青稞酒酿造没有复杂的程序。在藏区，几乎家家户户都能制。酿造前，首先要选出颗粒饱满、富有光泽的上等青稞，淘洗干净，把水滴完，再将其放在大平底锅中加水烧煮2小时，然后将煮熟的青稞捞出，晾去水汽后，把发酵曲饼研成粉末均匀地撒上去并搅动，最后装进坛子，密封贮存。如果气温高，两天到三天即可取出后加水放1小时后饮用。

青稞酒作为青藏人民最喜欢喝的酒，每逢节日、结婚、生孩子、迎送亲友的日子，青稞酒必不可少。青稞酒具有清香醇厚、绵甜爽净，饮后头不痛、口不渴的独特风格，在强手如林的酒类行业中独树一帜，在西部民族地区享有盛誉。由于其“地理环境独特、酿酒原料独特、大曲配料独特、制酒工艺独特、产品风格独特”，青稞酒魂承传400年，至今兴盛不衰被全国酿酒专家誉为“高原明珠、酒林奇葩”。

（5）尼木藏香。尼木藏香，是指西藏自治区尼木县生产的藏香，尼木县的藏香制作历史悠久，以其在制作过程中不伤害生物和独特的原料配方而深受广大群众青睐，是全西藏最著名的藏香原产地之一。尼木县吞巴乡是藏文创始人吞弥桑布扎的故乡，该乡生产藏香技术就是由吞弥桑布扎于7世纪时所传授。尼木香被誉为西藏第一圣香。其配方秘而不宣，据说有30多种藏药配制而成；制作过程漫长且严谨。吞巴村作为吞弥桑布扎的故乡，更是尼木圣香的手工生产地，这里的村民得到了吞弥桑布扎的真传，在制作藏香的程序上一丝不苟。

制作藏香的原材料和制作工序要求极其苛刻。由于藏香最主要的用途是用在宗教礼仪上，所以在制作过程中要求一切都要以圣洁为主，否则会被视为是对神灵的不敬。传统的藏香原材料繁多而复杂，一般是柏树树干为主料，再以藏红花、麝香、白檀香、红檀香、紫檀香、沉香、豆蔻、穿山甲、甘菘、冰片、没药等几十种香料按适当比例配合主料搓揉而成。据了解，用于制作藏香的主料柏树干，在吞巴村这样高海拔的地方并不生长，村民都要从400多公里外的林芝运过来了，而制作藏香的部分辅料甚至要从印度引进。尼木藏香不仅可用于佛事活动，而且还具有杀灭细菌、驱除污浊之气、预防感冒等流行性疾病、增强睡眠等独特的医疗功效，对人体有百利而无一害。其制作技艺为中国第二批国家级非物质文化遗产项目。

（6）墨脱石锅（图2–225）。墨脱石锅原产地为墨脱县帮辛乡，当地人将出自南迦巴瓦峰悬崖上的“皂石”，用原始的刀具雕凿成锅。此天然皂石，质地绵软，制成的石锅以灰褐色、灰巴色为主色调，形状为桶形，厚2～3厘米，规格大小不等，大锅直径30厘左右，中等的直径20厘米左右，小的直径10厘米左右，锅底有平底

图2–225　墨脱石锅

和弧形两类。墨脱石锅可耐2000℃高温，具有传热快、不粘锅、不变色等优点，汤汁香浓可口、后味醇厚、持久。常食石锅炖煮的食物对高血压、心脏病、心脑血管等疾病患者具有明显的食疗保健作用，是用作火锅、汤锅、煮饭、炖肉、煮菜的极佳器具。

墨脱石锅的制作及运输极其不易。由于气候原因，每年仅7月、8月两个月才能上山采制。上山前须备足两个月的食品和柴火，由于不通公路，制成后用牦牛和马驮下山，放入雅鲁藏布江江水中浸泡30天左右才能使用，故能得一正宗的墨脱石锅实为不易。

2. 工艺品

（1）藏腰刀（图2–226）。藏腰刀，习惯用语称藏刀。藏刀产品不仅是西藏人民生产生活中不可缺少的一种用具，而且由于它的形状、工艺等都具有独特的民族风格和地方特色，在国内外享有很高的声誉，许多人甚至描述藏民族特征时，总把人与刀联系在一起。现如今，藏刀就成为非常紧俏的旅游商品和馈赠礼品，深受人们的喜爱。藏刀的刀身是以好的钢材锻制而成，通过手工精心加工，使刀刃锋利，刀面净光。藏刀从规格尺寸上大致可分为长刀、短刀和小刀三种。长刀最长的有1米多，短刀40厘米左右，小刀则仅有十几厘米长。从形状上讲，具有很强的地方特色，有牧区式、康巴式、后藏式等区别；用途上分，也有很多种，如林区砍树有专门的砍树刀、屠宰刀，甚至天葬场上用的也有专制刀具。藏刀的刀把多用以牛角，牛骨或木材制成，较高档的刀把用银丝、铜丝等缠绕，刀把顶端箍铜皮或铁皮，有的还镶银饰。刀鞘则更为讲究，除较简单的只有木鞘或皮套外，多数是包黄铜、白铜，甚至包白银，并且上面刻有各种精美的飞禽走兽及花草等图案，有的还镶嵌各种宝石、镀金等，显得格外华丽和富有。藏刀有装饰、防身、生产、生活等用途，是民族特需品，不仅为当地群众所喜爱，也深受广大旅游者的欢迎。

图2–226 藏腰刀

（2）仁布玉石制品（图2–227）。仁布玉石制品主要是指仁布玉石制作的工艺品。仁布玉石主要产自西藏日喀则地区雅鲁藏布江中游南岸的仁布县，该石质地致密、细腻而韧，硬度为摩氏3度左右，有滑感；呈暗绿、灰绿、浅绿等色；具油脂光泽、玻璃光泽，微透明，适于雕刻琢磨小件工艺品，也可制成石砚，称仁布砚，有贮水不涸之利，硬度适中，便于磨墨。仁布的玉石碗经过粗打、细磨和雕刻等工序，可以制成各式透明、美观、耐用、风格独特的碗，加上在碗外壁刻上各种花纹，便成为贵重物品了。此外，仁布县还用玉石生产酒壶、酒杯、鼻烟盒、糌粑盒等10多种小巧的用品。其中仁布的玉石碗，深受农牧民欢迎。

图2–227 仁布玉石制品

（3）藏饰品（图 2–228）。藏饰品是藏民以天然石头、珊瑚、动物骨头、白银为原料制作的饰品。藏族是一个历史悠久的民族，在漫长的历史长河中，创造了丰富的物质财富和精神财富。一方面，藏饰品体现出藏民的思想观念。藏族人用他们灵巧的双手，通过藏区特有的三色石、玛瑙、牦牛骨、藏银、藏铜打磨出他们祖祖辈辈的图腾崇拜一藏饰，阐释着“六字真言”，并坚信藏饰能给他们带来吉祥、如意、平安、幸福、快乐。另一方面，藏民传统的游牧生活，更需要将全家，甚至几代人所积累的财产转化为珠宝首饰满身披挂，而四处搬迁去寻找水草丰盛之地，既安全又方便。所以藏民族所穿戴披挂的不仅是服装饰件，而且是一笔巨大的财产，显示的不仅是美，而且象征着豪华与富有。藏饰品浓烈古朴的设计风格和独一无二的手工制作越来越受到游客们的喜爱。

图 2–228　藏饰品

3. 艺术品

唐卡（图 2–229）。唐卡也叫唐嘎、唐喀，系藏文音译，指用彩缎装裱后悬挂供奉的宗教卷轴画。唐卡是藏族文化中一种独具特色的绘画艺术形式，题材内容涉及藏族的历史、政治、文化和社会生活等诸多领域。传世唐卡大都是藏传佛教和本教作品。唐卡的绘制要求严苛、程序极为复杂，必须按照经书中的仪轨及上师的要求进行，包括绘前仪式、制作画布、构图起稿、着色染色、勾线定型、铺金描银、开眼、缝裱开光等一整套工艺程序。制作一幅唐卡用时较长，短则半年完成，长则需要十余年。

图 2–229　唐卡

唐卡是藏族文化中一种独具特色的绘画艺术形式，具有鲜明的民族特点、浓郁的宗教色彩和独特的艺术风格。唐卡是用明亮的色彩描绘出神圣的佛的世界，传统上是全部采用金、银、珍珠、玛瑙、珊瑚、松石、孔雀石、朱砂等珍贵的矿物宝石和藏红花、大黄、蓝靛等植物为颜料，以示其神圣。这些天然原料保证了所绘制的唐卡色泽鲜艳，璀璨夺目，虽经几百年的岁月，仍是色泽艳丽明亮，因此被誉为中国民族绘画艺术的珍品，被称为藏族的“百科全书”，也是中华民族民间艺术中弥足珍贵的非物质文化遗产。

（二）青海省

青海省有着“世界屋脊”的美称，全省经济以牧业为主。旅游产品主要包括青海雪莲、西宁大黄等土特产品，以及昆仑彩石、土族盘绣等精美的民族工艺品。

1. 实用品

（1）青海雪莲（图 2–230）。青海雪莲产于青海海拔 4800 ～ 5800 米的高山流石坡以及雪线附近的碎

图 2–230　青海雪莲

石间，是菊科凤毛菊属雪莲亚属的草本植物。该亚属的植物有20余种，绝大部分产于我国青藏高原及其毗邻地区。青海雪莲对风湿类风湿及肾虚引起的腰膝酸痛均有很好的疗效。青海雪莲含有丰富的蛋白质和氨基酸，可有效调节人体酸碱度，增强人体免疫力及抗疲劳，具有抗衰老的作用。

（2）西宁大黄（图2-231）。西宁大黄是指青海省主产的蓼科植物掌叶大黄和唐古特大黄的根及根茎。几百年来，中国的大黄誉满全球，是世界闻名的我国特产药材之一。西宁过去是大黄集散地，故国内外市场上叫西宁大黄。据有关记载，西宁大黄早在16世纪就远涉重洋而销售世界各国。它生长于海拔2000～3500米的高寒潮湿地带，系蓼科多年生高大草本植物，在高山灌丛和山坡草地常见，喜凉爽潮湿气候和疏松肥沃土壤，以质地优良、色泽鲜亮、油性大、蒽醌等主要有效成分含量高、纯天然、无污染、加工手段独特而驰名中外，是青海省量大质优的著名地道药材之一，使用历史悠久，药理作用较多，临床应用广泛。

图2-231　西宁大黄

（3）青海菜花蜜。又名油菜蜜，是比较单一的油菜花蜜，质纯味正，液清色亮，呈浅琥珀色。又因日光辐射强，杀菌灭毒，空气污染少，以品质优良、糖分高、重金属含量低而蜚声海内外。其中所含的淀粉酶值高达29.4%，葡萄糖在30%以上，果糖占还原糖50%以上，还含有人体健康所需的多种维生素和有机酸，不含脂肪，因而柔润适口，甜而不腻，无副作用，且营养价值很高，被人们称为“不含脂肪营养丰富的食品”，具有清热润燥、舒张血管、行血破气，消肿散结、和血补身的功效。

2. 工艺品

（1）昆仑彩石制品。昆仑彩石原名丹麻玉，因产于青海省互助县丹麻乡而得名。因互助地区属昆仑山系，故又称昆仑彩石。昆仑彩石是近些年新发现的独特石料品种，是用于雕刻艺术品和印章的上等材料，其呈结晶体色纹或瓣纹，质地脂润，柔而易攻。工艺美术工作者根据昆仑彩石的石形、石纹、石色，选材造型，精雕细刻，雕刻出了形象生动逼真的人物、动物、花鸟虫鱼、山水景物等欣赏工艺品，印章镇纸、酒具台灯等实用工艺品，以及镶嵌工艺品等。用它雕刻的工艺器皿、镶嵌制品，花纹各有情趣，犹如各种物体、禽兽等隐藏其间。用它雕刻的彩石笔筒，1981年在全国旅游工艺品、纪念品评比中获优秀奖；彩石花插，1981年在全国工艺品评比会上被评为优秀产品；彩石镶嵌台屏获1983年中国国际旅游会议旅游纪念品评比会表扬奖。

（2）土族盘绣（图2-232）。土族独具特色的刺绣艺术盘绣源于青海省东北部的互助土族自

图2-232　土族盘绣

治县，这里地处祁连山东南麓，为黄土高原与青藏高原交错衔接地带。盘绣是土族刺绣中最主要的绣法，复杂巧妙，汇集着古老土族文化的深刻内涵。在青海高原的东部山区，勤劳、朴实的土族妇女世世代代传承着古老传统的民族刺绣艺术，她们的刺绣技艺精湛，做工精细，巧夺天工。盘绣的操作方法为一针两线，一根线盘，一根线订，特点是针法细腻，用面料、选丝线的颜色搭配讲究，结实厚密、耐于保存，图案主要有石榴、五瓣梅、太极图等，蕴含着家庭兴旺、幸福长久等吉祥含义，有着千余年的历史。青海的土族刺绣具有浓郁的民族气息，其题材广泛、内容丰富、绣法多样。主要表现在对服饰的精心装饰上，土族人的头饰、衣领、衣胸、辫筒、腰带、围肚、鞋袜以及枕巾、针扎、荷包、烟袋、背包等都有刺绣。

3. 艺术品

酥油花（图 2-233）是用酥油制作的一种特殊形式的雕塑艺术。幸饶弥沃如来佛祖创建了雍仲本教后改变了很多原始的信仰方式，包括改变了杀生祭神等，而采用糌粑和酥油捏成各种彩线花盘的形式来代替原始本教中要杀生祭祀的动物，减少了杀戮，这就是朵玛和酥油花的最初起源。朵玛和酥油花也被其他藏传佛教的教派广泛用来作供品并成为藏传佛教的一大特色。

图 2-233　酥油花

作为塔尔寺的“艺术三绝”之一，酥油花用酥油作原料造出的各种佛像、人物、山水、亭台楼阁、飞禽走兽、花卉树木等艺术精品。每年农历正月十五展出时，由民族管乐器为主组成的花架乐队演奏出节奏缓稳、庄严肃穆的花架音乐乐曲，来烘托宗教气氛，并随着灯光的闪动，在含蓄典雅的音乐中，展示出酥油花雕塑的群体千姿百态。塔尔寺酥油花集雕塑艺术之大成，不仅具有很高的艺术水平和独特的艺术风格，而且规模宏大壮观，内容丰富多彩。

【任务实施】

青藏旅游区代表性旅游商品的讲解实训

实训目的：1. 掌握本旅游区内代表性旅游商品的概况。

2. 提高学生对旅游商品的讲解、宣传能力。

实训内容：青藏旅游区代表性旅游商品的讲解

实训步骤：1. 分组：将班级 6 ～ 8 人分为一个小组

2. 前期准备：

（1）选择本旅游区内其中一个省（市）代表性旅游商品；（2）根据所选商品进行配套的 PPT 制作配合讲解；（3）小组成员共同完成讲解所需

道具的制作和旅游商品介绍的讲解词撰写；（4）讲解过程需在特定情境中完成（注：小组根据情况自行设计）。

3. 实施过程：

（1）抽签决定小组训练顺序；（2）各小组按顺序以角色扮演的方式进行旅游商品介绍的情境展示；（3）小组互评；（4）教师点评。

任务九　港澳台旅游区

◆【任务引入】

客家油纸伞走俏台湾市场

据台湾《经济日报》报道，新光三越百货日前以“时尚结合在地文化”的概念，首次与传统油纸伞工艺师携手，推出浪漫唯美的秋季油纸伞展示。短短数日，已有不少顾客询问订购事宜，还有不少来自大陆和海外的游客，也对客家韵味浓郁的油纸伞爱不释手。

台湾南部的客家小镇美浓拥有近百年的油纸伞制作历史，声名远播。20 世纪六七十年代以来，美浓人通过努力，成功地使原本偏重实用的油纸伞转型为观赏和艺术收藏之用，不仅尺寸多样，图案也千变万化，有仕女、山水、奇珍异兽、百子图等多种图案。

此次亮相百货公司的油纸伞加入客家花布、绸布等新材质，以及棉纸撕画、蓝染、油桐花等客家工艺元素，更加凸显浓郁复古的客家风味。业者表示，尽管每一把油纸伞都是手工制作，耗时较长，可能无法短时间内满足大批订单的要求，但是看到家乡的传统工艺大受欢迎，感到很开心，也很受鼓励。

问题：1. 客家油纸伞走俏的原因是什么？

2. 台湾还有哪些畅销旅游商品？

案例分析：美浓油纸伞是美浓特有的客家文化象征之一，手工精细、图案唯美、客家韵味浓郁，“油纸伞”中的“油”，用客家话读来极像“有”字，而“伞”的繁体写法中含 4 个“人”，暗合“人丁兴旺”之意，在客家民俗庆典中也用到油纸伞，作为圆满的象征。正是因为客家油纸伞蕴含着诸多美好的寓意，使得客家油纸伞得到了顾客的认可。在台湾，很多旅游商品含有祝福的意义，如台湾凤梨酥，象征子孙兴旺的意思，深受民众喜爱。除此以外，牛轧糖、屏东莲雾、冻顶乌龙茶等都是台湾畅销的旅游商品。

◆【任务分析】

港澳台旅游区，虽然是中西文化交会的地区，但是旅游商品大多是在传统文化的基础上发展而来的。案例中的客家油纸伞的制作工艺正是反映着台湾传统的客家文化。除此以外，传统文化在港澳台地区集中体现在饮食上，尤其是三地的点心口味丰富，做工精细，受到众多游客的青睐。作为导购员，必须进一步了解港澳台地区特色的旅游商品。完成以上任务应掌握以下知识点及技能点。

知识点：1. 港澳台旅游区的基本情况；

2. 香港特别行政区、澳门特别行政区、台湾省旅游商品的总体情况；

3. 香港特别行政区、澳门特别行政区、台湾省各自具有代表性的特色旅游商品。

技能点：1. 能对港澳台旅游区具有代表性的旅游商品进行准确描述；

2. 能准确而生动地对港澳台旅游区具有代表性的旅游商品进行介绍和讲解。

◆【知识链接】

一、旅游区概况

港澳台旅游区包括香港、澳门、台湾三地，位于我国大陆东南和东南海面，由于特殊的历史原因，东方传统与西方文化荟萃，新旧事物交织共融，造就出此地区独一无二的风情。本区属于亚热带—热带海洋性过渡季风气候，背靠大陆，面临太平洋的优越地理位置，地形以山地丘陵岛屿与半岛为主，海岸线曲折，多优良海港，海洋旅游资源丰富。

港澳台旅游区中西文化荟萃，有多元文化旅游资源，中西宗教兼容并蓄，中外节日缤纷多彩，中西建筑风格多样，经济发达，市场繁荣，有着活跃的进出口贸易。这里商品繁多质优，购物便利，饮食博采众长，交通四通八达且快捷，旅游出行极其方便，在国际旅游市场上具有较高的声誉。

港澳台旅游区主要旅游商品如表 2-10 所示。

表 2-10 港澳台旅游区主要旅游商品

省区	实用品	工艺品
香港特别行政区	香港莞香、天山核桃王	—
澳门特别行政区	葡式蛋挞、澳门杏仁饼	—
台湾省	凤梨酥、牛轧糖、屏东莲雾、冻顶乌龙茶	台北士林名刀、美浓油纸伞

二、主要旅游商品介绍

香港和澳门特别行政区虽然汇集了来自世界各地的古玩及艺术品、免税化妆品及香水、数码产品、珠宝首饰、名牌服装等，但土特产仍以中西式糕点为主。

（一）香港特别行政区

1. 香港莞香

香港莞香是香港本土制作的一种香料，用本地的香树制成。香港名称的由来，据说与其地盛产的独特的莞香有关。莞香树其实是香木的一种，古称蜜香，宋元以后退植于东莞一带。东莞一带的沙石相间的瘦瘠黄土特别适宜于香木的生长，由此使该产地的香品风靡一时，被誉为“香之君子”。令人不得其解的是，同样是种子，一旦离开这一特殊地域，其香味便发生了巨大的变化。莞香树越老，其香味越纯、越浓。在莞香中“女儿香”可称上品。这种香料系纹理细嫩的“边角料”，系种香农家的姑娘凿香时私下藏起，然后偷偷与过街货郎换脂粉所用，故有“女儿香”之雅称。可供玩赏，是莞香的功能之一。时有富家将香块按纹理雕成各种形状，以银镶边，以紫檀木为座，置于堂屋之中以示阔气。但莞香的主要用途则在于它的香味扑鼻，给人以一种享受。当时广东一带有在室内焚香的习惯，致香味回溢。受广东这种习俗的影响，远至长江下游的苏州、松江二府，每年中秋节家家户户也焚烧莞香，俗称“薰月”。

2. 天山核桃王

天山核桃王于 1968 年创建于香港鲤鱼门，是首家冲出鲤鱼门的手信店。创始人刘球在鲤鱼门卖老婆饼起家，专售中式糖果、蛋卷等零食小吃。招牌“琥珀核桃”，采用新疆天山山脉的野生核桃，以烘焙方式取代油炸，减少营养流失，再加入紫菜、黑糖、亚麻籽、海盐等同样健康的调料，调制出多款不同味道。核桃本身含有亚麻油酸及 OMEGA-3，能降低血脂及胆固醇，是健康又美味的小吃，也是送礼佳品。

（二）澳门特别行政区

1. 葡式蛋挞

提到澳门，很多人第一时间想到的总是葡挞，甚至有人说“没吃过葡挞就不算到过澳门”。葡挞虽然是英国人安德鲁改良葡萄牙点心所制，然而扬名却是拜安德鲁和妻子的婚变所赐。1996 年，安德鲁和妻子玛嘉烈婚姻破裂，玛嘉烈离开安德鲁另起炉灶，把原先属于自己名下的店改名“玛嘉烈”，又落户我国香港和台湾地区，不经意地卷起了一阵葡挞旋风。后来手工蛋挞品牌玛嘉烈蛋挞工坊一直沿用至今。正宗的玛嘉烈葡式蛋挞必须手工制作：精致圆润的挞皮、金黄的蛋液，还有焦糖比例，都经过专业厨师的道道把关，才臻于普通蛋挞难以达到的完美。上桌的玛嘉烈蛋挞的底座就像刚出炉的牛角面包，口感松软香酥，内馅丰厚，奶味蛋香也很浓郁，虽然味道一层又一层，却甜而不腻。

2. 澳门杏仁饼

澳门杏仁饼是从绿豆饼发展而来的，澳门杏仁饼的主要原料是绿豆粉，只因外观像杏仁，所以才叫杏仁饼。相传，元末明初期间，由于战乱纷纷，粮食常常不够用，军队还须常常东跑西走打仗，为了方便军士携带干粮，朱元璋的妻子马氏想出了用小麦、绿豆、黄豆等可以吃的东西和在一起，磨成粉，做成了饼，分发给军士，不但方便携带，而且还可以随时随地吃，对行军打仗起到了莫大的帮助。在经历了无数个年代，直到 20 世纪初，杏仁饼一直只有单一的品种，单一的制作方法中，直到澳门礼记饼家的创立，才将杏仁饼进一步地扩大和发展。在经历了将近一个世纪的时间洗礼，礼记饼家已经从小店铺变成了今天驰名中外的百年老字号，澳门杏仁饼也从单一的产品变成了 20 多种品种，上百个制作方法，数百个不同口味的杏仁饼，其中礼记杏仁粒杏仁饼就是杏仁饼中是最具有代表性的一种，杏仁粹一粒粒的，口感、味道都非常好。礼记饼家生产的“澳门特色杏仁饼”凭着传统的手工工艺，古法秘制，结合现代的先进生产工艺，生产出的澳门杏仁饼已成为畅销国内外的特色产品。

（三）台湾省

台湾省特产丰富，从五花八门的小吃、糕饼、名点到台湾本土的民间手工艺品，应有尽有。这些特产不仅可以赠送给亲朋好友，也是游客深入了解台湾风土人情的一个切入点。

1. 实用品

（1）凤梨酥。凤梨酥是台湾的著名小吃。台湾婚礼习俗中，订婚礼饼共六种口味代表六礼，其中一种凤梨台语发音又称“旺来”，象征子孙旺旺来的意思，而凤梨亦是台湾人祭拜常用的贡品，取其“旺旺”“旺来”之意，深受民众喜爱。早期的凤梨礼饼因太大块，一般人消费不起，近百年前，台中县一位糕饼师傅颜瓶，经常挑着担子、带着自己做的“龙凤饼”到台中贩售。最初的“龙饼”是包了肉馅的大圆饼，同样大小的“凤饼”，则以菠萝为内馅。“龙凤饼”因为吉祥的寓意，被认为是订婚、结婚不可或缺的喜饼。后来经过颜瓶改良，凤饼缩小成每个 25 ～ 100 克的精巧小饼，凤梨酥从此诞生。凤梨酥外皮酥松化口，内馅甜而不腻，此种“中西结合”的凤梨酥，连西方人也赞赏有加，故逐渐成为岛外观光客最喜欢的台湾手礼之一。

（2）牛轧糖。牛轧糖，又名鸟结糖，是台北有名的特产之一，是很多到台湾观光的游客们必带的手信。牛轧糖是一种由麦芽糖、砂糖、奶油、奶粉、蛋白、坚果（像花生、杏仁、核桃、开心果或榛子）、果干及花瓣（如蔓越莓、黄金柚、杧果、柳橙、龙眼、桂花）等混合制成的糖果。有韧性、有脆性和有砂性是牛轧糖的三大特点，除此之外，不同的口味有不同的特点，不过大部分牛轧糖奶香浓郁、味道香醇。

台北的牛轧糖精选优质麦芽糖，不甜不腻不黏牙、里面的每一颗花生都是已经精选过的，粒粒饱满，花生仁分量十足，口口咬下去，尽是花生仁的香脆美味。牛轧糖是上班一族忙里偷闲，或者是享受悠闲下午茶时的最佳零食，悠闲自在地反复品味着奶香和花生的醇香，余味缠绕，适量地吃上些牛轧糖补充糖分对人体也是有益的。

（3）屏东莲雾。屏东莲雾是台湾重要的经济果树之一，莲雾又称洋蒲桃。目前全世界以台湾所生产的莲雾品质最高，台湾各地所生产的莲雾，因各地环境条件的不同，以屏东的品质最好。莲雾周年常绿，也是家庭绿化树。树姿优美，花期长、花浓香、花形美丽。挂果期长，果实累累，果形美，果实呈钟形，果色鲜艳夺目，果肉海绵质，略有苹果香气，味道清甜，清凉爽口，品种有乳白色、青绿、粉红、深红色。莲雾味甘，性平，营养成分含蛋白质、膳食纤维、糖类、维生素 B、维生素 C 等，带有特殊的香味，是天然的解热剂。由于含有许多水分，在食疗上有解热、利尿、宁心安神的作用。

（4）冻顶乌龙茶。冻顶乌龙茶俗称冻顶茶，是台湾知名度极高的茶，被誉为“茶中圣品”。冻顶乌龙茶产地为台湾鹿谷乡冻顶山。冻顶山是凤凰山的支脉，居于海拔 700 米的高岗上，传说山上种茶，因雨多山高路滑，上山的茶农为避免滑下去必须绷紧脚尖（冻脚尖）才能上山顶，故称此山为“冻顶”，所以冻顶茶产量有限，尤为珍贵。冻顶乌龙茶汤清爽怡人，汤色蜜绿带金黄，茶香清新典雅，香气清雅，喉韵回甘浓郁且持久，香气独特，常喝可起到预防蛀牙、美容养颜的功效。

冻顶乌龙既有不发酵茶的特性，又有全发酵茶的特性。茶叶极敏感，遭晒、受潮，茶叶便会变色、变味、变质。所以储存时必须像储存绿茶一样做到：防晒、防潮、防气味。但是冻顶乌龙比绿茶耐用，寿命较长，不藏冰柜的话，冻顶乌龙则可以保存两三年。

2. 工艺品

（1）台北士林名刀。台北士林名刀是台北市士林区的著名特产之一，由创始人郭合创建于1870年，距今已有100多年历史。士林刀最突出的特点是白铁包钢的刀身像竹叶形，牛角包铜片的刀柄像茄子形，所以士林刀又有“茄柄竹叶刀”的叫法。

士林刀之所以这么品质精良，原因在于除了是纯手工锻铸外，其刀片更是由白铁包钢锻铸而成，为达品质精良，更不惜购买由国外进口钢板原料和铸刀用的马达，国外进口的钢铁比较薄，锻铸方便，加上马达切削自如，所以锻打出的士林刀既锐利，又耐用无比；而在锻打过程中，刀身的软硬要适当，软了刀口易卷口，硬了就容易折断，因此铸打士林名刀要依靠纯熟的功力、火候与技巧。

（2）美浓油纸伞。美浓油纸伞产于台湾高雄。油纸伞制作方法完全是用手工。细长的伞骨，都是用从台中运来的“孟宗竹”经浸水后削成，竹身硬而富有弹性，因为本身具有的糖分全部去除，所以不会惹虫遭蛀。再经过钻孔、穿线，一顶圆形的纸伞骨架就此成型。接着将成扇形的绵纸，用棉籽油一片片粘在骨架上，曝晒之后，涂上防水桐油，油纸伞就制作成功了。上过桐油的纸伞，既有防水的功能，又可增加棉纸的韧性，更使原本单调粗俗的棉纸变得亮丽透明。客家人的生活中，一把小小的油纸伞饱含着幸福吉祥的寓意。客家语中，油纸伞的“油”字谐音“有”的意思，而“纸”与“子”同音，再者“傘”（即“伞”字繁体）字中有四个“人”字，代表着房子里多子多孙。传统习俗中，在男孩16岁成年礼时，送纸伞给儿子，表示着儿子已成年；女儿出阁，即赠予一对纸伞，象征团圆、圆满、早生贵子之意。

【任务实施】

港澳台旅游区代表性旅游商品的讲解实训

实训目的：1. 掌握本旅游区内代表性旅游商品的概况。

2. 提高学生对旅游商品的讲解、宣传能力。

实训内容：港澳台旅游区代表性旅游商品的讲解。

实训步骤：1. 分组：将班级6～8人分为一个小组。

2. 前期准备：

（1）选择本旅游区内其中一个省（市）代表性旅游商品；（2）根据所选商品进行配套的PPT制作配合讲解；（3）小组成员共同完成讲解所需道具的制作和旅游商品介绍的讲解词撰写；（4）讲解过程需在特定情境中完成（注：小组根据情况自行设计）。

3. 实施过程：

（1）抽签决定小组训练顺序；（2）各小组按顺序以角色扮演的方式进行旅游商品介绍的情境展示；（3）小组互评；（4）教师点评。

项目三　旅游商品判别

任务一　名贵中草药的判别

◆【任务引入】

市民旅游重金买名贵药材竟存质量问题

春节、清明等假日，不少市民曾外出旅游。收假回来后，有些人面对买回来的旅游产品后悔不已。唐女士一家去云南旅游，爱长痘的她在当地一家中药材店铺，花费近千元，买了藏红花等几小包药材回来，据称可调整内分泌、有美容效果。但是，喝了一周后，唐女士发现不但没效果，反而脸上的痘越长越多。随后，唐女士拿着药材去问医生，被确认购买的藏红花是假药。

问题：1. 唐女士为何会买到假的藏红花？

2. 购买藏红花应注意哪些问题？

案例分析：在旅游购物过程中，游客买到假冒伪劣商品时有发生。一方面，游客缺乏对所购商品的了解；另一方面，购买旅游商品一定要到正规的场所，以减少不必要的损失。像藏红花等名贵药材的使用是很讲究的，没有医生指导，不建议自行服用。因为藏红花有副作用，不是所有人都能服用，没有气血瘀积的人如果长期服用，就可能导致皮下出血。另外，孕妇和想要宝宝的女性也不能食用，因为藏红花有可能导致流产。

◆【任务分析】

随着人们对健康养生的重视，在旅游过程中购买中药材等保健品的人越来越多，如何能买到货真价实的货品是游客最关注的问题。所以，我们必须提升对中药材真伪的鉴别能力，学习判别名贵中药材的相关知识。完成以上任务应掌握以下知识点及技能点。

知识点：1. 藏红花的判别方法；

2. 三七的判别方法；

3. 燕窝的判别方法；

4. 麝香的判别方法；

5. 阿胶的判别方法；

6. 熊胆的判别方法。

技能点：能对名贵中药材进行准确的鉴定和辨别。

◆【知识链接】

一、藏红花的判别

藏红花作为著名的中草药和旅游商品，因其产量少，价格昂贵，常有伪品及掺假，旅游者在购买时经常上当受骗，现将常见判别方法叙述如下：

（一）泡水分辨

真正的藏红花是由紫蓝色的藏红花蕊精制而成的，取样品少许浸入水中，水被染成金黄色且逐渐向下，在水里不会马上变碎，而且水是亮亮的浅黄色，水面无油状漂浮物，用放大镜观察，真品一端膨大呈喇叭状，一侧有裂缝。而假货是其他花的花蕊甚至萝卜切成很细的丝，染色而成，泡水后萝卜会变碎，染色的会很快褪色，且水会变成红色或者是橙黄并有油状漂浮物，掺伪的品种有西红花的雄蕊，黄花菜染色，玉蜀黍的花柱、柱头，红花，莲须等。

（二）纸压分辨

用面巾纸取少许藏红花包在中间用力挤压，纸上不应留有油痕，掺杂矿物或植物油的藏红花会有油痕。

（三）用眼睛观察

把藏红花放在白纸上，摊开仔细观察，真正的藏红花是花蕊，虽然有的折断了，但每个都是喇叭状的，而用萝卜切成丝染色的假货就很难达到。或者把藏红花放到塑料袋里，再晃一晃，有的藏红花会把黄色的花粉黏在塑料袋上，薄薄的一层浅黄色，很容易辨认，而假货就没有。

（四）化学检验法

其一，取本品一小片放在玻璃片上，加稀硫酸一滴，真品四周先出现深蓝色，渐变为紫色，后变棕红色。

其二，取样品少许，加碘酒一滴，真品不变色，若变蓝色、蓝黑色或紫色，则为伪品。

二、三七的判别

三七作为传统的滋补品，价格昂贵，大多数游客希望将钱用在刀刃上，下面几个方法可以帮助游客挑选出好的三七。

其一，尽量买完整的个头而不要买粉。三七打粉可以方便冲泡饮用，也能更省钱，但是粉状的三七也更容易掺假，因此最好是买整个的，然后拿去药房加工打粉，打粉的一般收费也只是 10 元左右。

其二，尽量挑选个头大的，药材行内话说头数，其实就是几个 500 克的意思，三七个头越大，药效也越好。

其三，尽量挑选饱满的，买三七要挑选外形饱满的，干瘪货一般是库存品或者是经过提炼的，皱纹较多的也可能是结籽的，效果会打折扣。

其四，干度要够。选三七要选择干度够的，手摸上去不能感觉到明显的湿度，不然买回来就亏了，也不便于储存。

另外，三七生吃是指温水泡服，有活血的功能，熟吃是指用来熬汤，有补血的功能。因此要分清楚，不能弄混。

三、燕窝的判别

燕窝，又称燕窝菜、燕菜、燕根，是金丝燕及同属燕类用唾液或绒羽与唾液混合凝结而成的巢窝，多筑在海岛的悬崖峭壁上，形似陆地上的燕子窝，故而得名。市面上的燕窝按形状可以分为燕盏、燕条、燕饼、燕丝及燕球；按颜色可以分为白燕、血燕等。燕窝产于我国广东、海南、福建等沿海一带。

由于燕窝的价格较高，有不少伪劣、掺假的产品混于市场，常见的假冒材料有鱼胶、猪皮、银耳、鱼翅等。判别真假燕窝要一看、二闻、三拉，具体如下：

看：燕窝应该为丝状结构，由片块结构构成的不是真燕窝。

闻：气味特殊，有鱼腥味或油腻味道的为假货。

拉：取一小块燕窝以水浸泡，松软后取丝条拉扯，弹性差，一拉就断的为假货；用手指揉搓，没有弹力能搓成糨糊状的也是假货；血燕和黄燕浸泡后变色的是假货。

四、麝香的判别

麝香，藏语称为“腊资”，又称为寸香、元香、当元子，是哺乳动物林麝或原麝的成熟雄体香囊中的干燥分泌物。在《神农本草经》中被列为上品，是珍贵的中药材。由于麝香为名贵中药，掺假现象较多。因此，旅游者在购买麝香时需从以下四个方面判别。

（一）鼻嗅

用鼻嗅之，其香芳烈，经久不散，有一种特异的香气。若气味无浓香袭人或有腥气、臭气，则需要辨伪。

（二）品尝

取少许麝香品尝，即有一种刺舌的感觉，并有一种清凉之味直达舌根，且味道纯、香气正，无腥臭异味。若口尝不刺舌、不爽口、香气不纯正、有腥臭味者，则需辨伪。

（三）手捏

在购买整个麝香时，先用手捏整个麝香是否微软，有否弹性和回手感。若微软，有弹性和回手感为真品，反之为伪品。用手捏后再取少许麝香加适量的水调匀，若不脱色、不染手、不粘手、不结块，且香气扑鼻刺眼者为真品，反之则为伪品。

（四）火烧

取少许麝香，置铝箔上隔火烧热，若出现麝香发生跳动、蠕动，迸裂或有爆鸣声，并随即熔化起浊点似珠，膨胀冒泡，不起火焰，不冒火星者为真品，反之为伪品。

五、阿胶的判别

现代科学研究指出，东阿阿胶所含18种人体必需氨基酸（其中有8种不能自身合成）和20多种微量元素，不但有养血补血、美容养颜之功效，还能调经安胎、改善睡眠、健脑益智、延缓衰老等，可说是女性之宝，因而古今历代，阿胶深得女士们的欢心。同时它对于虚痨咳嗽、肺痿及阴虚、心烦失眠等症状也有很好的疗效。外敷，可治疗烫伤、烧伤、皴裂等。

真阿胶一般制成长方形块状，长形平正，色泽均匀，对光照视呈半透明状，且干燥坚实，不弯曲，夏日亦不湿软，并无异常臭味。将胶块置于手中，用手往桌面拍打，胶块即断成碎块，断面光滑似玻璃，无异物者为真。若拍打不碎，不透明，天热变软，断面不光滑，用火烧会发出臭味者系伪品，不能入药。

六、熊胆的判别

熊胆作为中国四大动物药材之首，素有“药中黄金”之美誉。熊胆为脊椎动物熊科棕熊和黑熊的干燥胆汁。棕熊胆主要产于东北、华北地区，陕西、四川、云南、青海、新疆、甘肃等地也有分布，黑熊胆主要产于东北、华北地区。熊胆为珍贵中药材。因来源稀少，故掺伪之品时有发现。有的用猪、牛、羊等家畜的胆伪充熊胆，有的伪品是用三颗针或黄芩浸膏加糖伪造的，其判别方法如下：

（一）手搓

取熊胆粉末少许置掌心上，用手沾水搓揉后，黏性很强，有拔丝感，并有特异清香气者，为真品。

（二）口尝

味苦回甜，并有清凉而持久的钻舌感，或放小颗粒于口内，很快就完全溶化，清凉窜喉，嚼之不粘牙。伪品苦腥而无清香味，也没有回甜、清凉、窜喉、钻舌感，反有腥臭味。

（三）水检

取清水一杯，投入米粒大的熊胆，可见其迅速溶解，色素下沉杯底而不扩散。而牛、羊、胆溶解则较慢，色素较少，尚有类白色絮状不溶物。猪胆溶解比牛、羊胆快，但比熊胆慢，溶出色素比牛、羊胆多，但比熊胆少，其不溶物比牛、羊胆少，比熊胆多。

（四）火烧

取熊胆粉末少许置铁皮上，以火烧之，不炽灼，只起白泡而无明显腥气者为真，伪品烧后不溶化，如猪、牛、羊胆仁烧后亦起白泡，但有明显腥气，并发出烧骨胶的臭气。

（五）荧光

取熊胆细粉，在紫外线灯下观察，显黄白色荧光者为真品。伪品显棕黄色荧光。或取约0.29克粉末溶于7％冰醋酸溶液20mL中，溶液置紫外线灯下观察，如显浅蓝色乳浊荧光，为牛、羊胆。

【任务实施】

名贵中药材判别的实训

实训目的：1. 熟悉常见名贵中药材的判别方法。

2. 提高学生对名贵中药材旅游商品的判断、鉴别能力。

实训内容：名贵中药材的判别

实训步骤：1. 分组：将班级 6 ～ 8 人分为一个小组。

2. 前期准备：

（1）教师准备需要判别的几种名贵中药材并设计购买情境；（2）学生准备判别名贵中药材真假可能会用到的工具；（3）小组成员熟悉所有常见名贵中药材的判别方法和相关常识。

3. 实施过程：

（1）现场抽签决定小组进行判别的名贵中药材种类；（2）根据老师公布的情境进行以所抽取内容为主的展示；（3）小组互评；（4）教师点评。

任务二　贵金属饰品的判别

◆【任务引入】

珍珠购买陷阱面面观

2023 年 7 月，A 游客在三亚旅游时，在一家名为“HY 珍珠馆”店买了 2 条 80 元的特价海水珍珠手链，当时导购人员很专业热情地讲解了如何辨别真假珍珠，并介绍了该品牌珍珠的发展历史，还肯定地说特价珍珠是真的，只是成色、大小不好、瑕疵太多而已。没想到回到酒店仔细一看，所谓的海水珍珠手链，却是一个个的塑料珠外面裹着一层珍珠皮。

新加坡籍岑先生反映，2023 年 3 月在无锡游览时，其在某旅游定点商店以 1 万元人民币购买的 2 颗黑珍珠，经新加坡权威机构检测系染色而成，而店方在销售时强调珍珠是天然培育的，岑先生要求商家退款。无锡滨湖工商局 12315 受理台前往调查，在核实的过程中，店方负责人首先承认了岑先生购买 2 颗黑珍珠的事实，随后承认珍珠系后期加工染色而成。后经协调，店方赔偿岑先生的购物款 1 万元人民币。

问题：1. 游客为什么在购买珍珠时容易被骗，应该注意哪些问题？

2. 如何鉴别真假珍珠？

案例分析：诸如案例中发生的事情在旅游过程中经常会发生，除了经营者不能诚信经营应当受到处罚外，作为消费者应该在购买贵重饰品之前对其相关常识做一定的了解，掌握基本的判断方法，就可以最大限度地减少自己的损失，保护自己的利益。

针对第一个案例中涂胶质的假海水珍珠，可以从色泽方面进行辨别，天然海水珍珠色测闪亮，假海水珍珠颜色单调，光泽差。另外，简单的方法是将 2 颗珍珠相互摩擦，或直接用剪刀在珍珠表面刮。真的表面出现珍珠粉末，用手抹去，表面会光亮如故，假珍珠的涂层则会脱落。

第二个案例中，珍珠是天然的还是后期染色的，可以这样判断：将黑珍珠慢慢转动，如果可以看到有轻微彩虹般闪光不断变幻，则不是染色的，因为黑珍珠有淡灰色到黑色不等色的色调，而它的美丽在于深色基调上的伴彩，而且 2 颗黑珍珠不会完全相同；如果一串（即使几颗）漆黑颜色一致均匀、晕彩浓艳的黑珍珠，那么几乎可以肯定是染色珠。染色珠颜色呆滞，且在钻孔和瑕疵的地方聚集的黑色较深。

◆【任务分析】

在旅游过程中，类似珍珠之类的贵金属饰品是游客争相购买的旅游商品之一，其价值往往很大，所以一旦购买到假冒伪劣商品对游客来讲，损失惨重，那么如何尽量避免此类事件的发生呢？除了旅游企业经营要讲诚信，进行自我约束和相关部门的有效监管外，游客及旅游从业人员应该具有一定的鉴别常识和能力，才能避免此类事件的发生。

在旅游购物过程中，贵金属饰品，除珍珠外，常见的还有金银玉钻等，完成以上任务应掌握以下知识点及技能点。

知识点：1. 黄金饰品的真假和成色判别要点；

2. 白银饰品的判别要点；

3. 钻石饰品的判别要点；

4. 珍珠饰品的判别要点；

5. 玉石饰品的判别要点。

技能点：能对贵金属饰品进行准确的鉴定和辨别。

◆【知识链接】

一、黄金饰品的判别

（一）黄金饰品真假的识别

黄金饰品价值较高，是旅游过程中游客购买的较主要的一种贵金属饰品。它的判别需要有相当丰富的经验，而不同的人识别的方法也有所区别，这里主要介绍 7 种识别真假黄金饰品的方法，以便于旅游者在旅行游览过程中进行选购。

1. 看颜色

黄金首饰纯度越高，色泽越深。在没有试金片（对金牌）的情况下可按下列色泽确定大体成色（以青金为准则，所谓青金是黄金内只含有白银的）：深赤黄色成色在 95% 以上，浅赤黄色在 90% ~ 95%，淡黄色在 80% ~ 85%，青黄色在 65% ~ 70%，色青带白光只有 50% ~ 60%，微黄而呈白色就不到 50% 了。通常所说的七青、八黄、九赤可作参考。

2. 掂重量

黄金的比重为 19.32，重于银、铜、铅、锌、铝等金属。如同体积的黄金比白银重 40% 以上，比铜重 12 倍，比铝重 61 倍。黄金饰品托在手中应有沉坠的感觉，假金饰品则觉得轻飘。但旅游者应注意，此法不适用于镶嵌宝石的黄金饰品。

3. 看硬度

纯金柔软、硬度低，用指甲能划出浅痕，牙咬后能留下牙印，成色高的黄金饰品比成色低的柔软，含铜越多越硬。折弯法也能试验硬度，纯金柔软，容易折弯；纯变越低，越不易折弯。

4. 听声音

成色在 99% 以上的真金往硬质地面上抛掷，会发出“吧嗒”声，有声无韵也无弹力。假的或成色低的黄金声音脆而无沉闷感，一般发出“当当”响声，而且声有余音，落地后跳动剧烈。

5. 用火烧

用火将要鉴别的饰品烧红（不要使饰品熔化变形），冷却后观察颜色变化，如表面仍呈黄金色泽则是纯金；如颜色变暗或不同程度变黑，则不是纯金。一般成色越低，颜色越浓，全部变黑，说明是假金饰品。

6. 看标记

国产黄金饰品都是按国际标准提纯配制而制成的，并打上戳记，如“24K”标明“足赤”或“足金”；18K金，标明“18K”字样；成色低于10K者，按规定就不能打K金印号了。目前社会上不法分子常用制造假牌号、仿制戳记，用稀金、亚金甚至黄铜冒充真金，因而鉴别黄金饰品要根据样品进行综合判定来确定真假和成色高低。

7. 金银（含黄金、白银和铂金）饰品标识的新规定

从2004年12月1日起，国家对金银（含黄金、白银和铂金）饰品标识有新的规定。国家质量技术监督局发布的《金银饰品标识管理规定》（以下简称《规定》）要求经营者不得经营无印记、无标识物及标识内容不符合该《规定》要求的金银饰品。其具体内容为：每件金银饰品都必须有相应的标识，每个标识包括印记和其他标识物（标签）两个部分。印记的内容包括饰品材料名称和含金（银、铂）量，原规定生产者名称或企业代号的印记内容在新规定中可以免除。其他标识物即标签，则要求包括饰品名称、材料名称、含金（银、铂）量、生产者名称、地址、产品编号和质量合格证明等，按重量销售的金饰品还应当包括重量。

（二）黄金饰品成色的鉴别

古代辨别真金、假金以及金的成色，唯一的鉴定方法就是用试金石。试金石是一种测试真金和假金以及金的成色的石头。在古代，由于科学技术水平所限，不可能采用精密的分析方法去鉴定黄金的成色，只有利用黄金的硬度大小（摩氏硬度2.5～3），在坚硬的岩石上刻画后，根据所留下的金黄色的痕迹来鉴别。地质学上称这种痕迹为条痕，也就是黄金粉末的颜色。既然是“金无足赤”，那么怎样辨认它所含杂质的多少呢？据明代宋应星所著《天工开物》记载，古代的鉴定标准是：“金高下者，分七青、八黄、九紫、十赤，登试金石上，立见分明。”这就是说，金在试金石上刻画出来的条痕为青色者，含黄金七成，杂质三成；条痕为黄色者，含黄金八成，杂质二成；条痕为紫色者，含黄金九成，杂质一成；条痕为红色者，含黄金十成，由此分辨金的成色。

我国的试金石大部分是用一种硅质砾石加工成的。试金石的硬度一定要大，以耐刻画；颜色要暗，以易于观察条痕；表面要光滑平整，以便于测试。现在流行的鉴别黄金饰品成色的方法有以下两种。

1. 试金石法

选择质地细腻的黑色试金石，用含金量不等的标准试金片（对金牌）在试金石上划出痕迹，再将所要鉴定的金饰样品在同一试金石上划痕，滴上浓硝酸去掉杂质，将留在试金石上的痕迹与所画的试金片痕迹对比，对照样品金的标准度，找出与饰品样品一样的色度，即为所要测定金饰样品的准确含金量。

2. 化学法（又称试剂点试法）

黄金不溶于单独的硝酸、硫酸和盐酸，而银、铜等成分均能与硝酸起化学反应而被溶解。取金饰样品，将硝酸点在某一部位，如是黄金则不会变色；如是银制品，则会生成氧化银而变黑；如是铜制品，生成二价铜盐而冒绿色泡沫。对含金量在95%以上的金饰品，用硝酸点试，表面变化很小。

二、白银饰品的判别

白银饰品价格较金饰低，加之民间有佩戴银饰可辟邪的说法，故深受广大爱美人士的喜欢。在购买白银饰品时，应从以下几个方面着手进行判别：

（一）看颜色（又称看面档）

纯度越高，银色越洁白，面档细腻均匀发亮，有润色。如果含铅质，面档发出潮花带有青灰色；如果含铜质，面档出现粗糙及烂心，有干燥感。被氧化了的白银尽管表面有“黑锈”，但其色泽黑而呈光亮，铅、锡、白铜则没有光泽，其色发暮。

（二）重量

白银密度较一般常见金属略大，一般地讲，“铝质轻、银质重，铜质不轻又不重”。因而掂掂重量可对其是否为白银做出初步判断。若饰品体积较大而重量较轻，则可初步判断该饰品是其他金属。

（三）查硬度

白银硬度较铜低，而较铅、锡大，故用大头针稍用力画实物的表面进行测试，如针头打滑，表面很难留下痕迹，则可判定为铜质饰品；如为铅锡质地，则痕迹很明显、突出；如实物留有痕迹而又不太明显，便可初步判定为白银饰品。纯白银饰品用手拉、折就能使之变形。

（四）听声韵

饰品如为高成色白银，则掷地有声无韵，无弹力，声响为“噗哒噗哒”。成色越低，声音越尖越高而带韵；若为铜质，其声更高而尖，韵声急促而短；若为铅、锡质地，则掷地声音沉闷、短促、无弹力。

（五）看茬口定成色

把白银饰品截开，看茬口颜色，若茬口白而绵，饰品表面光润、细腻，氧化后表面色泽发乌呈光亮，可断定其成色在98%左右；若茬口粗而柔，微显红色，成色在95%左右；茬口白而带灰，略有微红则成色在90%左右；用手弯折较硬，茬口淡红色或带灰色，成色在80%左右；表面白黄且干燥，茬口微红、黄兼有，弯折坚硬，成色在70%左右；若茬口红中带黑，黄中带黑，其成色已在60%以下。

（六）银药（又名吃银虎）抹试

将银饰品在试金石上磨出银道，用银药（银药是用95%以上成色的白银面和水银调和而成的软体状物）在银道上涂抹，挂银药多的，成色就高，少的成色就低，假的不挂银药。

三、钻石饰品的判别

在各类珠宝中，钻石被誉为“宝石之王”而深受世人的喜爱。然而，人们在选购钻石时，因不了解钻石的各种特点而易被人蒙骗，结果损失惨重。对于我们普通旅游者来讲，鉴别钻石真假简单可行的方法有如下三种。

（一）铅笔鉴定法

将钻石用水润湿后，用铅笔在它上面刻画一下，真钻石的表面不会留下铅笔划过的痕迹。水晶、玻璃、电气石等无色透明的假钻石则会留下痕迹。

（二）钢笔鉴定法

将一支钢笔蘸上墨水后在钻石上画线条，真钻石在放大镜下观察，其表面会留下一条光滑而连续的墨水线条，无断痕。假钻石留下的线条则由一个个小圆点组成。

（三）刻画鉴定法

钻石的硬度都很强，用刀片等难以在上面留下刻痕。此外，用钻石在玻璃上轻轻划一下，会留下一条较明显的白痕。假钻石则无此现象。

四、珍珠饰品的判别

面对五彩缤纷、真假并存的珠宝市场，我们会感到迷惘。我们每个人没有必要也不可能都成为行家，但掌握一些简易的方法和常识就可免受坑蒙之苦，旅游消费者在购买珍珠饰品时，可根据其真伪、颜色、光泽、透明度、形状、大小及加工质量来综合判定珍珠的经济价值。

（一）目前市场上的珍珠品种

目前，市场上销售的珍珠品种繁多，但归纳起来只有三类：养殖珍珠、天然珍珠和珍珠赝品。

1. 养殖珍珠及天然珍珠

人工养殖珠（淡水珠、海水珠）透明度好，具半透明的凝胶状外表，而天然珠透明度较差，外观凝重；人工养殖珠表面常有突起和凹坑，天然珠外表光滑。养殖珍珠又分为淡水养殖珠和海水养殖珠两种。淡水养殖珠无核，是在湖泊、池塘等水深不超过 4 米的环境中人工养殖的；海水养殖珠产于热带或亚热带的浅海水域中，均采用有核培植法；天然珍珠多呈圆粒状，核极小，通常肉眼看不到。确切地区别天然珍珠和淡水养殖珍珠一直是珠宝鉴定中的难题，但专家根据珍珠层的结构、珍珠的密度、荧光和透明度等特征，可准确地将二者区分开来。对于旅游消费者来说，简易的识别办法是：天然珍珠因核极小，肉眼下无核；海水养殖珠有核、核较大；淡水养殖珠无核。

2. 珍珠赝品

珍珠赝品又称仿珠，最常见的仿珠有以下三种。

（1）充蜡玻璃仿制珠：在空心的圆形乳白色小球中充满石蜡，这种珠密度小重量轻，用手掂一下即可分辨，用针探测珠的内部有软感。其外表光滑，用针刻不动。

（2）实心玻璃仿制珠：将白色实心玻璃球浸泡在“珍珠液”中而成，用针从钻孔处拨动，其外表会成片地脱落，不见细小鳞片状粉末。

（3）塑料镀层仿制珠：在乳白色塑料珠外镀一层“珍珠液”，用针挑拨钻孔处，外表亦会成片脱落，不见细小鳞片状粉末，用针刺外表可感觉出表皮下非玻璃材料。

通常，将两粒珍珠相互摩擦，表面有砂感，而仿珠之间相互摩擦，感觉很光滑，没有砂感—这是旅游者鉴别珍珠真伪的一个最简易的方法。

（二）选择珍珠的颜色

珍珠的颜色很多，其中以白色稍带玫瑰红色为最佳，以蓝黑色带金属光泽为特佳，但若见到明显的黑色、灰色珍珠，就应引起警惕，有可能是染色珠。区别染色、真色珍珠的方法是：天然黑珍珠并非纯黑色，而是略带彩虹样闪光的深蓝黑色，或带有青铜色调的黑色；染色珍珠呈灰黑色和黑色，颜色单调、光泽差，若用布蘸少许5%左右的稀硝酸擦洗珍珠，则布上会留有黑迹。旅游消费者在购买贵重的黑色珍珠时，要分外留意。

（三）选择珍珠的光泽

光泽主要包括珍珠表面所反射出来的光与内部折射出来的光。好的珍珠看起来就有一种夺目的珠光宝气，但绝不刺眼，也绝不晦暗，有透明感（如同露水），反射出来的光也绝不是呆板的，而是丰富多变的。变换不同的角度，可以见到虹彩。

（四）选择珍珠的表面情况

珍珠表面的情况会影响它的光泽，也会影响外观。如果表面不平整的话，光泽就会差。如果疵点过多，当然谁看了都不会舒服。一般情况下，表面的疵点如果不明显的话并不会太大地影响珍珠的质量与价格，因为完美的珍珠几乎是没有的。相反，如果有人用较低的价钱向你推销看起来完美的珍珠，那就应该当心了，因为这些珍珠很可能是人造的玻璃球。

（五）选择珍珠的形状

珍珠的形状也在很大程度上左右着人们的选择。古语说“珠圆玉润”，所以正圆的珍珠是最值钱的。珍珠的形状和它的色彩一样是千变万化的，基本形状有圆、扁、半圆、蛋形、椭圆形、米形及不规则形，业内还有很多其他的行话讲法，如两面光、四面光等。

五、玉石饰品的判别

对于翡翠的选购，首先应确定翡翠的真假，其次是确定翡翠是否经过处理，最后是确定翡翠的质量好坏。旅游消费者主要应遵循以下几点：

（一）翡翠的真假

与翡翠相似的玉石有很多，市场上常见的品种有澳玉、马来玉、绿色东陵玉、不倒翁、独山玉、岫玉、水钙铝榴石、玻璃等。

（1）澳玉：产自澳大利亚的一种绿玉髓，为隐晶质的石英，半透明状，绿色，常做成戒面，非常像高档翡翠，根据其密度、折射率借助仪器很容易与翡翠相区别。

（2）马来玉：一种染成绿色的石英岩，半透明状，绿色，由于是染色而成，因此透过光线可见绿色染料像丝状一样分布在石英岩中。

（3）绿色东陵玉：是含铬云母的石英岩，在石英颗粒之间有绿色的片状铬云母，因此对着光线可见片状闪光。

（4）不倒翁：一种产于缅甸的硬钠玉，鲜绿色，不透明，密度折射率均低于翡翠。

（5）独山玉：产在我国河南独山的一种黝帘石化的斜长石，颜色以白、绿为主，绿色常为蓝绿色，分布很不均匀，绿色在查尔斯镜下呈红色。

（6）岫玉：产于辽宁岫岩的一种蛇纹石玉，绿色以黄绿色为主，表面呈油脂光泽，硬度低，用一般的小刀即可刻动，而翡翠则不能。

（7）水钙铝榴石：一种石榴石，粒状结构，颜色不均匀，常有暗绿或黑色斑点，查尔斯滤色镜下呈红色，我国青海产的称青海翠，肯尼亚产的称特萨沃玉，南非产的称南非玉。

（8）玻璃：常用来模仿各种宝玉石的一种人造品，不透明至半透明，有时可见气泡，贝壳状断口，密度低于翡翠，手感轻，颜色较均匀，具假感。

（二）翡翠是否经过处理

处理翡翠常见有注胶处理（B 货）和染色处理（C 货）。注胶处理的翡翠由于充填物为树脂，因此光泽常呈树脂光泽、蜡状光泽、油脂光泽，由于经过酸性溶液的严重浸泡，因而表面呈橘皮构造、网状构造，整体看上去的颜色呈一种浅浅的黄色调。最准确的鉴定方法是使用一种红外检测仪。染色处理的翡翠其颜色无色根，常漂浮于表面，透过光线，常见绿色呈丝状分布，常借助于分光仪检测。

B 货翡翠由于有树脂充填，时间长了，树脂老化，翡翠表面光泽会变差，透明度也有可能会变化，颜色也会有轻微的变化。

C 货翡翠随着时间的变化，颜色也可能会褪去。因此购买时未经处理的 A 货翡翠是首选。按照国家标准，未经处理的翡翠应标以“翡翠”，注胶和染色翡翠应标以“翡翠（处理）”，其他标法均不对。

对于真假翡翠与处理翡翠，即使是专业人员有时凭肉眼也很难区别，最终都是通过仪器，因此在购买时应到大的商场，价格高的可以向其索要检测站出具的证书，在小商场，特别是许多旅游景点的购物场所，以次充好、以假乱真的现象特别普遍，几百元的 B 货翡翠手镯常标上几千元。经过处理与未处理过的翡翠的价格相差悬殊，而且经处理的翡翠看起来比未经处理的要漂亮，因此旅游者购买时要谨慎。

（三）翡翠的质量好坏

好的翡翠可通过如下几点标准辨别：颜色—越绿越好、越均匀越好；水头—越透越好；结构—越细腻越好；石花、斑点、裂纹—越少越好；工艺—越精越好。

【任务实施】

贵金属饰品判别实训

实训目的：1. 熟悉常见贵金属的判别方法。

2. 提高学生对贵金属旅游商品的判断、鉴别能力。

实训内容：会银玉钻和珍珠类贵金属饰品的判别。

实训步骤：1. 分组：将班级 6 ～ 8 人分为一个小组。

2. 前期准备：

（1）教师准备需要判别的几种贵金属饰品并设计购买情境；（2）学生准备判别贵金属饰品真假可能会用到的工具；（3）小组成员熟悉所有常见贵金属饰品的判别方法和相关常识。

3. 实施过程：

（1）现场抽签决定小组进行判别的贵金属种类；（2）根据老师公布的情境进行以所抽取内容为主的展示；（3）小组互评；（4）教师点评。

任务三　文房四宝的判别

◆【任务引入】

旅游商品市场乱象之文房四宝

据《中国旅游报》记者报道，文房四宝之一的砚台作为旅游商品展卖时，以假乱真、以次充好现象严重，不断侵犯了消费者的合法权益，尤其令人担心的是，有些制砚名家多日辛辛苦苦地手工制作一方上等砚，被粗制滥造者用机器制作的“劣仿品”取而代之，一般旅游者不具备鉴别能力，购买后连呼上当。记者调查发现，日本游客和韩国游客对中国的砚台很感兴趣，他们购买后或馈赠亲友，或摆在自己书房里。然而景区、酒店等旅游购物场所所谓的“名砚”一直存在着真假难辨、良莠不齐的问题，几位从山西某景区旅游归来的游客接受记者采访时说，他们花大钱买了四大名砚之一的澄泥砚，回来后被行家指明是冒牌货，后放到锅里一煮，果然是用黑鞋油涂色的普通石砚，备受打击。

问题：1. 砚台为什么成为国际游客购买的热点？

2. 以假乱真、以次充好的砚台为什么会有市场？

案例分析：砚台作为文房四宝之一，尤其是出自著名产地、名家之手的砚台有着很高的使用价值和收藏价值，是中国传统文化的代表和体现，深受游客青睐。但是由于旅游从业者和游客缺乏鉴别能力，经常会被以假乱真、以次充好的商品所蒙骗，不仅损失金钱，精神上也备受打击。

◆【任务分析】

砚台的种类很多，出产地不同、制作工艺不同、材质不同等都会造成其价值的悬殊，所以要想真正买到有收藏价值的名砚台必须具备一定的基础知识和鉴别能力，掌握一些判别的方法。不仅是砚台，文房四宝之笔墨纸砚都存在类似的问题，所以完成以上任务应掌握以下知识点及技能点。

知识点：1. 笔的判别方法；

2. 墨的判别方法；

3. 纸的判别方法；

4. 砚的判别方法。

技能点：能对文房四宝进行准确的鉴定和辨别。

◆【知识链接】

一、笔

在选择毛笔时，主要从尖、齐、圆、健四个方面考虑。

（一）尖

尖指的是当笔毫聚拢时，末端要尖。笔尖则写字锋棱易出，较易传神。笔不尖则成秃笔，书法神采顿失。选购新笔时，毫毛有胶聚合，很容易分辨。在检查旧笔时，先将笔润湿，毫毛聚拢，便可以分辨尖秃。

（二）齐

齐指的是笔尖润开压平后，毫尖平齐。毫若齐则压平时长短相等，中无空隙，运笔时“万毫齐力”。因为需把笔完全润开，选购时不太容易检查这一点。

（三）圆

圆指的是笔毫圆满如枣核的形状，也就是说毫毛充足。毫毛充足则书写时笔力完足，反之则身瘦，缺乏笔力。笔锋圆满，运笔自能圆转如意。选购时毫毛有胶聚拢，是不是圆满，仔细看看就知道了。

（四）健

健指的是笔腰的弹力。将笔毫重压后提起，随即恢复原状。笔有弹力，则能运用自如。一般而言，兔毫、狼毫弹力较羊毫强，书写坚挺峻拔。关于这点，在选购时也不太容易检查，在使用后，将润开笔重按再提起，锋直则健。

这四个方面是笔自身的功能，选购时也要顾及所写字的风格。风格健劲的，选用健毫；姿媚丰腴的，选用柔毫；刚柔难分的，则选用兼毫。还有一点是字体大小方面，写大字用大笔，写小字用小笔。小笔写大字易损笔且不能使转自如，大笔写小字则“杀鸡用牛刀”了。

二、墨

在鉴别墨时，主要从以下几个方面考虑。

（一）质细

墨首先应该质地细致，则所谓制烧时所得煤灰粗细得中，无白灰夹杂其间，胶亦要均匀，两者完全融合，质地精纯，上砚自然无声。这点只需磨了自然知晓，只看并不能完全明白。

（二）胶轻

墨含胶不宜过重，过重则黏性多而滞笔，过轻则质地薄而无光彩。“凡煤一斤，古法用胶二斤。”这是煤、胶的“黄金比”，即所谓“对胶”。胶过轻或太重都不好，但选择的方法，须待书写后才能知道，如果墨虽浓而不黏稠，又容易施笔，就是好的了。也有另一种以轻重判别的方法，胶多则轻，胶含量适中的话就不会有畸轻畸重的感觉。

（三）质坚

墨的质地坚硬，浸水不易化。李延圭墨的“能削木”就是如此。如果制墨的胶与煤比例适当，捣的次数也足以使之充分融合到不可分离的程度，质地自然细而坚硬了。

（四）色亮而轻

墨的黑是因为煤，过多就会黑而无光；亮则因为胶，过多则光而不墨。制墨之难，难在煤与胶之调配，所谓“对胶法”，两者各半，则乌熏有光泽。

（五）味香而轻

墨是用有恶臭的煤、易腐的动物胶作为主要原料的，所以需要加点香料，如龙麝等，一来可以散发宜人清香，二来可以防腐，但是含量也需适中，太多会降低煤与胶的成分，太少又不能达到功效。

三、纸

（一）质地柔韧厚密

选择纸张的时候鉴别是最重要的，质地不佳的纸既容易损笔，又不易保存，古今用纸，莫不以品质见称，如澄心堂纸“密如玺”，玉版宣“柔韧、耐久”。纸质坚韧紧密是最好的，目测就可以知晓。

（二）色彩洁白

纸如果不白，就是原料不好，或水质欠佳，都算不上是好纸。洁白无比的玉版宣便以檀木为原料，蜀笺则“以浣花潭水造纸”，都是实例。若是染色的，也要精纯洁白，才是本性佳之纸，但染色之纸不易传久，若希望作品能百年后还能保存完好，最好还是避免使用。

（三）表面光涩适中

纸表面有光滑和粗涩之分。光滑易行笔，但若过滑而笔轻拂而过，便无笔力可言；若粗涩则与之相反，易得笔力，但过涩则难于施笔，易损笔锋，所谓“细而不涩”也。

（四）吸墨适度

纸须能入墨，否则墨浮纸表，易于脱落，不能久存。一般而言，宣纸类吸墨较强，笺纸则反之。吸墨太强，若运笔稍慢，则点画俱成墨团。但若吸墨性太弱，墨不易入纸，亦非所宜。故选择纸时要考虑到书体及个人运笔速度，要以墨汁能入纸但不成团为佳。

四、砚

（一）看

看砚台的材质、工艺、品相、铭文等。

（二）摸

用手抚摸砚台，感觉是否滑润细腻。滑润者，石质好；粗糙者，石质就差。

（三）敲

用手指托住砚台，手指轻击之，侧耳听其声音，如果是端砚，以木声为佳，瓦声次之，金声为下；如果是歙砚，以声音清脆为好。

（四）洗

把砚台上的墨痕洗掉，还其本来面目，这样更容易看清砚台是否损伤或修理过的痕迹。注意补过的地方颜色与砚的原色有很大的差异。

（五）掂

掂一下砚台的分量，同样大小的歙砚，重者好，轻者次之。

【任务实施】

文房四宝的判别实训

实训目的：1. 熟悉文房四宝旅游商品的判别方法。

2. 提高学生对文房四宝旅游商品的判断、鉴别能力。

实训内容：文房四宝旅游商品的判别。

实训步骤：1. 分组：将班级 6 ～ 8 人分为一个小组。

2. 前期准备：

（1）教师准备需要判别的文房四宝旅游商品并设计购买情境；（2）学生准备判别文房四宝优劣可能会用到的工具；（3）小组成员熟悉文房四宝的判别方法和相关常识。

3. 实施过程：

（1）现场抽签决定小组进行判别的文房四宝类型；（2）根据老师公布的情境进行以所抽取内容为主的展示；（3）小组互评；（4）教师点评。

任务四　陶瓷工艺品的判别

◆【任务引入】

男子报警称丢6亿元藏品，追回后警方鉴定为仿品

“我丢了两对‘斗彩鸡缸杯’，价值起码在6亿元。”不久前，网上一则新闻报道，厦门警方接到民间收藏爱好者老梁的报警电话称自己丢失了两对4只“斗彩鸡缸杯”。“斗彩鸡缸杯”是明代成化年间皇帝御用酒杯，因其杯壁上画有公鸡、母鸡，故称鸡缸杯。现存于世的明成化斗彩鸡缸杯被公认为是真品且保存完整的甚是稀少。2014年4月8日，玫茵堂珍藏的明成化斗彩鸡缸杯在香港苏富比重要中国瓷器及工艺品春拍上，以2.8亿港元成交价刷新中国瓷器世界拍卖纪录。鸡缸杯之贵重不言而喻。这样一件宝物的失窃引起了警方的高度关注。接警后，民警立即展开调查。然而，令人大跌眼镜的乌龙事件发生了，老梁的这4只鸡缸杯底部没有“大明成化年制”的年款，而是在杯身上写着“宫廷御器宪宗皇帝御用”字样。随后，警方回应表示，这4只“斗彩鸡缸杯”经厦门市文物鉴定中心有限责任公司初步鉴定为仿品。一时间，舆论关于这件事情以及民间收藏的是是非非甚嚣尘上。

问题：1. 陶瓷工艺品的价值体现在哪些方面？

2. 为何老梁这4只“斗彩鸡缸杯”为仿品？

案例分析：陶瓷工艺品与一般工艺品不同，它在具有收藏价值的同时，还具有使用价值，过去传承数千年的陶瓷工艺品是基于使用基础上的收藏，是经前辈先人使用，而后人作为纪念物品收藏起来，然后流传下来的。同时，制作陶瓷工艺品本身是一件十分精细的工作，它每个款式的设计都是独一无二的，本身具有很高的审美价值。这也是造成陶瓷工艺品价格居高不下的原因之一。

案例中老梁这4只“斗彩鸡缸杯”被厦门市文物鉴定有限公司初步鉴定为仿品，是由于斗彩鸡缸杯属于明代成化皇帝的御用酒杯，杯底部应有“大明成化年制”的年款，这是最基本的陶瓷工艺品判别知识。所以，避免上当受骗的唯一途径是多学习，努力让自己成为行家。

◆【任务分析】

国内经济的持续稳定增长使投资收藏一直热度不减，其中，陶瓷工艺品作为我国已传承数千年的一类收藏类别，更是受到人们的广泛青睐。但是，目前市场上陶瓷工艺品造假居多，很多游客花大价钱买来的却是赝品，所以，我们必须学习判别陶瓷工艺品的方法。完成以上任务应掌握以下知识点及技能点。

知识点：1. 古瓷的判别要点；

2. 唐三彩的判别要点；

3. 景泰蓝的判别要点。

技能点：能对陶瓷工艺品进行准确的鉴定和辨别。

◆【知识链接】

一、古瓷工艺品的判别

陶瓷是中国人的伟大发明。几千年来，古代匠师们创造了无数技艺精湛的陶瓷珍品，遗存下来成为文化宝库中的巨大财富。在这些遗物中有各个时代的代表作和创新之作，因此中外人士搜求历代古瓷者渐多，古董行生意兴隆，因而仿古和造假能手亦相继涌现。上自原始社会彩陶、黑陶，下至唐三彩、五代越窑与宋代各大名窑，乃至明代德化白瓷，明清代各类品种的景德镇官窑瓷器，几乎无不被仿作，而且其中的绝大多数，由于烧造时的用意是在于拿来冒充真品，所以就不但要求“神似”，也极力追求每一点细节的“形似”，诚可谓处心积虑。

总的来看，古今制造仿古瓷的目的无非出于两类：一是发思古怀旧之心，保持传统品种；二是以假乱真，牟取商业利益。前者对瓷器发展有重要的推动作用。例如，清康、雍、乾三朝，既是嗜古、仿古之风极盛的时期，也是大量新品种涌现的时期，可见在陶瓷发展中，仿古不但不妨碍创新，而且能够促进创新。然而另一方面，从文物收藏和鉴定的角度看，无论出于何种目的，只要是仿制品，就会给我们今天的文物鉴定造成困难。特别是古代那些技艺精湛的仿品，即便制作者当初的用心完全纯正，也不能排除后人利用其仿作来假冒真品，牟取暴利。

近年以来，陶瓷已成为世界各国博物馆和私人收藏家所藏中国文物中数量最多、价值最高的品种，古瓷的拍卖价格持续上涨。诸如宋代各大名窑，元青花，明永、宣、成，清康、雍、乾等明清官窑瓷器精品的拍卖价，动辄以十万、百万美元计，因此又进一步掀起了中国瓷器的“收藏热”“走私热”“仿造热”。其中，当然就难免真假难辨，令真正的瓷器爱好者感到无所适从。因此，为了辨别真伪，就需要了解文物鉴定的基本知识，掌握各时代陶瓷的不同特征。大体上讲，古瓷工艺品的判别主要是从器型、纹饰、胎釉、款识几个方面入手。

（一）器型方面

从器型方面鉴定瓷器应侧重对器物造型的古拙、敦厚、粗笨、秀美、玲珑、华丽等不同方面进行研究，详加分析对比，摸清其演变规律。仅举玉壶春瓶为例，自宋代始创以至晚清民国，历朝均有制作，而风格却历代都有变迁。那么进行鉴别时除整体风格外，对于不同器物，还要从腹、底、柄、耳、颈、足以至器里等各个局部加以观察，看看各时代有何异同，若能经常把玩和测量古瓷的器体部位、体重厚薄，熟记大小，对于鉴定工作就十分有利。

（二）纹饰方面

纹饰同器型一样，具有明显的时代特征。无论题材内容、表现手法抑或工艺技术，不同时期的纹饰均有不同的表现，成为瓷器断代和辨伪的有力依据。例如，明初永宣瓷器中的青料晕散和下凹斑痕等特有现象，后代仿品都不能准确再现。清雍正仿永宣器，常用复笔加重点染青花来刻意仿效宣青的效果，但因钴料不同，就无法克服色彩漂浮的弊病。又如成化斗彩纹饰中“花无阴面，叶无反侧”，画人物衣纹时不加渲染，表里不分，如着单衣，这些微妙的时代特点，往往为后世仿造者所忽略。至于施彩工艺的演变，如成化斗彩中独具的姹紫色和不施黑彩；明代及清初红彩均为深枣皮红色；明代绿彩多显黄绿色；粉彩是于康熙中晚期才出现的等。此类知识必须具备。另外，纹饰图案所表现的画风和笔法，也特别值得注意。如后仿清前朝珐琅彩、粉彩、五彩、斗彩等器物，运笔常显拘谨、稚嫩、生疏、滞断，或图案层次不清，无生动感。还有的纹饰过于细腻，亦足以引起我们的怀疑。

（三）胎釉方面

胎为骨，釉为衣。鉴别胎质时，可从作品的无釉处入手，如观察底足，无论任何时代器，在底足边缘或口边露胎和器身缩釉处，大多可以看出胎质特色。因时代的不同淘炼方法也不同，明代以前较之清代、民国，胎土中含金属杂质多。如著名的永宣细砂底器，露胎处可见到金属自然氧化形成的黑褐色星点或火石红色。而后仿的清代、民国胎体，却均因淘炼过细，没有这种氧化斑，成为赝品致命的破绽。另外明代胎体迎光透视，多显肉红色；明成化胎体透光显牙白或粉白色；而清代及民国仿品则显青白色。清康熙瓷胎质纯净、细腻、坚硬，为清末民初仿品所不能及。鉴别釉面，主要注意观察釉质的粗细、光泽的新旧、釉层的厚薄及气泡的大小和疏密程度。尤其注意作旧光泽，绝无古瓷年深日久、自然形成的“酥光”现象。

（四）款识方面

款识是指刻、画、印或写在陶瓷器身上的文字，表明它的时代、窑口、制作者或使用者等，也是鉴定陶瓷的依据之一。不同的时代，书款的方法、书体和笔法，以至书款的部位都有所不同。还应注意总结同一时期早、中、晚期款识不尽相同的变化规律。

二、唐三彩工艺品的判别

唐三彩，中国古代陶瓷烧制工艺的珍品，全名唐代三彩釉陶器，是盛行于唐代的一种低温釉陶器，釉彩有黄、绿、白、褐、蓝、黑等色，而以黄、绿、白三色为主，所以人们习惯称之为“唐三彩”。因唐三彩最早、最多出土于洛阳，亦有“洛阳唐三彩”之称。唐三彩在中国文化中占有重要的历史地位，在中国的陶瓷史上留下了浓墨重彩的一笔。唐三彩诞生于唐代是有其文化渊源的。首先，成熟的陶瓷技术是唐三彩诞生的物质基础；其次，唐代盛极一时的厚葬之风是促成其诞生的直接导向；最后，唐代各个领域的历史文化是孕育其最好的艺术养料。唐三彩的诞生也是三彩釉装饰工艺的诞生，是釉彩装饰和胎体装饰结合的过程。辉煌璀璨的唐三彩，其绚丽斑斓的艺术效果在雕塑精美、造型生动的俑上得到了完美的发挥和淋漓尽致的展现。唐三彩工艺品的判别，主要应从下面几点来察看。

（一）看胎质

从出土情况看，河南洛阳巩义市窑三彩真品多为白色陶胎，胎质较细腻、疏松、白中泛红，属藕粉胎。另一种胎质坚硬，白中泛青，声音清亮，属铜胎。用放大镜观察真品的伤残处可看到，胎质中含有少量黑色杂质沙砾，如把真品露胎部分放入水中，取出后会呈现中度粉红状，如用毛刷清洗脏土后，真品露胎部分会出现很多沙质小坑。仿品胎质细腻洁白或者发灰，硬度大，露胎处放入水中则呈现土白色，同时，可闻到一种煤烟和硫酸的气味。

（二）看造型

古代工匠长期从事陶瓷制作，他们技艺娴熟，随心所欲，所制器物古朴生动，有粗糙厚薄不均的感觉。仿品则在造型、大小尺寸上与真品颇为相似，但器型生硬，整体与局部比例上欠谐调，如在马、骆驼、俑等器物底部四周的刀削痕迹，显得过于规整，给人一种刻意造作的感觉，器物的内部过于洁白，没有锈斑和自然陈旧土层现象。

（三）看釉色

真品无论刷釉或者点釉，流畅自然，色彩较为光亮莹润，釉面有一种柔和的光泽，俗称“宝光”，有部分釉面出现白色银片，用水洗过后会出现鲜艳的光泽，干燥后会马上露出白色银片。仿品釉面光彩夺目，有刺眼感，在日光灯下斜看仿品釉面时会呈现紫色、金黄色、鲜绿色三种颜色，釉面上的白色银片洗后很少出现银片，这是硫酸腐蚀过后才会出现的反应。

（四）看纹片

真品用放大镜观察，可看到一种无色的细碎纹片，大片基本均匀，纹片四周轻微有上翘感，纹线多数是由左向右发展，纹线短中交错。仿品纹片较大，没有上翘感，纹线多从上往下发展，纹线长而直。

（五）闻气味

真品的气味近似土腥气，放入水中一尺内便可闻出，我们称它为葬气，真品在经过几百或者上千年缓慢的水土和尸体浸蚀，这种气味会被器物的胎质所吸收。仿品经水后可闻到一种煤烟气味，是烧窑时的煤烟气。近年来有几家仿制高手为达到葬气的效果，曾采用农药六六粉水浸蚀陶胎，以求达到葬气效果。

（六）看土锈

真品的表面及内部经过几百年水土的浸蚀后，三彩器物内部露胎处，会出现很多针尖大的铁红色斑点，整齐有序。

三、景泰蓝工艺品的判别

景泰蓝，中国的著名特种瓷器工艺品之一，春秋时已有此技术，到明代景泰年间这种瓷器工艺技术制作达到了巅峰，用这种技术制作的瓷器最为精美而著名，故后人称这种瓷器为“景泰蓝”。景泰蓝正名“铜胎掐丝珐琅”，俗名“珐蓝”，又称“嵌珐琅”，是一种在铜质的胎型上，用柔软的扁铜丝，掐成各种花纹焊上，然后把珐琅质的色釉填充在花纹内烧制而成的瓷器器物。因其在明朝景泰年间盛行，制作技艺比较成熟，使用的珐琅釉多以蓝色为主，故而得名“景泰蓝”。

收藏景泰蓝，除了认清年代外，在器型的选择上应以人物、动物为首；其次是炉、瓶，且须造型奇特，以有出戟、附件为佳；再次是碗、碟、杯等。从 20 世纪 60 年代开始，景泰蓝出现了仿制品，主要是仿造清代乾隆以后的器物。景泰蓝使用的颜料为珐琅色料，仿造者为降低成本，往往用其他色料代替。仿造的一般方法是：先制成铜胎，并用铜丝掐成各种图案，接着将普通颜料研磨后填入灼烧，烧成后镀金，再用细石将表面的硬棱磨掉，各道工序完成后还要在其表面涂上一层杏干粥，使其生锈，数十天后把表面的锈除去，再用胭脂油擦一遍，其颜色和光泽程度便可与旧器物相混淆，但收藏家只要仔细观察，很快能分辨真伪。

景泰蓝以明代的制品为佳，凡是明代的制品，它的质料都是透亮而不发磁，其透亮程度比其他颜色更甚。其丝胎皆是黄铜，镀金为大镀，它的器物上均有沙眼。而乾隆时期，无论景泰蓝制作中的何种颜色，它的料都是不透亮而发磁的，因为明代透亮的料子，到此时已经不多见了，所以它的丝胎多是红铜，它的镀金是火镀，以黄白两色为最佳，其黄色黄而发干，与煮熟的鸡蛋黄相同，后来仿制的，多是黄中发绿或者发红，与乾隆时的干黄色不相同。乾隆时的白色很难仿制，其中的原因有两点：一是因其白色与东渠石色没有差异，仿者需用六品顶珠制成，而顶珠不易得到；二是因其白色白而且干，后之作料家虽亦发明一种干料，但烧时不易熔化，相比其他材料，吃火特别厉害，如果不是精良的工匠制作，器物极易受损。

景泰蓝的掐丝十分重要，应选择掐丝细密、纹丝华丽、图案清晰、主题分明的器物。在观察珐琅釉时，必须考虑到历史的原因：明代器的珐琅质厚、色透，沙眼凹坑大且多；清初器的珐琅也有沙眼，但比明代有显著改进，珐琅质厚但不透；至清末、民国，珐琅稀薄，但沙眼几乎消失。

【任务实施】

陶瓷工艺品判别的实训

实训目的：1. 熟悉常见陶瓷工艺品的判别方法。

2. 提高学生对陶瓷工艺品的判断、鉴别能力。

实训内容：陶瓷工艺品的判别。

实训步骤：1. 分组：将班级 6 ～ 8 人分为一个小组。

2. 前期准备：

（1）教师准备需要判别的几种陶瓷工艺品并设计购买情境；（2）学生准备判别陶瓷工艺品真假可能会用到的工具；（3）小组成员熟悉所有常见陶瓷工艺品的判别方法和相关常识。

3. 实施过程：

（1）现场抽签决定小组进行判别陶瓷工艺品的和类；（2）根据老师公布的情境进行以所抽取内容为主的展示；（3）小组互评；（4）教师点评。

任务五　户外旅游商品的判别

◆【任务引入】

自驾游捧红户外装备

近日，记者走访多家商场和户外用品店了解到，自进入3月份以来，户外用品的销量增加明显。不少商场内，以春装为主打的户外装备都已经被摆到了显眼的位置。登山鞋、户外徒步鞋、室外帐篷等产品也都被挂上了“热销”的标签。正在挑选帐篷的薛先生告诉记者，借着假期，打算带妻子和女儿去玩玩。因为薛先生有私家车，所以他并不打算报旅行社。一来担心玩不痛快，二来女儿较小，跟团出行会辛苦一些。薛先生说：“这是我们家第一次开车春游活动，还是想把装备准备得足一些。”在商场销售人员的推荐下，薛先生购买了两双登山鞋、三副太阳镜和帐篷等物品。

登山、健步走穿什么鞋最合适

喜欢运动的成先生在户外运动专卖店购买了一款意大利进口专业登山鞋。“我之所以购买这款鞋，主要因为导购告诉我，鞋子的功能性很强，不仅防水防滑，而且十分耐穿。”成先生说，“当时买的时候就想着冬季可以用来登山。没想到，在阳光明媚的天气登北高峰，结果摔了一跤，到现在脚还在痛。”鞋子是专业的登山鞋，而且鞋子的主要功能又是防水防滑，是不是成先生登山的方式不对呢？“这双鞋我总共穿了四次，都是登山时才穿的。登山跟平时一样，而且都是较低较平缓的山，因为鞋子给我感觉很重，每次迈步都需要‘作筋骨’，至于所说的防滑功能，不仅没感觉到，我还要留神提防着别滑跤。”成先生说，有次登山完路过西湖边，又险些滑倒。

问题：1. 为何即将出游的薛先生要把户外装备准备得足一些？

2. 成先生穿专业登山鞋登山为何会滑倒？

案例分析：户外旅游可能遇到很多无法预测的事，如果出游户外装备齐全，随时可以解决一些小问题，既能确保出行安全，也不会影响出游的心情。薛先生购买的登山鞋、太阳镜和帐篷等物品都是自驾外出、野外露营的必备户外旅游商品。但是，进行户外旅游活动除了装备齐全外，更重要的是选择合适的户外装备。如果装备不合适就会出现成先生穿专业登山鞋登山滑倒的情况。专业登山鞋的防滑是针对碎石、土、草地等路面环境而言的。如果爬普通的山，那穿平常的运动鞋就可以了。对于一般的登山者，如果走的是游步道，普通运动鞋就能满足需求。在爬未开发的“野山”时，专业登山鞋适合走沙石之类的路面，但是它也有一个弊端—在类似冰面的平滑路上行走很容易滑倒，如大理石面。这就是造成成先生穿专业登山鞋滑倒的原因。

◆【任务分析】

随着自驾游兴起，睡袋、帐篷、旅游鞋和太阳眼镜等户外装备也跟着走俏。挑选合适的户外装备，愉快地完成户外旅行，需要我们了解户外旅游商品相关知识。因此，完成以上任务应掌握以下知识点及技能点。

知识点： 1. 睡袋的判别要点；

2. 帐篷的判别要点；

3. 旅游鞋的判别要点；

4. 太阳镜的判别要点。

技能点： 能对户外旅游商品进行准确的判别。

◆【知识链接】

一、睡袋的判别

睡袋就是睡觉时用的袋子。目前市场上绝大部分的睡袋有舒适温度和极限温度的标识，舒适温度是使用者在整夜睡眠中的一系列温度，有最高和最低限度。最高舒适温度是指在睡袋中感到热但不是出大量汗水的那种热，一般定义情况为睡袋拉链打开，手臂放在外面，睡袋头部不收紧等。一般来说，欧美国家原产地睡袋在温标上对于亚洲人来说不太适宜，欧洲人在耐寒能力上要高于亚洲人，因而我们在选择时要格外加以注意。曾经发生过温标最低温度标为 −20℃而在实际使用中 −5℃时，使用者已无法忍受的情况。但也有为中国市场进行过专门设计的睡袋。

使用睡袋时，在野外一个挡风的帐篷能提供一个温暖的睡眠环境。在选择营地时，不要选择谷底，那里是冷空气的聚集地，也尽量避开承受强风的山脊或山凹。一张好的防潮垫能有效地将睡袋与冰冷潮湿的地面分开，充气式效果更佳。在雪地上需用两张普通防潮垫。

睡袋吸收的水分主要来自人体，即使在极寒冷的情况下，人体在睡眠时仍会排出起码一小杯的水分。保温棉在受潮后会黏结而失去弹性，保温能力下降。睡袋连续使用多天后，最好能在太阳下晾晒。经常清洗睡袋可使保温棉保持弹性。

一些较松软的衣物可兼作加厚睡衣用。将人与睡袋之间的空隙充填满，也可使睡袋的保暖性加强。人体是睡袋的热量来源，临睡前先做一小段热身运动或喝一杯热饮，会将体温略微提高并有助于缩短睡袋变暖的时间。

二、帐篷的判别

在野外过夜帐篷是最常用的方式，因为它容易架设，能防雨，可重复使用，具有隐私性，同时可架设在任何地点，且防风与防晒，内部有足够的空间可以提供登山者与其置放器材，因此，自然较重，价位也会较高。虽然露宿袋无法支撑豪雨及它的空间相当狭窄，但是一般高山攀登者喜欢利用露宿袋，因为它重量轻可以快速行动，如果运用防水布加露宿袋可以增加保护自己的能力，雪期的强风或暴风雪会增加帐篷架设的困难度，使架设帐篷花费较多时间。

好的帐篷具备下列几项优点：张力强，坚固耐用，体积小，携带方便，质量轻，防雨，吸湿性不大。选购帐篷需依据以下几点进行判别：自己的用途，如夏季、非雪期、雪期或四季使用；帐篷容纳的人数；你希望拥有的空间；帐篷的重量；能接受的价位等。制造商提供许多不同尺寸、重量与设计的组合，自己可根据需要进行选择。不论是使用单层还是双层式帐篷，必须了解帐布的防水与透气度。在选购帐篷时应注意以下问题：

其一，便宜的单层帐篷，仅能使用于森林下限的地点，同时必须相当通风，因为单层帐篷完全防水不透气。所以最好选择双层的帐篷，内帐需透气性强，外帐是完全防水的塑胶布，如此外帐依然会留住内帐透出的湿气，内、外帐布绝对不能接触或黏在一起，因为黏在一起会使外帐的水渗入内帐，同时外帐须完全罩住内帐与出入口，有时可以置一块防水布于底层防止湿气渗入，保持底层干净，增加使用寿命。

其二，不同的帐篷设计有不同的支撑度，选购时须考虑自己的用途，尤其是在雪期时更重要。轻便的帐篷应足够宽敞、坚固，能满足一些特殊的需求。一般两人帐是最常使用的帐篷，因为易携带，易找营地，而且三人或单人也都能住。

其三，当准备在野外过夜可架用的方式有帐篷、露宿袋、防水布、雪洞或避难小屋，而帐篷是最常用的方式，因为它容易架设、防雨、可重复使用、具有隐私性，同时可架设在任何地点，且防风与防晒，内部有足够的空间可供旅行者放置器材。

其四，帐篷的颜色最好选暖色调，如黄色、橘色或红色。当你被困时，显眼的颜色会容易被人发现。

三、旅游鞋的判别

19 世纪中期，在欧洲的阿尔卑斯山脉周边的一些国家，徒步、远足、登山及其他户外运动逐渐成为当地青年人生活中不可缺少的一部分。随着户外运动的逐渐普及，与户外运动相关的一些产品也逐渐走俏，于是，在这些山区的小镇里，那些生产加工普通鞋子的鞋匠们越来越多地开始制造更加适合于户外运动的鞋子，在制作过程中，他们将其精湛的制作工艺与自身对户外运动的理解融为一体，从而创造出了鞋子中的一个崭新种族一旅游鞋。

“千里之行，始于足下”，不管是登山、攀崖还是远足、郊游，都得用足了足下功夫，一双舒适的鞋便成了旅游的必需品，会让旅游事半功倍。下面从六个方面介绍旅游鞋的选判方法。

（一）品牌

选择知名品牌的旅游鞋，一是有质量保证，二是有完善的售后，三是样式比较丰富。

（二）透气性

旅游鞋一定要选择透气性能好的，否则在长途跋涉后，双脚极不舒服。

（三）鞋底

最好买耐磨和防滑性较好的皮革鞋底，目前很多厂商以次充好，大家一定要看看材料组成。同时不要买平鞋底和鞋跟过高的鞋子，买有一定坡度的旅游鞋，可以减少脚后跟的受力。

（四）重量

在其他方面相似的情况下，越是轻便的鞋子越好，这样可以减少旅游的疲劳度。如果游客进行长途旅行或登山旅行，建议选择普通登山鞋。普通登山鞋比一般旅游鞋重量相对较沉，由于考虑到路面的各种复杂状况，普通登山鞋的鞋底一般做得比较硬，鞋帮也比较厚，不容易崴脚。

（五）大小

不要买挤脚的或者过大的鞋，极易造成损伤，建议买大一号左右的鞋子。

（六）做工

做工的好坏直接影响鞋子的寿命，大家要注意鞋周边的线是否均匀，上下折一下鞋面，看看有无裂痕，鞋底黏合是否牢固等。尤其为专业的登山者所设计的旅游鞋，对其制造工艺及质量要求也就异常严格。这里的“登山”一般指登雪山、高海拔山、技术攀冰等冰雪运动，由于使用环境极为恶劣，这类鞋的共同特点为重量沉、坚固、鞋帮高、鞋底硬、保暖性能非常好。

四、太阳镜的判别

在户外活动时，太阳镜不仅能修饰，给人以美的感觉，更为重要的是太阳镜能对人的眼睛起到保护作用，在烈日炎炎的夏日，风沙扬起的旅途，太阳镜都是必不可少的旅游商品。如何选择合适的太阳镜，下面介绍几种方法。

（一）镜片的选择

首先，要检查镜片的质量。在选择时注意镜片表面要光滑，无磨痕、气泡，将镜片平放，从水平方向上看镜片有无翘曲。可将太阳镜拿到距眼睛45厘米处，透过眼镜观察周围的垂直线和水平线，如窗户框或门框等，再将眼镜上下前后移动。如发现直线歪曲或摆动的情况，说明该镜片变形，不宜购买。凹凸不平或有痕迹、气泡的镜片，戴上后会引起头晕等不舒适感，也不宜选购。

其次，应该注意镜片的颜色。要使眼睛不受红外线、紫外线的辐射，眼镜的颜色应有足够的深度。一般以深灰色为佳，深褐色和黑色次之，蓝色和紫色最差，因为这两种镜片会透过更多的紫外线。黄色、橙色和浅红色的尽量不用。最好选择标签上明确标注100％防紫外线的产品。

最后，还要注意以下问题：检查两个镜片是否有色差、镜片屈光度是否超标等。可以手拿太阳镜的两脚对着日光灯，让镜面的反光条平缓滚动，如果发现镜面反射的日光灯影出现波浪状、扭曲状，证明镜片不平整，这样的镜片会损伤视力。另外，粉红、蓝、绿或其他鲜艳颜色，可能会扭曲佩戴者的视觉，使人看不清某些颜色，汽车驾驶员等选择时须谨慎。

从光学角度考虑，专家推荐棕色、灰色和绿色太阳镜，因为这几种颜色对防紫外线有帮助，而且佩戴时不会造成视觉颜色偏差。颜色太浅的太阳镜滤光作用差，太深了又影响视力。有一个窍门，消费者在挑选时戴着太阳镜照镜子，能隐约看到瞳孔说明颜色深浅适度。

（二）镜架的选择

对很多人来说，戴太阳镜主要是为了美观，因此根据自己的脸型特点选一副合适的太阳镜就显得非常重要。

1. 圆形脸

圆形脸选方形的眼镜架，可以使你的脸看上去稍有棱角。最好不要选择圆形镜架，否则会使你的脸显得更圆。

2. 倒三角形脸

倒三角形脸下巴尖细，避免佩戴宽大的眼镜架，否则只会夸大额部，而选择细小的眼镜架在视觉上会起到缩小额部宽度的作用。

3. 三角形脸

三角形脸额头较窄，这种脸形如选择一些方形的镜架，就会使你的狭窄前额显得阔一些，从而协调了面部轮廓。

4. 方形脸

方形脸如果是脸形偏长，就可以选用一些较阔的镜架，视觉上可起到缩短脸形的作用。如果脸形不是太长，则选择比较精致细小的镜架，如镜片较小的椭圆形镜架可以使面部看上去柔和一些。

（三）款式的选择

太阳镜式样较多，有大方、椭圆、六角、斜方等样式。在挑选时，尺寸可适当大一些。旅游太阳镜大都没有屈光度，可不受瞳孔距离的限制，镜面稍大一些可以使视野更加开阔，但也要使眼镜臂的重量平均分散于耳朵及鼻梁上。一般说来，旅游眼镜要比普通眼镜略大 4 ~ 6 毫米为佳。

（四）价格的选择

挑太阳镜时，除了看外观是否漂亮、做工是否精细、是否有国家有关部门的质检报告、防紫外线情况如何之外，应充分考虑到制造成本、销售服务等环节。二三十元的太阳镜，其质量往往是无法保证的。到较大的眼镜专卖店或大商场的眼镜专柜去选购，一般可以使产品在质检、卫检等方面得到较好的保证。

太阳镜的镜片有普通塑料胶片镜片、树脂镜片及采用偏光技术的镜片。地摊上许多便宜的太阳镜片多是胶片的，而专业眼镜店里则多为树脂的，其透光性比胶片的好，偏光镜片档次更上一层，价格也稍贵一些。另外，不要小看镜架，如果用的材料不好（如普通塑料、没有处理好的金属等），会使皮肤磨损感染，当然镜架用料好的太阳镜价格上也贵一些。

【任务实施】

户外旅游商品判别的实训

实训目的：1. 熟悉户外旅游商品的判别方法。

2. 提高学生对户外旅游商品的判断、鉴别能力。

实训内容：户外旅游商品的判别。

实训步骤：1. 分组：将班级 6 ～ 8 人分为一个小组。

2. 前期准备：

（1）教师准备需要判别的户外旅游商品并设计购买情境；（2）学生准备判别户外旅游商品优劣可能会用到的工具；（3）小组成员熟悉户外旅游商品的判别方法和相关常识。

3. 实施过程：

（1）现场抽签决定小组进行判别户外旅游商品的类型；（2）根据老师公布的情境进行以所抽取内容为主的展示；（3）小组互评；（4）教师点评。

模块三

旅游商品导购技能与技巧

项目一　接近顾客

任务一　洞悉顾客心理

◆【任务引入】

旅游购物出风头

新加坡专门建立了手工艺中心，多方网罗泰国、马来西亚、印度尼西亚等地熟练艺人，使其在手工艺术中心工作。此中心不仅制造、展出各种具有地方色彩的手工艺品，并让游客参观制作过程，购买产品留作纪念，从而使销售旅游商品的收入占旅游总收入的 60%。

墨西哥新建旅游城阿卡普儿科旧市区的手工业品市场，每隔 20 ～ 30 米就有一个手工艺品销售点，商品琳琅满目，应有尽有。

中国香港地区凭借自由港的地位被旅游者称为“购物天堂”，旅游者的购物支出高达 61%。中国人对奢侈品的追逐与热爱与日俱增，在北京地铁的车厢里可以看到背着各种品牌包的女孩子，路易威登、古驰、香奈儿等，应有尽有。近几年，在明星和歌星的带领下，爱马仕成为中国女性的新宠，拥有一个铂金包已经成为许多女孩的梦想。爱马仕品牌成名已久，且以优质的皮材、良好的做工著称；但与其他著名品牌的产品相比，价格相对较高，因此，产品销售情况并不理想。在他们对消费者的购买动机进行翔实调查后，产品销售逐年以两位数递增，特别是在中国。他们发现，中国人购买爱马仕产品，特别是铂金包，不是喜欢它的设计和功能，而是因为它的价格，以它作为炫耀财富的方式。因此，他们制定了一个非常吊人胃口的营销战略：凡是购买铂金包的客人，都拿不到现货，需要预订，从预订到拿到产品的时间大约为一年。这给消费者造成了一种供不应求的局面。于是，大家口口相传铂金包的得之不易的传奇，以拥有铂金包为财富和能力的象征。其实，真实情况并非如此。无论如何，爱马仕品牌由于正确把握了消费者的购买动机，成为奢侈品销售的赢家。到法国旅游的中国客人，成为爱马仕品牌的消费主力军，经常出现一个中国游客预订多个铂金包的场面。

问题：1. 新加坡、中国香港等地旅游收入中所占比例份额较大的是什么？

2. 在旅游活动中，旅游者购买旅游商品的动机有哪些？

3. 旅游商品销售过程中如何把握顾客的心理？

案例分析：新加坡、中国香港等地旅游购物收入在旅游总收入中所占份额较大。中国人目前炫耀、求名等成了旅游购物中的主要心理，抓住旅游者的购物心理，开展相应的营销战略，有利于获取收益。

◆【任务分析】

旅游要素包括吃、住、行、游、购、娱六大要素，在一些旅游目的地国家，旅游购物在旅游总收入中的比例越来越大，旅游目的已不仅局限在游览上，购物也成为旅游活动中的重要目的。旅游商品购买的动机也很多样，炫耀、追求时髦、猎奇等都已成为旅游者购买旅游商品的心理需求。在旅游商品销售过程中，我们必须了解顾客的购买动机和心理。完成以上任务应掌握以下知识点及技能点。

知识点：1. 顾客购买动机；

2. 顾客购买心理。

技能点：1. 学会分析旅游者购买商品的动机；

2. 辨析旅游者购买的心理。

◆【知识链接】

一、顾客购买动机

（一）心理性购买动机

1. 理智性购买动机

在理智动机驱使下的购买，比较注重商品的质量，讲求设计合理、实用方便、价格公道、高效低耗等，购买时一般不受环境气氛的影响。

2. 感情性购买动机

由于感情变化而引起的购买动机，可以分为情绪动机和情感动机两种。

3. 从众性购买心理动机

购买商品，往往不是由于生活的需要，而是为了赶上他人，超过他人，借以求得心理上的满足。他们对社会风气和周围环境非常敏感，总想跟着潮流走。

（二）求实性购买动机

1. 价格求实

一般情况下，顾客购物都要经过挑选，一是对商品的质量、功能与价格进行选择；二是对商业服务是否完善的选择。但如果面对外在质量和内在功能完全相同的商品时，顾客最重要的选择依据就是价格。

2. 功能求实

顾客购物的最终目的是要取得商品的有用性，因此在购买商品时，最希望得到的是具有实实在在质量的真货，即无论价格高低，质价必须相符。一般情况下，顾客宁愿出高价买名牌而获取商品质量上的保证；即使是购买低档次的商品或降价处理商品，顾客同样追求商品的功能效力越强越好。顾客对商品功能的求实购物行为随处可见。

3. 服务能力求实

顾客购买商品时，除了要求货真价实外，还希望服务到位。如旅游途中不易携带，希望提供快递服务；购买技术性较强的商品，希望得到跟踪服务等。

4. 求利购买动机

顾客以追求价格低廉，从而获得较多的利益为主要目标。这类顾客对价格很敏感，因此对优惠品、特价品、折价品、处理品等比较感兴趣。具有这种购买动机的人往往以经济收入较低的人居多，当然一些收入较高者也会对物美价廉的商品感兴趣。

5. 求新奇购买动机

这是以追求商品的新颖、奇特、时髦为主要目标的购买动机。这种动机比较注重商品的外观造型、式样、装潢及时尚性。那些具有引人注目、新奇超前、表现与众不同等特点的商品，都有可能成为购买的对象。此类消费者多为青年人或收入较高者，他们易受广告宣传和外界刺激的影响，往往是新式商品和流行趋势的接受者和追求者。

二、顾客购买心理

（一）求名

在选购商品时，特别重视产品的威望和象征意义。商品要名贵，牌子要响亮，以此来显示自己地位的特殊，或炫耀自己的能力非凡。显名和炫耀的同时对名牌有一种安全感和信赖感，觉得质量信得过。

（二）求新

在选购商品时尤其重视商品的款式和眼下的流行样式，追逐新潮，对于商品是否经久耐用，价格是否合理不大考虑。

（三）求美

在选购产品时不以使用价值为宗旨，而是注重商品的品格和个性，强调商品的艺术美。讲究装饰和漂亮，而不仅仅关注商品的价格、性能、质量、服务等价值。

（四）求实

在选购商品时不过分强调商品的美观悦目，而以朴实耐用为主。

（五）求廉

在选购商品时，特别计较商品的价格，喜欢物美价廉或削价处理的产品。

（六）癖好

在选购商品时，根据自己的生活习惯和业余爱好的原则。他们的倾向比较集中，行为比较理智，可以说是“胸有成竹”，并具有经常性和持续性的特点。

（七）攀比

在选购商品时，不是由于急需或必要，而是仅凭感情的冲动，存在着偶然性的因素，总想比别人强，要超过别人，以求得心理上的满足。

（八）猎奇

大多喜欢新的消费品，寻求商品的质量、新的功能、新的花样、新的款式，追求新的享受、新的乐趣和新的刺激。

【任务实施】

分析旅游者购买商品的动机及心理

实训目的：了解不同旅游者购买商品的动机和心理。

实训内容：对旅游者购买动机及心理进行调研。

实训步骤：1. 分组。

2. 制作调查问卷，开展调查。

3. 对调查结果进行总结，归纳整理，以小组为单位进行交流。

4. 教师对调查报告进行分析。

任务二　识别顾客

◆【任务引入】

丽江“宝贝”你喜啥

到云南丽江旅游可买的东西真的不少。各年龄段和消费群体都能找到适合的东西，老人可以买仿玉质烟斗；爱美女孩可以买银饰、各种挂件、披肩等；小孩可以买丝质肚兜、小羊皮饰物；男人可以买东巴木雕等。不过原则是所有的东西都限于买来玩玩，娱悦一下旅行心情或者回去馈赠亲友。云南具有多种气候齐集、地形复杂多样的特点，长期以来都有植物王国、动物王国和矿产宝库的美誉。从中药材、奇石到茶叶和各种工艺品，云南到处都是宝。

问题：1. 不同的顾客在旅游商品购买中有何差异？

2. 针对不同旅游者，旅游商品销售有何技巧？

案例分析：不同性别购买存在差异，如女性喜爱饰品，男性喜欢工艺品等。同样，不同年龄的消费者也存在着购买差异。针对不同旅游者，应抓住他们的不同特点。

◆【任务分析】

不同年龄、不同性别、不同性格的旅游者在旅游商品的选择上都会有所差异，识别顾客，要掌握顾客的不同购买行为，针对不同顾客我们应采取不同的销售策略。完成以上任务应掌握以下知识点及技能点。

知识点：1. 按年龄对顾客的分类；

2. 按性别对顾客的分类；

3. 按性格对顾客的分类。

技能点：1. 学会分析不同旅游者的购买行为；

2. 掌握不同类型顾客的销售策略。

◆【知识链接】

一、按年龄分类

（一）老年顾客

购买心理稳定，不易受广告宣传的影响，希望购买质量好、价格公道、方便舒适、结实耐用、售后服务有保障的商品；喜欢购买用惯了的商品，对新商品常持怀疑态度，很多情况下是在亲戚朋友的推荐下才去购买未曾使用过的某种品牌的商品。购买时的动作缓慢，挑选仔细，喜欢问长问短，对导购人员的态度反应敏感。

（二）中年顾客

多属于理智购买，购买时比较自信，喜欢购买已被证明其使用价值的新商品。对能够改善家庭生活条件，节约家务劳动时间，既经济、质量又好，还有装饰效果的商品感兴趣。

对此类顾客，导购员一定要以亲切、诚恳、专业的态度来对待，才有可能被其接受。

（三）青年顾客

具有强烈的生活美感，由于年龄因素，不需要承担过多的经济负担，所以对商品的价值观念较淡薄，只要是见到自己喜爱的商品，就会产生购买欲望和行动。追求档次、品牌，求新、求奇、求美的心理较为普遍，对消费时尚反应敏感，喜欢购买新颖、流行的商品，往往是新商品的第一批购买者。多数购买行为具有明显的冲动性，易受外部因素影响。

导购员要迎合此类顾客的求新、求奇、求美的心理进行介绍，尽量向他们推介目前较流行、前卫的商品，并强调此商品的新特点、新功能、新用途。

二、按性别分类

（一）男顾客

多数是有目的的购买和理智型购买，比较自信，不喜欢导购员过分热情和喋喋不休的介绍。购买动机常具有被动性。虽然男性顾客在选购前就选择好了购买对象，但面对导购员简短、自信、专业的介绍，他们往往会很快改变主意，听从导购员的建议。选择商品以其用途、质量、性能、功能为主，价格因素作用相对较小。希望迅速成交，对排队等候更是缺乏耐心。

（二）女顾客

购买动机具有主动性、灵活性和冲动性。购买心理不稳定，易受外界因素的影响，且购买行为受情绪影响较大。乐于接受导购员的建议。挑选商品时十分细致，首先注重的是商品的流行性、外观、款式、品牌和价格，其次是商品的质量和售后服务。

三、按性格分类

（一）理智型

购买前非常注重搜集关于商品的品牌、价格、质量、性能、款式、如何使用、日常维护保养等方面的各种信息，购买决定以对商品的知识了解程度和客观判断为依据。购买过程长，从不急于做出决定，在购买中经常不动声色。购买时喜欢独立思考，不喜欢导购员的过多介入。

（二）冲动型

购买决定易受外部刺激的影响。购买目的不明显，常常是即兴购买。常凭个人直觉、对商品的外观以及导购员的热情推介来迅速做出购买决定，行动果断，但事后易后悔。

喜欢购买新商品和流行商品。

（三）情感型

购买行为受个人的情绪和情感的支配，往往没有明确的购买目的。比较愿意接受导购员的建议。想象力、联想力较丰富，购买中情绪易波动较大。

（四）疑虑型

性格内向，行动谨慎、观察细微，决策迟缓。购买时缺乏自信，对导购员也缺乏信任，疑虑重重。选购商品时动作缓慢，反复在同类商品中询问、挑选与比较，费时较多。购买中犹豫不定，事后易反悔。

（五）随意型

缺乏购买经验，在购买中常不知所措，所以乐意听取导购员的建议，希望能得到帮助。对商品不会有过多的挑剔。

（六）习惯型

凭个人的习惯和经验购买商品，不易受广告或导购员的影响。通常是有目的的购买，购买过程迅速。对流行商品、新商品反应冷淡。

（七）专家型

认为导购员与顾客是对立的利益关系。自我意识很强，购买中常自认为自己的观念绝对正确，经常会考验导购员的知识能力。脾气较暴躁，易于发火。当导购员遇到或察觉到这种类型的顾客时最好随他自由选择，待对方发问时再上前为其说明商品的特性，否则较难应付。

【任务实施】

分析不同旅游者的购买行为

实训目的：了解旅游购买者的类型及购买行为。

实训内容：对不同旅游者的购买行为进行调研。

实训步骤：1. 分组。

2. 制作调查问卷，开展调查。

3. 对调查结果进行总结，归纳整理，以小组为单位进行交流。

4. 教师对调查报告进行分析。

任务三　待机而动

◆【任务引入】

如何把握“度”

逛商店的时候，消费者都会有这样一种感觉，喜欢自由挑选，不喜欢导购在旁边喋喋不休。但是如果进去没有导购搭理，又会觉得他们不热情，自己像是不受欢迎一样。所以导购员既不可以太过热情，又不可以太过于冷淡，适度为好，生意是建立在相互之间的交流上的。那么，就要求导购员选定好的时机，巧妙接近顾客。

问题：当顾客进入商店之后，导购员应当怎么接近顾客，从而展开销售活动呢？

案例解析：导购员在接近顾客时不能太过热情，也不能太过冷淡，所以要把握好时机，抓住顾客心理，才能更好地展开销售。

◆【任务分析】

当顾客进入商店后，导购员接近顾客的时机很重要，而且应当选择好与顾客交流的方式和方法。完成以上任务应掌握以下知识点及技能点。

知识点：时机的选择。

技能点：1. 判断正确的时机；

2. 掌握对待顾客的方法。

◆【知识链接】

一、时机的选择

（一）当顾客突然在商品前停住脚步时

在店内边走边浏览货架上和橱窗内商品的顾客，突然停下脚步看着某一商品的时候，是店员与其打招呼的最好时机。在这一阶段，店员一定要留意顾客注视着哪件商品，然后趁热打铁地针对此商品的优点、特征做一番说明，如此才能收到好的效果。

（二）当与顾客的眼神碰撞时

顾客光临商店或是在浏览商品的过程中，与店员目光相对的时候，店员应主动地向顾客轻轻点一下头，说“欢迎光临”“您好”之类的话，以表示对顾客的重视。

紧接着，若观察这位顾客的眼光游离不定，只在店内逛来逛去，慢慢翻看各种商品，那么此顾客是暂时不需要做初步接触，这类顾客大多是没有特别想买的，只是随便逛逛，看看有什么可以让他心动的。此时的店员应暂退一旁，细心但不过分地观察，等待再次打招呼的机会。这样做可以表现出店员应有的礼貌，给顾客留下极好的初步印象，当顾客有需要时，肯定会主动找这位店员的。

（三）当顾客进店后，到处打量，像在寻找什么时

如果顾客一走进商店，左顾右盼好像在寻找什么时。这时候，导购要赶快走过去向顾客打招呼："您好，您需要什么吗？"这种情况的接触要越快越好，因为这样可以替顾客节省很多寻找的时间，顾客也会因为店员的热情而感到高兴。

（四）当顾客的目光落在某一商品一段时间时

这个时候正是打招呼的良机。因为，顾客花很长时间只看某一商品，说明他对此商品是很感兴趣的。

（五）当顾客驻足并开始用手触摸商品时

当顾客看到自己满意的商品时，必定会有用手触摸、反复感觉的欲望。此时的初步接触，并不是在顾客一触摸商品时就开始，那样做只会显得过于唐突和无礼，如果顾客刚刚触摸商品经营者或店员就开口说话，不仅会吓顾客一跳，还会使顾客或多或少产生误会。

所以，店员可以稍微等一下，从侧面走过去，轻声地招呼顾客。如果有必要，店员代表不妨给顾客一些动作上的暗示，可以乘机整理一下附近凌乱的商品，然后再借机与之搭讪，而招呼的内容也不必说一些客套话，应视顾客触摸的商品做适当、简单的商品说明，如："您好，您现在看的是今天刚刚送到的新货……"来提升顾客的想象力，刺激顾客的购买欲望。

（六）当顾客抬头看时

当顾客注视商品或翻看商品一段时间后，突然把头抬起来的原因有两个：一是不再感兴趣了，想要离去；二是面向经营者或店员方向张望，想进一步询问某个商品的有关事宜。

所以，把握好初步接触的时机，不仅可以挽留住想离去的顾客，增加其购买商品的概率，还可以从倾听顾客不想购买商品的理由，为店铺积累宝贵的顾客反馈信息，以便在日后进货时更加满足顾客的需求。

（七）当顾客主动询问商品事宜时

顾客主动提问、询问有关商品的情况，说明他对此商品已经非常感兴趣了，店员在回答时应详细地展开介绍。

二、应对的方法

（一）商品接近法

当顾客正在凝视商品时，这是接近顾客最有利的时机。通过向顾客介绍商品，可以把顾客的注意力和兴趣与商品联系起来。

（二）询问接近法

当顾客没有在看商品，或者我们不知道顾客的需求时，最有效的方法就是用询问接近法，向顾客提供服务。

【任务实施】

时机的选择

实训目的：掌握接近顾客的时机。

实训内容：时机的选择。

实训步骤：1. 分组。

2. 扮演顾客和导购员等不同角色。

3. 模拟不同的购买场景，把握时机。

4. 教师对实训过程进行分析。

任务四　巧用赞美

◆【任务引入】

“马屁精”

从前有个秀才，特别喜欢对人说赞美恭维的话。后来秀才死了，阎王认为他是个“马屁精”，要割去他的舌头，打入十八层地狱。他命小鬼拘来秀才阴魂，对秀才大声斥责：“我最痛恨你这种专事恭维拍马的人，所以要割去你的舌头，将你打入地狱！”秀才连忙叩头说：“大王息怒，小的实在出于无奈，世人都爱听奉承话，小的不得不如此。如果世人都像大王您这样公正廉明、明察秋毫，谁敢说半句恭维话呢？”阎王听罢得意地说：“对我说恭维话，谅你也不敢！既然这样，那就免去你割舌之刑，留在殿中听候调用吧。”阎王正是听了秀才对他的赞美之辞，才免去了对秀才的刑罚。

问题：这则笑话告诉了我们什么道理？

案例解析：无论何人都喜爱倾听赞美的语言，所以在销售时赞美很重要。

◆【任务分析】

这虽是一则笑话，却说明了一个道理：人人爱听赞美之辞。美国总统林肯曾说：“人人都需要赞美，你我都不例外。”在现时生活中，不管是小孩还是大人，不管是青年还是老人，不管是平凡的人还是伟大的人，都渴望受人尊重、被人赞美。俗话说：良言一句三春暖。正如心理学家所指出的：每个人都有渴求别人赞扬的心理期望，人一旦被认定其价值时，总是喜不自胜。好话大家永远爱听，顾客购物时当然也希望听到销售人员的赞美。只要是由衷的赞美，就会让顾客感到愉快。顾客心理上满足了，就乐意交流。由此可知，要想取悦顾客，最有效的方法就是热情地赞扬他。完成以上任务应掌握以下知识点及技能点。

知识点：赞美点。

技能点：1. 寻找适宜的赞美点；

2. 掌握赞美的技巧。

◆【知识链接】

一、寻找赞美点

（一）寻找顾客的赞美点

寻找顾客的一个可以用来赞美的点，这样顾客才更加容易接受，这样的赞美，顾客才能从内心深处感受到你的真诚，即使是一个善意的谎言，顾客也非常喜欢。

（二）顾客自身所具备的优点

发掘顾客身上所具备的优点和长处，优点和长处正是导购员大加赞美的地方。

（三）赞美一个事实

顾客的优点要是一个不争的事实，对于事实的赞美和陈述是导购员对事物的基本判断，会让顾客感觉到，你的赞美没有任何过度的地方，顾客会更加容易接受这样的赞美。

二、赞美的技巧

（一）选择恰当的时机

对顾客的赞美要在适当的时机说出来，才会显得赞美非常自然，让顾客感觉非常舒服。赞美是沟通的润滑剂，在和陌生的顾客刚见面而不知说什么好时，可以礼节性地赞美一下，这是最好的开场白，会使得和顾客接下来的沟通更流畅。当顾客试用商品时，导购员可以把顾客身上的优点和商品结合起来赞美，就能最好地激发顾客的购买欲望。在销售结束时，导购员对顾客赞美有加，被称赞的顾客也许会因此而成为忠实顾客。

（二）赞美要有新意

赞美应尽可能有新意。陈词滥调的赞美会让顾客感觉索然无味，而新颖独特的赞美，则会令顾客回味无穷。

【任务实施】

赞美的妙用

实训目的：掌握赞美的技巧。

实训内容：赞美的运用。

实训步骤：1. 分组。

2. 扮演顾客和导购员等不同角色。

3. 模拟不同的购买场景，巧用赞美的技巧。

4. 教师对实训过程进行分析。

项目二　提升顾客对旅游商品的兴趣

任务一　询问顾客

◆【任务引入】

如何开口

很多导购，顾客进门第一句话他就说错了！一般的导购看到顾客第一句话就是："你好，欢迎光临！"其实这句话说错了！第二句话说错的人更多了！"您想要点什么？""有什么可以帮您的吗？""先生，请随便看看！""你想看个什么价位的？""能耽误您几分钟时间吗？""我能帮您做些什么？""喜欢的话，可以看一看！"，这是几种常见的说法，但都是错误的说法，开始你就错了，好的开始是成功的一半，那么错误的开始也是失败的一半。

我们可以想一下，顾客听到这些话，会怎么回答你呢？基本上一句话都可以把你搞定，那就是："好的，我随便看看！"怎么样？听着熟悉吧！

你怎么接话呢？很多导购说："好的，您先看，有什么需要可以随时叫我。"然后顾客看了一圈出去了！再想见他不知道何年何月再相逢了，一件衣服可能一两年，一台电视可能八年，一台冰箱可能十年。如果这笔销售不在你那里产生，就在别人家产生，那么你就失去了一次挣钱的机会。

所以一个好的开场白是把顾客留下的首要条件！选择你的开场白，让你的顾客停留下来，一般第一句话这么说："你好，欢迎光临 ××× 专柜！"把你的品牌说出来，因为顾客可能是在商场瞎逛，可能路边的店有很多，他只是进来看看，可能并不知道你家的品牌，这时你要告诉顾客，你家的品牌！还有一个原因，就是你要当着顾客的面，在他耳边做一遍广告，这种广告效果比电视上、平面上的效果要强很多倍，因为是你真切地告诉他的！他可能今天不会买，但当他想买的时候，他的耳边会隐隐约约有个声音在耳边响起"××× 专柜！"就会想到你。第二句话，要把顾客吸引住，让他停留下来！怎么才能把他吸引住呢？那就是给他一个留下来的理由！第二句话一般这么说："这是我们的新款！"人对新的东西都喜欢看看，这是人的本性。第二种说法："我们这里正在搞 ××× 的活动！"用活动来吸引顾客，但千万别这么说："我们这里正在搞活动！"因为现在每家都在搞活动，搞活动的太多了，顾客已经麻木了。这就需要我们把活动内容说出来，这样顾客就感兴趣了，会注意听你说话。

问题：1. 我们应当如何打破沉默？询问顾客的语言上应当注意什么？

2. 询问顾客的语言技巧有哪些？

案例分析：与顾客交流时，不同的询问语言会产生不用的效果。这个案例对比了不同的语言效果，对引导导购员更好地与顾客交流有所启发。

◆【任务分析】

面对顾客时，不同的询问会产生不同的效果，导游员应当掌握正确的询问语言，巧妙利用语言技巧，促成销售。完成以上任务应掌握以下知识点及技能点。

知识点：1. 询问语言的基本原则；

2. 正确的服务用语；

3. 声音的表现及运用。

技能点：掌握询问的技巧。

◆【知识链接】

一、询问语言的基本原则

（一）言辞礼貌性

导购员用语的言辞礼貌性主要表现在敬语上。敬语的最大特点是：彬彬有礼，热情而庄重。使用敬语时，一定要注意时间、地点和场合，使用的语调要甜美、柔和。

使用敬语时，要注意用“您”而不用“你”来称呼服务对象，这是尊重顾客的需要。寒暄语是敬语的入门，寒暄语的使用，往往能使顾客对导购员产生良好的印象。

（二）措辞修饰性

导购员在使用服务用语时要充分尊重顾客的人格和习惯，绝不能讲有损顾客自尊心的话，这就必须注意语言的措辞。导购员所用服务用语的措辞修饰性，主要表现在经常使用的谦谨语和委婉语两个方面。谦谨语是谦虚、友善的语言，表现出充分地尊重对方，常用征询式、商量式的语气进行。委婉语用好听的、含蓄的、使人少受刺激的代词，代替所要禁忌的词语，用委婉的表达来提示双方都知道的但不愿点破的事物。

（三）语言生动性

导购员在接待顾客时，语言不能呆板，不要机械地回答问题。应该认识到，生动幽默的语言能使气氛和谐，感情融洽。

（四）表达随意性

要使顾客感到高兴和满意，在使用服务用语时，还须注意察言观色，善于观察顾客的反应。针对不同的场合、不同的对象，说不同的话，有利于沟通和理解，这样做往往会避免矛盾的出现或使矛盾得到缓和。如遇到语言激动、动作急躁、举止不安的顾客，要特别注意使用温柔的语调和委婉措辞。

对待顾客投诉，说话要特别注意谦谨、耐心、有礼，要设身处地替顾客着想，投其所好，投其所爱。要善于揣摩顾客的心理，以灵活的言语应对客人。

二、服务用语的正确使用

（一）正确地遣词用字

与顾客谈话时，应使用通俗易懂、简单明了的字句，恰如其分地表达自己的意思，避免产生误会。慎用专业术语，以免拉大与顾客之间的距离。

（二）避开顾客不爱听的话

根据场合及顾客的心理接受程度来斟酌用语，避开一些忌讳、不礼貌的话语，避免伤害顾客的自尊。无论何时，都要避免说一些容易引起顾客反感的话。

（三）巧妙说“不”

顾客最不喜欢听到“不”这个字，但是，虽然顾客不爱听“不”，有些时候我们却不得不说。例如，当我们对顾客的所问不知该如何作答时，就应该说“不”，因为我们不能不懂装懂；当顾客和我们砍价时，也要说“不”。那么，如何做到在说了“不”之后，仍能取得顾客的理解呢？这就需要掌握对顾客说“不”的艺术。

在说“不”之前，要问自己这样一个问题：“这个顾客需要什么，我怎样才能尽最大努力帮助他？”说完“不”后，接着要说：“我要做的是……”“我可以做的是……”这句话是告诉顾客，会尽量想其他办法来弥补，这或许不符合顾客的期望，但有助于减少顾客的沮丧与失望。

三、声音的表现及运用

（一）语调

如果说人讲话的声音，就像乐器弹奏出的音乐，那么从音乐的调子中我们可以感受出其中蕴含的感情：快乐、忧郁、悲伤、愤怒、不满、低落、兴奋、关爱……而语调就像是声音的调子，听导购员的语调，顾客就可以知道其心情，以及要表达的感情。作为导购员，如果连语调都不对，顾客也就不会感到满意。

（二）语速

凭导购员讲话的速度，顾客就会在大脑中形成一个对你的印象。如果说得太快，顾客的印象就会是：你急于把他打发走，你并不在意顾客是否能听懂你在说什么。须针对不同的顾客调整讲话的速度。如果你和顾客讲话的语速不一样，这样的交际就有可能失败。

（三）音量

导购员讲话的音量应该适中，不要太高，否则就会产生一种错误的交际情景，因为喊叫是愤怒、不满的表现。

（四）音调

在与顾客讲话时不能只用一个音调，否则给人的感觉是：冷漠、毫无生机、毫无感情、毫无诚意。相反，可以通过音调的高低变化传达给顾客这样的信息：你理解他们，你乐于帮助他们，而且给他们以信心。

（五）态度

作为导购员，如果讲话的态度没有表现出对顾客的理解，并且愿意为他服务的话，那么就无法表现出应有的正确的语速、音量及音调。

四、询问的技巧

（一）不连续发问

如果连续发问，给人以压迫感，顾客会感觉被调查盘问，不愿意回答。

（二）关联性说明即商品的说明与顾客的回答相关

提问后得到回答，紧接着应介绍关联此回答的商品说明。

（三）提问先易后难

这样的程序有利于消除顾客的抵触心理，使他能“接受提问、给予回答、听取说明”。

（四）促进顾客购买心理的询问方法

例如，当顾客对商品爱不释手、一再观看时，就可判定“顾客喜欢这项商品”。应当询问：“这商品不错吧？”以达到促进销售效果。

（五）尽量让顾客多回答

要想办法让顾客回答问题，这样做有利于融洽商谈的气氛，拉近与顾客的距离。

【任务实施】

询问的技巧

实训目的：掌握询问的技巧。

实训内容：询问的内容和技巧。

实训步骤：1. 分组。

2. 扮演顾客和导购员等不同角色。

3. 模拟不同的购买场景，练习询问的方式和技巧。

4. 教师对实训过程进行分析。

任务二　找准卖点

◆【任务引入】

卖特色、卖创意

据孙涛了解，目前绵阳许多旅游商品制造是小作坊形式，规模小，多采取手工制作。比如绵阳丰谷镇的一种“粮食画”，用不同的粮食拼出人物或者山水，很受顾客欢迎，但因为一幅画要数周甚至更长时间才能做好，产量偏低、价格偏高，问津乏人。而据孙涛的观察，价格在100元左右的旅游商品行情最好。小作坊还有一个弱点是创新能力不足。

为此，绵阳在2010年特意承办了四川省第六届大学生旅游艺术设计大赛，主要出发点是在设计资源与旅游商品制造商之间进行对接，“效果还可以，但这个行业目前还缺少真正具有实力的领军企业。”孙涛说。

突出科技与地方特色，旅游商品要承载地方特色。“证明自己来自某个地方，如果做不到这一点，旅游商品就是失败的。”孙涛的评判标准很直接。作为国家科技城，绵阳的城市特色就是科技产品。2013年年底，绵阳推出一条“科工贸旅游线路”，将七曲山等5处景区门票与长虹家电、金杯汽车特定款产品实行打包优惠，购门票享受购物折扣，或购买产品获赠门票一在孙涛看来，这代表了绵阳特色旅游商品的一个思路。

“未来可以专门开发具备科技感的旅游特色商品。”他在义乌看到一种名为“愤怒的小鸟”的玩具，就是利用了空气动力学原理，当“小鸟”垂直落下时，只要手在下方挥动一下，“小鸟”就会再度起飞。因为批发价不过25元，因此销量很大，这让孙涛很受触动。此前绵阳也有类似的产品：九洲集团曾结合大禹文化，开发过一款高智能互动玩偶“感恩羌娃”。羌娃身穿羌族特色服饰，眼睛是摄像头，嘴巴是发声器，可以每天提醒小朋友起床，还能学英语、唱儿歌、跳锅庄等。“科技与文化结合是一个好办法，如果价格上可以更亲民一些，相信也可以取得很好的销量。”孙涛说。

问题：1. 什么是旅游商品的卖点呢？

2. 如何抓住旅游商品的卖点呢？

案例分析：目前旅游市场的旅游商品存在雷同性等诸多问题，旅游商品应当结合当地特色，甚至结合高科技。旅游过程，购物也是很重要的一个环节，顾客离不开“购”，旅游商品更需要有更多的创意。

◆【任务分析】

所谓“卖点”，无非是指商品具备了前所未有、别出心裁或与众不同的特色、特点。这些特点、特色，一方面是产品与生俱来的，另一方面是通过营销策划人的想象力、创造力来“无中生有”的。我们应当了解、提炼商品的卖点。完成以上任务应掌握以下知识点及技能点。

知识点：商品卖点。

技能点：1. 提炼商品卖点；

2. 掌握找准卖点的方法。

◆【知识链接】

一、从商品的天然属性上提炼

卖点可以从商品最本质的属性上来提炼。例如，农夫山泉天然水，核心为天然弱碱性的健康饮用水。与天然性、安全性、健康性、绿色环保等特点有关的商品，企业可以从天然环保的角度，去提炼商品的卖点。这样，顾客为自己的身体和生活安全着想，会优先选购。

二、从商品的权威性上提炼

某权威机关、组织机构、政府部门等选择使用的商品，往往在产品质量、安全性、先进性等诸多方面经过了严格的检测，是相对高品质的产品。

三、从商品的技术参数指标上提炼

从产品质量、科学技术、使用时间等方面来提炼商品卖点，因为顾客对产品质量好坏、经久耐用程度、响应速度等更加关注。

四、从商品的功能上提炼

一般而言，产品的功能多是大同小异，如何有卖点，就要使自己产品的功能别具一格。但对于作为进攻或干扰竞争对手的产品系列则应异中求同。

五、从竞争对手市场推广概念上提炼

当各品牌的产品在功能设置、技术参数指标、产品性能、外观包装、市场推广手段等高度同质化时，顾客在销售终端选购商品时会表现得更加不知所措。商品在终端的角逐，主要表现在对品牌、产品定位、消费者的心理诉求上进行综合型的概念提炼。每个品牌都有自己独特的消费诉求概念，为了使自己的概念更能吸引消费者，更鲜明地与竞争品牌进行概念区分，应大量搜集竞争对手市场推广新概念、新手段，进行全方位系统的分析，结合自己的产品特性进行概念提炼。最终以产品推广概念为纲，驾驭商品卖点，形成自己鲜明的销售主张。

【任务实施】

寻找卖点

实训目的：找准旅游商品的卖点。

实训内容：设计旅游商品的卖点。

实训步骤：1. 分组。

2. 研讨旅游商品的卖点。

3. 分小组设计旅游商品的销售方案，旨在寻求卖点。

4. 小组进行 PPT 汇报。

5. 教师对实训过程进行总结、评价。

任务三　介绍旅游商品

◆【任务引入】

巧介绍

拉芳洗发水系列最大的卖点和主诉求点是健康、柔顺、营养。作为一个消费者购买拉芳产品大部分是出于四种原因：价格是适合他的（大众性较适合他的消费层次）；清楚知道拉芳是柔顺护理性产品；通过广告了解了拉芳的品牌力；通过眼睛看到了去屑字样。

初次接触消费者，导购员通过眼睛观察就可以看到：发性；头发长短；价格是否适合；是否有头屑？一般的女性所需求的商品是：香味；柔顺；垂顺；亮泽；去屑。

介绍产品时一定要记住：先介绍消费者最想要的是什么？这样才能引起消费者的兴趣和好奇。所以介绍去屑养护洗发露时应该是先介绍柔顺再去屑。这一款商品是针对长发没有严重的头屑同时不够柔顺和光泽的情况，如果是长头发而又有严重的头屑那就应该介绍其他洗发产品了。

问题：1. 我们为顾客介绍商品时应注意什么？

2. 如何把握介绍商品的技巧？

案例分析：商品介绍的时应把握：第一，了解消费者最想要的是什么；他最想要的利益点是什么；我们什么样的产品适合他，而不是他适合我们什么产品。第二，介绍商品时一定要做到先价值再价格（先介绍商品功能好处等再介绍价格）。第三，介绍商品时要先结果再原因。

◆【任务分析】

介绍商品不仅需要把握恰当的时机，而且需要把握顾客的特点及心理，掌握介绍商品的技巧，才能促成销售。完成以上任务应掌握以下知识点及技能点。

知识点：把握沟通的时机。

技能点：1. 把握沟通的技巧；

2. 掌握介绍商品的技巧。

◆【知识链接】

一、把握沟通的时机

作为导购员，要及时把握沟通的时机，当发现顾客出现以下情况时，可与顾客及时沟通。

当顾客长时间注视某款产品时；当顾客触摸商品时；顾客抬头时；当顾客在极力搜

索产品时；当顾客的眼神与导购员相碰时；当顾客在某款产品前停留时；当顾客看上去需要帮助时；当顾客看价格牌时；当顾客主动翻阅产品资料时；当向顾客递资料被接受时；当向顾客做出请的手势顾客会意时。

二、把握沟通的技巧

（一）针对不同个性消费者的应对策略

1. 冲动型

表现情形：性直善变，做任何决定都十分迅速，但经常性又推翻自己的判断，十足的性情中人。这类顾客性格外向，言谈举止干净利落。他们的心理变化迅速，在购物过程中容易受现场推广气氛影响，只要看中商品或服务的某一特点就可能形成购买冲动，而不耐烦去了解商品的全部或进行比较，因此常会买下自己不需要的东西。他们最容不得等待，只要销售人员稍不耐心或动作缓慢，他们就会极不耐烦或者干脆扬长而去。

应对策略：对这类顾客，一定要充满热情，言简意赅，动作麻利，应该通过观察和交谈迅速找出他的兴趣点，侧重介绍他感兴趣的细节，列举一两个同档次竞争品牌的缺点来比较，并把握住时机让他产生购买冲动。当其做出购买决定时，及时肯定其决定的正确，尽快进入成交。

2. 沉着型

表现情形：这类顾客不会人云亦云，凡事都有自己的见解，既不受广告的影响，也不受现场推广气氛的影响，对别人的参考意见也不在意，不对商品了解透，是不会产生购买行为的。他们在购物之前，总是通过各种渠道搜集商品信息，了解市场行情，比较商品优劣，多次反复考察后才能形成购买。购买时，他们不仅在质量上、功能上、款式上精挑细选，也在价格上软泡硬磨。这种顾客比较自信，对他周围的群体有较大的购买影响力，一旦成交，就有可能带动他身后的一大群消费者。主要特点是不轻易发问，能耐心听营销人员讲解，所提问题都是实质性的问题。

应对策略：对于这类顾客，一定要有足够的耐心解答他们所关心的提问，注意交谈时不要过分夸张。他每一次光临都应该热情接待，导购员所提供的服务如果是他在别处得不到的，那么他就有可能第二次、第三次光临，直至成交。同时导购员要对商品有足够的认识和理解，要具备专业性，不要催促其下决定，让他自己判断。

3. 多疑型

表现情形：问题多，随机性大。这类顾客对导购员抱有戒备心理，购物时审视过程长、费时多，总是犹豫不决，从不仓促购物，甚至来回好几趟就是下不了购买的决心。下决心时也是忐忑不安，疑心会出错或上当，往往在某个细节上与导购员纠缠不休。

应对策略：注意讲解细节，建立可信度，态度上要尊重和真诚。对这类顾客要有足够的耐心接待，不要在细节上与其辩论，而应信心十足地演示商品，用各种明显的效果对比和简练的语言来引导他，打消他的疑虑，同时从说服其同伴入手。

4. 犹豫型

表现情形：没有自己的观点，拿不定主意，极力想听取第三者的意见。这类顾客一般没多少主见，易受他人观点左右，而且很容易满足。他们容易受现场推广气氛的感染，热情的服务很容易打动他们，旁人的推荐对他也很起作用，在销售现场一般不会多问什么就买了。

应对策略：帮其做出决定，提出购买意见。对这类顾客，应侧重体现出自己与众不同的经营方式，在销售现场热情地端茶让座慢慢聊，恭维他的职业或品位，多关心他的使用环节，在配置方面提供指导，让他感觉是与朋友在一起。亦可巧妙地运用“排队效应”来打动他，告诉他这种款式很畅销，天天都有人来买。

5. 果断型

表现情形：行动积极、目光有力、立场坚定、观点明确。这类顾客一般都气质外露，有领导风度。比较喜欢表现自己，但只要他一做出购买决定，是不会受别人影响的。

应对策略：在原则性问题上坚持意见，其他时候当听众，只要有机会就引导其进入视听阶段，影响其做出购买决定。

6. 顽固型

表现情形：这类顾客比较容易受广告影响，喜欢追求名牌商品，一旦认定某一个品牌或某一种衡量标准就很难改变。这种人对现场推销的反应比较冷淡。

应对策略：对这类顾客，应该先弄清他感兴趣的是哪些品牌，然后胸有成竹地拿自己商品的某一独特优势与其比较，侧重利用“性价比”的概念说服他。

（二）针对不同身份消费者的应对策略

1. 富裕型

表现情形：大多是企业主、企业高层管理人员和政府官员。穿戴讲究牌子，较有个性和品位，常有随行人员。他们一般崇尚洋货，对商品的款式和科技含量较讲究，购物标准以喜欢与否为主要标准，价格是其次的因素。他们注重的是商品的品质和款式能证明自己的成就，与自己的社会地位相称。

应对策略：对这类型的顾客，注意交谈中流露出对他崇敬与欣羡的神态和语气，赞美他的眼光独到、品位高，向其推荐最高档的商品。

2. 小康型

表现情形：以企业白领阶层、知识分子和个体工商户居多。穿戴比较讲究，喜欢名牌商品，讲究实惠。他们追求时尚，拥有某某名牌是他们经常挂在嘴上的话题，借此来提升自己的社会地位。但在购买时他们又显得较为理性，很关注商品价格和服务。

应对策略：对这种类型的顾客，注意抓住他感兴趣的功能演示商品，并让他们明白买这种商品是赶上或领先了潮流，体现商品的档次能满足其被认可被尊重的心理需求。推荐商品时以中高档商品为侧重点。

3. 温饱型

表现情形：以一般工薪阶层和部分个体工商户居多。不太讲究穿戴，对流行资讯比较迟钝，一般不赶时髦，以价廉物美为第一原则，对商品的科技含量和售后服务不是很在乎。购买时导购员的煽动和商品演示对他们很起作用，但在价格上会与导购员纠缠不休。

应对策略：对这种类型的顾客，应注意帮其算账，如果你的推荐能让他比预算省一笔钱或在他的预算内能买到更多的东西将会很容易使他高兴。向其推荐中低价位商品，侧重介绍商品的实用性、可靠性和升级空间。

三、介绍商品的技巧

（一）要注意调动顾客的情绪

常常能见到一些导购人员只顾自己讲得口若悬河，滔滔不绝，实际上没人愿意来商场听你单口相声，也不愿被强迫推销。推销是互动的、双向的沟通和交流。它应该由问题和解释，特性、优点和利益的方案，以及一种简单、轻松的对话方式组合而成。如果导购员不顾及顾客的感受，顾客可能只记得你讲的一小部分，还因不感兴趣或反感而扭头就走。如果能与顾客展开对话，让顾客参与到说明的活动中来，让其发表意见，导购员在适当的时机主动提问并回答一些问题，就会大大提高成交的概率。

（二）语言表达要有技巧

态度要好：点头示意，笑脸相迎。

表达要恰当：说话准确、贴切。

语气要委婉：把涉及顾客生理上的缺陷和忌讳的话讲得中听。

语调要柔和：说话柔和会使顾客产生舒服的感觉。

要通俗易懂：使用普通话；避免专业术语。

要留有余地：不能说“没有了”“不知道”等毫无伸缩性的绝对回答。

不要夸大其词：诚实、客观地推介商品。

要有问必答：无论是有关商品交易的问题，还是其他问题，都要尽量回答；对不知道的，要表示歉意。

要突出重点和要点：推荐和说明必须抓住重点，突出要点，言简意赅。

（三）顾问式积极推介

经过导购员的一番详细说明之后，顾客对商品的特性、使用方法、价格等已经有了全面的认识，甚至会产生强烈的购买欲望。但是，大多数的顾客在这个阶段是不会冲动地立即掏出钱包的，在他们的脑海中还会浮现出很多曾经看过或了解过的同类商品，彼此间做个更详细、综合的比较分析；有的顾客也可能只是有一些犹豫，不知道该不该买，买得值不值。

顾客的“比较权衡”是购买过程中买卖双方将要达到顶点的阶段，所以在此时，导购员应把握机会，提供一些有价值的建议给顾客，供其参考，帮助顾客下定决心。

1. 认识顾问式服务

所谓顾问式服务就是导购员要真诚地帮助顾客，不论顾客能否在商品知识和自身决策方面做某种程度的选择，导购员都要站在顾客的立场上为其着想，针对顾客的需求给予他们最多的商品咨询和建议，使他们能放心、愉快地购物。

2. 积极推介的三个原则

帮助顾客比较商品，导购员要帮助顾客做商品的比较，利用各种例证充分说明所推荐的商品与其他商品的不同之处，并对顾客特别强调此商品的优点在哪里。

要实事求是，千万不要信口开河，把不好的说成好的，没有的说成有的，要本着诚实的原则。设身处地地为顾客着想，必须处处站在顾客的角度，为顾客的利益着想，只有这样才能比较容易说服顾客购买。

让商品说话，把商品自身的特点展示给顾客看，效果会更好。为了赢得顾客的信赖，导购员不仅要熟悉自己的产品，还要对竞争产品加以研究，这样，推介才更有说服力。

3. 推介时要注意销售要点的运用

由于产品具有多种特性，这就需要导购员首先把产品特性中最影响顾客购买决定的一点，用最简单、最有效的语言表达出来，其次才是介绍其他特点。

4. 推介商品的最佳方法—使用FAB句式

针对不同顾客（青年人、老人、儿童的父母），把最符合顾客需求的商品利益向顾客推介。例如，把“因为……（特性）……它可以……（优点）……对你而言……（好处）……”连成一句有说服力的说辞。

【任务实施】

介绍商品

实训目的：把握介绍商品的技巧。

实训内容：介绍商品。

实训步骤：1. 分组。

2. 模拟销售场景，扮演各种角色，介绍商品。

3. 小组互评。

4. 教师对实训过程进行总结、评价。

任务四　旅游商品演示

◆【任务引入】

抓心理，妙演示

如何让客户相信你说的都是事实呢？拿出证据来！证据是最有力的说服工具。导购人员如何提供证据说服准客户呢？可让客户由肢体、感官亲自感觉来满足其对证据的需求。例如，一位导购人员正在为客户推荐一辆小轿车，他引导客户从不同的角度观看车的款式：让准客户用眼睛证明他所看到的汽车造型是多么的气派；请客户坐在车上，让他感受到车子的宽敞、舒适及豪华；拿出几位商场知名人士签下的订购合约给这位准客户过目。就这样，他们开始谈到车子的价格及交车的手续。不一会儿准客户签下了一台近 120 万元车子的合约。

问题：1. 如何更好地进行旅游商品演示？

2. 旅游商品演示有何技巧？

案例分析：上面这个案例，有人也许觉得不可思议或认为纯粹是运气，但是就算这是运气，这位汽车业务代表也至少做对了两件事：一是他充分掌握住准客户的需求，他知道准客户自己根本不开车，而是备有专任的私人司机，他对车子并不是很了解，这位客户需求的重点其实只有两个字“气派”。因此，业务代表只针对“气派”这个销售重点诉求。二是他针对销售重点，证明他推荐的车子能满足客户的需求。例如，他引导客户从不同角度来看这个车子的外形是如何让人一看就觉得气派非凡，他让准客户在车中亲自感觉其舒适、宽敞及豪华，他拿出商场上知名人士的订购合约，证明这个车子是有地位人士的最佳选择，以充分证明这个车子的身价不凡。

◆【任务分析】

现场演示销售越来越成为一种重要的促进销售方法。导购人员应该具备现场演示的一些基本技能，掌握一定的策略。完成以上任务应掌握以下知识点及技能点。

知识点：商品演示步骤。

技能点：现场演示的策略。

◆【知识链接】

一、商品演示步骤

归纳演示商品的特性—演示操作—演示时的讲解—引导顾客参与演示。

二、现场演示策略

（一）突出演示重点

突出最能吸引顾客的主要优点和卖点，对于那些顾客不是很关心的功能，则应轻描淡写。例如，演示某榨汁机“摔不烂”等特点，导购员会经常邀请顾客拿起杯子往地上摔、用脚踩，并承诺，如发现裂纹，当场赠送一台榨汁机。接着，导购员又拿出一个大塑料杯，将满满的一杯水朝榨汁机泼了下去，在顾客的一声惊讶声中，导购员打开电源，湿淋淋的榨汁机照样正常运转。如此，顾客彻底信服了，纷纷解囊购买。

（二）趣味性强

邀请顾客参与，顾客现场感受，效果更好。例如，某品牌保暖内衣，四五个模特在冷风凛冽的露天舞台穿着，连续一个多小时，不哆嗦，效果非同凡响。邀请现场观众参与表现后，现场气氛一下就“引爆”了，当场销售数百套。

（三）创造良好的现场气氛

叫卖，对于吸引顾客，聚拢人气，创造良好的现场演示气氛是一个行之有效的办法。叫卖必须声音洪亮、用语简单明了。洪亮的叫卖声还可以增强导购员的销售信心、鼓舞士气，而且又能对竞争产品形成一定的震慑力，也能给往来顾客以“热销”的印象。此外，也可利用悬挂条幅、吊旗、堆码、电视等辅助销售工具，进行现场气氛的渲染布置。

（四）演示要干净利落、规范安全

规范整齐的东西往往能给人一种很舒服的感觉，演示也是一样。设计现场演示活动必须先为演示人员设计一整套的标准演示用语和演示动作，将演示活动标准化、流程化、程序化，并注意演示过程中潜在的安全问题。

【任务实施】

商品演示

实训目的：把握商品演示的策略。

实训内容：进行商品演示。

实训步骤：1. 分组。

2. 进行商品演示方案策划。

3. 模拟销售场景，进行商品演示。

4. 教师对实训过程进行总结、评价。

项目三　化解顾客疑虑

任务一　分析顾客异议类型

◆【任务引入】

问题在哪里

购买过程中顾客经常会提到这样的问题：

（1）“大衣用棉的做里料，看上去很廉价。”

（2）“棉的衣服又容易缩水又容易皱又容易褪色。”

（3）“羊毛衫很容易起球吧？”

（4）“我买人家大牌香奈尔都打折，你们还不是一线品牌，为什么不能打折？”

（5）“我不要你们的赠品，你再帮我打点折扣吧？”

（6）“你们家的质量也不怎么样嘛，你看这边缝都裂开了。”

（7）“买的美丽诺羊毛衫，你们洗标上标的可以手洗，我手洗后缩水，怎么回事？”

（8）“你们试衣室里怎么没有头套的啊？万一我的妆花了怎么办啊？”

（9）“你们牌子的官网做得不太好，产品更新的好慢啊。”

问题：1. 顾客为何产生异议？

2. 顾客异议的类型有哪些？

案例解析：问题 1 ～ 3 是对商品本身产生异议，问题 4 ～ 5 是对商品的价格产生异议，问题 6 ～ 7 是对商品的质量产生了异议，问题 8 ～ 9 是对商品的服务产生了异议。顾客异议的方面还有很多，如时间异议、销售人员异议等。

◆【任务分析】

要想化解顾客的异议，首先得了解顾客有哪些异议，属于何种类型。完成以上任务应掌握以下知识点及技能点。

知识点：顾客异议的类型。

技能点：掌握判断顾客异议类型的技巧。

◆【知识链接】

一、商品异议（也称质量异议）

指顾客对商品性能、作用、质量和用途等提出不同看法。差异属于商品方面的一种常见异议。例如，在购买羽绒服时，顾客可能会说：“羽绒服这几年款式变化特别快，一年一个样，你这是去年的产品，款式太陈旧。”

应对技巧：努力找出顾客需求与现有商品的差异，加强对商品知识的掌握，并了解其能为顾客带来的利益。

二、价格异议

指顾客认为商品的价格太高，不能接受，表现为讨价还价。真实的价格异议最主要的原因是想少出钱，当然也有别的原因。当顾客认为商品的价格与他所期望的有出入时，他也会提出反对意见。例如，顾客会说“别人的比你便宜”“这个价格我们接受不了”等。

应对技巧：向顾客传递信息，建立顾客选择标准。

三、财力异议

指顾客认为他支付不起购买商品所需的款项。例如，“商品确实不错，可惜无钱购买”。

应对技巧：通常是谢绝导购员推荐的借口，处理时要弄清顾客的表达是真话还是托词，并且区别对待。

四、权利异议

指销售人员在拜访顾客或营销洽谈中，顾客或主谈者表示无权对购买行为做出决策。这在实际营销洽谈过程中经常遇到。例如，“这个事情不属于我们管理的范围，实在抱歉”。

应对技巧：要弄清楚顾客的表达的真实性，区别对待。

五、时间异议

指顾客有意拖延购买时间，说明自己将来将会对该商品有需求，表示以后购买。它说明顾客不是不买，而是现在还不买这种商品。例如，“我们还要再好好研究一下，然后再把结果告诉你”。

应对技巧：积极洞悉不同顾客的消费心理，指出立即购买的好处。

六、货源异议

指顾客对商品来源于哪家企业和哪个销售人员而产生的不同看法。例如，“很抱歉，这种产品我们与另一个厂有固定的供求关系”。

应对技巧：保持耐心，不要攻击对手，找出对手不具备的特点，必要时可以向顾客一步到位表明本店优惠底线。

七、需求异议

指顾客提出他根本不需要销售人员所推销的商品。可能是顾客已有或不需要该商品，也可能是顾客以此作为拒绝的借口。例如，“我们对现有的产品感到很满意”。应对技巧：这是宣传商品的好时机，你得先让顾客确信他的确需要这种商品或服务。

八、服务异议

指顾客对售中、售后的服务不放心。

应对技巧：及时向顾客做出实事求是的承诺，有条件的可以以实例相告。

九、导购人员异议

指顾客对导购人员不信任或反感而提出的一种异议。导购人员异议属于真实的异议。

应对技巧：导购人员要不断提高自身素养和修养，善于运用各种营销策略与技巧来改变顾客的主观看法，同时要提高服务质量，并向企业提出建议以改善营销工作，塑造良好的企业形象。

【任务实施】

分析顾客异议类型

实训目的：掌握顾客异议的类型。

实训内容：分析顾客异议的类型。

实训步骤：1. 分组。

2. 实地调研，了解顾客异议的情况。

3. 做出调研报告，归纳出顾客异议的类型。

4. 教师对实训过程进行总结、评价。

任务二　了解顾客异议产生的原因

◆【任务引入】

原因在哪里

案例 1：

当大家在没有意识到白炽灯给人眼带来的伤害之前，顾客无法接受花上几十块钱去换一盏 LED 灯。

一家运营商在销售一个 LED 台灯品牌时，因为产品在品牌知名度方面有所欠缺，价格方面也没有优势，因此一直没有能够找到一个独特的卖点。后来经过仔细分析，发现这个品牌的台灯在色温方面是有优势的，因为一般的台灯为了让灯光更亮，色温都在 6000 以上，而实际上色温在 5000 左右时，才是最保护眼睛的，但是当时绝大多数的顾客对于色温这个概念都是不了解的。

因此，导购人员在跟客户沟通的时候，基本都会针对色温对于眼睛的影响，进行一些说明，然后还做了几篇科普软文，在跟客户沟通的时候，也会让客服把科普软文的地址发给客户。几个月后，销售量提高了很多。

案例 2：

"我上个月买的一款一模一样的眼镜，才 80 元，为什么你这里就要 200 元。"

"这个牌子不好，我去年的时候用过。"

"买 ×× 牌子吧，我一直用，效果是最好的。"

问题：顾客为什么会产生异议呢？产生异议的原因是什么？

案例分析：案例 1 是由于顾客对于商品的不了解以及导购人员也不了解产品的主要特点所导致。案例 2 是由于顾客对商品的购买经验和成见所导致。

◆【任务分析】

顾客产生异议的原因有很多，我们应当掌握顾客主观和客观两方面的原因。完成以上任务应掌握以下知识点及技能点。

知识点：顾客异议的因素。

技能点：掌握分析顾客异议原因的技巧。

◆【知识链接】

一、顾客方面的因素

顾客先入为主的成见。

顾客的购买习惯。

顾客的购买经验（从前有过不满意的经验）。

顾客没有购买需要，或未被激发购买欲望，或商品不符合公司的规格要求。

顾客心情不佳或怕麻烦，或对商品不放心。

顾客已有固定的货源关系（合同关系）或手边尚有存货。

二、导购员方面的因素

导购员服务不周。

导购员信誉不佳。

导购员礼仪不当。

导购员资讯不完整。

导购员证明不足。

导购员公信度不够等。

三、商品方面的因素

商品价格因素（太高）。

商品品质、等级、功能、包装、服务等因素。

【任务实施】

分析顾客异议产生的原因

实训目的：了解顾客异议的原因。

实训内容：分析顾客异议的产生的原因。

实训步骤：1. 分组。

2. 实地调研，了解顾客异议的原因。

3. 做出调研报告，归纳出顾客异议的原因。

4. 教师对实训过程进行总结、评价。

任务三　处理顾客异议的方法

◆【任务引入】

说服顾客

一位中年女士来到化妆品柜台前，欲购护肤品，导购人员向她推荐一种高级护肤霜。顾客异议："我这个年纪买这么高档的化妆品干什么，我只是想保护皮肤，可不像年轻人那样要漂亮。"售货员回答："这种护肤霜的作用就是保护皮肤的。年轻人皮肤嫩，且生命力旺盛，用一些一般的护肤品即可。人上了年纪皮肤不如年轻时，正需要这种高级一点的护肤霜。"

问题：导购人员采用了什么样的方法处理顾客的异议？

案例分析：这位导购人员采用了转化法，就是指导购人员利用顾客异议中有利于推销成功的因素，并对此进行加工处理，转化为自己观点的一部分去消除顾客异议，说服其接受推销。

◆【任务分析】

当顾客产生异议，为了推销商品，我们处理的原则最终是为了化解顾客的异议。完成以上任务应掌握以下知识点及技能点。

知识点：处理顾客异议的方法。

技能点：掌握顾客处理异议的方法。

◆【知识链接】

一、转折处理法

转折处理法即导购员根据有关事实和理由来间接否定顾客提出的异议。应用这种方法是首先承认顾客的看法有一定道理，也就是向顾客做出一定让步，然后再讲出自己的看法。此法一旦使用不当，可能会使顾客提出更多的意见。在使用过程中要尽量少地使用"但是"一词，而实际交谈中却包含着"但是"的意见，这样效果会更好。只要灵活掌握这种方法，就会保持良好的洽谈气氛，为自己的谈话留有余地。如顾客提出所售服装颜色过时，不妨这样回答："女士，您的记忆力的确很好，这种颜色几年前已经流行过了。但服装的潮流是轮回的，如今又有了这种颜色回潮的迹象。"这样你就轻松地反驳了顾客的意见。

二、补偿法

如果顾客的反对意见的确切中了你的产品或公司所提供的服务中的缺陷，千万不可以回避或直接否定。明智的方法是肯定有关缺点，然后淡化处理，利用产品的优点来补偿甚至抵消这些缺点。这样有利于使顾客的心理达到一定程度的平衡，有利于使顾客做出购买决策。如推销的产品质量有些问题，而顾客恰恰提出："这东西质量有点问题。"导购员可以从容地告诉他："这种产品的质量的确有点缺陷，所以我们才削价处理。不但价格优惠很多，而且公司还确保这种产品的质量不会影响您的使用效果。"这样一来，既打消了顾客的疑虑，又以价格优势激励顾客购买。这种方法侧重于心理上对顾客的补偿，以便使顾客获得心理平衡感。

三、委婉处理法

导购员在没有考虑好如何答复顾客的反对意见时，不妨先用委婉的语气把对方的反对意见重复一遍，或用自己的话复述一遍，这样可以削弱对方的气势。有时转换一种说法会使问题容易回答得多。但你只能减弱而不能改变顾客的看法，否则顾客会认为你歪曲他的意见而产生不满。你可以在复述之后问一下"你认为这种说法确切吗"，以求得顾客的认可。如顾客抱怨"价格比去年高多了，怎么涨幅这么高"，导购员可以这样说"是啊，价格比起前一年确实高了一些，但产品的材料和质地也更好了"，然后再等顾客的反应。

四、合并意见法

这种方法是将顾客的几种意见汇总成一个意见或者把顾客的反对意见集中在一个时间讨论。总之，是要起到削弱反对意见对顾客所产生的影响。但要注意不要在一个反对意见上纠缠不清，因为人们的思维有连带性。往往会由一条意见派生出许多反对意见。摆脱的办法，是在回答了顾客的反对意见后马上把话题转移开。

五、反驳法

导购员根据事实直接否定顾客异议的处理方法。理论上讲，这种方法应该尽量避免。直接反驳对方容易使气氛僵化，使顾客产生敌对心理，不利于顾客接纳导购员的意见。但如果顾客的反对意见是产生于对产品的误解或你手头上的资料可以帮助你说明时，你不妨直言不讳，但要注意态度一定要友好而温和，最好是引经据典，这样既有说服力，同时又可以让顾客感到你的信心，从而增强顾客对产品的信心。如顾客提出你的售价比别人高，如果你的公司实行了推销标准化，产品的价格有统一标准，你就可以拿出价目表。坦白地指出对方的错误之处。反驳法也有不足之处，就是这种方法容易增加顾客心理压力，使用不当会伤害顾客的自尊心和自信心，不利于成交。

【任务实施】

掌握处理顾客异议的原则

实训目的：掌握处理顾客异议的原则。

实训内容：顾客处理异议的原则。

实训步骤：1. 分组。

2. 收集案例，进行分析，了解处理顾客异议的原则。

3. 整理资料，归纳出处理顾客异议的原则。

4. 教师对实训过程进行总结、评价。

任务四 掌握顾客异议的处理技巧

◆【任务引入】

巧化解

案例 1：大衣用棉的做里料，看上去很廉价的。

小姐，您真细心，衣服的里料确实是体现衣服品质很重要的一方面。我们的棉里料全部采用高品质的全棉，支数达到 60S、80S 甚至 120S，价格非常贵，很多品牌都拿来做面料。全棉做里料不会起静电，穿着很舒适透气。如果你穿中袖的话，手伸进去会很舒服，但化纤就会很闷，会起静电。这样又能穿着舒适，又有品质感，两全其美，不是更好，您说是吗？不信您试试看！

案例 2：你们说这件衣服是 100％的羊绒，可是吊牌成分上只有 95.9％。其他牌子人家标的都是 100％的羊绒啊？

您的疑虑的确是有一些客人反映过的，是这样的，我们吊牌上是按照检测报告上的数据标注的，在送去检测的样品中，只是有那么几根羊绒在检测过程中有几微米的差距就算成羊毛了。但国家标准，如果其他物质含量小于 5％就可标注为 100％羊绒。有些牌子就是以国家标准做吊牌，它检测出来的也未必是 100％这个数据。所以，按国标来说，我们这个也是全羊绒，我们只是更加诚实地在卖商品，您说是吧？

案例 3：我买人家大牌香奈尔都打折，你们还不是一线品牌，为什么不能打折？

女士，作为顾客的立场，我很能理解您的心情，您的要求也是相当一部分客人的要求，但如果我们换一种方式思考这个问题：我们始终不打折其实也是对您的一种保证，不希望您原价买的东西过段时间就贬值，您又是我们的 VIP 客人，可以 10 ∶ 1 积分换购我们的产品，而且给您的 9 折已经最优惠的折扣了，加在一起等于是变相给您打了个 8 折，还是很优惠的！再说，虽然我们不是一线品牌，但是我们面料的供应商和一线品牌是一样的，价格就亲民了很多啊，您觉得呢？

问题：1. 当顾客提出异议时，我们有哪些技巧可以化解异议？

2. 针对价格异议、商品异议等情况又应怎样区别对待？

案例分析：这些案例虽然顾客都提出了异议，但导购员都很好地化解了顾客的异议。作为导购员，要了解顾客提出异议的真实缘由，耐心解释，及时化解。

◆【任务分析】

当遇到顾客的异议时，导购员要冷静对待，寻求解决化解的办法。完成以上任务应掌握以下知识点及技能点。

知识点：顾客异议的处理技巧。

技能点：掌握顾客异议的处理技能。

◆【知识链接】

一、使用发问解决顾客不满

第一，询问顾客要及时。只有及时询问顾客，才能了解顾客的真实想法，才能引导顾客把产生购买障碍的真正根源讲出来。

第二，对那些不处理就不能成交的顾客异议要积极地进行询问及了解，以便提高推销效率。对于那些对推销或成交无关的、次要的或者是无效的顾客异议，则不应该进行询问。

第三，追问应适可而止，并注意尊重顾客。导购员追问顾客有关异议，只是为了弄清楚顾客拒绝购买的原因，因此，追问应适可而止，不应把顾客逼到山穷水尽的地步。

第四，导购员应讲究推销礼仪，应灵活运用异议处理技术。应讲究追问的姿态、手势、语气，避免使顾客产生心理压力。如距离顾客不要太近、不要居高临下、不要用严厉的语气追问顾客等，而应使顾客在感到受尊重和被请教的情况下说出异议。导购员在顾客回答追问后，应立即灵活地运用各种面谈技术消除顾客异议，促使顾客购买。

二、顾客价格异议的处理

顾客一比较就知道两个不同品牌的产品价格不一样，但若顾客不知道为什么你的产品较贵，就会产生价格异议，绝不是凭导购员说的“一分钱一分货”的理由就能接受的。同样地，顾客若不能充分知道该产品能带给他哪些利益，就会觉得产品不值这个价钱，当然就会感到价格贵。因此，价格的昂贵或便宜，不在价格本身，而是在顾客觉得他从产品上获得利益的大小。

价格的问题只是一个表象，当导购员接收到顾客提出的价格异议的信息时，第一反应应该是还有哪些利益是顾客不知道的，我要如何让顾客知道更多的利益，而不是“一分价钱一分货”“保证值得”“实在不贵”“用了就知道”“保证不会让你后悔”“保证您买了还会再来”等空洞无用的话语，这些话无法化解顾客对价格上的异议。

三、顾客“过去的不良印象”处理

导购员们也会碰到那些以前使用过公司产品的人，但很遗憾，公司的产品已给顾客造成非常不好的印象。当顾客抱怨以往的状况时，导购员必须谨慎地对待，才能化危机为转机。

当顾客提出抱怨时，千万不要以不清楚、不太可能吧、别的顾客都没有这种情形、我们公司保证不会发生这种事情等消极否认的态度对待，而应该直面顾客的抱怨，并接受顾客的抱怨，站在顾客立场上，替顾客感到委屈。能向导购员抱怨的顾客，多半对公司仍抱有期望，否则他根本不需要花时间来找你，听你说明产品的状况，并再次向你抱怨以前的不满。

为了化解顾客的抱怨，除了向顾客致歉外，最好能了解引起顾客抱怨的真正原因，并在推销过程中，要特别地让顾客对这些原因感到安心，也要特别留意不要再给顾客带来同样的困扰。

四、切莫与顾客争辩

在超市里，人们不管他们在吵什么，为什么吵，都是千篇一律地站在顾客一边。原因很简单，他们也是消费者，总有一天也会遇上类似情况。导购员应该清醒地认识到这一点，遇到顾客有意见时，不论谁是谁非，都不得与之争辩，尽管有千万条道理，也不能开口进行争辩，因为生意做不成是小事，影响声誉，那问题就大了。

总之，导购员应利用顾客的心理，使他没有继续反驳的余地，就可圆满地达到自己的目的。顾客说“这个不好……”“那样不对……”一类的话，不要一一反驳，最重要的是让对方尽量把话说完，再抓住时机反驳。对方说他喜欢什么，等于是推出牌面，导购员可以进一步掌握有利势头。

五、通过证明来说服顾客

证明的方法有很多，以下方法可供参考：

第一，实物展示。实物展示是最好的一种证明方式，商品本身的销售重点，都可通过实物展示得到证明。

第二，专家的证言。导购员可收集专家发表的言论，证明自己的说辞。例如，符合人体工程学设计的椅子，可防止不良的坐姿，防止脊椎骨的弯曲。

第三，视觉的证明。照片、图片、产品目录等都具有视觉证明的效果。

第四，推荐信函。其他顾客的推荐信函也是极具说服力的。

第五，保证书。保证书可分为两类，一是公司提供给顾客的保证，如免费保养维修；二是品质保证，如获得 ISO 9000 品质认证。

第六，顾客的感谢信。有些顾客由于对公司的服务或帮助解决特殊的事深表感谢而致函表达谢意，这些感谢都是一种有效的证明方式。

第七，统计及比较资料。一些统计资料及与竞争者状况的比较资料，能有效地证明导购员的说辞。

第八，成功案例。导购员可提供准顾客一些成功的销售案例，证明自己产品受到别人欢迎，同时也提供了准顾客求证的信息。

第九，公开报道。出示见诸报道的关于自己产品或服务的公开报道。

六、处理顾客的反对意见

当一位顾客提出反对意见时，导购员要放松，停顿一下，对反对意见表示听到，并说些诸如“我能理解它为何使你担心”之类的话，以最温和的声音重复一下反对意见。这个放松、停顿和理解的过程（RPU 反应）是导购员做出有效答复的基础。这是进入顾客的观点并进行思想交融的第一步。

导购员应尽量使自己的声音平静，并充满信心，保持清晰的思维。要告诉自己：“放松，我能对付此事。”停顿约三秒钟，看看顾客。这会让他感到你在倾听他的担心，并予以考虑。

导购员要澄清真正的反对意见，以保证自己真正懂得自己正应付的事情。这个检查过程也给顾客一次发泄其感情的机会。导购员可以这样问：“您到底担心什么呢？”“为什么我们价格会显得高呢？”或“您在把我们同谁比较呢？”

当顾客说他要考虑决策时，这一澄清步骤显得非常重要。这时，导购员要先问：“您还有别的担心吗？”

七、处理推销过程中的异议

（一）接近顾客时

导购员在接近顾客时，顾客会有所警惕，马上表明不需要，虽然顾客同样都说“不需要”，但代表的意义并不相同，导购员要仔细辨别。

有的顾客在潜意识中怕轻易地被导购员说服而表现出没有需求的样子，再看导购员会有什么说辞。此时导购员要做的是想办法能继续交谈，以确认并唤起顾客的购买需求。

如果当导购员经过多次需求确认，顾客每次都以目前没有需求回应时，可能代表顾客真的没有需求。

（二）商谈中

商谈过程中顾客提出“不需要”时，必然不是单纯的借口，一定有特殊原因。如顾客觉得商品不适当，顾客对导购员本人不信赖。因此，此时最佳的解决途径是找出真正的原因，提出解决的对策，而不是找出顾客说辞上的矛盾之处，要以理服人。导购员可用询问法坦诚地向顾客请教出真正的原因，针对原因再行处理。处理时要站在顾客的立场上考虑问题，提出顾客可以接受的方案，以争取最后的成交。

【任务实施】

掌握顾客异议的处理技巧

实训目的：掌握顾客异议的处理技巧。

实训内容：顾客异议的处理技巧。

实训步骤：1. 分组。

2. 案例分析，归类分析不同顾客异议的处理技巧。

3. 模拟场景，角色扮演，掌握顾客异议的处理技巧。

4. 教师对实训过程进行总结、评价。

项目四　促成交易

任务一　激发游客的购买欲望

◆【任务引入】

激发的魅力

案例 1：导购员对迟迟不肯决定的顾客说："这种产品只剩最后一个了，短期内不再进货，你不买就没有了。"或"今天是优惠价的截止日，请把握良机，明天你就买不到这种折扣价了。"

案例 2：一名喜好绘画的游客看中了一个印度老太的 3 幅画，印度老太说要 250 美元，游客嫌贵。印度老太便当着游客的面用火柴烧掉其中一幅。游客见这么好的画，又是他想要收藏的，甚感心痛，便问老太剩下的两幅画卖多少钱？老太还是说 250 美元。游客又拒绝。老太又烧掉了其中一幅画。这时，游客急了，只好乞求道："大妈，千万别烧掉这最后的一幅了！这幅画要卖多少钱？""还是 250 美元。""难道一幅画与三幅画能卖一样的价钱吗？"老太见这位游客还想讨价还价，于是便说："要不要，现在涨价了，500 美元，不然，我就烧掉它！"这下，游客真的急了，生怕老太将第三幅画也烧掉，便一手按着画，一边说："500 美元，我买了！"

后来有人问印度老太，为什么要当着画商的面烧掉两幅画？老太说："物以稀为贵。收藏名画，只要他爱上这幅画是不肯轻易就放弃的，所以我当面烧掉两幅画，留下一幅卖高价呀！"

问题：在销售的最后关头，如何激发游客的购买欲望？

案例解析：案例 1 和 2 都是在强调最后的机会，通过这种方式，对顾客施加压力，最终促成交易。

◆【任务分析】

在销售的最后关头，我们应当把握时机，激发顾客的购买欲望。完成以上任务应掌握以下知识点及技能点。

知识点：激发顾客购买欲望的技巧。

技能点：掌握激发顾客购买欲望的技能技巧。

◆【知识链接】

一、利用第三方的力量说服顾客

引用第三方的评价会使顾客产生客观真实感，在一定程度上消除其戒心，认为购买的商品可以信赖。最有说服力的是顾客身边某位值得信任的人对目标商品的评价，他的意见将带来意想不到的效果。要注意的是，向顾客提到的人，一定是顾客熟悉或者具有权威，值得信赖的人。

二、强调最后机会

为了迎合顾客"贪图便宜"的心理，企业推出的促销政策大部分都有一定的时间限制。导购员就要巧妙利用促销政策的时间限制，从侧面向顾客施加购买压力。一般人都害怕失去机会，就是要利用好顾客的这一心理，促使顾客有紧迫感，从而坚定顾客购买的决心。

三、憧憬未来

导购员在介绍商品过程中，可以和顾客一起去憧憬购买商品后种种美好的情景和得到的好处。应尽量避免与顾客讨论"现在"，因为"现在"顾客正在承受着购买决策的心理压力。"将来"的一切美好才是促使顾客下决心购买的动力。

四、适时沉默

如果导购员在前一个阶段提供足够多的购买理由和例证，足以帮助顾客下决心购买。顾客心理压力大时，就应该留一点时间让顾客有一个思考衡量的过程。这时不要再说太多的话，做太多的事，只需要静静地等待顾客做出决策。但时间不宜太长，给顾客思考的时间越长，成交失败的风险就越大。因此在给顾客 1 ～ 2 分钟的思考时间后，导购员要及时提出成交请求。也不能操之过急，欲速则不达。

【任务实施】

激发顾客的购买欲望

实训目的：掌握激发顾客购买欲望的技巧。

实训内容：激发顾客购买欲望的技巧。

实训步骤：1. 分组。

2. 案例分析，归类分析不同激发顾客购买欲望的技巧。

3. 模拟场景，角色扮演，掌握激发顾客购买欲望的技巧。

4. 教师对实训过程进行总结、评价。

任务二　捕捉成交信号

◆【任务引入】

想决定购买了吗

客户在说以下这些话的时候就代表他有购买的意向：

“最多能打几折呀？”

“我可以试用一下吗？”

“这台电脑是怎么操作的？”

“我可以带回去试试吗？”

“我妻子会喜欢它。”

“要是我买下来的话，现在要付多少钱？”

“如果按月付款，有什么条件吗？”

“这种型号与那种型号有什么区别吗？”

“是的，我明白你的意思。”

“这种款式看起来真漂亮。”

问题：1. 顾客购买时会发出哪些信号？

2. 我们应如何捕捉这些信号？

案例分析：从以上这些语言信息中我们基本可以看出客户的购买意向，当然客户想成交的语言信号种类很多，销售员必须根据具体情况具体分析，准确捕捉语言信号，顺利促成交易。

◆【任务分析】

在谈话过程中一旦发现成交信号，应及时捕捉，并迅速提出成交要求，否则很容易错失成交的大好机会。捕捉客户成交的语言信号，需要靠销售人员认真地辨别及经验的积累。完成以上任务应掌握以下知识点及技能点。

知识点：1. 语言上的购买信号；

2. 行为上的购买信号。

技能点：辨别购买的信号。

◆【知识链接】

一、语言上的购买信号（热心提问）

主要包括：反复关心某一优点或缺点；询问商品的销售情况，是否畅销受欢迎；询问有无赠品；征询同伴的意见；讨价还价，要求打折；关心售后服务时。

二、行为上的购买信号

主要包括：面露兴奋神情，兴高采烈、情绪兴奋；不再发问，若有所思；同时索取几个相同商品来比较、挑选；不停地把玩、爱不释手；关注导购员的动作与谈话；不断点头，向商店营业人员表示好意；翻阅产品说明和有关资料；一度离开商店，再返回店里看同一商品；查看商品有无瑕疵；不断地观察和盘算，一边赏识、一边沉思；与同伴商量。

【任务实施】

捕捉成交信号

实训目的：掌握成交的信号。

实训内容：捕捉成交信号。

实训步骤：1. 分组。

2. 案例分析，归类分析成交时的不同信号。

3. 模拟场景，角色扮演，掌握捕捉成交信号的技巧。

4. 教师对实训过程进行总结、评价。

任务三　抓住成交时机

◆【任务引入】

成交的时机

从较小的问题着手就是采用次要问题成交，或者避重就轻成交。它是销售人员以较小的问题来间接地促成交易的方法，即请客户做出一个较小的决定，而不是一下子就要做出重要的决定，比如，销售人员："除了这些，您还选点别的吗？"客户："不看了，就这些吧！"（成交！）又如，销售人员："您看这些赠品怎么样？"客户："还行！"（成交！）再如，销售人员："您的送货地址是？"客户："地址是……"（成交！）

从小的问题着手，可以减轻客户成交的心理压力，从而促成交易。客户提出的问题转向了推销细节，例如，"可以分期付款吗？""如果我们购买，你们是否能帮助我们培训操作人员？""我们再试一试你们的产品好吗？""你们公司最早可以在什么时候交货？""你们公司的售后服务有何保障？""这种产品其他情况下也适用吗？""如果我们购买，你们可以给我们多少折扣？"等，不难看出，客户有购买意向时往往会通过一定的语言信号流露出来。

问题：1. 什么时候是最佳的成交时机？

2. 成交时机体现在哪些方面？

案例分析：一般顾客在某些言语中就会流露出了购买的意向，所以导购人员一定要抓住成交的时机。

◆【任务分析】

一般来说，可以把客户的语言信号总结为以下几类：肯定或赞同产品，对产品表示欣赏；向销售人员提出参考意见；向销售人员请教使用产品的方法；向销售人员打听有关产品的详细情况；提出购买细节问题；和身边的人议论产品；重复问已经问过的问题；询问售后服务问题；询问交货时间和限制条件等；询问产品的使用性能及注意事项和零配件的供应问题等；询问价格折扣问题，开始讨价还价；询问产品的运输、储存、保管与拆装等问题；对产品的一些小问题，如包装、颜色、规格等提出修改意见与要求。我们应抓住成交时机。完成以上任务应掌握以下知识点及技能点。

知识点：促成成交的方法。

技能点：掌握抓住成交时机的技巧。

◆【知识链接】

一、请求成交法

指导购员向顾客主动提出成交的要求，直接要求顾客购买销售商品的方法。通常对于老顾客、已经拿定主意购买的顾客或是解除顾客存在的障碍后采用的方式。

二、假定成交法

指导购员在假定顾客已经接受推销建议，统一购买的基础上，通过提出一些具体的成交问题，直接要求顾客购买商品的一种方法。

假定成交法的优点是节省营销时间，效率高。它可以将销售提示转化为购买提示，适当减轻顾客的成交压力，促成交易。

三、选择成交法

指导购员向顾客提供两种或两种以上购买选择范围，并促使顾客在有效成交范围能进行成交方案选择的一种成交方法。顾客不仅是在买与不买之间选择，而且在商品不同的数量、规格、颜色、包装、样式、交货日期等方面做出选择，使顾客无论做出何种选择，最终的结局都是成交。

四、小点成交法

导购员通过次要问题的解决来促成交易的一种成交法。小点是指次要的、较小的问题。从顾客购买心理的角度来看，购买者对重大的购买决策往往心理压力较大，较为慎重，担心有风险而造成重大损失，导致难以决断，特别是成交金额较大的交易。而顾客在进行较小的成交决策时，心理压力较小，会较为轻松地接受导购员的推荐，比进行较大的交易决策要容易。小点成交法正是利用了顾客这一心理活动规律，避免直接提出重大的、顾客比较谨慎的成交问题。

五、从众成交法

指导购员利用顾客的从众心理，促使顾客立即购买商品的一种成交方法。顾客在购买商品时，不仅会按照自身需求来选购商品，而且也要考虑社会上对此商品的行为规范和审美观念，甚至在某些时候不得不屈从于社会的压力而放弃自身的爱好，以符合大多数人的消费行为。主要适合于比较时尚的商品。

六、小狗成交法

指导购员请求顾客试用少量包装的商品，如请求顾客购买远比正常包装要小得多的数量，现行试用，以减少风险，如果顾客试用后对商品感到满意的话，以后就会更多地购买。这是先使用、后付款的小狗成交法。有统计表明，如果准顾客能够在实际承诺购买之前先行拥有该商品，交易的成功率会大大增加。试用的商品有时候是免费赠送的，有时候是先试用，满意后再付款的。

七、最后机会成交法

最后机会成交法或唯一成交法是利用顾客怕失去机会的心理，向其施加压力，增强推销的说服力和感染力，如近期流行的秒杀网购、满就送、限时抢购等营销手段。

【任务实施】

抓住成交时机

实训目的：掌握成交的时机。

实训内容：成交时机。

实训步骤：1. 分组。

2. 案例分析，归类分析成交的时机。

3. 模拟场景，角色扮演，掌握抓住成交时机的技巧。

4. 教师对实训过程进行总结、评价。

任务四　巧用附加推销

◆【任务引入】

厉害的附加推销

有一家几乎什么都卖的很大的百货公司，一位顾客到那里准备买一粒安眠片，接待的销售人员就问他为什么睡不着觉，顾客向他说明了原因，销售人员就说那为什么不利用这段时间去休闲呢，比如钓鱼。客户就很高兴地接受了这个建议，买了钓竿后销售人员就推荐去哪个湖边最适合钓鱼，最后的结果是这位客户在这里买了一个小游艇，因为不方便运输，最后又买了一辆大的适合小船放在上面的越野车。

问题：1. 顾客的真正购买意图是什么？

2. 顾客最后购买了什么？这是怎样的推销技巧？

案例分析：顾客本意是要购买安眠药，但最终却购买了钓竿、小游艇和越野车。虽然这则案例看起来有些夸张，但其实这是一种真实的推销方式—附加推销。在成交商品时，通过附加推销的技巧进而销售出更多的商品。

◆【任务分析】

附加推销也是一种非常巧妙的推销办法，应利用好附加推销。完成以上任务应掌握以下知识点及技能点。

知识点：附加推销的方式。

技能点：掌握附加推销的技巧。

◆【知识链接】

一、寻找互搭互配

主动、热情、迅速为顾客进行搭配，如果一位女顾客选中的是一件毛衣，导购员可以向其推荐外套、裤装或裙子，还可以为她搭配上精致的毛衣链。

二、利用促销，不失时机

利用促销活动，诸如满100送20、买1送1等。这是促进顾客连带消费的重要措施，导购员应不失时机地利用促销机会，用兴奋的语气提醒顾客，激发其购买欲望。

三、多为顾客去补零

当顾客购买了88元商品时，不是直接请他去付款，而是可以顺带说一句：“再看看我们的某某商品，质量很好，只要 12 元，共 100 元整。”尝试推销一下小配件。

四、朋友、同伴不忽略

当目标顾客和朋友一起购物时，在商品推荐和介绍的过程中，无视顾客同伴的感受是不明智的。聪明的导购员不但懂得讨好其同伴的喜欢，在合适的时机也鼓励朋友也试一试，这样做不仅能够获得其同伴对于店铺和商品的肯定，同时也是在培养潜在的顾客，更能有效地提高附加推销的成功率。还比如可以说：“给家人朋友也顺便捎带几件，现在是特价优惠，机会很难得。”

五、勤展示多备选

不要向顾客只展示一件商品，“展示三件，卖出两件”的原则是多年来实践的经验总结。当导购员能够做到向一位顾客平均展示三件商品，那么很有可能就可以卖出两件。

【任务实施】

巧用附加推销

实训目的：掌握附加推销的方法。

实训内容：附加推销的技巧。

实训步骤：1. 分组。

2. 案例分析，归类分析附加推销的方法。
3. 模拟场景，角色扮演，掌握附加推销的技巧。
4. 教师对实训过程进行总结、评价。

项目五　售后服务

任务一　处理投诉

◆【任务引入】

投诉的处理

旅游结束后，王先生投诉，称在北京某商品店购买了一个景泰蓝天柱花瓶，价值1880元。购买时发现商品没有产品合格证，就向服务人员索要，但得到的答复是，该商品部出售的是工艺品，此类产品一直没有合格证。王先生不认可这一说法，于是向12365投诉。质监部门认为，王先生所反映的情况，在旅游品市场十分普遍。

问题：1. 景泰蓝天柱花瓶是否应该有产品合格证？

2. 面对投诉，商家应该如何处理？

案例分析：《产品质量法》规定：经过加工、制作，用于销售的产品，产品或者包装上的标识必须真实，并符合下列要求：有产品质量检验合格证明；有中文标明的产品名称、生产厂厂名和厂址。对可以不标注产品标识的仅限于：裸装的食品和其他根据产品的特点难以附加标识的裸装产品。对于工艺品，国家的《标识标注规定法》中并没有特殊规定可以免标产品标识，因此对于这类产品同样不能违反国家的标识标注规定。旅游商品销售商面对投诉应当积极应对，将负面影响降到最低。

◆【任务分析】

任何一家商场在顾客服务的过程当中，总是无法避免地要遇到一些顾客抱怨和投诉的事件，即使是最优秀的企业也不可能保证永远不发生失误或不引起顾客投诉。很多企业管理者对顾客投诉有一种天生的恐惧感，总是担心顾客投诉会为公司和自己带来一些负面的影响。其实，我们必须对顾客投诉有一个清醒的认识，这样才能更加有效地做好服务工作。完成以上任务应掌握以下知识点及技能点。

知识点：1. 销售上的索赔；

2. 销售部门的处理；

3. 处理投诉的步骤。

技能点：处理投诉的技巧。

◆【知识链接】

一、销售上的索赔

销售上的索赔，大多是有关交易方面的问题，即商品、价格、交货期、服务及其他方面的问题。对于索赔，无论大小，均应慎重处理。防止索赔问题的发生才是根本的解决问题之道，不可等索赔问题发生时，才寻找对策。

二、销售部门的处理

首先，要迅速、正确地获得有关索赔的信息。其次，索赔问题发生时，要尽快确定对策。最后，每一种索赔问题，均应制定标准化处理方法（处理规定、手续、形式等）。

三、要与生产部门等联络

有关商品（制品）方面的索赔，大多与生产部门有关。要与生产部门保持联系，召开协商会。访问经办人，听其报告有关索赔的对策、处理经过、是否已经解决等。

四、处理投诉的步骤

（一）充分倾听

静下心来充分倾听顾客愤怒的言辞，这样做有助于达到以下效果：让顾客将愤怒一吐为快后，顾客愤怒的程度会有所减轻；在字里行间寻找顾客所申诉问题的实质的真实意图；表示出与顾客合作的态度。

（二）同情和理解

顾客的愤怒带有强烈的感情因素，因此如果能够首先在感情上对对方表示理解和支持，那么这将成为最终圆满解决问题的良好开端。

表达理解和同情要充分利用各种方式。与申诉者直接面对时，以眼神来表示同情，以诚心诚意、认真的表情来表示理解，以适当的身体语言表示赞同，如点头、表示同意等。另外，在电话处理时可以以说话的方式（如语调、音量、抑扬等）来表示同感。在表示理解与同情的时候，态度一定要诚恳，否则会被顾客理解为心不在焉的敷衍，而导致顾客更加愤怒。

（三）就问题本身达成一致

无论顾客愤怒的表现是怎样的，其关键在于问题的解决。所以导购员应首先就问题本身，以自己的理解与顾客达成一致。这是非常重要的一项工作，因为在许多实例中，因未明确问题而费尽周折最后又回到出发点的情况并不少见。

复述顾客的问题，就问题达成一致，这是实现最终妥协与合作的第一步，能使双方的谈话在开始时就步入合作与共识的轨道。

（四）立刻道歉

明确问题后，如果责任在我方，则应马上道歉。即使在问题归属上还不是很明确，需要进一步认定责任的承担者时，也要首先向顾客表示歉意，但要注意，绝不可让顾客误认为我方已完全承认是自己的错误。

（五）表达同感

一般而言，分歧是纠纷的源泉，而意见一致情况下很少有争吵。如果处理抱怨的导购员能善于表达自己的同感，必能以诚意换回对方的谅解。

（六）随时记录、归纳顾客抱怨信息

处理顾客抱怨的初期，其要点是分清顾客不满的来龙去脉，并仔细地记录顾客抱怨的基本情况。如果顾客的抱怨是属于自己授权范围内可解决的事，则可依自己的判断采取措施，否则就须报请上级定夺。在后一种情况下，记录、归纳顾客抱怨基本信息更是一项基本的工作，因为上级是借助这些信息来进行思考、确定处理的方法的。如果这些报告不够真实和详细，可能会给上级的判断带来困难，甚至产生误导。

（七）对失误进行补救

如果是自身的服务存在缺陷而引起用户不满，那种文过饰非或无所谓的态度是最有害的。唯一的方法是应尽快采用补救措施。这样不仅可以解决顾客的不满，有时还能给企业带来很好的影响。这种补救的方法应根据发生问题不同的原因而不同。例如，可能是对产品或服务本身的意见，可能是对设施、环境方面的意见，也可能是有关价格、包装、交付方式、服务时间或效率方面的意见，应在了解原因的同时，采取对应的补救措施。这些措施包括：诚心诚意地向顾客致歉，平息顾客的不满情绪，承认错误或缺点；表示补救的诚意，征求顾客对补救的要求，尽力去满足他合理的要求；用另一种产品或服务方式来替换，以取得补救的效果；提供一定的优惠或附加服务，给不满意的顾客以好处，使他们消除不满；必要时，由主管负责人员出面进行协商，以表示更高层次对补救的关注；立即改正错误（可能时），以让顾客感到我方改正缺点的决心，使顾客转变态度；在补救措施方面，比竞争对手更胜一筹地对顾客表示关心；对违反服务承诺的人员或有过失的人员，按规定做出处理，并让顾客知道这一处理的结果。

【任务实施】

处理投诉

实训目的：掌握处理投诉的方法。

实训内容：处理投诉的步骤。

实训步骤：1. 分组。

2. 案例分析，归类分析处理投诉的方法。

3. 模拟场景，角色扮演，掌握处理投诉的技巧。

4. 教师对实训过程进行总结、评价。

任务二 处理退换货

◆【任务引入】

退换货的处理

游客孙 ×× 参加天津某旅行社组织的台湾双飞六日旅游团，于 2022 年 11 月 15 日出团，在这次旅游过程中，游客孙 ×× 在合同约定的购物店中为家人购买了珊瑚项链等旅游商品，价格约合人民币 2 万元。返回天津后，家人并不喜欢其所购商品，同时认为本市类似商品的市场价格要低于台湾，因此要求旅行社退货。

问题：旅行社是否应当退货？

案例分析：按照旅游合同及旅行社服务质量赔偿标准的规定，旅游者在合同约定的购物场所所购物品系假冒伪劣商品的，旅行社应负责挽回或赔偿旅游者的直接经济损失。该案件中，游客所购商品并非假货，仅仅是因为家人不喜欢而要求退货，而价格高低与是否为假冒伪劣商品无直接联系，在该案件中，不能证明旅行社存在违约问题，所以旅行社不应当退货。

◆【任务分析】

处理售后过程中，应掌握退换货的范围。完成以上任务应掌握以下知识点及技能点。

知识点：1. 三包产品范围；

2. 三包责任范围；

3. 三包责任时间。

技能点：掌握处理退换货的方法。

◆【知识链接】

一、三包产品范围

第一，第一批实施三包的部分产品共 18 种：自行车、彩电、黑白电视、家用录像机、摄像机、收录机、电子琴、家用电冰箱、洗衣机、电风扇、微波炉、吸尘器、家用空调器、吸排油烟机、燃气热水器、缝纫机、钟表、摩托车。

第二，新三包规定中明确，实行三包的产品目录将由国务院有关部门规定和调整。随着移动电话、固定电话、微型计算机、家用视听产品四类新产品的加入，目前我国共有 22 种产品纳入“三包”政策范围之内。

第三，进口产品同样适用于新三包规定。

第四，未纳入新三包规定的产品，出现了质量问题，销售者均应依法负责修理、更换、退货并赔偿由此而受到的损失。

二、三包责任范围

消费者购买的产品出现以下情况，有权要求经销者承担三包责任。

第一，不具备产品应当具备的使用性能，而事先没有说明的。

第二，不符合明示采用的产品标准要求的。

第三，不符合以产品说明、实物样品等方式表明的质量状况的。

第四，产品经技术监督行政部门等法定部门检验不合格的。

第五，产品修理两次仍不能正常使用的。

三、三包责任时间

第一，“7 日”规定：产品自售出之日起 7 日内，发生性能故障，消费者可以选择退货、换货或修理。

第二，“15 日”规定：产品自售出之日起 15 日内，发生性能故障，消费者可以选择换货或修理。

第三，“三包有效期”规定：“三包”有效期自开具发票之日起计算。在国家发布的第一批实施“三包”的 18 种商品中，如彩电、手表等的“三包”有效期，整机分别分半年至一年，主要部件为一年至三年。在“三包”有效期内修理两次，仍不能正常使用的产品，消费者可凭修理记录和证明，调换同型号同规格的产品或按有关规定退货，“三包”有效期应扣除因修理占用和无零配件待修的时间。换货后的“三包”有效期自换货之日起重新计算。

第四，“90 日”规定和“30 日”规定：在“三包”有效期内，因生产者未供应零配件，自送修之日起超过 90 日未修好的，修理者应当在修理状况中注明，销售者凭此据免

费为消费者调换同型号同规格产品。因修理者自身原因使修理超过 30 日的，由其免费为消费者调换同型号同规格产品，费用由修理者承担。

第五，“30 日”和“5 年”的规定：修理者应保证修理后的产品能够正常使用 30 日以上，生产者应保证在产品停产后 5 年内继续提供符合技术要求的零配件。

第六，新三包规定从 1995 年 8 月 25 日起实施，凡在该日以后购买列入三包目录的产品，消费者有权要求销售者、修理者、生产者承担三包责任。对 1995 年 8 月 25 日以前购买的产品，只能继续按照 1986 年发布的《部分国产家用电器三包规定》执行。

【任务实施】

处理退换货

实训目的：掌握处理退换货的情况。

实训内容：分析退换货的范围、责任和时间。

实训步骤：1. 分组。

2. 案例分析，归类分析退换货的情况。

3. 掌握处理退换货的技巧。

4. 教师对实训过程进行总结、评价。

任务三　跟踪回访服务

◆【任务引入】

回访"访"什么

回访人员："您好，我是 ××× 的售后客服，请问您是 ×× 女士吗？"

顾客："哦，什么事？"

回访员："首先祝您中秋节快乐，您前几天购买了我们的产品吧，我们做个售后回访？"

顾客："是的，上次你们搞活动时候我买的。"

回访员："您品尝了吗？对我们的商品感觉怎样？"

顾客："感觉不错，味道很好。"

回访员："非常感谢您对我们的认可，我们最近店里有 ××× 活动，最近我们还推出了免费快递活动，您如果需要的话可以联系我们，而且您是我们的会员，可以享受九折优惠……"

问题：1. 这是什么销售行为呢？

2. 这种销售行为有什么好处？

案例分析：这是售后的电话回访，这种行为可以调研顾客对所售商品的评价，不仅有利于进一步改进商品，而且更是一次新的促销行为。

◆【任务分析】

客户回访有电话回访、电子邮件回访及当面回访等不同形式。从实际的操作效果看，电话回访结合当面回访是最有效的方式。按销售周期看，回访的方式主要有：定期做回访。这样可以让客户感觉到贵单位的诚信与责任。定期回访的时间要有合理性，如以产品销售出一周、一个月、三个月、六个月……为时间段进行定期的电话回访。提供了售后服务之后的回访，可以让顾客感觉销售方的专业化。特别是在回访时发现了问题，一定要及时给予解决方案。最好在当天或第二天到现场进行问题处理，将用户的抱怨消除在最少的范围内。节日回访，就是说在平时的一些节日回访客户，同时送上一些祝福的话语，以此加深与客户的联系。这样不仅可以起到亲和的作用，还可以让客户感觉到一些优越感。完成以上任务应掌握以下知识点及技能点。

知识点：跟踪回访的方式。

技能点：掌握跟踪回访的技巧。

◆【知识链接】

一、收集整理顾客资料

一般基本资料的收集主要是在顾客购买商品时，为方便告知新产品或促销活动信息建议顾客留下的联系信息。

二、分析顾客的需求

根据顾客资料，了解顾客的喜好和习惯，将顾客进行细分，并从不同角度进行分类，筛选出忠诚顾客及重要顾客。只有对重要顾客重点对待，提供个性化的服务，才能让企业健康持续发展。

三、跟踪回访了解顾客购物后的感受

跟踪回访的方式主要有网络问卷、发送信函、电话联系等。一般以电话回访为主，电话回访具有速度快、成本低的优势。电话回访需注意：

第一，让顾客感觉自己很重要。客服人员要多倾听，拉近与对方的感情。

第二，鼓励顾客多说。回访的目的是为了了解顾客对商品和服务的满意程度，找出改进和提高的方向。

第三，多说“您”少说“我”。电话回访时应注意用语和语气，切忌态度生硬。

四、感谢顾客提供资讯

对于满意产品和服务的顾客，真诚地表示感谢，并将企业最新的资讯活动告诉他们，如新产品上市、最新商品促销信息、会员活动等，让顾客知道你一直在为他提供服务。

五、耐心倾听顾客的抱怨并及时解决问题

对于不满意产品和服务的顾客，首先要耐心倾听，判断问题所在。其次应针对问题，迅速给出可行的解决办法，和顾客沟通协商，共同解决问题。最后应感谢顾客提出的宝贵意见。

六、认真记录顾客的反馈信息并及时反馈

对回访情况进行详细的记录，并及时汇报给上级，以便今后工作的改进。

【任务实施】

掌握跟踪回访服务的技巧

实训目的：掌握跟踪回访服务的技巧。

实训内容：跟踪回访服务的形式。

实训步骤：1. 分组。

2. 案例分析，整理总结跟踪回访的方式。

3. 模拟场景，角色扮演，掌握跟踪回访的技巧。

4. 教师对实训过程进行总结、评价。

参考文献

[1] 李昊轩 . 做最好的导购 [M]. 北京：中国商业出版社，2013.

[2] 舒立平 . 做一个专业的导购 [M]. 北京：北京工业大学出版社，2014.

[3] 现代超市求职上岗指南委员会 . 如何做好导购员 [M]. 广州：广东经济出版社，2011.

[4] 陈方丽，杨再春 . 门店管理实务 [M]. 北京：机械工业出版社，2012.

[5] 王艳霞 . 导购实务 [M]. 北京：北京工业出版社，2011.

[6] 黎泉 . 导游促销技巧 [M]. 北京：中国旅游出版社，2004.

[7] 叶骁军 . 中国旅游资源基础 [M]. 天津：南开大学出版社，2008.

[8] 方百寿，沈丽晶，张芳芳 . 旅游商品与购物管理 [M]. 北京：旅游教育出版社，2011.

[9] 艾艳丰 . 旅游商品学 [M]. 修订版 . 北京：科学出版社，2010.

[10] 钟志平 . 旅游商品学 [M]. 北京：中国旅游出版社，2005.

[11] 刘敦荣 . 旅游商品学概论 [M]. 北京：首都经济贸易大学出版社，2013.

附录

模块一有关任务实施的考核办法

考核要点	考核标准	分值	得分	总分
理论知识	对相关理论知识的理解全面，认识深刻；重难点知识的掌握较好；内容表达准确	30		
运用能力	举例恰当，重点突出，内容合理，能够较好地将理论知识与实际相结合	30		
语言表达	普通话标准；语速适中；用词准确、恰当、有分寸；内容有条理，富有逻辑性；表情及其他体态语言运用得当	15		
应变能力	在有压力的情况下，思维敏捷、情绪稳定，考虑问题周到；回答提问准确、熟练	15		
其他	内容有创意；PPT 制作精美；有相关道具展示等	10		

模块二有关任务实施的考核办法

考核要点	考核标准	分值	得分	总分
商品知识	熟悉商品知识，讲解内容全面，条理清晰，详略得当；讲解方法运用得当；讲解生动、有感染力，回答提问准确、熟练	45		
语言表达	普通话标准；语速适中；用词准确、恰当、有分寸；内容有条理，富有逻辑性；表情及其他体态语言运用得当	25		
仪容仪表	穿着打扮得体、整洁；言行举止大方，符合导购人员礼仪礼貌规范	15		
应变能力	在有压力的情况下，思维敏捷、情绪稳定，考虑问题周到；能够妥善、及时处理突发事件和特殊问题	15		

模块三有关任务实施的考核办法

考核要点	考核标准	分值	得分	总分
语言表达	普通话标准；语速适中；用词准确、恰当、有分寸；内容有条理，富有逻辑性；表情及其他体态语言运用得当	15		
报告撰写	资料翔实，用词准确；逻辑严谨，条理清晰；格式正确，内容完整，结论正确	30		
操作技能	操作流程标准，沟通技巧娴熟	30		
活动设计	目标突出，与教学目标切合，内容设计符合主题，有创意	15		
现场表现	现场表现形式创新，表现力强，有感染力，控场灵活有效，能够调动观众气氛，现场互动效果优良	10		

综合实训效果评价表

考核项目	考核标准	得分
职业素养（20分）	1. 按时出勤，课堂表现好（10分）	
	2. 仪容仪表标准（10分）	
关键能力（55分）	1. 职业规划基本要素的熟练运用（10分）	
	2. 对职业素养的理解程度（10分）	
	3. 确定目标，不断完善（10分）	
	4. 能够迅速处理情景模拟中遇到的问题（10分）	
	5. 具有良好的口头表达能力（5分）	
	6. 具备良好的团队合作精神（5分）	
	7. 具备一定的组织协调能力（5分）	
知识技能（25分）	1. 能够准确描述如何提升工作与管理水平的工作（10分）	
	2. 能够做出正确选择和保持积极的态度（10分）	
	3. 能够说出自我改造和修炼自我的内涵（5分）	
合计		

策划编辑：张芸艳
责任编辑：张芸艳
责任印制：冯冬青
封面设计：武爱听

图书在版编目（CIP）数据

旅游商品导购 / 张荣秀主编；胡果，张燕娟，郭瑞娟副主编 . -- 2 版 . -- 北京：中国旅游出版社，2023.9
全国重点旅游院校“十三五”规划教材
ISBN 978-7-5032-7211-0

Ⅰ . ①旅… Ⅱ . ①张… ②胡… ③张… ④郭… Ⅲ . ①旅游商品 – 产品销售 – 教材 Ⅳ . ①F590.63

中国国家版本馆 CIP 数据核字（2023）第 167855 号

书　　名：旅游商品导购（第二版）

主　　编：张荣秀
副 主 编：胡　果　张燕娟　郭瑞娟
参　　编：王　婷　左现娟
出版发行：中国旅游出版社
（北京静安东里 6 号　邮编：100028）
http://www.cttp.net.cn　E-mail:cttp@mct.gov.cn
营销中心电话：010-57377103，010-57377106
读者服务部电话：010-57377107
排　　版：北京天韵科技有限公司
经　　销：全国各地新华书店
印　　刷：北京明恒达印务有限公司
版　　次：2023 年 9 月第 2 版　2023 年 9 月第 1 次印刷
开　　本：787 毫米 × 1092 毫米　1/16
印　　张：18.25
字　　数：423 千
定　　价：49.80 元
I S B N　978-7-5032-7211-0